읽는 설교 요한일이삼서

(주)죠이북스는 그리스도를 대신한 사신으로
문서를 통한 지상 명령 성취와 하나님 나라 확장을 위해 노력합니다.

읽는 설교 요한일이삼서
ⓒ 2024 김형익

이 책의 저작권은 저자와 (주)죠이북스에 있습니다. 신 저작권법에 의하여 한국 내에서
보호받는 저작물이므로 무단 전재와 무단 복제를 금합니다.

· 읽는 설교 ·

요한일이삼서
1-3 John

· 김형익 지음 ·

죠이북스

차 례

들어가는 말   6
서론 그리스도인의 확신   11

요한일이삼서

1장. 그리스도인의 기쁨(요일 1:1-4)   29
2장. 그리스도인의 경험(요일 1:3, 4)   47
3장. 하나님은 빛이시라(요일 1:5)   59
4장. 빛 가운데 행하라(요일 1:5-7)   75
5장. 죄와 싸우는 삶(요일 1:8, 9)   91
6장. 대언자 예수 그리스도(요일 1:10-2:2)   109
7장. 온 세상의 죄를 위한 죽으심(요일 2:2)   129
8장. 순종 테스트(요일 2:3-6)   149
9장. 사랑 테스트(요일 2:7-11)   167
10장. 신자가 누리는 영광(요일 2:12-14)   185
11장. 세상을 사랑하지 말라(요일 2:15-17)   205
12장. 마지막 때와 적그리스도(요일 2:18-21)   223
13장. 기름 부음(요일 2:18-21)   239
14장. 진리 테스트(요일 2:22-27)   253
15장. 하나님의 자녀(요일 2:28-3:3)   271
16장. 소망(요일 2:28-3:3)   289
17장. 하나님의 자녀와 마귀의 자녀(요일 3:4-10)   305
18장. 믿는 것은 사랑하는 것(요일 3:10-18)   319
19장. 마음이 우리를 책망할 때(요일 3:19-21)   335
20장. 형제 사랑과 기도(요일 3:19-24)   347

21장. 확신을 구하라(요일 3:24)	361
22장. 영을 분별하라(요일 4:1-6)	377
23장. 형제 사랑의 토대(1)(요일 4:7, 8)	399
24장. 형제 사랑의 토대(2)(요일 4:9-11)	415
25장. 형제 사랑의 토대(3)(요일 4:11, 12)	425
26장. 성령의 증거(요일 4:13-16)	439
27장. 사랑은 소망을 낳고(요일 4:17, 18)	453
28장. 성숙한 신자의 특성(요일 4:19-21)	465
29장. 신앙의 본질(요일 5:1-5)	477
30장. 세 증인(요일 5:6-12)	491
31장. 기도의 담대함(요일 5:13-15)	505
32장. 사망에 이르지 아니하는 죄(요일 5:16, 17)	519
33장. 세 가지 지식과 우상 제거(요일 5:18-21)	531
34장. 사랑과 진리(요이 1:1-6)	545
35장. 분별하는 사랑(요이 1:7-11)	559
36장. 그리스도인의 온전한 삶(요삼 1:1-12)	575
37장. 사귐과 기쁨(요이 1:12, 13; 요삼 1:13-15)	591

들어가는 말

요한일서는 1세기 말의 그리스도인들에게 확신을 주기 위해서 쓰여진 서신입니다. 당시에 영지주의 이단이 교회를 위협하고 있었고, 교회 안에 있던 사람들이 교회를 떠나는 일들이 일어나면서 남은 사람들의 신앙이 흔들리고 있었기 때문입니다. 신자는 확신이 아닌 믿음으로 구원을 받지만, 신자가 확신을 누리지 못할 때 신앙은 기쁨을 누릴 수 없습니다. 영적 기쁨을 알지 못하는 신자는 복음 안에서의 결속을 경험할 수 없고 복음적 사귐은 요원하기에, 복음 중심적 공동체인 교회를 세워 갈 수 없습니다. 이런 상황에서 교회는 진리에 무지하고 혼돈스러울 수밖에 없습니다. 신자들은 온갖 문화의 우상과 마음의 우상에 저항하고 그것들을 물리칠 힘을 가질 수 없습니다. 사도 요한이 신자들에게 확신을 주려고 이 서신을 썼다는 말은, 이러한 넓은 맥락에서 이해할 수 있습니다. 사도 요한이 쓴 이 세 서신은 이 맥락을 벗어나지 않습니다.

저는 사도 요한이 서신서들을 쓴 이 상황이 오늘날 한국 교회의 상황과 너무나 흡사하다는 생각을 지울 수 없습니다. 특정 이단이 해외 이민 교회들까지 포함하여 한국 교회를 전반적으로 크게 농락한 일이 일어났습니다. 지난 40년 이상 '교회 성장'이라는 기치를 내걸고 달려 온 한국 교회는 외형적으로 세계적인 대형 교회들을 만들어 냈을지 모르지만, 그 결과 그리스도인이 무엇을 믿는지, 기독교 신앙의 도리가 무엇인지는 거의 알지 못하는 교인들을 양산해 냈습니다. 이단도 무섭지만, 한국의 주요 교단에 속한 교회들의 강단에서 선포하고 가르치는 거짓 교리와 유사 교리의 문제는 더욱 심각합니다. 죽은 정통, 그릇된 정통은 이단보다 무섭습니다. 홍수에 마실 물이 없듯이, 교회는 많지만 바른 복음의 진리를 찾는 성도들이 갈 교회를 찾지 못하는 슬픈 상황이 지금 한국 교회의 모습입니다.

요한 서신이 다루는 주제들은 하나같이 오늘날 한국 교회 상황에 적실합니다. 그 주제들을 하나하나 살펴볼수록 독자들은 저의 이 말에 동의하지 않을 수 없을 것입니다. 그리스도인의 확신, 기쁨, 그리고 성도의 사귐과 형제 사랑, 진리에 대한 그리스도인의 앎과 진리 안에서 순종하는 삶, 세상에 대한 그리스도인의 태도와 우상 숭배에 대한 경고 등 요한 서신의 주요 주제들만 보더라도 그러합니다.

특별히 사도 요한이 제시하는 참 믿음에 대한 세 가지 테스트는 오늘날 참 믿음과 거짓 믿음을 거의 분별하지 못하는 한국 교회에 매우 적실한 도전입니다. 그 세 가지 테스트는 순종 테스트, 사랑 테스트, 그리고 진리 테스트입니다. '빛이신 하나님 안에서 행하는가'를 묻는 순종 테스트는 윤리 실종이라는 비난을 받고 있는 한국 교회에 얼마나 적실한 도전입니까? 다음으로 '하나님의 자녀 된 형제를 사랑하는가'를 묻는 사랑 테스트는 합당하지 않은 이유들로 다툼과 분열을 거듭하고 있는 한국 교회에 필요한 도전입니다. 끝으로 '예수님이 육체로 오신 성자 하나님이신 그리스도이심을 알고 믿고 고백하는' 진리 테스트는 그리스도인이 무엇을 믿는지, 믿음의 도리를 제대로 배우지 못하고 알지 못하여 온갖 이단들에게 현혹당하고 농락당하는 한국 교회의 흔들리는 교인들에게 얼마나 중요한 도전입니까?

앞에서 언급한 것들 외에도, 이제 요한 서신을 읽고 공부하려는 독자들이 특별히 유념해야 할 몇 가지 사실이 더 있습니다. 신약 성경의 모든 서신이 그렇지만, 요한 서신은 공동체적인 맥락이 유난히 강조된 서신입니다. 교회라는 공동체의 맥락을 놓치지 않고 읽으시기를 바랍니다. 심지어 요한삼서는 가이오라는 개인에게 보낸 서신임에도 불구하고 공동체적 맥락에서 벗어나지 않습니다. 우리의 신앙과 교회 생활에 개인주의가 지나칠 정도로 영향을 미치는 지금, 공동체의 맥락을 붙잡는 것은 아무리 강조해도 지나치지 않습니다. 요한 서신은 성도의 사귐이 얼마나 본질적인지를 특별히 강조합니다. 성도가 누리는 확신과 기쁨은 이 사귐에 깊이 뿌리를 내리고 있다고 가르칩니다. 사도는 형제 사랑의 계명을 성도의 구원 문제와 직결된 것으로 언급할 만큼 강조합니다. "우리는 형제를 사랑함으로 사망에서 옮겨 생명으로 들어간 줄을 알거니와 사랑하지 아니하는 자는 사망에 머물러 있느니라"(요일 3:14). 그래서 자기 중심성을 드러내며 신실한 성도들을 배척하고 으뜸이 되려는 지도자들은 교회를 허무는 자들이라고 지적하고 책망합니다. 사도 요한이 성도의 사귐을 어떻게 강조하는지, 그리고 이 사귐이 어떻게 신앙과 교회 됨의 본질인지를 놓치지 마시길 바랍니다.

우리는 문화적 우상과 마음의 우상으로부터 자유롭지 않습니다. 복음은 이런 우상들의 정체를 드러낼 뿐 아니라, 우상들을 허무는 능력이기도 합니다. 이 복음의 능력은 성도들이 복음 중심 공동체 안에 있을 때, 그 사귐에 머무를 때, 더욱 강력하게 경험된다는 점도 중요합니다. 신약 성경의 서신서 가운데 가장 이상한 마무리라고 알려진 요한일서의 마지막 말씀이 "자녀들아 너희 자신을 지켜 우상에게서 멀리하라"(요일 5:21)는 것임을 가볍게 여기지 않아야 합니다.

끝으로 한 가지, 독자들에게 일러두고 싶은 말이 있습니다. 특별히 요한일서는 나선형 계단을 따라 올라가는 것과 같은 구조로 알려져 있습니다. 읽다 보면, 종종 이미 읽은 말씀이라고 느낄 만큼 비슷한 구절이 반복된다는 것이지요. 강단에서 매주일 말로 전해지는 설교에서 이런 반복은 조금도 이상한 것이 아닐 뿐더러, 청중에게 강조하기 위해서 대단히 필요한 방식일 수 있습니다. 하지만 '읽는 설교'라면 독자들에게 이것이 지루한 반복으로 느껴질 수도 있을 것입니다. 그래서 저는 본문의 흐름을 자의적으로 끊거나 생략하지 않으면서도 반복을 최대한 피하려고 했습니다. 차근차근 끝까지 자신의 신앙을 비추어 보면서 읽으신다면 성령님께서 그 말씀으로 독자 여러분과 주님의 교회를 세워 가시는 은혜를 누리시게 될 것입니다. 이것은 하나님의 말씀이기 때문입니다!

벧샬롬교회에 부임한 2015년, 저는 처음 반 년 동안 신앙의 주요 주제들을 다룬 단편 설교들과 요한계시록 2-3장의 일곱 교회에 대한 말씀을 전했습니다. 그렇게 저도 한국 교회를 새롭게 배우고 경험한 후, 첫 번째 권별 강해 설교의 본문으로 택한 책이 요한일서였습니다. 2016년 2월부터 이듬해인 2017년 3월까지 요한일서에 이어 요한이서와 요한삼서를 연속으로 강해하였습니다. 요한 서신을 강해한 이 설교 시리즈의 최초 청중이던 벧샬롬교회의 성도들께 감사를 드립니다. 여러분이 아니었으면 제가 어떻게 이 말씀을 준비하고 전할 수 있었을까요? 여러분 덕택에 준비하고 전하게 된 이 말씀이 오늘과 내일의 한국 교회를 강건하게 세우는 데 읽는 설교로 사용될 수 있다면, 제가 그 이상 무엇을 더 바랄 수 있겠습니까? 끝으로, 강단의 설교가 여러분 손에 들려진 책으로 나올 수 있도록 수고를 아끼지 않은 죠이북스 편집팀에 특별한 감사를 드립니다.

지구상에 살았던 마지막 사도의 이 편지들이 21세기 성도들인 여러분에게 다시 생생하게 들려질 수 있기를 바랍니다.

크신 하나님의 작은 종,
김형익

1 John
요한일서 5장 13절

13 내가 하나님의 아들의 이름을 믿는 너희에게 이것을 쓰는 것은 너희로 하여금 너희에게 영생이 있음을 알게 하려 함이라

그리스도인의 확신

이 시대에 교회가 처한 현실은 요한일서가 기록되던 시기에 교회가 처한 상황과 매우 유사합니다. 그런 점에서 1세기 교회가 진리 안에서 순종하고 서로 사랑하는 공동체로 세워지는 일을 위해 전해진 요한일서의 메시지는 오늘날에도 적실할 것입니다.

요한일서는 교회가 무엇인지, 그리스도인은 누구인지, 그리고 교회가 어떻게 참된 진리 안에서 하나님의 말씀을 듣고 바르게 성장할지 등에 대한 근본적인 진리들을 다루고 있습니다.

요한일서가 기록된 당시의 교회 상황

요한일서가 기록된 당시 교회의 상황과 이 시대 교회의 상황이 어떤 점에서 유사한지를 알기 위해서는 먼저 요한일서가 기록된 상황과 목적을 살펴야 할 것입니다.

　요한일서의 저자인 사도 요한은 예수님의 제자들 가운데 가장 늦게까지 살아남은 사람으로, 주후 1세기 말까지 살아남은 것으로 추정됩니다. 그리고 요한일서는 주후 90년대 초에 에베소에서 기록된 것으로 보이는데, 당시 교회가 처한 구체적인 상황에 관심을 기울이고 있습니다.

　1세기 후반에 이르러, 사도들이 하나둘 세상을 떠나면서 이단이 창궐하기 시작했습니다. "나는 베드로한테 배웠다", "나는 바울한테 배웠다"라면서 이상한 소리를 하기 시작합니다. 그야말로 혼돈의 시대였습니다. 또한 당시에는 많은 교사가 지역을 순회했습니다. 그들은 보통 명망 있는 사람이 써 준 추천서를 가지고 왔는데, 문제는 가짜 추천서가 생기기 시작하면서 거짓 교사가 들어오게 된 것입니다. 추천서만 믿고 말씀을 듣고 있는데, 그 내용이 이상합니다. 분별할 줄 알았다면 그 교사를 쫓아냈을 텐데 분별하지 못합니다. 거짓된 진리, 거짓된 교리, 거짓된 도덕적 가르침을 들은 교회가 혼란에 빠진 것입니다.

　어떤 사람들은 "사도 바울이 다녀간 이래로 이런 대단한 말씀을 들어 본 적이 없다"고 반응하고, 또 어떤 사람들은 "이건 하나님 말씀이 아닌 것 같다. 이 말씀은 거짓인 것 같다"라고 반응합니다. 이런 상황에서 생기는 중요한 문제는 교회가 분열된다는 것입니다. 생각해 보십시오. 한 가족이라고 생각하면서 함께 식사하고 함께 예배드리고 함께 교제하며 지내 왔습니다. 몹시 친하고 가까운 사람들입니다. 그런데 어느 날, 이상한 사람들이 들어와서 이상한 메시지를 전하기 시작하더니, 그와 나 사이가 멀어집니다. 서로 철천지원수가 되는 일이 일어납니다. 이것은 진리에 대한 분별 때문에 생기는 문제입니다. 서로 몹시 친한데도 이러한 분별의 문제 때문에 원수가 되는 것입니다. 바로 이것이 1세기 말, 사도 요한이 이 편지를 쓰던 당시 상황이었습니다.

게다가 거짓 교사들은 자신의 세력이 커지지 않으면 때로 자신을 따르는 사람들을 데리고 교회 밖으로 나가기도 했습니다.

> 그들이 우리에게서 나갔으나 우리에게 속하지 아니하였나니 만일 우리에게 속하였더라면 우리와 함께 거하였으려니와 그들이 나간 것은 다 우리에게 속하지 아니함을 나타내려 함이니라(요일 2:19).

거짓 교사들이 사람들을 데리고 나갔습니다. 때로는 내 친구를, 때로는 내 어머니를, 때로는 내 형제를 데리고 나갔습니다. 이런 상황에서 교회에 남은 성도들은 어떤 생각이 들었을까요? '혹시 교회에서 나간 저들이 진리의 편에 선 것은 아닐까?', '진짜 신앙이란 무엇인가?', '참 복음은 무엇인가?', '나는 진정한 진리를 붙잡고 있는 것인가?', '내가 진짜 구원받은 사람으로 참된 신앙을 붙들고 살아가고 있다는 것을 어떻게 확신할 수 있는가?'와 같은 질문들이 꼬리에 꼬리를 물고 일어났습니다.

영지주의의 등장과 가르침

당시에 교회에는 복잡하고 다양한 거짓 가르침과 분파가 있었을 것으로 짐작하는데, 그중에서도 중요한 거짓 가르침은 '영지주의'라고 알려진 이단 사상입니다. 영지주의는 영적이고 은밀하며 고차원적인 지식, 영적 깨달음을 강조하는 이단 사상으로, '영은 선하고 물질은 악하다'고 주장하는 헬라 철학의 이원론에 기반한 가르침이었습니다. 요한일서가 기록된 1세기 말은 영지주의가 막 등장하여 아직 체계적으로 발달되지는 않은 때였지만, 당시 거짓 교사들이 가르친 내용은 이 영지주의의 주장과 다르지 않았습니다. 반면 성경은 영은 선하고 물질은 악하다는 이원론을 승인하지 않습니다. 물질세계를 창조하신 분이 하나님이십니다. 그러하기에 성경은 육체가 악한 것이고, 영혼과 정신은 선한 것이라고 말하지 않습니다. 영지주의는 기본적으로 헬라 사상의 이원론과 기독교를 조합시키려는 일종의 혼합주의 이단 사상이었습니다.

영지주의에서 중요하게 강조한 두 가지 가르침이 있습니다. 하나는 '믿음이 아닌 지식으로 구원받는다'는 것입니다. 이때 이들이 말하는 지식이란 신비로운 지식을 뜻합니다. 특정한 누군가에게서 내려오는 지식, 아무도 알지 못하고 누구도 가르쳐 주지 않는 그 지식으로 구원을 받는다는 것입니다. 이 지식을 믿음보다 위에 두었습니다.

아마도 영지주의자들은 이렇게 말했을 것입니다. "우리에게는 성령의 기름 부음을 받은 지식이 있다. 너희에게는 그냥 들어서 머리로 깨우친 지식이 있는데, 그런 지식으로는 구원받을 수 없다. 우리는 성령께서 직접 기름 부으신 지식으로 구원을 받는다." 사도 요한이 성령의 '기름 부음'이라는 용어를 쓰면서 "진짜 성령의 기름 부음이 무엇인지 아느냐"고 말하는 것은 영지주의자들의 이런 가르침을 염두에 둔 것입니다(요일 2:20, 27). 또한 지식으로 구원받는다는 그들의 말에 요한은 참된 지식이 무엇인지, 참된 진리가 무엇인지를 설명합니다. 그래서 요한일서에는 '알다'라는 동사가 유난히 많이 등장합니다(2:3, 5; 3:14, 16, 19, 24; 4:13; 5:2). 진정으로 안다는 것은 영지주의에서 말하는 신비주의적인 지식이 아닙니다. 사도 요한은 진정으로 안다는 것이 무엇인지를 강조하고 있습니다.

영지주의에서 가르친 다른 하나는 앞서 설명한 '물질세계는 악하고 영은 선하다'는 이원론입니다. 이 이원론에 따르면 육체는 악한 것이기에 거룩하신 하나님께서는 인간의 육신을 입을 수 없습니다. 그러나 예수님은 육신을 입고 이 땅에 오신 참 하나님이자 참 사람이십니다. 이 땅에 오신 예수님의 존재를 부인할 수는 없기에 결국 영지주의자들이 만들어 낸 설명이 가현설(docetism)입니다. 가현설이란 쉽게 말하자면 가짜로 그렇게 보였다는 것입니다. 가현설에 따르면 예수(인성을 강조)라는 인간이 태어나서 서른 살에 요한에게 세례를 받을 때, 그리스도(신성을 강조)께서 예수라는 사람에게 들어가셨습니다. 그리고 고난받으시고 십자가를 지시기 전에 예수를 떠나셨습니다. 그래서 영지주의자들은 예수님의 성육신, 예수님의 고난받으심, 예수님의 죽으심, 예수님의 부활하심, 예수님의 승천하심에는 관심이 없습니다. 그분의 가르침만이 중요합니다. 그 가르침을 깨닫고 이해하는 것이 중요합니다. 이들이 가르치는 구속 교리는 예수님의 대속적 죽으심, 피 흘려 죽으심, 몸으로 부활하심, 승천하심, 그리고 이 모든 것의 근본이 되시는 예수님께서 인간의 몸을 입으심 등을 모두 부인합니다. 영지주의는 우리 구속의 근거로 예수님의 인격과 그분이 행하신 사역을 필요로 하지 않습니다. 가르침만 있으면 되기 때문입니다.

　오늘날에도 기독교를 이렇게 이해하는 사람들이 수두룩합니다. 예수님께서 가르치신 것만 잘 깨달으면 된다고 말하거나 예수님을 가르치러 오신 선생으로 이해합니다. 예수님은 가르치러 오신 선생이 아니라 우리의 대속물로 죽기 위해 오신 분입니다. 예수님께서 가르치시는 걸 깨닫기만 하면 구원받는 것이 아닙니다. 우리는 공의로우신 하나님 앞에서 그분의 진노와 죄에 대한 율법의 저주와 형벌을 받아야 하는 존재입니다. 우리는 그 심판을 면할 길이 없으나 예수 그리스도께서 인간이 되셔서 대신 심판을 받으셨다는 것이 기독교 신앙의 근본입니다.

　가현설에 따르면 예수 그리스도의 대속적 죽으심과 몸의 부활이 부정되고, 우리의 구속의 근거는 사라집니다. 그들이 말하는 구원은 예수 그리스도의 십자가와 부활이라는 역사적 사실에 근거를 두는 것이 아니라, 어떤 신비적인 지식을 통해서 이루어집니다. 영지주의자들이 강조하여 가르치는 구원은 영혼이 몸이라는 감옥에서 빠져나오는 것입니다. 그들이 말하는 구원은 죽으면 얻을 수 있습니다. 죽으면 육체의 생명이 끝나고 영혼이 자유롭게 빠져나오기 때문입니다. 이것이 그들이 가르치는 구원입니다.

영지주의의 거짓 교사들이 가르친 복음은 거짓 복음이었습니다. 예수 그리스도의 인격과 사역을 부인하는 신비주의적 이원론에 지나지 않은 혼합주의입니다. 사도가 참된 기독교 신앙이란 예수 그리스도께서 육체로 오신 성육신을 믿는 것임을 분명하게 밝히고 있는 것은 바로 이런 거짓 가르침을 의식했기 때문입니다(요일 4:1-3).

확신을 잃어버린 성도들

사도 요한이 이 편지를 쓰기 전, 교회는 이런 영지주의자들 때문에 분열된 상태였습니다. 그래서 사도가 "우리에게서 나[간]" 사람들에 대해 말한 것입니다(요일 2:19). 교회 지도자라고 하는 사람들이 그들을 추종하는 사람들을 데리고 교회에서 나가는 일이 벌어졌습니다. 상황이 이렇게 되자 남은 사람들은 '저 사람들이 맞는 거 아닐까?', '내가 틀리지 않았을까?' 하며 불안했습니다. 확신을 잃어버린 것입니다. '내가 옳다고 어떻게 확신할 수 있는가?'라고 생각하는 사람들을 향해 사도는 자신이 편지를 쓰는 이유를 이렇게 밝힙니다.

> 내가 하나님의 아들의 이름을 믿는 너희에게 이것을 쓰는 것은 너희로 하여금 너희에게 영생이 있음을 알게 하려 함이라(요일 5:13).

요한일서는 교회에서 나간 사람들, 교회를 떠나 또 다른 교회를 만든 사람들이 아니라 교회에 남은 성도들에게 쓴 편지입니다. 사도는 그들을 "하나님의 아들의 이름을 믿는 너희"라고 부르고 있습니다. 사도가 그들에게 편지를 쓴 이유는 그들에게 영생이 있음을 '알게' 하기 위해서입니다.

로마 가톨릭교회에는 확신이라는 요소가 없습니다. 죽고 나서야 자신의 구원 여부를 알 수 있습니다. 이슬람도 마찬가지입니다. 그저 착한 일을 많이 하면 천국에 갈 수 있을 것이라고 생각합니다. 이것이 모든 종교의 특성입니다. 그러나 기독교는 다릅니다. 하나님께서 우리에게 확신을 주셔서 그 확신으로 주님을 섬기게 하는 것, 생명이 위협받는 자리에서도 그 확신으로 주님 앞에 서게 하는 것이 기독교입니다. 그리스도인은 이 땅에서 천국을 경험하고, 성령님으로 말미암아 그리스도께서 내 안에, 내가 그리스도 안에 거하는 것을 누리며 살아갑니다.

어릴 때에는 천국을 죽어서 가는 장소로만 이해했습니다. 그런데 대학교 1학년 때, 하나님 나라에 대해 공부하기 위해 한 신학자의 책을 읽게 되었습니다. 조지 앨던 래드(George Eldon Ladd)라는 침례교 목사이자 저명한 신약 신학 교수의 책이었는데, 거기서 천국의 1차 개념은 '하나님의 다스림'이라는 것을 알고는 충격을 받은 기억이 생생합니다. 하나님께서 나를 다스리시면 내가 천국입니다. 하나님께서 교회를 다스리시면 교회가 천국인 것이고, 하나님께서 우리 가정을 다스리시면 우리 가정이 천국입니다. 그런 의미에서 예수님을 믿는 사람들 안에는 이미 하나님의 다스림이 있습니다. 예수님께서 '나의 구주와 주님'(노예 제도가 일반화되어 있던 1세기에 '주님'이라는 고백은 '나는 당신의 노예로, 나의 생사 여탈권과 내가 가진 모든 것은 당신의 것입니다'라는 의미가 담겨 있습니다)이 되셔서 나를 다스리시는 것입니다.

우리가 잘 아는 전도지인 〈사영리〉는 1970년대 미국에 히피 운동이 일어났을 때 히피들에게 복음을 전하기 위해서 개발된 전도 책자입니다. 이 책자는 한국어로 번역되어 우리나라에서도 전도 도구로 많이 활용되었습니다. 사영리를 펼치면 우리 마음을 나타내는 동그란 원이 그려져 있습니다. 그 원의 중심에는 의자가 하나 있고, 의자에 '나'라고 적혀 있습니다. 내가 나를 다스리고 있다는 의미입니다. 그런데 예수님을 믿으면 그림이 달라집니다. 왕좌에서 내가 물러나 아래로 내려오고, 예수 그리스도께서 그 위에 올라와 계십니다. 즉 예수님을 믿는다는 것은 예수님께서 다스리시는 삶을 살아간다는 것입니다. 예수 그리스도께서 다스리시는 것이 바로 하나님 나라입니다.

예수님을 믿는다는 것은 이 땅에서 하나님과 동행하고 하나님의 임재와 함께하는 삶을 누리는 것입니다. 이런 의미에서 사도 요한이 요한일서에서 "너희에게 영생이 있음을 알게 하려 함이라"라고 말한 것은 확신 있는 그리스도인으로 이 땅을 살아가는 것이 중요함을 전하고자 한 것입니다.

우리 시대의 교회 상황

이 시대는 어떻습니까? 오늘날은 절대 진리를 부정하는 시대입니다. 누구도 절대 진리를 말할 수 없는 시대입니다. 이 시대는 전체적으로 혼돈 상태에 놓여 있습니다. 이런 세상에서 사람들이 무엇을 확신할 수 있겠습니까? 과학을 진리라고 말할 수 있을까요? 우리는 역사적으로 천동설에서 지동설로 패러다임이 바뀌는 것을 경험했습니다. 과학도 절대 불변의 진리라고 확신할 수 없습니다. 그러나 성경은 절대 진리를 가르칩니다. 어느 길로 가든 목적지에 도달하면 된다고 말하는 다원주의를 가르치지 않습니다. 그렇기 때문에 절대 진리를 인정하지 않는 불확실성의 세계에서 성경을 믿는 그리스도인으로 살아간다는 것, 예수님을 믿는 사람으로 진리를 확신하며 주장한다는 것은 굉장히 어려운 일입니다.

문제는 교회도 혼돈 가운데 있다는 것입니다. 교회의 혼돈은 영적인 무지가 낳은 결과입니다. 오늘날의 기독교는 성경을 떠난 기독교라고 해도 지나치지 않습니다. 강단에서 성경 말씀 한 구절 읽고 다른 이야기만 하다가 끝나는 설교가 많습니다. 주일에 예배드리러 교회에 나오는 사람들 중 많은 이가 평일에는 하나님의 말씀을 읽지 않습니다. 하나님의 말씀을 가르쳐 주는 주중 성경 공부에도 참여하지 못합니다. 이런 상황에 있는 신자는 하나님의 말씀으로 제대로 양육받을 수 없습니다. 여러분, 우리가 어떻게 확신할 수 있을까요? 이런 상황이라면 확신에 이를 길이 없습니다.

이런 혼돈 속에 있을 때 영지주의와 같은 '신비주의'적인 것이 들어오면 쉽게 솔깃해집니다. 하나님의 말씀인 진리에는 끌리지 않다가도 누군가가 신비주의적인 이상한 이야기를 하면 뭔가 있어 보입니다. 교회사를 살펴보면 희한하게도 이런 일이 늘 있어 왔습니다. 이런 신비주의에 반응하는 것이 인간의 본성이기도 합니다.

요즘에도 "하나님이 나에게 이렇게 말씀하셨습니다"라고 입버릇처럼 말하는 사람들이 있습니다. 그런 말을 할 때 그들은 늘 성령을 끌어들입니다. 그래서 "성령의 기름 부음이 있다"는 표현을 즐겨 사용합니다. 오늘날 많은 그리스도인이 신비주의적인 현상들에 휘둘리고 있다는 것이 참 안타깝습니다. 우리는 지적인 혼돈 가운데 있지만, 그 혼돈 속에서 참과 거짓을 분별할 수 있는 사람은 없습니다.

오늘날과 같은 혼돈 속에서 나타나는 또 다른 현상은 '주관주의'입니다. 여기서 주관주의란 자신이 생각하고 싶은 대로 예수님을 믿는 것입니다. 사사 시대에 자기 소견에 옳은 대로 행한 것처럼 오늘날 자신이 믿고 싶은 하나님을 만들어 놓고 자기 마음에 있는 것을 투사하여 그것을 하나님이라고 생각하면서 성경과 무관하게 믿는 것은 이단입니다. 그래서 사도는 요한일서를 이렇게 마무리합니다. "자녀들아 너희 자신을 지켜 우상에게서 멀리하라"(5:21).

우상이 무엇입니까? 우리가 만들어 낸 하나님, 영지주의에서 만들어 낸 하나님, 객관적이고 역사적인 예수 그리스도의 인격과 그분이 하신 일이 아니라 내가 생각하고 내가 믿고 싶어 하는 예수님, 이것이 바로 우상입니다. 우상을 섬긴다는 것이 교회 바깥에서만 일어나는 일이라고 착각하지 마십시오. 하나님의 진리에 대한 우리의 무지가 우상을 만들어 냅니다. 그래서 장 칼뱅(John Calvin)은 "인간의 마음은 영원한 우상 공장이다"라고 말했습니다. 우리는 모두 자기만의 우상을 만들어 냅니다. 이 우상들은 진리에 의해 무너져야 합니다. 늘 하나님의 말씀을 배우고 그 말씀 아래 신앙생활을 해야 하는 것은 그것이 우리가 만들어 내는 우상들을 분별하고 몰아내기 때문입니다.

요즘은 이단이 들어와서 교회를 싹 먹어 치우겠다는 생각을 할 만큼 교회가 만만해졌습니다. 진리의 혼돈이 있기 때문입니다. 사실 교회 안에 이러한 이단들의 행태나 신비주의와 주관주의가 일어나게 된 원인을 제공한 것은 바로 교회 자신입니다. 교회에서 성도를 가르치지 않고, 성도 또한 가르침을 받지 않기 때문입니다. 오늘날 '신앙생활'이란 주일에 예배 한 번 드리는 것이라는 생각이 보편화되었습니다. 이런 혼돈의 상황에서 교회가 분열되고 썰물 현상이 일어나는 것입니다. 지난 30년 동안 한국 교회는 그것을 경험해 왔습니다. 그리고 오늘날의 이런 상황과 배경은 요한일서가 기록된 교회 상황의 특징이기도 했습니다.

이런 혼돈의 상황에서 우리는 또한 확신을 잃어버렸습니다. 오늘날 확신은 종교적 교만과 동의어가 되어 버렸습니다. "당신도 맞고 저도 맞는 거죠"라고 말해야 겸손한 신앙인이 됩니다. 이것은 우리 시대의 심각한 문제입니다. 그러니 어느 때보다도 우리는 그리스도인의 확신을 전하는 요한일서의 메시지가 필요합니다.

확신이 없으면, 참된 교제와 그 교제에서 누리는 기쁨도 잃어버리게 됩니다. 확신을 가진 성도가 많은 교회에서는 성도들이 모여 교제할 때 풍성한 기쁨이 있습니다. 참된 성도의 교제가 이루어집니다. 그런데 오늘날에는 참된 성도의 교제가 매우 희귀합니다.

　우리가 살아가는 이야기, 자녀 이야기나 일상 이야기를 하는 것은 성도의 교제가 아니라는 말이 아닙니다. 성경 말씀만 이야기해야 하고, 기도 제목이나 기도 응답, 영적인 것만 이야기해야 한다는 말도 아닙니다. 이런 것이 바로 이원론입니다. 우리 삶의 모든 것, 일상적인 부분과 영적인 부분 모두를 하나님께서 다스리신다는 것을 알 때, 우리는 다른 그리스도인들과 이 모든 것을 함께 나눌 수 있습니다. 하나님의 관점에서 서로 위로하고 기뻐해 주며, 함께 기쁨과 슬픔을 나눌 수 있습니다. 이것이 그리스도인의 교제입니다. 주님에게 받은 큰 은혜와, 말씀을 통해 하나님을 아는 지식의 기쁨을 공유할 수 있는 사람, 나처럼 주님을 사랑하고 주님에게 받은 은혜를 나누고 싶어 하는 사람을 만나면 우리 영혼은 춤을 춥니다. 이보다 기쁜 일이 없습니다. 마음이 지치고 몸이 피곤해도 성도의 교제는 우리에게 한없는 기쁨을 줍니다.

　'교회'라는 단어에서 '교'는 한자로 '가르칠 교'(敎)를 쓰지만, 성경적인 개념을 생각한다면 '사귈 교'(交)를 쓰는 것도 합당합니다. 교회는 사귐입니다. 교회는 '코이노니아'(κοινωνία)입니다. 이때 교제는 하나님의 말씀이 있다는 것을 전제합니다. 하나님의 말씀 아래 하나님의 다스림을 받는 주의 백성이 주님을 사랑하고 주님에게 받은 은혜를 나눌 때, 그 은혜는 배가되고 풍성해집니다. 그것이 교회가 가진 힘입니다. 교회의 힘은 많은 재정이나 영향력 있는 성도에서 비롯되지 않습니다. 우리가 받은 은혜가 교회의 힘입니다. 그 은혜의 총합이 교제를 통해 배가됩니다.

　교회는 출석하는 장소가 아닙니다. 조직도 아닙니다. 우리가 교회입니다. 이것이 성경적인 교회론입니다. 그런데 우리가 건강하게 세워지려면 하나님의 말씀이 반드시 필요합니다. 교회가 건강하려면 어떤 것으로도 끊을 수 없는, 성령님께서 우리 안에 일으키시는 '서로 사랑'이라는 끈으로 이루어진 교제가 필요합니다. 그러니까 우리는 절대적으로 붙어 있어야 합니다.

신앙생활은 '교회 생활'이 아닙니다. 교회 생활로 신앙생활을 축소시켜서는 안 됩니다. 내 삶의 모든 자리가 신앙생활입니다. 직장 생활이 신앙생활이고, 가정 생활이 신앙생활입니다.

혼돈의 시대가 되면서 우리는 확신을 잃어버렸습니다. 확신을 잃어버린 사람들이 많아지면서 교회는 참된 교제를 상실했습니다. 그리고 참된 교제에서 얻는 기쁨도 잃어버렸습니다. 이것은 조직을 강화하거나 새로운 프로그램이나 제도를 도입한다고 해서 해결할 수 있는 문제가 아닙니다. 진리 안에서 우리 속사람을 새롭게 하시는 성령님의 은혜를 받아야 하는 일입니다. 우리는 그 일에 힘써야 합니다.

참된 신자임을 어떻게 확신할 수 있는가

요한일서는 "참된 기독교는 무엇인가", "내가 참된 신자라는 것을 어떻게 확신할 수 있는가"라는 질문에 대해 분명하게 정리된 구조로 설명하고 있지는 않습니다. 어떤 사람은 요한일서가 나선형 구조라고 말합니다. 또 어떤 사람은 음악적인 표현을 빌려 교향악 같은 구조라고 표현합니다. 나선형이나 교향악처럼 요한일서에서는 비슷한 주제가 반복적으로 등장하기 때문입니다. 그래서 일목요연하게 이해하기는 쉽지 않습니다. 사도 요한은 요한일서를 왜 그런 구조로 쓴 것일까요? 그것은 우리를 반복적으로 교훈해서 결국 5장 13절 말씀처럼 "내가 그리스도인이구나! 내가 영생을 누리는 사람이구나! 할렐루야, 감사합니다. 주님!"이라고 고백하게 만드는 것이 이 편지를 쓴 목적이기 때문입니다.

요한일서 1장 3절은 요한일서의 목적을 이렇게 설명합니다.

우리가 보고 들은 바를 너희에게도 전함은 너희로 우리와 사귐이 있게 하려 함이니 우리의 사귐은 아버지와 그 아들 예수 그리스도와 더불어 누림이라.

사도는 그 목적을 '사귐'이라고 표현하며, 그 사귐은 단지 우리끼리의 사귐이 아니라 '아버지와 그 아들 예수 그리스도와 함께하는 사귐'이라고 설명합니다. 이어서 4절은 이렇게 말합니다.

우리가 이것을 씀은 우리의 기쁨이 충만하게 하려 함이라.

사도는 이 사귐으로 말미암은 기쁨이 우리 안에 충만하게 하려고 편지를 쓰고 있습니다. 사도는 이 편지를 통해 '하나님이 우리에게 이런 은혜를 주셨구나', '그리스도인이란 이런 것이구나!', '이것이 진짜 교회구나!'라는 것을 배우고, 나아가 그 배움대로 살아낼 수 있기를 바랐습니다.
사도는 참된 신자임을 확신할 수 있게 하는 세 가지 테스트를 제시합니다. 바로 '교리', '삶'(순종), '사랑'입니다.
첫째, 교리, 즉 '무엇을 믿는가'입니다(요일 2:18-28; 3:23-4:6; 4:14, 15; 5:1, 5). 참된 신자는 성경에서 말하는 하나님, 특히 성경에서 가르치는 예수 그리스도를 그대로 믿는 사람입니다. 사도 요한은 참된 영과 거짓된 영을 구별하는 기준을 이렇게 제시합니다.

사랑하는 자들아 영을 다 믿지 말고 오직 영들이 하나님께 속하였나 분별하라 많은 거짓 선지자가 세상에 나왔음이라 이로써 너희가 하나님의 영을 알지니 곧 예수 그리스도께서 육체로 오신 것을 시인하는 영마다 하나님께 속한 것이요 예수를 시인하지 아니하는 영마다 하나님께 속한 것이

> 아니니 이것이 곧 적그리스도의 영이니라 오리라 한 말을 너희가 들었거
> 니와 지금 벌써 세상에 있느니라(요일 4:1-3).

사도는 성경을 기준으로 분별하라고 요구합니다. 예수 그리스도께서 육체로 오신 것을 부인하는 자는 그분의 고난과 죽음, 부활도 받아들일 수 없습니다. 그렇다면 그가 말하는 믿음은 복음이 가르치는 믿음이 아닌 것입니다. 또한 사도는 이렇게 말합니다.

> 아버지가 아들을 세상의 구주로 보내신 것을 우리가 보았고 또 증언하노
> 니 누구든지 예수를 하나님의 아들이라 시인하면 하나님이 그의 안에 거
> 하시고 그도 하나님 안에 거하느니라(요일 4:14, 15).

하나님과 사귐이 있다고 말하면서 예수 그리스도께서 육체로 오신 것이나 그분이 하나님의 아들이심을 부인한다면, 그는 참된 신자일 수 없습니다. 이처럼 사도는 교리로 참된 신자를 분별할 수 있다고 말합니다.

둘째, 삶, 즉 '믿는 것에 순종하는가'입니다(요일 1:5, 6; 2:29-3:10; 3:23, 24; 5:4-21). 무엇을 믿는지 알았다면, 믿는 대로 사는 삶이 따라옵니다. 믿는 것과 무관하게 살아가는 것은 그 신앙이 거짓임을 입증할 뿐입니다. 우선 믿는 내용, 즉 교리가 먼저 나오고 그 뒤에 삶이 뒤따릅니다. 믿는 내용과 상관없이 삶만 훌륭하면 되는 것이 아닙니다.

> 우리가 그의 계명을 지키면 이로써 우리가 그를 아는 줄로 알 것이요 그
> 를 아노라 하고 그의 계명을 지키지 아니하는 자는 거짓말하는 자요 진
> 리가 그 속에 있지 아니하되 누구든지 그의 말씀을 지키는 자는 하나님의
> 사랑이 참으로 그 속에서 온전하게 되었나니 이로써 우리가 그의 안에 있

는 줄을 아노라 그의 안에 산다고 하는 자는 그가 행하시는 대로 자기도 행할지니라(요일 2:3-6).

믿음의 내용에 순종하는 삶이 참된 신자임을 입증합니다.

자녀들아 아무도 너희를 미혹하지 못하게 하라 의를 행하는 자는 그의 의로우심과 같이 의롭고 죄를 짓는 자는 마귀에게 속하나니 마귀는 처음부터 범죄함이라 하나님의 아들이 나타나신 것은 마귀의 일을 멸하려 하심이라 하나님께로부터 난 자마다 죄를 짓지 아니하나니 이는 하나님의 씨가 그의 속에 거함이요 그도 범죄하지 못하는 것은 하나님께로부터 났음이라 이러므로 하나님의 자녀들과 마귀의 자녀들이 드러나나니 무릇 의를 행하지 아니하는 자나 또는 그 형제를 사랑하지 아니하는 자는 하나님께 속하지 아니하니라(요일 3:7-10).

하나님의 자녀는 하나님을 닮아 의를 행하고, 마귀의 자녀는 마귀처럼 행동합니다. 믿음은 입술의 고백이 아니라 순종, 곧 삶으로 말한다고 사도는 분명하게 가르치고 있습니다.

셋째, 형제 사랑, 즉 '같은 주를 믿는 형제를 사랑하는가'입니다(요일 2:7-10; 3:10-24; 4:7-5:3). 사도 요한은 형제 사랑을 유난히 강조했습니다. 교리적으로 아무리 옳고, 믿는 바에 따라 바르게 살아간다고 해도 형제를 사랑하지 않는다면, 그는 구원받은 하나님의 자녀임을 확신할 수 없습니다.

빛 가운데 있다 하면서 그 형제를 미워하는 자는 지금까지 어둠에 있는 자요 그의 형제를 사랑하는 자는 빛 가운데 거하여 자기 속에 거리낌이 없으나(요일 2:9, 10).

사랑하는 자들아 우리가 서로 사랑하자 사랑은 하나님께 속한 것이니 사랑하는 자마다 하나님으로부터 나서 하나님을 알고 사랑하지 아니하는 자는 하나님을 알지 못하나니 이는 하나님은 사랑이심이라 하나님의 사랑이 우리에게 이렇게 나타난 바 되었으니 하나님이 자기의 독생자를 세상에 보내심은 그로 말미암아 우리를 살리려 하심이라 사랑은 여기 있으니 우리가 하나님을 사랑한 것이 아니요 하나님이 우리를 사랑하사 우리 죄를 속하기 위하여 화목제물로 그 아들을 보내셨음이라 사랑하는 자들아 하나님이 이같이 우리를 사랑하셨은즉 우리도 서로 사랑하는 것이 마땅하도다 어느 때나 하나님을 본 사람이 없으되 만일 우리가 서로 사랑하면 하나님이 우리 안에 거하시고 그의 사랑이 우리 안에 온전히 이루어지느니라(요일 4:7-12).

하나님으로부터 난 자는 하나님으로부터 난 자를 알아보고 사랑합니다. 이것은 명령이 아닙니다. 예수님을 믿는 사람, 예수님을 사랑하는 사람은 예수님을 믿는 사람을 사랑하게 되어 있습니다.

확신을 누리는 그리스도인이 되라

사도 요한은 거짓 교사들의 거짓 가르침과 내부 분열로 혼돈에 빠진 교회와 성도들을 향해 요한일서를 썼습니다. 그리고 자신이 참된 신자인지를 분별할 수 있는 기준을 제시했습니다.

자신을 한번 돌아보십시오. 여러분은 하나님 말씀이 가르치는 대로 하나님을 알고, 말씀이 가르치는 예수님을 믿고 있습니까? 자신의 생각대로, 자기 마음대로 예수님을 믿고 있지는 않습니까? 여러분은 믿는 말씀대로 순종하며 살고 있습니까? 그 말씀을 읽기만 하는 것은 아닙니까? 순종할 마음으로 하나님 앞에 나아가십니까? 여러분은 형제를 사랑하십니까? 말뿐만이 아니라 적극적으로 물질과 행위로 사랑하십니까? 자신에게 호의적인 형제들만 사랑하고 있지는 않습니까?

사도 요한은 그리스도인들이 영생이 있음을 알고, 흔들리는 신앙 가운데 있는 자들이 믿음을 온전케 하고 확신을 누리며 살아가기를 원했습니다. 요한일서를 통해 오늘날 우리도 이러한 확신에 이르기를 바랍니다.

1 John
요한일서 1장 1-4절

1 태초부터 있는 생명의 말씀에 관하여는 우리가 들은 바요 눈으로 본 바요 자세히 보고 우리의 손으로 만진 바라 2 이 생명이 나타내신 바 된지라 이 영원한 생명을 우리가 보았고 증언하여 너희에게 전하노니 이는 아버지와 함께 계시다가 우리에게 나타내신 바 된 이시니라 3 우리가 보고 들은 바를 너희에게도 전함은 너희로 우리와 사귐이 있게 하려 함이니 우리의 사귐은 아버지와 그의 아들 예수 그리스도와 더불어 누림이라 4 우리가 이것을 씀은 우리의 기쁨이 충만하게 하려 함이라

01

그리스도인의 기쁨

사도 요한이 요한일서를 쓴 목적은 성도들이 참된 믿음과 삶 안에 서도록 보호하는 것이었다는 점에서 목회적이라고 말할 수 있습니다. 목회자인 요한은 나이 들어 예전처럼 돌아다니며 설교할 수 없는 상황에서 편지로나마 사랑하는 하나님의 자녀들에게 목회적인 관점에서 확신과 기쁨, 거룩과 같은 덕목을 전하고 있습니다.

목회적이면서 논쟁적인 서신, 요한일서

사도는 예수님을 믿는 성도들이 하나님의 구원받은 백성이며 영생이 있다는 '확신'을 가지고 살아가길 바라는 마음에서 편지를 쓴다고 이야기합니다(요일 5:13). 당시 성도들은 많은 핍박을 받았습니다. 예수님을 믿는다고 하는 사람들, 심지어 지도자들 중에서도 핍박을 받자 믿음을 배반하는 일들이 일어났습니다. 뿐만 아니라 이단적인 가르침이 들어와 교회를 어지럽혔습니다. 이런 상황에서 성도들은 '내가 믿는 것이 진짜 옳은 것인가?', '내가 이단인 것은 아닐까?', '어려움이 닥치면 나도 믿음을 배반하게 되지 않을까?'라는 생각들로 흔들리고 있었습니다. 확신이 없는 신앙은 답을 알아도 그 답을 살아 낼 힘이 없습니다. 그러나 확신을 가지고 신앙생활하는 신자는 흔들리지 않습니다. 그러하기에 사도 요한은 그들에게 확신을 갖는 것이 얼마나 중요한지를 전한 것입니다.

또한 사도는 "우리가 이것[이 편지]을 씀은 우리의 기쁨이 충만하게 하려 함이라"(요일 1:4)라고 말합니다. 그는 성도에게 '기쁨'이 있기를 바랐습니다. 기쁨은 믿음의 시금석입니다. 믿음, 즉 하나님에 대한 신뢰는 우리 안에 기쁨을 만듭니다. 그 기쁨은 우리가 맞닥뜨리면서 살아가는 세상의 환경과 처지에 의해 빼앗기거나 사라지는 것이 아닙니다. 바라던 바가 이루어지면 기쁘고, 이루어지지 않으면 좌절하는 일희일비의 삶이 아니라 하나님께서 주시는 하늘의 기쁨입니다. 사도 요한은 이 편지를 읽을 하나님의 자녀들 안에 이 기쁨이 충만하길 원했습니다.

또한 사도는 성도들이 '거룩'하길 바라는 마음에서 이 편지를 썼습니다.

> 나의 자녀들아 내가 이것을 너희에게 씀은 너희로 죄를 범하지 않게 하려 함이라 만일 누가 죄를 범하여도 아버지 앞에서 우리에게 대언자가 있으니 곧 의로우신 예수 그리스도시라(요일 2:1).

다시 말해 사도는 성도들이 죄를 짓지 않고 살길 바라는 마음에서 편지를 쓰고 있습니다.

요한일서는 따뜻한 목회 서신이지만 한편으로는 굉장히 논쟁적인 서신이기도 합니다. 따뜻하면서도 창과 같은 날카로움을 숨기지 않는 편지입니다. 사도가 보내는 편지를 받아 읽을 성도들은 교회에 들어온 많은 이단적 가르침에 흔들리고 있었습니다. 그런 상황인 만큼 교인들은 하나님 말씀을 분명하게 알아야 했습니다. 거짓인지 참인지 분별하려면 모호하게 이해해서는 안 됩니다. 그래서 성도들을 정확하게 가르치고, 정확하게 깨닫게 해야 합니다. 그런 면에서 요한일서는 신학적인 내용이 풍부하고 논쟁적인 서신입니다.

사도 요한은 성도들에게 거짓 선지자, 거짓 교사들을 시험해 보라고 도전합니다(요일 4:1-6). 그리고 그들이 미혹하는 자들(요일 2:26; 3:7), 적그리스도(요일 2:18; 4:3)라고 대놓고 이야기합니다. 사도는 이 싸움을 피하지 않겠다고, 거짓 교사와 거짓 선지자, 모든 이단적이고 잘못된 가르침에 대해 진리의 칼을 뽑았다고 선포하고 있습니다.

요한일서가 논쟁적이고 날카로운 글이라는 것은 이 서신의 형식에도 나타납니다. 요한일서는 편지이지만, 다른 편지들과 조금 다릅니다. 신약 성경의 갈라디아서, 로마서 등도 편지인데, 이런 서신서들에는 모두 인사말이 있습니다. 그런데 사랑이 풍성하고 따뜻한 내용을 전하는 요한답지 않게 요한일서에는 인사말이 없습니다. 요한일서는 바로 본론으로 들어갑니다. 심지어 본론을 시작하는 그 말이 마치 선전 포고와 같습니다. 교회를 흔들어 허무는 이단적인 가르침을 전하는 거짓 교사와 거짓 사도들에게 선전 포고하는 것입니다.

그리스도는 복음이시다

마태복음 16장에서 예수님께서 빌립보 가이사랴 지방에 이르러 제자들에게 묻습니다. "사람들이 인자를 누구라 하느냐 …… 너희는 나를 누구라 하느냐"(13, 15절). 기독교 신앙의 핵심은 예수 그리스도이십니다. 예수 그리스도가 누구인지에 대한 대답에 따라 기독교가 서고 넘어집니다. 그런데 지금 이단들이 들어와서 예수 그리스도가 누구인지에 대해 시비를 걸고 있습니다. 그래서 사도 요한은 예수 그리스도가 누구인지에 대한 근본적인 문제로 요한일서를 시작하고 있습니다.

요한일서가 시작되는 문장의 구조는 매우 독특합니다. 한글 성경은 여러 문장으로 나누어 번역했지만, 원문에서 요한일서 1장 1-3절은 한 문장으로 되어 있습니다. 이 긴 문장에서 주동사는 3절에 있는 '전함은'이라는 단어입니다.

사도 요한은 "내가 너희에게 전할 것이 있다"고 말하고 있습니다. 그리고 그가 전하고자 하는 내용이 매우 긴 수식과 함께 가장 앞에 등장하는데, 바로 1절에 있는 '생명의 말씀'입니다. 사도는 "내가 너희에게 생명의 말씀을 전하기 위해 편지를 쓴다"고 이야기합니다. 그리고 그 생명의 말씀을 이렇게 설명합니다.

> 태초부터 있는 생명의 말씀에 관하여는 우리가 들은 바요 눈으로 본 바요 자세히 보고 우리의 손으로 만진 바라(요일 1:1).

여기서 사도가 전한다는 '생명의 말씀'은 누구를, 혹 무엇을 가리키는 것일까요?

이 '생명의 말씀'을 요한일서 1장 2절에서는 '생명', '영원한 생명'으로 표현하는데, 이것은 예수 그리스도를 가리킵니다. 요한복음 1장 4절도 예수 그리스도를 생명이라고 소개하고, 예수님께서도 자신을 가리켜 "생명의 떡"(요 6:35, 48), "부활이요 생명"(요 11:25), "길이요 진리요 생명"(요 14:6)이라고 말씀하셨습니다. 이러한 점들과 더불어 요한복음과 요한일서의 저자가 모두 사도 요한이고 두 책의 시작이 유사하다는 점에서 우리는 '생명의 말씀'이 '예수 그리스도'를 가리킨다고 생각하기 쉽습니다.

그런데 여기서 제가 "누구를, 혹 무엇을 가리키는 것일까요?"라고 질문한 이유가 있습니다. 요한일서를 기록한 헬라어는 단어마다 남성, 여성, 중성과 같은 성이 있습니다. '생명의 말씀'에서 '말씀'을 뜻하는 헬라어 '로고스'(λόγος)는 남성 명사입니다. 헬라어에서 남성 명사를 수식할 때는 남성 대명사 혹은 남성 관계대명사를 써야 합니다. 우리말에서도 '김형익 목사'를 대명사로 언급할 때는 '그녀'가 아니라 '그'라고 하는 것과 비슷합니다. 그런데 여기서 사도는 "태초부터 있는 생명의 말씀에 관하여는"이라고 시작한 뒤에 "우리가 들은 **바**요 눈으로 본 **바**요 자세히 보고 우리의 손으로 만진 **바**"라고 말합니다. '생명의 말씀'이 남성 명사로 '예수님'을 가리키는 것을 분명하게 말하려 했다면 "우리가 들은 **분**이요 눈으로 본 **분**이요 자세히 보고 우리의 손으로 만진 **분**"이라고 말해야 합니다. 그런데 한글 성경에 '바'라고 번역된 것에서 알 수 있듯이 헬라어로 중성 대명사를 썼습니다. 생명의 말씀에 대하여 "우리가 '그것'을 들었고, '그것'을 보았고, '그것'을 자세히 보고 '그것'을 만졌다"는 것입니다.

글솜씨가 수려한 사도 요한이 이렇게 말한 데는 분명 어떤 의도가 있을 것입니다. 그렇다면 사도는 왜 그렇게 쓴 것일까요? 사도는 '생명의 말씀'이 예수 그리스도를 가리킨다는 일반적인 생각보다 더 넓은 의미를 전하고 싶은 것입니다. 그것은 바로 '예수 그리스도께서 전하신 복음의 메시지'입니다. 예수님께서 이 땅에 오셔서 전하신 하나님 나라의 복음의 진리를 포함시키고 싶었던 것입니다. 사도는 예수님의 인격을 가리키는 동시에 더 풍성하게 예수님의 메시지를 가리키고 있습니다. 그런데 이상한 점이 하나 있습니다. '생명의 말씀'인 '예수님의 메시지'를 우리가 듣고 눈으로 보고 자세히 보았다는 것은 자연스러운데, 메시지를 '만졌다'는 표현은 조금 어색합니다. 이를 통해 사도는 예수 그리스도의 인격과 말씀이 결코 분리될 수 없다는 것을 전하고자 했습니다.

예수님의 인격과 예수님의 메시지는 분리될 수 없습니다. 예를 들어 "나는 예수님을 사랑하는데 예수님의 말씀은 별로야"라고 말할 수 없습니다. 요한복음 1장은 예수님을 가리켜 '말씀'이라고 설명합니다. 예수님은 말씀이십니다. 이 땅에 오신 하나님의 계시입니다. 예수님께서는 "나를 본 자는 아버지를 보았거늘"(요 14:9)이라고 말씀하십니다. 예수님은 살아 계시고 무한하시며 영원하시고 불변하시는 그 하나님을 자신의 인격과 말씀으로 그대로 드러내시는 분입니다. 그러므로 주님의 인격과 주님의 말씀은 분리되지 않습니다. 말하자면 예수 그리스도는 곧 예수 그리스도의 메시지요, 복음입니다. 복음과 예수님의 인격은 분리할 수 없습니다. 우리는 구약 성경에서도 비슷한 말씀을 찾을 수 있습니다. 하나님은 선지자를 통해 주시는 말씀을 대적하고 거부하는 사람들을 향해 "너희가 내 말을 버렸기 때문에 나도 너희를 버린다"라고 말씀하십니다(렘 8:9; 호 4:6). 하나님은 그분의 말을 거부하는 것이 그분의 인격을 거부한 것이라고 말씀하십니다.

사도 요한은 왜 이토록 복잡하게 서신을 시작하는 것일까요? 예수 그리스도와 그분의 말씀을 분리하려는 모든 이단적인 가르침을 논박하기 위해서입니다. 그들이 예수님의 인격과 말씀을 분리한 결과, 성도들 가운데 도덕적 붕괴가 일어났습니다. "나는 주님을 사랑하지만, 말씀대로 살아야 하는 건 아니잖아"라고 생각한 것입니다. 또한 그들은 예수와 그리스도도 분리시켰습니다. 교회 사이에 들어온 이단들은 예수님께서 요한에게 세례받으실 때 그리스도가 예수라는 인간에게 들어와 살면서 가르치시다가 예수님이 십자가에 달리시기 전에 빠져 나가셨다고 가르쳤습니다. 열등하고 악한 육체 안에 하나님께서 거하신다는 생각을 받아들일 수 없었기 때문입니다. 사도는 이런 가르침들을 의식하여 편지를 시작하면서 선전 포고를 하는 것입니다.

태초부터 있는 생명의 말씀이 나타나시다

> 태초부터 있는 생명의 말씀에 관하여는 우리가 들은 바요 눈으로 본 바요 자세히 보고 우리의 손으로 만진 바라 이 생명이 나타내신 바 된지라 이 영원한 생명을 우리가 보았고 증언하여 너희에게 전하노니 이는 아버지와 함께 계시다가 우리에게 나타내신 바 된 이시니라(요일 1:1, 2).

"태초부터 있는 생명의 말씀에 관하여는"이라는 요한일서의 시작은 요한복음과 매우 비슷합니다.

> 태초에 말씀이 계시니라 이 말씀이 하나님과 함께 계셨으니 이 말씀은 곧 하나님이시니라(요 1:1).

생명의 말씀은 태초부터 있었습니다. 여기서 말하는 '태초'는 천지를 창조하신 태초보다 앞선 태초를 가리킵니다. 요한일서 1장 2절에서 사도 요한은 '생명'이 "아버지와 함께 계[셨다]"라고 말하는데, 하나님은 천지를 창조하시던 시점보다 훨씬 전부터 계셨기 때문입니다. 이는 영원 전을 뜻합니다. 이런 식으로 사도는 예수 그리스도께서 태초 이전부터 존재하신 영원하신 하나님임을 선포합니다.

그렇다면 태초 이전부터 계신 영원하신 하나님을 우리가 어떻게 만질 수 있었을까요? 이 생명이 "우리에게 나타내신 바" 되었기 때문입니다(요일 1:2). 피조물인 인간은 감각할 수 없는 영이시자 영원하신 하나님께서 육체를 입고 감각을 지닌 인간으로 이 땅에 오셨기("나타내신 바" 되었기) 때문에 우리가 그분의 음성을 듣고, 그분을 눈으로 보고, 자세히 살펴보고, 만질 수 있었던 것입니다.

여기서 '만지다'라는 말이 오감 가운데 가장 강한 표현이긴 하지만, 사실 1-4절에서 사도가 강조한 단어는 '보다'입니다. 한글 성경에는 '보다'라는 표현이 1-3절에 네 번 등장합니다. (1절에서 '이 눈으로 본 바요'와 '자세히 보고'에 사용된 헬라어는 서로 다르지만) 1절에 두 번, 2절과 3절에 각 한 번입니다. 사도 요한은 '보다'라는 행위를 왜 이렇게 강조하는 것일까요?

본다는 것은 증인의 요건입니다. 증인은 '목격자', 곧 눈으로 본 자입니다. 예수님께서 승천하신 후, 가룟 유다의 자리를 채우기 위해 사도들이 기도하고 제비를 뽑을 때 조건으로 내건 것도 요한의 세례 때부터 예수님과 동행하면서 그분을 목격한 사람이어야 한다는 것이었습니다. 사도는 증인이고, 증인은 목격한 사람이어야 하기 때문입니다. 그런 점에서 사도가 '보다'라는 말을 네 번이나 쓴 것은 "나는 거짓 선지자나 이단이 아니라, 기독교의 주인이자 머리 되시는 예수 그리스도를 직접 내 눈으로 본 사람이다. 나는 지금 그 증인으로서 말하는 것이다. 증인의 권위로 이야기하는 것이다"라는 의미를 전하기 위해서입니다.

"증언하고 전하노라"

앞서 요한일서 1장 1-3절의 주동사가 '전함은'이라고 설명했는데, 주동사와 함께 부동사도 있습니다. 2절 중반에 있는 '증언하여'입니다.

> 이 영원한 생명을 우리가 보았고 증언하여 너희에게 전하노니.

사도 요한이 첫째로 하고자 한 것은 예수 그리스도와 그분의 메시지를 '증언하는' 것입니다. 그리고 둘째로 하고자 한 것이 예수 그리스도와 그분의 메시지를 '전하는' 것입니다.

'증언하여'라는 말은 사도행전 1장 8절에서 주님께서 "너희가 권능을 받고 예루살렘과 온 유대와 사마리아와 땅끝까지 이르러 내 증인이 되리라"라고 말씀하실 때 이르신 '증인'과 같은 말입니다. 사도는 예수님의 세례부터 승천까지 목격한 증인으로서, 즉 사도로서 그리스도를 증언한다고 말하고 있습니다. 이뿐 아니라 2절과 3절에 사용된 '전하다'라는 단어는 권위 있는 누군가에게 위임을 받아 그 사람의 말을 전달한다는 뜻입니다. 증언하는 것이 개인적인 목격담에 근거한다면, 전하는 것은 생명의 말씀, 영원한 생명이신 예수 그리스도께 위임을 받아서 말하는 것입니다. 사도는 자신이 예수님께 위임받은 사도의 권위로 그리스도를 전한다고 말하고 있습니다. 즉, 자신이 하는 말이 주 예수 그리스도의 말이라고 이야기하는 것입니다.

사도 요한은 예수 그리스도를 증언하고 전하면서 두 가지 목적을 염두에 두고 있습니다. 하나는 직접적인 목적이고, 다른 하나는 이 직접적인 목적을 통해 이룰 궁극적인 목적입니다.

우선 사도가 염두에 둔 직접적인 목적은 '사귐'입니다.

> 우리가 보고 들은 바를 너희에게도 전함은 너희로 우리와 사귐이 있게 하려 함이니 우리의 사귐은 아버지와 그의 아들 예수 그리스도와 더불어 누림이라(요일 1:3).

그리고 궁극적인 목적은 그 사귐을 통해 이루고자 하는 '충만한 기쁨'입니다.

> 우리가 이것을 씀은 우리의 기쁨이 충만하게 하려 함이라(요일 1:4).

사도 요한은 지금 "너희와 우리와 하나님 아버지, 그리고 그분의 아들이신 예수 그리스도와 더불어 사귀는 이 큰 사귐을 통해 우리의 기쁨이, 그리고 너희의 기쁨이 충만해지는 것이 내가 너희에게 생명의 말씀을 전하는 목적이다"라고 말하고 있습니다.

예수 그리스도를 증언하고 전하는 목적 1_ 사귐

먼저 직접적 목적인 '사귐'을 살펴보겠습니다. '사귐'은 헬라어로 '코이노니아'(κοινωνία)로, 우리말로는 주로 '교제'라고 번역됩니다. 사도 요한은 성도에게 사귐이 있게 하려 한다고 말하는데, 이들 간에 과연 사귐이 없었을까요?

사도는 지금 전혀 모르는 사람들에게 이 편지를 쓰고 있는 것이 아닙니다. 자신이 방문하여 만난 성도들, 그래서 자기 눈에 아른거리는 성도들을 생각하며 이 편지를 쓰고 있습니다. 그런데 그는 왜 여기서 사귐을 강조하는 걸까요? 거짓된 가르침이 들어오면서 사귐에 금이 갔기 때문입니다.

거짓 교리 때문에 부부 관계도 깨지고, 부모와 자식 관계도 깨졌습니다. 교회도 깨졌습니다. 이처럼 거짓된 교리가 들어오면 사귐이 깨집니다. 거짓된 가르침은 하나님의 교회를 허물어 버립니다. 사도 요한은 그 무너진 사귐, 깨진 사귐, 금이 가 버린 사귐을 회복하고 싶었습니다. 그래서 이렇게 말합니다.

> 우리가 보고 들은 바를 너희에게도 전함은 너희로 우리와 사귐이 있게 하려 함이니 우리의 사귐은 아버지와 그의 아들 예수 그리스도와 더불어 누림이라(요일 1:3).

그런데 사도의 이 말은 사실 우리가 일반적으로 하는 말이 아닙니다. 사도는 지금 '우리가 보고 들은 바', 즉 예수 그리스도, 복음을 전한다고 말합니다. 그러면 보통 이렇게 말하는 것이 일반적일 것입니다. "우리가 복음을 너희에게도 전함은 너희로 구원을 받게 하려 함이니." 다시 말해 사도 요한은 지금 '구원'의 대치어로 '사귐'이라는 말을 사용하고 있는 것입니다. 이것이 가능할까요? 사귐, 교회 안의 교제라는 말이 구원을 대치할 만큼 큰 단어인가요?

여러분, 이것은 지나친 말이 아닙니다. 우리는 하나님과 원수 된 사람들입니다. 하나님의 진노 아래에 있고, 하나님의 저주를 받을 일밖에 없는 사람들입니다. 그러하기에 하나님께서 우리를 위해 하실 일이라고는 저주와 심판뿐입니다. 그것이 그리스도 밖에 있는 사람의 운명입니다. 이런 우리가 변하거나 행한 일이 없는데도, 예수 그리스도를 나의 주와 구주로 믿게 되는 그 은혜를 받았을 때 우리는 하나님의 자녀가 됩니다. 하루아침에 원수에서 자녀가 된 것입니다. 원수 되었던 자, 어제까지만 해도 하나님의 저주와 진노를 아낌없이 쏟아부어야 하는 존재를 하나님께서 자신의 아들로 입적시키신 것입니다. 로마서 5장과 고린도후서 5장은 이렇게 말합니다.

> 곧 우리가 원수 되었을 때에 그의 아들의 죽으심으로 말미암아 하나님과 화목하게 되었은즉 화목하게 된 자로서는 더욱 그의 살아나심으로 말미암아 구원을 받을 것이니라 그뿐 아니라 이제 우리로 화목하게 하신 우리 주 예수 그리스도로 말미암아 하나님 안에서 또한 즐거워하느니라(롬 5:10, 11).

> 모든 것이 하나님께로서 났으며 그가 그리스도로 말미암아 우리를 자기와 화목하게 하시고 또 우리에게 화목하게 하는 직분을 주셨으니 곧 하나

님께서 그리스도 안에 계시사 세상을 자기와 화목하게 하시며 그들의 죄를 그들에게 돌리지 아니하시고 화목하게 하는 말씀을 우리에게 부탁하셨느니라 그러므로 우리가 그리스도를 대신하여 사신이 되어 하나님이 우리를 통하여 너희를 권면하시는 것같이 그리스도를 대신하여 간청하노니 너희는 하나님과 화목하라(고후 5:18-20).

두 성경 구절에서 동일하게 말하는 것은 "우리는 하나님과 원수 된 자였는데, 이제는 화목하게 되었다"는 것입니다. 이것이 구원을 설명하는 표현입니다. 이제 하나님의 자녀가 되어 화목하게 되었으니 사귐이 있게 됩니다. 그래서 사도 요한은 우리의 구원이라는 이 어마어마한 일을 사귐이라는 단어로 설명하는 것입니다.

하나님과 사귐의 관계에 들어간 사람들은 하나님과의 사귐에서 멈추지 않습니다. 그들은 하나님과 사귐을 갖는 모든 그리스도인과 새로운 사귐의 관계로 들어갑니다. 이것이 교회입니다. 그러기에 교회는 사귐입니다. 교회는 장소가 아닙니다. 예배와 사귐이 교회의 본질입니다. '코이노니아'는 단순히 시간을 함께 보내고 대화를 나누는 정도의 교제가 아니라 가족이 되어 서로 물질을 나눌 만큼 친밀하고 끈끈한 교제를 의미합니다.

주님께서는 십자가를 지시기 전에 이렇게 기도하셨습니다.

영생은 곧 유일하신 참 하나님과 그가 보내신 자 예수 그리스도를 아는 것이니이다(요 17:3).

신앙생활의 본질은 영생을 누리는 삶입니다. 영생을 누린다는 것은 영원히 사는 것만을 말하는 것이 아닙니다. 물론 시간의 양으로 측정하여 영원히 산다는 것도 맞지만, 성경이 강조하는 또 다른 점이 있습니다. 예수님께서 말씀하신 영생은 생명의 양적 측면이 아닌 질적 측면을 강조합니다. 우리는 죽어야만 영생을 누리는 것이 아닙니다. 예수님을 믿는 사람은 이 땅에서 영생을 누립니다. 바로 "하나님 아버지와 그 아들 예수 그리스도를 아는 것"입니다.

성경에서 '안다'는 말은 '관계적인 앎'입니다. 내가 그를 알고 그가 나를 알되 피상적이지 않고 친밀하게 만나고 사귀는 관계입니다. 즉, 영생을 누린다는 것은 곧 하나님 아버지와 그의 아들 예수 그리스도와 함께 사귀는 것입니다. 하나님과 누리는 하나 됨, 이 사귐이 영생의 삶입니다.

시편 133편에서는 "보라 형제가 연합하여 동거함이 어찌 그리 선하고 아름다운고 …… 여호와께서 복을 명령하셨나니 곧 영생이로다"(1, 3절)라고 말합니다. 형제가 연합하여 모여 있는 것이 기뻐서 하나님이 복을 명하시는데, 그 복이 '영생'입니다. 하나님 아버지와 그 아들 예수 그리스도와 함께 사귀는 삶, 그리고 그 사귐 안에서 성도들과 사귀는 삶, 이것이 영생입니다.

오늘날 교회는 이 사귐을 잃어버렸습니다. 오늘날 교회에서 강조하는 구원은 개인주의화되어 버렸습니다. '내가' 예수 믿어 천당 가고, '내가' 신앙생활 반듯하게 하는 것입니다. 그러나 성경은 그렇게 말하지 않습니다. 성경은 교회를 그리스도의 몸이라고 말합니다. 그렇다면 혼자 동떨어져서 예수님을 믿을 수 있을까요? 그런 길은 존재하지 않습니다.

영생은 사귐이 있는 삶입니다. 먼저는 하나님과 그 아들 예수 그리스도와의 사귐입니다. 사도 요한은 그 사귐을 아버지와 그의 아들 예수 그리스도와 더불어 누림이라고 말합니다. 이것이 영생입니다. 영생은 함께 교제하는 삶, 함께 사는 것입니다. 형제를 사랑하는 일은 사귐이 있어야 가능하고, 형제를 알아야 가능합니다. 그러나 오늘날 교회의 모습은 예배는 필수이고 사귐은 선택이 되어 버렸습니다. 그러나 성경은 예배와 사귐을 분리할 수 없다고 말합니다.

또한 오늘날 교회는 사귐에서도 잘못된 방향을 취하고 있습니다. '아버지와 그의 아들 예수 그리스도와 더불어 누리는 것'은 빼 버리고, 지극히 인간적이고 사교적인 사귐을 행하는 것입니다. 골프나 등산 등 취미 활동을 중심으로 모임을 활성화하여 교회를 성장시키려는 시도는 합당하지 않습니다. 그런 교회는 동호회에 지나지 않습니다. 그런 시도는 교회를 시장으로 만들 뿐입니다.

사도는 "내가 너희에게 예수 그리스도와 그의 복음의 메시지를 증언하고 전하는 것은 이 사귐이 있게 하려는 것"이라고 말합니다. 저도 여러분에게 그렇게 말씀드리고 싶습니다. 제가 여러분에게 복음을 전하는 것은 하나님과 그의 아들 예수 그리스도와 더불어 우리 모두가 함께 사귀는 그 사귐이 있게 하려는 것입니다. 이것이 성경의 일관된 가르침이기 때문입니다.

예수 그리스도를 증언하고 전하는 목적 2_ 충만한 기쁨

사도 요한은 예수 그리스도를 증언하고 전하는 또 다른 목적을 "우리의 기쁨이 충만하게 하려 함"이라고 말합니다. 이것은 직접적인 목적인 '사귐'을 통해 이루고자 하는 것이기 때문에 궁극적인 목적입니다. 사도가 말하는 '우리의 기쁨'은 단순히 자신의 기쁨이 아닙니다. 이 편지를 읽을 모든 사람, 우리와 사귐을 같이 하는 모든 사람의 기쁨이며, 하나님 아버지의 기쁨이기도 합니다.

그리스도인이 누리는 영적인 기쁨은 본질적으로 사귐의 기쁨입니다. 먼저 성 삼위 하나님과의 사귐의 기쁨입니다. 그리고 이 기쁨은 다른 그리스도인들과의 사귐의 기쁨과 나뉠 수 없습니다. 이 기쁨은 은혜를 받을 때 충만해지는데, 이 은혜는 하나님과 나의 사귐에서 비롯됩니다. 그리고 이 은혜는 은혜받은 사람과 은혜받은 사람의 사귐이 있을 때 배가됩니다. 하루를 살아도 은혜를 받고 삽시다. 은혜를 받아야 사귐이 풍성해지고, 은혜를 받아야 사랑할 힘이 생기고, 은혜를 받아야 교회가 교회 됩니다. 시편 42편에서 시편 기자는 이렇게 고백합니다.

> 하나님이여 사슴이 시냇물을 찾기에 갈급함같이 내 영혼이 주를 찾기에 갈급하니이다(시 42:1).

하나님의 성소에 나아가 기도하고 예배할 수 없는 상황에서 하나님을 조롱하는 사람들을 마주하면서 시편 기자는 마음이 몹시 갈급했습니다. 그런데 그는 이 고백에 이어서 이렇게 말합니다.

> 내가 전에 성일을 지키는 무리와 동행하여 기쁨과 감사의 소리를 내며 그들을 하나님의 집으로 인도하였더니 이제 이 일을 기억하고 내 마음이 상하는도다(시 42:4).

시편 기자는 과거에 하나님을 사랑하고 기뻐하는 무리와 함께 교제하고 주님을 섬긴 것을 회상합니다. 그 기쁨을 회복하고 싶어 합니다.

우리는 때로 "하나님을 갈망합니다. 하나님만 있으면 됩니다"라고 말하고 나서도 "주님, 친구들이 필요합니다"라고 간구합니다. 이것은 지극히 정상적인 신자의 정서입니다. 우리 가운데 사귐의 기쁨으로 충만해지는 것을 원치 않을 사람은 없을 것입니다. 사귐의 기쁨은 우리가 포기할 수 없고, 포기해서도 안 되는 교회의 이상이자 그리스도께서 주신 특권입니다.

참된 복음의 메시지는 참된 사귐을 낳는다

요한일서 서문이기도 한 1장 1-3절은 이렇게 정리할 수 있습니다. "우리가 너희에게 선포하는 바, 생명의 말씀은 처음부터 계셨고 우리가 보았고 들었고 만졌던 분이다. 우리가 그분과 그분의 메시지를 선포하는 목적은 사귐과 기쁨이다." 사도는 육체를 입고 오신 그리스도를 직접 경험했고, 그분과 그분의 메시지를 전하도록 위임받았습니다. 그래서 그는 진정한 영적 사귐이 일어나고 그로 말미암은 기쁨을 충만하게 누리게 하려고 그리스도와 복음을 전하는 것입니다.

사귐의 기쁨이 충만하기를 바라는 사도의 간절한 바람은 저의 바람이기도 합니다. 이 기쁨이 충만하려면 영적인 사귐이 회복되어야 합니다. 그리고 이 영적인 사귐은 복음의 메시지를 통해서만 회복됩니다. 그래서 사도는 생명의 말씀, 즉 그리스도와 그분의 복음 메시지를 전한다고 말합니다.

참된 복음의 메시지가 참된 사귐을 낳습니다. 하나님의 백성은 참된 메시지를 통해 은혜를 받고, 그 은혜가 풍성한 사귐을 낳기 때문입니다. 그리고 참된 사귐이 기쁨을 충만하게 합니다. 이것이 요한일서를 통해 주님이 주시는 말씀이자 도전입니다. 이 도전 앞에 우리는 '아멘'이라고 응답해야 할 것입니다.

1 John
요한일서 1장 3, 4절

3 우리가 보고 들은 바를 너희에게도 전함은 너희로 우리와 사귐이 있게 하려 함이니 우리의 사귐은 아버지와 그의 아들 예수 그리스도와 더불어 누림이라 4 우리가 이것을 씀은 우리의 기쁨이 충만하게 하려 함이라

/ 02 /

그리스도인의 경험

사도 요한이 요한일서를 쓸 당시 영지주의라는 이단이 교회에 들어와서 많은 혼란을 일으키고 있었습니다. 그래서 사도는 한편으로 영지주의의 가르침이 잘못된 이단이라는 것을 선명하게 논박해야 했고, 다른 한편으로 잘못된 가르침 때문에 어려움을 겪는 교회와 확신을 잃어버린 성도들에게 그들이 믿는 말씀이 참된 하나님의 말씀이라는 확신을 심어 주어야 했습니다. 확신이 없다면 기쁨도 없기 때문입니다. 사도 요한은 특별히 목회적인 차원에서 교회와 성도를 생각하며 확신과 기쁨을 주려는 두 가지 목적으로 요한일서를 쓰고 있습니다. 확신과 기쁨은 그리스도인에게 결정적으로 중요한 경험이기 때문입니다.

예수님을 모른 채 살던 사람이 주님을 만납니다. 주님이 거듭나는 은혜를 주시면 그 사람이 회개하고 주님께 돌아옵니다. 전에는 알지 못하던 분을 '아버지'라 부르고 예수 그리스도께서 '주인'이 되는 삶을 살게 됩니다.

이때 바뀌는 것이 무엇입니까? 단순히 교회에 나가지 않던 사람이 교회에 출석하기 시작하는 것이 아닙니다. 자신의 삶에서 경험하는 실재가 바뀌게 됩니다. 신앙 안에서 그전에 없던 확신이 생기고, 그 확신으로 말미암아 상황에 좌우되는 기쁨이 아니라 하나님께서 주시는 영적인 기쁨을 경험하게 되는 것입니다. 사도 요한이 편지를 쓰며 바랐듯이 저 역시 여러분이 요한일서를 통해 진리에 대한 확신과 예수님을 믿는 기쁨을 누릴 수 있기를 바랍니다.

진리 위에 뿌리내리지 않는다면 참된 기쁨을 소유할 수 없다

우리에게는 신앙생활과 관련된 오해가 적지 않습니다. 신앙에 관한 잘못된 생각을 옳다고 믿는다면, 그 잘못된 생각이 그 사람의 신앙의 기초가 되어 그것에 따라 행동하게 될 것입니다. 그래서 교리와 신학이 중요합니다. '교리와 신학'이라고 하면 보통 일반 성도는 잘 몰라도 되는 것으로 생각하지만 사실 성경은 온통 교리로 가득합니다. 교리란 '믿는 도리'입니다. 믿는 내용이 없다면 우리의 믿음은 허약하고 부실할 수밖에 없습니다.

많은 성도가 하나님께서 우리에게 공감해 주시기만을 바랍니다. "하나님, 저를 가르치려고 하지 마세요. 하나님에 대해 알라고 하지 마세요. 지금은 몹시 힘듭니다. 저는 그냥 위로가 필요해요." 우리는 주일에 예배당에 와서 찬송을 부르며 눈물을 흘리고(찬송가 가사는 기억도 나지 않습니다), 예배를 드리며 마음이 편해지는 것으로 위로받았다고 느낍니다. 그러나 그것은 기독교에서 말하는 위로의 본질이 아닙니다.

위로와 확신, 기쁨처럼 기독교에서 말하는 그리스도인의 경험들은 언제나 진리, 즉 하나님을 아는 지식과 연결되어 있습니다. 신학과 교리, 하나님의 말씀이 없이도 얼마든지 심리적인 위로, 영적인 위로를 받을 수 있다는 생각은 심각한 오해입니다. 하나님의 말씀인 성경의 심오한 진리에 깊이 뿌리내리지 않은 경험은 단순한 느낌일 뿐입니다. 이런 느낌은 매우 허약해서 버거운 현실을 맞닥뜨리거나 또 다른 강렬한 느낌이 오면 사라져 버립니다. 그러나 주님이 주시는 위로, 성경이 말하는 기쁨은 그런 수준의 것이 아닙니다. 다른 사건, 다른 사람, 다른 상황에 의해 밀물처럼 왔다가 썰물처럼 사라지는 것이 아닙니다. 하나님의 말씀이라는 심오한 진리 위에 뿌리내릴 때, 우리는 참된 기쁨의 자리로 나아갈 수 있습니다.

신앙은 믿는 대상과 함께 믿는 내용이 중요합니다. 기독교에서 믿는 내용이란 하나님을 아는 지식입니다. 우리는 그 지식을 바탕으로 하나님과 관계를 맺습니다. 신앙생활은 하나님과 사귀면서 그분을 깊이 알아 가는 것입니다. 인간관계에서도 사귀는 시간이 길어질수록 경험이 쌓이면서 상대방을 더 잘 알고 이해하는 폭이 넓어지듯, 신앙생활을 오래한 사람일수록 하나님과 맺은 관계에서 겪은 그간의 경험들이 하나하나 축적되어 신앙이 자라 가야 합니다.

하나님을 아는 지식이 성숙할수록, 그리스도인으로서의 경험이 축적될수록 하나님을 더 깊이 알고 이해하게 됩니다. 때로 이유를 알 수 없는 고통과 고난이 찾아오기도 하지만 그럼에도 하나님 아버지의 마음을 이해하는 폭이 생기는 것이 바로 성숙한 신앙입니다. 그런 신앙의 자리에 서게 될 때, 우리는 고난의 현장에서도 하나님이 주시는 깊은 사랑의 언어를 들을 수 있습니다. 불변하시는 하나님에 대한 지식이 있다면, 내 삶에 어떤 일이 일어나도 하나님께서는 언제나 한결같이 어제나 오늘이나 영원히 변함이 없으시다는 사실이 얼마나 큰 위로가 되는지, 얼마나 큰 기쁨이 되는지를 실제로 경험할 수 있습니다. 그래서 하나님의 말씀에 뿌리내리는 것은 신앙생활에서 매우 중요합니다. 신앙생활이 하나님의 말씀에 뿌리내리지 않으면 우리가 넘어지는 것은 시간 문제입니다.

그리스도인의 경험의 본질은 사귐이다

우리가 보고 들은 바를 너희에게도 전함은 너희로 우리와 사귐이 있게 하려 함이니 우리의 사귐은 아버지와 그의 아들 예수 그리스도와 더불어 누림이라.

요한일서 1장 3절은 그리스도인의 경험의 본질이 "아버지와 그의 아들 예수 그리스도와 더불어 누림"에 있다고 말합니다. 즉, 그리스도인의 경험의 본질은 하나님과의 사귐입니다. 그리고 이 사귐 없이는 '너'와 '나'의 사귐도 불가능합니다. 이것이 그리스도인의 교제가 무엇인지, 교회가 무엇인지를 보여 주는 가장 중요한 열쇠입니다. 하나님 아버지와 그의 아들 예수 그리스도와 더불어 누리는 교제 없이 우리끼리의 교제만 누리는 교회는 참된 교회가 아닙니다. 그래서 사도 요한은 신앙을 사귐이라고, 그리스도인의 경험을 사귐이라고 설명하는 것입니다. 그리고 그 사귐의 결과, "우리의 기쁨이 충만[해지는]"(요일 1:4) 것입니다.

사귐은 어떻게 경험할 수 있을까요? 사귐의 기초는 '앎'입니다. 알지 못하면 사귈 수 없습니다. 우리가 누군가를 알려고 할 때는, 상대방이 알려 주어야만 알 수 있습니다. 상대방이 말해 주기 전까지는 그 사람의 생김새만 알 뿐 더 깊은 내면은 알 수 없습니다. 인격적인 만남과 사귐은 자신을 상대에게 알려 줘야 가능합니다.

하나님 아버지와 그 아들 예수 그리스도와의 사귐 역시 하나님과 주 예수 그리스도를 아는 지식에 근거합니다. 하나님을 아는 지식, 주 예수 그리스도를 아는 지식은 성경 말씀에 의존합니다. 하나님께서 성경을 통해 우리에게 자신을 계시해 주셨기 때문입니다. 성경을 통해 드러난 하나님과 주 예수 그리스도를 아는 지식이 바로 교리이고 신학입니다.

하나님을 알아야 그 앎에 근거해서 하나님과 우리의 관계가 형성되고, 그 관계가 성장하여 성숙해집니다. 하나님을 아는 지식, 주 예수 그리스도를 아는 지식이 없으면 우리의 신앙은 정체되고 오해가 깊어질 수밖에 없습니다. 하나님을 아는 바른 지식 없이 교회 생활을 오래 할수록 우리의 잘못된 생각이 점점 굳어지기 때문입니다. 따라서 하나님 말씀을 통해 우리가 가진 잘못된 이해와 생각들이 깨져야 합니다. 성경이 계시하는 하나님께서 어떤 분인지를 제대로 알아야 합니다.

사귐이 지식에 근거한다면, 그리스도인의 경험은 신학과 교리와 분리될 수도, 분리되어서도 안 될 것입니다. 우리는 미지의 신을 만나는 것이 아닙니다. 하나님께서는 성경을 통해 자신이 어떤 분인지를 분명하게 계시하셨습니다. 하나님을 아는 지식은 모호하지 않고 정확합니다. 이 정확한 지식이 그리스도인의 신앙의 경험과 늘 연결되어 있습니다.

여기서 주님께서 십자가를 지시기 전에 기도하신 내용에서 영생을 언급하신 것을 생각해 보는 것이 좋겠습니다.

> 영생은 곧 유일하신 참 하나님과 그가 보내신 자 예수 그리스도를 아는 것이니이다(요 17:3).

주님께서는 영적 사귐의 근본인 이 참된 지식("유일하신 참 하나님과 그가 보내신 자 예수 그리스도를 아는 것")을 왜 '영생'이라고 말씀하셨을까요?

한글 성경에 '사귐', '교제'로 번역된 헬라어 '코이노니아'는 '공유하다', '무언가를 나누다'라는 뜻인데, 심지어 물질을 나누는 것을 포함합니다. 그런데 여기서 말하는 '사귐'은 물질 그 이상, 즉 생명을 나누는 것을 뜻합니다. 하나님과 더불어 사귄다는 것은 곧 하나님의 생명을 우리가 공유한다는 뜻입니다. 사도 바울은 갈라디아서 2장 20절에서 이렇게 이야기합니다.

> 내가 그리스도와 함께 십자가에 못 박혔나니 그런즉 이제는 내가 사는 것이 아니요 오직 내 안에 그리스도께서 사시는 것이라 이제 내가 육체 가운데 사는 것은 나를 사랑하사 나를 위하여 자기 자신을 버리신 하나님의 아들을 믿는 믿음 안에서 사는 것이라.

아담 아래 모든 인류는 본질상 허물과 죄로 죽은 자들입니다. 그들의 생명은 하나님의 진노 아래 있고, 하나님의 심판을 받아 죽을 수밖에 없습니다. 태어나는 순간, 죽어 가는 생명입니다. 피할 길이 없습니다. 그러하기에 태어날 때 부모님에게 부여받는 생명은 참된 생명이 아닙니다. 그러나 하나님께서 그분을 믿는 자들에게 영원토록 점점 활발해지는 참 생명, 영생을 주셨습니다. 사도 요한은 우리가 "아버지와 그의 아들 예수 그리스도와 더불어" 그 생명을 누린다고 말합니다. 단절되었던 하나님과의 사귐을 완전한 의미에서 회복하게 된 것입니다.

그렇다면 그리스도인이 깊고 온전하게 그 사귐을 누리는 방법은 무엇일까요? 바로 기도입니다. 단순히 기도가 중요하다는 것을 말씀드리는 것이 아닙니다. 그리스도인이 영적으로 하나님과 사귐을 통해 영생의 기쁨을 누리는 것은 기도 생활에서 온전하게 경험할 수 있습니다. 예수님을 믿고 살아가는 신앙의 삶에서 성경을 읽고 공부하는 것도 쉬운 일이 아니지만, 더 나아가 기도의 삶이 없다면 우리는 하나님과 사귄다는 것이 무엇인지 그 실제를 경험할 수 없습니다.

기도 생활에서 중요한 것은 내 마음의 중심이 하나님의 뜻과 목적, 그분이 추구하시는 바와 만나는가입니다. 우리가 사람을 사귈 때, 마음과 마음이 이어지고 공유하는 관심사가 같아야 그 관계가 깊어지는 것과 마찬가지입니다. 하나님의 마음 중심과 내 마음 중심이 만날 때, 그리고 그러한 하나님의 사람들이 점점 깊은 확신과 기쁨을 누릴 때, 교회는 더 깊이 연결됩니다.

마음 중심에 하나님의 목적과 대의와 뜻이 충만하고 그러한 것들을 뜨겁게 추구하는 사람에게 하나님과 나누는 대화인 기도는 깊고 즐거운 사귐이 될 것입니다. 자신을 한번 돌아보십시오. 사도 요한은 그리스도인의 경험이란 아버지와 아들 예수 그리스도와 사귀는 것이고, 그 사귐이 풍성해질 때 기쁨을 누린다고 말합니다. 우리는 어떻습니까? 우리의 기도 생활은 어떠합니까? 영광스럽고 즐겁습니까, 아니면 힘겹고 피상적이고 지겹습니까?

여러분의 기도 생활이 즐겁고 영광스러우며 기쁨이 충만하다면, 자연스럽게 다른 성도들과 그 기쁨을 나누고 싶을 것입니다. 교제의 기쁨은 또 다른 교제를 낳기 때문입니다. 사도 요한도 바로 그러한 마음으로 이 편지에서 우리 안에 기쁨이 충만하길 원한다고 말하고 있습니다. 사도는 자신이 하나님과 그 아들 예수 그리스도와 나누는 사귐에서 경험한 기쁨을 성도들과 나누고 싶어 합니다. 이렇게 성도의 교제와 전도가 일어나는 것입니다.

그리스도인의 삶을 설명하는 가장 강력한 근거는 바로 사귐에서 비롯되는 기쁨입니다. 이 기쁨이 하나님을 예배하고, 다른 성도를 섬기고, 복음을 전하게 합니다. 이 기쁨이야말로 그리스도인이 그리스도인으로 살아가게 하는 연료입니다.

그리스도인의 경험은 보편적이지만 시험되어야 한다

사귐과 기쁨이라는 그리스도인의 경험은 누구나 이해할 수 있는 보편적인 성격을 띱니다. 우리 모두 같은 경험을 해서가 아닙니다. 그리스도인은 저마다 다른 다양한 경험을 하지만 서로 이해할 수 있습니다. 그 이유가 무엇일까요?

첫째, 그리스도인의 모든 경험은 진리에 근거하기 때문입니다. 신학과 교리에서 분리된 경험은 없습니다. 이처럼 그리스도인의 경험은 주관적인 느낌이 아닌 객관적인 진리에 근거하기 때문에 보편적입니다. 둘째, 그리스도인의 모든 경험은 하나님과 주 예수 그리스도의 인격에 기초하는 것이기 때문입니다. 한 인격에 대한 경험은 조금씩 다를 수 있지만 그 본질은 보편적입니다. 동일한 인격과 만나고 사귀는 경험이기 때문입니다.

사도 바울은 데살로니가 교회에 "범사에 헤아려 좋은 것을 취하[라]"(살전 5:21)고 말했습니다. ESV 성경은 "but test everything; hold fast what is good"이라고 번역하였습니다. 즉, '범사에 헤아리라'는 말은 '모든 것을 시험해 보라'는 의미입니다. 당시 데살로니가 교회에는 성령의 은사를 받았다고 하면서 예언을 하는 사람이 많았습니다. 그런데 그들이 말하는 내용 가운데 종종 이상한 것들이 있었습니다. 하나님의 말씀을 직접 받았다는 등의 특별한 '경험'들이 오히려 성도를 혼란스럽게 하고 교회를 무너뜨렸습니다. 상황이 이렇다 보니 바울이 데살로니가 교회에 예언의 은사를 시험해 볼 것을 권한 것입니다. 성령의 은사도, 심지어 은혜받았다는 것도, 모든 것을 시험해 보라는 것입니다.

또한 바울은 고린도후서에서 이렇게 이야기합니다.

> 그런 사람들은 거짓 사도요 속이는 일꾼이니 자기를 그리스도의 사도로 가장하는 자들이니라 이것이 이상한 일이 아니니라 사탄도 자기를 광명의 천사로 가장하나니 그러므로 사탄의 일꾼들도 자기를 의의 일꾼으로 가장하는 것이 또한 대단한 일이 아니니라 그들의 마지막은 그 행위대로 되리라(고후 11:13-15).

이런 일들이 이 시대에는 일어나지 않는다고 생각하십니까? 마귀는 여전히 역사하고 있습니다. 사도들이 존재하던 시대에도 거짓 교사로 교회에 들어와 가르친 것을 보면, 오늘날에는 더 말할 것이 없습니다. 그렇기 때문에 모든 것을 시험해 보는 것은 중요합니다.

그렇다면 어떻게 시험해야 할까요? 무엇이 시험의 기준입니까? 바로 하나님의 말씀입니다. 하나님의 말씀이 그리스도인의 경험을 해석하는 기준입니다. 하나님의 말씀과 일치하고 교리로 설명될 수 있다면 그 경험은 참된 것이고, 그 경험이 참된 것이라면 그것은 언제나 하나님을 높이고 그리스도의 인격을 드러내게 마련입니다. 이처럼 그리스도인의 모든 경험은 하나님의 말씀에 의해 시험되고 검증되어야 합니다.

고대 영지주의와 현대 신비주의, 그리고 참된 기독교

이단이 많은 시대라는 점에서 사도 요한이 이 서신을 쓸 당시 교회 상황과 오늘날 교회 상황은 매우 비슷합니다. 일반적으로 이단은 경험을 강조합니다. 고대 영지주의 이단은 자신들의 경험을 누구도 질문할 수 없고 시험할 수도 없는 비밀스러운 지식이라고 주장했습니다. 그들이 주장하는 지식은 누구도, 어떤 것으로도 시험할 수 없는 성역이었습니다. 하나님께서 계시하신 초자연적이고 직접적인 경험이자 영적인 지식이라고 강조했기 때문입니다. 즉, 그들이 강조하는 지식과 경험은 주관적인 것이었습니다. 그러나 진정한 기독교는 하나님의 말씀이라는 객관적인 기준에 비추어 시험되어야 합니다.

오늘날 교회에는 신비주의 이단이 만연합니다. 그들은 자신들이 직통 계시를 받는다고 주장합니다. 하나님께서 자신에게 직접 말씀하시고, 자신이 성령의 영감을 받았다고 말합니다. 그리스도께서 이루신 일보다 자신이 어떻게 느끼는지를 더 중요하게 여깁니다. 그들도 성경을 강조하는 것처럼 보이지만, 그들이 말하는 성경은 전체가 아니라 일부 구절일 뿐입니다. 자신들의 주장을 설명할 만한 몇 구절을 빌려오는 것입니다. 이것은 성경을 잘못 이용하는 대표적인 사례입니다. 이들은 경험 자체를 강조할 뿐, 그 경험들을 하나님 말씀에 비추어 시험해야 한다고 여기지 않습니다. 또한 이성의 기능을 경시하여 명확한 기준 없이 늘 한쪽으로 치우친 경향을 보입니다. 그러나 우리는 전체 문맥을 살피며 성경을 이해해야 합니다. 그러기 위해서는 성경 전체 문맥인 교리를 배우는 것이 중요합니다.

주관적인 경험을 앞세우는 고대 영지주의와 현대 신비주의와 달리 기독교는 객관적 진리인 하나님의 말씀을 최우선으로 여깁니다. 성경은 구원의 확신이 느낌에 의존한다고 말하지 않습니다. 우리 구원의 확신은 각자의 느낌이 아닌, 불변하시고 영원하시며 전능하신 하나님께서 영원 전에 작정하신 계획을 신실하게 이루신다는 사실에서 비롯됩니다. 우리는 우리 자신이 아니라 하나님께서 이 땅에 보내셔서 고난받으시고 죽임당하신 주 예수 그리스도를 바라봅니다. 그분은 하나님의 백성을 구원하시기 위해 대신 율법의 저주와 하나님의 심판을 받으셨습니다. 그 일이 역사 속에서 일어났습니다. 이것은 변할 수 없는 사실입니다. 우리는 우리가 주님을 얼마나 사랑하는지에 따라 우리의 신앙을 판단하지 않습니다. 하나님께서 그리스도 예수 안에서 우리를 어떻게 사랑하셨는지를 보며 그분을 신뢰하고 구원을 확신합니다. 이것이 기독교입니다.

진리 안에서 그리스도인의 경험을 누리라

이단과 사이비가 난무하는 이 시대에 우리가 남은 삶을 참된 그리스도인으로 확신을 가지고 기쁨을 누리며 살아가려면 어떻게 해야 할까요? 무엇보다 하나님 말씀에 계시된 하나님과 주 예수 그리스도를 알아가는 데 힘쓰십시오. 전체 성경을 읽으십시오. 진리의 말씀을 배우고 믿으며, 그 말씀을 따라 기도하고 말씀대로 순종하며 말씀이 가르치는 대로 살아가십시오.

그 지식에 기반하여 우리는 하나님 아버지와 그 아들 예수 그리스도와 깊은 사귐을 누릴 것입니다. 피상적인 관계를 벗어나 깊은 만남 속으로 들어갈 것입니다. 겉도는 기도를 그치고 깊은 은혜의 기도를 드릴 것입니다. 하나님께서는 성경을 통해 영광스럽고 즐거우며 행복한 그분과의 사귐으로 우리를 이끄십니다. 그렇게 우리는 모든 거짓된 가르침을 분별하고 시험하며, 참된 그리스도인의 경험인 확신과 기쁨을 삶 속에서 깊이 누리고, 진리 위에 세워진 그 경험 위에 하나님의 교회를 세워 갈 것입니다.

1 John
요한일서 1장 5절

5 우리가 그에게서 듣고 너희에게 전하는 소식은 이것이니 곧 하나님은 빛이시라 그에게는 어둠이 조금도 없으시다는 것이니라

03

하나님은 빛이시라

　사도 요한은 서신 서두에 "하나님은 빛이시라"라는 위대한 선언을 선포합니다. 이번 장에서는 사도가 '하나님은 빛이시다'라는 은유를 통해 하나님을 어떠한 분으로 말하려고 하는지, 그리고 그분의 그 속성을 이야기하면서 무엇을 전하고자 하는지를 살펴보겠습니다.

신자의 삶의 본질은 영생이고 영생은 사귐이다

　사도 요한이 편지를 쓸 당시는 이단들이 들어와서 교회를 어지럽히고, 성도들은 자신의 믿음에 대한 의심으로 확신마저 잃어버린 상태였습니다. 확신을 잃어버린 성도들은 믿음의 시금석인 기쁨 또한 잃어버렸습니다. 그래서 사도 요한은 이 편지를 쓰는 목적을 이렇게 밝힙니다.

> 내가 하나님의 아들의 이름을 믿는 너희에게 이것을 쓰는 것은 너희로 하여금 너희에게 영생이 있음을 알게 하려 함이라(요일 5:13).

사도는 남아 있는 성도들이 진정 거듭난 신자라는 '확신'을 주고 싶어서 편지를 쓴다고 말하고 있습니다. 확신이란 단순히 '예수님을 믿는다'는 것이 아닙니다. '예수님을 믿는다는 것을 내가 아는 것'이 확신입니다. 사도 요한은 바로 이러한 확신을 성도들에게 심어 주길 원했습니다.

또한 사도는 성도들이 잃어버린 '영적인 기쁨'을 충만하게 해주길 바랐습니다. 믿는 사람과 믿지 않는 사람의 차이는 바로 '기쁨'입니다. 그리고 그 기쁨은 사귐에서 비롯됩니다. 사귐은 단순한 지식이 아닙니다. 이와 관련하여 우리는 늘 요한복음 17장 3절을 기억해야 합니다.

> 영생은 곧 유일하신 참 하나님과 그가 보내신 자 예수 그리스도를 아는 것이니이다.

예수님께서는 영생이 하나님과 그의 아들 예수 그리스도를 아는 것이라고 말씀하십니다. 바로 이 '알다'라는 말이 함축하고 있는 것이 '사귐'입니다. 즉 하나님과 그의 아들과 더불어 누리는 교제인 것입니다. 이것은 지식으로 아는 것이 아닌 '관계'로 아는 것을 말합니다.

하나님 아버지와 그 아들 예수 그리스도와 교제하고 사귀는 그리스도인의 참된 경험을 누릴 때, 우리 안에 반드시 주어지는 것이 있습니다. 바로 기쁨입니다. 사람들과 만나고 교제하면서 우리는 상처를 주고받기도 하고 버림받기도 하면서 이런저런 많은 일을 겪지만, 하나님 아버지와 그의 아들 예수 그리스도를 알고 사귈 때에는 언제나 우리 안에 하나님이 주시는 기쁨의 샘이 터지는 경험을 하게 됩니다.

이렇듯 참된 신앙생활은 영적인 사귐입니다. 신앙생활은 신학을 공부하는 것도, 단순히 성경을 읽으며 성경 공부를 하는 것도 아닙니다. 신앙생활은 하나님과의 사귐 안에서 기도하고 예배드리며 하나님 말씀을 읽고 듣고 교제하는 것입니다. 신자의 삶의 본질은 영생이고, 영생은 이 땅에서부터 누리는 우리와 하나님의 사귐입니다.

사귐은 서로를 아는 지식을 전제한다

사귐이 가능하려면 무엇이 전제되어야 할까요? 우선 사귀려면 적어도 두 사람 이상이 있어야 합니다. 그리고 전제되어야 할 것이 하나 더 있습니다. 전혀 모르는 사람과 사귄다고 말하지 않는다는 것입니다. 사귐이란 나와 상대방이 서로를 아는 것을 전제합니다. 단지 이름 정도만 아는 것이 아닙니다. 그 사람의 인격을 다 알 수는 없을지라도, 인격적 교류의 경험이 있을 때 우리는 "나 그 사람 잘 알아"라고 말합니다. 그러나 사귄다는 것은 그보다 깊은 관계입니다. 우리는 "나는 하나님에 대해 조금 안다"고 말하는 것을 신앙이라고 하지 않습니다. 성경에서 말하는 하나님과의 사귐은 중요한 신앙의 본질을 말해 줍니다.

사귐에는 서로를 아는 지식이 있어야 합니다. 이때 '서로를 아는 지식'이란 사귀는 대상에 대한 지식만을 말하는 것이 아닙니다. 나 자신을 아는 지식 역시 필요합니다. 갓난아기는 자기를 아는 지식이 없고 남을 알지도 못하기 때문에 갓난아기와 놀아 줄 수는 있을지 몰라도 사귄다고 말하지는 않습니다. 자기 자신에 대해 심각하게 착각하는 사람과 사귀는 것도 매우 어렵습니다. 이것은 사귀는 대상에 대해 오해하거나 착각하고 있을 때도 마찬가지입니다. 그럴 경우 우리는 속았다고 생각할 것입니다. 이것은 온전한 사귐이 아닙니다.

하나님 아버지와 우리의 사귐도 마찬가지입니다. 아버지와 그의 아들 예수 그리스도와 더불어 교제할 때, 우리는 우리 자신에 대한 지식도 필요하고 하나님을 아는 지식도 필요합니다.

칼뱅은 「기독교 강요」(Institutes of the Christian Religion)에서 신앙을 이중 지식으로 설명했습니다. 이중 지식은 하나님을 아는 지식과 사람이 자신을 아는 지식인데, 이 두 지식은 서로 연결되어 있어서 하나님을 알지 못하고 자신을 알 수 없으며 또 자신을 알지 못하고 하나님을 알 수 없다고 말합니다(「기독교 강요」 최종판 1권 1장 1절과 2절).

우리가 요한일서 1장 5절에서 주목해야 할 점은 사도 요한이 우리 자신에 대한 지식이 아닌 하나님을 아는 지식으로 시작한다는 것입니다.

> 우리가 그에게서 듣고 너희에게 전하는 소식은 이것이니 곧 하나님은 빛이시라 그에게는 어둠이 조금도 없으시다는 것이니라.

사도는 "하나님은 빛이시라"라는 말로 하나님이 어떤 분인지를 먼저 이야기합니다. 그러나 오늘날 많은 사람은 자기 자신에서 시작하는 경향을 보입니다. "나에게 문제가 하나 있습니다. 그런데 내 힘으로는 해결할 수가 없습니다. 하나님의 도우심이 필요합니다. 그래서 하나님에게 나아갑니다." 이런 식입니다. 이것이 잘못되었다는 것은 아닙니다. 그렇게 시작할 수 있고, 오히려 그렇게 시작하지 않기가 어렵습니다. 문제는 그 사람의 신앙이 '나'의 필요, '나'의 상태, '나'의 처지, '나'의 물리적 환경, '나'의 심리적 상황에서 계속 벗어나지 않는다는 것입니다. '나'의 무언가가 중심이 되어 하나님을 만나는 신앙은 결코 온전해지기가 어렵습니다. 그렇게 시작했을지라도 하나님을 참되게 알기 시작하면, 우리의 무게 중심이 하나님에게로, 하나님을 아는 지식으로 옮겨 가는 것을 경험하게 됩니다. 그런데 하나님을 아는 지식이 늘 단순히 "하나님은 나를 도우시는 분, 내게 문제가 있으면 해결해 주시는 분"에 머문다면, 어떻게 인격적으로 교제할 수 있겠습니까?

사회 생활을 할 때에도 자기 문제 중심에서 벗어나지 못하는 사람과는 정상적으로 만나기가 어렵습니다. 만나면 다른 사람 이야기를 들으려 하지 않고 자기 이야기만 합니다. 그리고 그 이야기는 주로 "네가 나를 좀 도와줘야 해"라는 느낌을 전달합니다. 그런 만남은 오래 지속하기가 어렵습니다. 이러한 이기적인 자기중심성은 죄성의 본질이기에 벗어나기가 쉽지 않습니다.

유감스럽게도 오늘날 성도들 가운데에도 자기중심성과 현실의 문제를 타개하고 해결하려는 필요에서 벗어나지 못한 채 신앙생활에서 제자리걸음을 하는 사람이 많습니다. 그러나 신앙은 자기중심성에서 벗어나 진리가 우리를 자유케 하는 은혜를 경험하게 합니다. 우리 자신에 매여 있는 것이 아니라 하나님이 어떤 분인지를 점점 알게 되면서 그것이 우리에게 얼마나 큰 위로와 유익이 되는지를 알게 되는 것입니다.

사도 요한은 성도들이 영적인 삶, 영적인 하나님과의 사귐, 그리고 하나님의 자녀들과의 사귐에서 참된 기쁨을 누리며 살아가지 못하는 주된 이유가 있다고 말합니다. 기도 생활, 말씀 생활, 신앙생활, 교회 생활에 기쁨이 없는 이유는 하나님에 대한 무지와 오해와 관련되어 있습니다. 하나님을 알 때, 두루뭉술하게 아는 것이 아니라 하나님께서 성경에 친히 설명해 주신 대로 그분을 차근차근 알아 가는 것이 중요합니다. 그럴 때 하나님과의 참된 사귐이 시작됩니다. 그 사귐은 필연적으로 우리 안에 큰 기쁨이 솟아나게 합니다. 그 기쁨이 충만해지는 것, 바로 그것이 사도 요한이 지금 우리에게 말하는 바입니다. 그리고 이 기쁨은 당연히 확신을 가져다줍니다. 이런 확신은 우리가 신앙생활을 하면서 신앙을 타협해야 할 순간, 신앙 때문에 죽음을 대면해야 할 순간에도 흔들리지 않도록 붙들어 줍니다.

하나님의 거룩하심

사도 요한은 '하나님은 빛이시다'라는 은유를 통해 무엇을 드러내고자 한 것일까요? 성경 전체를 살펴보면 '빛'은 어둠과 대조되어 사용됩니다. 빛과 어둠은 때로 생명과 죽음을, 때로 도덕적인 선함과 악함을, 또 때로는 진리와 거짓을 의미합니다. 이처럼 빛이라는 은유는 매우 다양하게 사용됩니다.

그렇다면 본문에서 사도가 "하나님과 그 아들 예수 그리스도와 함께하는 사귐에서 기쁨이 비롯되는 거야. 나는 우리의 기쁨이 충만하게 하려고 너희에게 이 편지를 쓰는 거야"라고 이야기하다가 돌연 "하나님은 빛이시라"라고 언급한 이유는 무엇일까요? 바로 우리가 사귀어야 할 대상이신 하나님에 대해서 알리기 위함입니다. 결론부터 말하자면, 사도는 하나님은 빛이시라는 은유를 통해 하나님이 거룩하신 분임을 드러내고자 했습니다.

> 하나님은 빛이시라 그에게는 어둠이 조금도 없으시다는 것이니라(요일 1:5b).

사도 요한은 하나님과 사귀려면 거룩해야 한다는 것을, 우리 안에 어둠이 있으면 하나님과 사귈 수 없다는 것을 말하기 위해서 하나님께서는 빛이시라는 은유를 사용한 것입니다. 그러나 이 말은 그리 단순하지만은 않습니다.

거룩하심은 하나님의 속성입니다. 하나님의 많은 속성 가운데 하나이지만, 신학자들은 이 거룩하심이 하나님의 본질적 속성이라고 말합니다. 왜 그럴까요? 우리는 하나님에 대해 "하나님은 사랑이시다", "하나님은 은혜로우시다", "하나님은 선하시다"라고 이야기합니다. 사람에 대해서도 '사랑이 많은 사람', '은혜로운 사람', '선한 사람'으로 표현합니다. 즉 사랑, 은혜, 선함과 같은 것들은 인간에게도 있는 성품입니다. 그러나 사실 하나님께 있는 이러한 성품들은 인간의 그것과는 전혀 차원이 다릅니다. 하나님의 거룩하심이 그분의 이 모든 성품을 인간이나 다른 피조물의 그것과는 차원이 다른, 절대적인 의미에서 구별되게 하기 때문입니다.

"하나님은 거룩하시다"라는 말은 하나님이 모든 피조물과 절대적으로 구별된다는 의미입니다. 여기서 '절대'라는 단어가 중요합니다. 상대적으로 구별된다면 "하나님은 우리보다 '더' 선하시다"라고 표현할 수도 있습니다. 그런데 절대적으로 구별된다는 말은 "하나님은 이 세상에서 가장 선한 사람보다 더 선하시다"라는 의미가 아니라 "하나님의 선함 앞에서 인간의 선함은 악이다"라는 의미입니다. 이것이 거룩하심이라는 관점에서 이해한 하나님의 선하심입니다. 그런 의미에서 하나님은 모든 피조물과 절대적으로 구별되는 분입니다.

하나님의 거룩하심은 그분의 무한하신 위엄 속에서 모든 피조물을 초월하심을 의미합니다. 이 부분에 대해 신학자 루이스 벌코프(Louis Berkhof)의 진술을 빌려 설명하고자 합니다.

벌코프에 따르면 하나님의 거룩하심은 하나님이 개념적으로 사고할 수 없는 대상임을 의미합니다. 쉽게 설명하자면, 저는 제 아내를 개념적으로 생각할 수 있습니다. 사람이라는 본질이 같기 때문입니다. 그러나 지렁이는 인간을 사고할 수 없습니다. 아니, 사고할 수 있다는 것조차 생각하지 못할 것입니다. 본질이 다르기 때문입니다. 그런데 우리는 인간의 이성으로 하나님을 개념화하여 설명할 수 있다고 생각합니다. 이는 엄청난 착각입니다. 그럼에도 우리가 개념적으로 사고할 수 없는 대상인 하나님에 대해 이야기할 수 있는 것은 그분이 우리에게 자신을 설명해 주셨기 때문입니다. 그것이 바로 '계시'의 의미입니다.

하나님의 거룩하심은 그분에게 절대적으로 접근할 수 없다고 선언합니다. 구약 성경에서 성막을 보면 바깥 문 휘장에는 그룹이 수놓여 있지 않습니다. 그러나 성막에 들어서서 놋 번제단과 물두멍을 지나 성소에 다다르면, 성소 휘장에 그룹이 수놓여 있는 것을 볼 수 있습니다. 무슨 의미입니까? "출입 금지!"라는 뜻입니다. 우리는 죄인이기 때문에 접근할 수 없다는 것입니다. 성소 휘장에 수놓인 그룹은 하나님의 거룩하심을 지키는 천사를 형상화한 것입니다. 그러므로 죄인인 우리가 하나님께 나아가 하나님을 예배할 수 있는 것은 은혜입니다.

또한 하나님의 거룩하심은 그분이 절대적으로 압도적인 분임을 드러냅니다. 혹시 어떤 존재에게 압도당해 본 경험이 있으십니까? 단순히 씨름이나 레슬링 같은 경기에서 무력으로 제압당하는 경험을 말하는 것이 아닙니다. 나의 전 존재가 완전히 압도당하는 느낌이란 어떤 것일까요? 우리는 장엄한 경관 앞에서 압도당하는 느낌을 경험합니다. 하나님의 은혜를 입은 사람들의 경험은 언제나 동일했습니다. 하나님의 존재 앞에서 압도당하는 경험이었습니다.

벌코프는 하나님의 거룩하심은 하나님께서 두려운 위엄을 지니신 존재라는 사실을 드러낸다고 표현합니다. 하나님 앞에서 우리가 아무것도 할 수 없을 만큼 위엄을 지니신 분인 것입니다.

벌코프는 "하나님의 거룩하심은 인간으로 하여금 절대적인 자기 비하로 이끄는 절대적인 무의 감각을 가지게 만든다"고 이야기했습니다. '자기 비하'는 자신을 낮추는 것입니다. 우리는 때로 사람들 앞에서 자신을 낮출 때 이렇게 이야기합니다. "저는 부족합니다. 잘 봐주십시오." 그러나 이것은 '절대적인' 자기 비하가 아닙니다. 절대적인 자기 비하란 '나'라는 존재가 아무것도 아님을 아는 것입니다. 절대적인 무의 감각입니다. 벌코프는 이것을 '피조물 의식', '피조물 감각'이라고 표현합니다.

고난 가운데 있는 욥에게 친구들이 돌아가며 반박할 때에도 욥은 대답하기를 멈추지 않았습니다. 그러나 마침내 하나님께서 나타나셔서 "트집 잡는 자가 전능자와 다투겠느냐 하나님을 탓하는 자는 대답할지니라"(욥 40:2)라고 말씀하시자 욥은 이렇게 말합니다.

> 보소서 나는 비천하오니 무엇이라 주께 대답하리이까 손으로 내 입을 가릴 뿐이로소이다(욥 40:4).

이것이 인간이 하나님 앞에서 느끼는 압도감입니다. 이것이 우리가 하나님 앞에서 느끼게 되는 '피조물 감각'입니다. "내가 주께 대하여 귀로 듣기만 하였사오나 이제는 눈으로 주를 뵈옵나이다 그러므로 내가 스스로 거두어들이고 티끌과 재 가운데에서 회개하나이다"(욥 42:5, 6)라고 고백한 욥처럼 하나님 앞에서는 지극히 거룩한 삶을 산 사람도 회개함으로 나아가게 되는 것입니다. 지금껏 스스로 탁월하고 잘났다고 생각하던 사람들이 주님을 만나면 하나님 앞에서 자신이 진정 누구인지, 어떠한 존재인지를 알게 되는 것입니다.

빛이신 하나님과 사귀는 경이로움

우리의 기쁨이 충만해지기 위해 우리는 하나님과 그의 아들 예수 그리스도와 사귀어야 하는데, 우리가 사귀어야 할 하나님이 빛이시라고 사도는 이야기합니다. 그리고 그 빛은 하나님의 거룩하심을 드러냅니다. 그렇다면 사도는 우리에게 "하나님과 사귀려면 너희도 거룩해져라"라고 말하는 것일까요? 그렇지 않습니다. 오히려 하나님은 우리와 사귈 수 없다고, 우리와 사귈 수 있는 분이 아니라고 말하는 것입니다. 하나님과 교제하는 데서 기쁨이 비롯된다고 하더니, 이제는 하나님과 사귈 수 없다고 말합니다. 사도 요한은 도대체 무엇을 전하고자 하는 것일까요?

지금 사도는 하나님이 우리와 절대적으로 구별되는 분이라고 말하고 있습니다. 우리가 기도하고 예배드리는 자리는 성 삼위 하나님의 임재 앞입니다. 기도하고 예배드릴 때, 우리가 어떤 자리에 나아와 무엇을 하고 있는지를 인식해야 합니다. 익숙해진 나머지 아무 생각 없이 기도하는 것은 아닌지 자신을 돌아보아야 합니다.

영국 작가인 G. K. 체스터턴(Chesterton)은 "익숙해진 것들이 낯설어질 때까지, 그 경이로움을 느낄 때까지 나는 그것을 다시 쳐다보는 노력을 한다"고 이야기했습니다. 신앙생활에도 익숙해서 당연히 여기는 부분이 많습니다. 늘 기도하기 때문에 기도를 당연하게 여기고, 매주 예배드리니까 예배를 당연시합니다. 성경을 읽을 수 있다는 것이 큰 축복이라는 사실을 깨닫지 못합니다. 그러나 우리는 익숙해지는 것을 경계해야 합니다. 익숙하게 여기는 모든 것이 사실은 우리에게 일어날 수 없는 일들임을 생각하고, 우리가 지금 무엇을 하는 것인지를 제대로 인식해야 합니다.

모세가 멀리서 불붙은 떨기나무를 보고 그 앞에 갔을 때 하나님께서는 이렇게 말씀하셨습니다.

> 하나님이 이르시되 이리로 가까이 오지 말라 네가 선 곳은 거룩한 땅이니 네 발에서 신을 벗으라(출 3:5).

우리는 이것을 얼마나 인식하며 살아가고 있습니까? 이사야 선지자는 하나님의 영광을 뵈었을 때 이렇게 고백했습니다.

그때에 내가 말하되 화로다 나여 망하게 되었도다 나는 입술이 부정한 사람이요 나는 입술이 부정한 백성 중에 거주하면서 만군의 여호와이신 왕을 뵈었음이로다 하였더라(사 6:5).

여러분은 정말 하나님을 경외하는 마음으로 신앙생활을 하고 있습니까? 하나님을 경외하는 마음은 신앙생활의 요체이자, 참된 신앙에서 중요한 부분입니다. 신앙에서 중요한 것은 기도를 얼마나 많이 하는지, 예배에 빠지지는 않는지, 십일조를 꼬박꼬박 드리는지가 아닙니다. 자신에게 하나님을 경외하는 마음이 있는지가 가장 중요합니다. 하나님을 경외하는 마음이 없다는 것은 하나님을 모른다는 것을 방증하는 것입니다. 빛이신 하나님, 거룩하신 하나님 앞에 나아가는데 오랜만에 친한 친구를 만난 양 당연하게 여기고 아무 거리낌이 없다면 하나님을 모르는 것입니다. 그리고 우리는 잘 알지 못하는 대상과 사귈 수 없습니다.

사도 요한은 '하나님은 빛이시다'라는 은유를 통해 우리가 사귀는 하나님이 어떤 분인지를 먼저 전하고 있습니다. 그러면서 신앙생활에서 너무 익숙하고 당연해서 평범한 것이 되어 버린 그 모든 것을 다시 생각해 보라고 도전하는 것입니다.

하나님의 거룩하심을 아는 지식만이 사귐의 기쁨을 충만하게 한다

그렇다면 하나님이 거룩하시다는 것, 하나님이 빛이시라는 것을 아는 것은 우리에게, 우리 신앙생활에 어떤 유익이 있을까요? 하나님이 빛이시라는 것을 아는 것은 실로 엄청난 유익입니다. 하나님의 거룩하심은 우리가 하나님과 사귈 수 없는 장애물이 아닙니다. 그 사실을 알 때에 비로소 하나님과의 사귐이 우리에게 기쁨을 충만하게 합니다. 우리 신앙생활에 기쁨이 없는 것은 하나님이 누구신지를 인식하지 못하고 그분을 경외하는 마음을 잃어버렸기 때문입니다.

하나님의 거룩하심은 인간으로 하여금 피조물 의식 혹은 피조물 감각을 갖게 합니다. 그것은 '절대적인 자기 비하로 이끄는 절대적인 무의 감각'입니다. 하나님 앞에서 자신은 비천하고 티끌과 같은 존재라는 것을 인식한 사람이 거룩하신 하나님과 사귐을 누릴 때, 그는 은혜를 경험합니다.

데이비드 브레이너드(David Brainerd)는 18세기에 아메리카 원주민들에게 복음을 전한 선교사입니다. 29세에 폐결핵으로 세상을 떠날 때까지 아메리카 원주민들의 영혼을 위해 자신의 삶을 온전히 드린 사람입니다. 짧은 생이었지만 그는 우리에게 하나님을 섬기는 삶이 무엇인지를 놀랍게 보여 주었습니다. 브레이너드가 세상을 떠난 후, 조나단 에드워즈(Jonathan Edwards)는 그가 남긴 일기를 엮어서 「데이비드 브레이너드 생애와 일기」(The Life and Diary of David Brainerd)라는 제목으로 출간했습니다. 그 책에는 이런 표현이 많이 나옵니다. "티끌 같은 나에게 하나님은 이 얼마나 큰 은혜를 베푸시는가!" 그는 감당하지 못할 만큼 큰 은혜를 누리며 살고 있다고 고백합니다.

거룩하신 하나님을 뵐 때 우리는 은혜를 경험합니다. 은혜는 받을 자격이 없는 자에게 주어지는 호의 혹은 선물입니다. 은혜가 아니면 티끌 같은 존재인 나를 하나님께서 왜 찾아오시는지, 왜 축복하시는지, 왜 사랑하시는지를 깨달을 길이 없습니다. 하나님의 거룩하심과 피조물의 무가치함이라는 이 간극의 크기를 인식하는 만큼 우리는 은혜를 누리게 됩니다.

은혜를 받을 때 우리는 세상에서 경험하는 그 어떤 것과도 비교할 수 없는 엄청난 압도감을 느낍니다. 그때 하나님께서는 그분의 완전하심으로 우리를 덮으십니다. 그때 우리는 감당할 수 없는 은혜 앞에 기뻐하게 됩니다. 베드로는 그것을 "말할 수 없는 영광스러운 즐거움"(벧전 1:8)이라고 표현했습니다. 하나님께서는 표현할 수 없는, 형언할 수 없는 영광스러운 즐거움으로 기뻐하게 하십니다. 사도 요한이 "우리의 기쁨이 충만하게 하려 함이라"(요일 1:4)라고 말한 기쁨이 바로 이것입니다. 그렇기 때문에 하나님의 거룩하심은 우리에게 유익이 됩니다.

하나님의 거룩하심을 인식하지 못하는 이 시대의 교회가 영적인 기쁨을 잃어버린 것은 전혀 이상한 일이 아닙니다. 하나님의 거룩하심으로 말미암은 기쁨을 잃어버렸기 때문에 사람들은 그 기쁨을 대체하여 사람들 사이에서 누릴 수 있는 기쁨들을 만들어 내는 것입니다. 하나님의 거룩하심을 아는 것은 우리를 참된 평안으로 인도합니다. 그것을 알 때 모든 불평과 불만, 원망, 시기가 사라지고, 하나님을 경외하며 그분이 주시는 환경에서 자족함을 누리게 될 것입니다.

주님께 들은 복음의 진리

하나님은 빛이시라는 것은 사도 요한이 만들어 낸 신학 개념이 아닙니다.

> 우리가 그에게서 듣고 너희에게 전하는 소식은 이것이니 곧 하나님은 빛이시라(요일 1:5).

사도는 '하나님은 빛이시라'는 소식을 '그에게서' 들었습니다. '그'는 바로 예수님입니다. 또한 '우리'라는 표현에서 우리는 요한이 다른 사도들, 즉 예수 그리스도를 목격한 증인 그룹의 권위로 그 소식을 전하고 있음을 알 수 있습니다. 앞서 우리는 태초부터 있는 "생명의 말씀"(요일 1:1)과 "영원한 생명"(요일 1:2)이 예수님의 인격인 동시에 더 포괄적으로는 예수 그리스도의 메시지, 즉 복음을 의미한다는 것을 살펴보았는데, 사도는 5절에서 그것을 다시 '소식'이라고 표현합니다. 이렇게 사도는 예수님께 직접 들은 "하나님은 빛이시라"라는 소식을 성도들에게 그대로 전하고 있습니다. 자신이 만들어 낸 철학이나 신적 원리가 아니라 예수 그리스도의 권위로 사도로서 이 진리를 전하고 있습니다.

하나님은 빛이시라는 말씀에서 우리는 두 가지 교훈을 얻습니다. 첫째, 기독교 신앙과 경험의 토대는 성경 말씀이라는 것입니다. 성경 말씀이 가장 안전하고 완전한 토대입니다. 하나님의 말씀은 객관적인 계시입니다. 우리는 이 말씀으로 신비적인 체험이나 주관적인 성향과 같은 것을 해석하고 통제해야 합니다. 난생 처음 아주 신비한 경험을 했을 때, 그 경험의 출처가 하나님인지, 마귀인지를 어떻게 구별할 수 있을까요? 바울이 데살로니가 교회에 "범사에 헤아려 좋은 것을 취하[라]"(살전 5:21)고 전한 것처럼 우리는 객관적 틀인 하나님의 말씀으로 모든 것을 헤아려야 합니다. 성경이 자명하게 전하는 것을 우리 신앙과 경험의 토대로 삼아야 그 신앙이 바르게 성장합니다.

둘째, 하나님의 거룩하심을 아는 지식이 우리를 변화시킨다는 것입니다. 하나님께서는 사귐을 통해 인간을 변화시키십니다. 간혹 우리는 걸음걸이가 닮은 아버지와 아들을 봅니다. 이 둘의 걸음걸이가 닮은 것은 사귐이 있기 때문입니다. 우리가 하나님을 닮는 것도 마찬가지입니다. 하나님과 사귐이 깊어지면 하나님을 닮게 됩니다. 하나님과의 사귐이 우리를 하나님의 형상으로 변화시킨다는 사실은 매우 당연합니다.

> 이로써 그 보배롭고 지극히 큰 약속을 우리에게 주사 이 약속으로 말미암아 너희가 정욕 때문에 세상에서 썩어질 것을 피하여 신성한 성품에 참여하는 자가 되게 하려 하셨느니라(벧후 1:4).

하나님께서 우리를 구원하신 것은 하나님의 신성한 성품에 참여하는 자가 되게 하려 하심입니다. 이것은 다시 말해 하나님을 닮는 것입니다. 하나님의 성품이 내 삶을 통해 드러나는 것입니다. 그렇다면 하나님께서는 어떻게 우리로 그 성품에 참여하게 하십니까?

> 그의 신기한 능력으로 생명과 경건에 속한 모든 것을 우리에게 주셨으니 이는 자기의 영광과 덕으로써 우리를 부르신 이를 앎으로 말미암음이라 (벧후 1:3).

하나님을 앎으로 우리는 하나님의 거룩한 성품에 참여합니다. 즉 사람은 하나님과 사귐으로 하나님을 닮아 갑니다. 이 사귐에서 변화의 동력이 되는 열쇠가 바로 '경외함'입니다. 하나님의 거룩함을 인식하는 것, 그래서 그분을 경외하는 마음을 갖는 것입니다. 이것이 없으면 우리 신앙생활은 껍데기로 전락합니다. 하나님을 경외함이 없는 경건은 우리를 자기 의에 빠진 교만으로 인도합니다. 하나님을 경외함이 없는 교제는 교회를 천박한 시장터로 만듭니다. 하나님을 경외함이 없는 기도는 우리를 가증한 위선자로 만듭니다.

하나님을 경외하는 마음으로 예배하고 기도한다면, 자신이 지금 성 삼위 하나님 앞에 나와 있다는 것을 인식한다면, 지금 펼친 성경이 거룩하신 하나님의 말씀임을 안다면, 이 모든 것을 인식하고 그분 앞에 나아간다면, 우리에게는 하나님께서 주시는 사귐의 기쁨이 충만할 것입니다. 우리는 빛이신 하나님, 어둠이 조금도 없으신 하나님과 교제하도록 부름받았습니다. 이것은 이 세상 그 어떤 것과 비교할 수 없는 영광스러운 즐거움입니다.

1 John
요한일서 1장 5-7절

5 우리가 그에게서 듣고 너희에게 전하는 소식은 이것이니 곧 하나님은 빛이시라 그에게는 어둠이 조금도 없으시다는 것이니라 6 만일 우리가 하나님과 사귐이 있다 하고 어둠에 행하면 거짓말을 하고 진리를 행하지 아니함이거니와 7 그가 빛 가운데 계신 것같이 우리도 빛 가운데 행하면 우리가 서로 사귐이 있고 그 아들 예수의 피가 우리를 모든 죄에서 깨끗하게 하실 것이요

04

빛 가운데 행하라

앞 장에서 우리는 하나님과의 사귐, 영생을 누리는 것의 전제 조건은 이 사귐의 당사자들을 아는 것임을 나누었습니다. 하나님을 알고, 하나님이 누구이신지를 아는 빛 안에서 내가 누구인지를 알아야 하나님과 사귈 수 있습니다. 이에 대해 사도 요한은 "하나님은 빛이시라"(요일 1:5)라고 말합니다. 하나님은 빛이시라는 말은 하나님은 거룩하시다는 뜻입니다. 즉, 하나님이 거룩하시다는 의미를 알지 못한다면 우리는 하나님과 교제할 수가 없는 것입니다. 그렇다면 하나님이 거룩하시다는 것은 어떤 뜻입니까?

거룩하다는 것은 절대적으로 다르다는 것입니다. 하나님이 거룩하시다는 것은 어떤 피조물도 하나님과 가까이 할 수 없다는 뜻입니다. 하나님은 우리와 비교할 수 있는 분이 아닙니다. 우리와는 전혀 차원이 다른 분입니다. 초월적인 존재이십니다. 그러면 우리는 그런 하나님과 어떻게 교제할 수 있을까요? 할 수 없습니다. 하나님과 교제할 수 있는 존재는 없습니다.

하나님이 거룩하시므로 그분과 교제하기 위해서는 우리도 하나님처럼 거룩해야 합니다. 그렇다면 누가 감히 하나님과 사귈 수 있겠습니까?

여러분, 우리가 하나님과 사귀려면 거룩해져야 한다는 의미가 무엇인지 잘 이해해야 합니다. 이것은 하나님의 은혜 없이는 하나님과 사귈 수 없다는 뜻입니다. 우리는 거룩해서 구원받는 것이 아니라, 은혜로 구원받는 것입니다. 그러나 성경은 은혜로 구원받는다고 해서 거룩하지 않아도 된다고 이야기하지 않습니다. 거룩과 은혜가 함께할 때 비로소 하나님과 바르게 교제할 수 있습니다.

사귐의 장애물

사도 요한은 사귐이 풍성해지도록, 그리고 사귐으로 말미암아 기쁨이 충만해지도록 이 편지를 쓴다고 말하고 있습니다. 그렇다면 우리는 하나님과 사귀는 것을 방해하는 요소가 무엇인지를 알아야 합니다. "무엇이 내가 기도하는 것을 방해하는가?" "무엇이 하나님 말씀에 깊이 잠기는 것을 방해하는가?" 하나님과의 사귐을 방해하는 근본적인 장애물을 사도 요한은 네 가지로 설명합니다.

첫째, 죄와 불의의 문제입니다(요일 1:5-2:2). 사도는 성도에게 거룩하신 하나님과 사귀려면 거룩해져야 한다고 말합니다. 죄를 짓고 불의를 행하며 어둠 가운데 걸어가고 있다면, 아무리 기도를 많이 하고 아무리 선을 많이 행한다 해도 하나님과 제대로 사귈 수 없습니다.

어떤 부부는 사이가 좋아 보이는데 알고 보니 몇 년째 별거 중일 수 있습니다. 또 어떤 부부는 서로 데면데면한 것 같은데 정말 금슬이 좋을 수 있습니다. 겉모습만 봐서는 알 수 없습니다. 신앙도 마찬가지입니다. 그러므로 우리는 자신의 삶을 정직하게 돌아보아야 합니다.

둘째, 형제 사랑이 없는 것입니다(요일 2:3-11). 형제 사랑에 문제가 있다면 하나님과의 관계에도 반드시 문제가 생깁니다. 형제와 화목하지 않고는 하나님을 제대로 섬길 수 없습니다. 교회 안에서 누군가와 문제가 있다면 기도가 막히는 것은 당연합니다. 성도간의 관계가 깨지면 하나님과의 관계가 막히게 됩니다.

사도 바울은 "분을 내어도 죄를 짓지 말며 해가 지도록 분을 품지 말[라]"(엡 4:26)고 말합니다. 예수님도 산상보훈에서 이렇게 말씀하셨습니다.

> 그러므로 예물을 제단에 드리려다가 거기서 네 형제에게 원망 들을 만한 일이 있는 것이 생각나거든 예물을 제단 앞에 두고 먼저 가서 형제와 화목하고 그 후에 와서 예물을 드리라(마 5:23, 24).

하나님께서 형제 사랑을 얼마나 중요하게 여기시는지요! 형제 사랑은 신앙이 있는지를 판단하는 기준이 될 만큼 중요합니다. 다른 성도와 관계가 틀어졌는데도 하나님 앞에서 거리낌 없이 기도할 수 있고 평안하게 살아갈 수 있다면, 그 사람의 신앙을 의심해 보아야 할 것입니다. 다른 성도와 관계가 틀어졌다면, 마음이 아파야 합니다. 하나님께 기도드리는 것이 힘들어야 합니다. 그래서 그 어그러진 관계를 풀 수밖에 없습니다. 하나님과의 사귐과 형제와의 사귐은 분리될 수 없습니다.

셋째, 세상을 사랑하는 것입니다(요일 2:15-17). 사도는 "이 세상이나 세상에 있는 것들을 사랑하지 말라"라고 말하며 세 가지를 지적합니다. "이는 세상에 있는 모든 것이 육신의 정욕과 안목의 정욕과 이생의 자랑이니"(16절). 이 세상이 추구하는 가치들, 이 세상의 영광에 마음을 빼앗겨 버리면, 아버지의 사랑이 그 안에 있지 않다고 말합니다. 이것이 오늘날 교회를 위협하는 심각한 문제입니다.

넷째, 예수 그리스도에 대한 잘못된 가르침이나 교리입니다(요일 2:18-27). 사도 요한이 이 편지를 쓸 당시 이단들은 '예수님이 누구신가'를 두고 걸고 넘어졌는데, 이것은 지금도 마찬가지입니다. 주님께서는 이렇게 말씀하셨습니다.

> 너희가 성경에서 영생을 얻는 줄 생각하고 성경을 연구하거니와 이 성경이 곧 내게 대하여 증언하는 것이니라(요 5:39).

예수님께서는 성경이 자신에 대해서 증언한다고 말씀하셨습니다. 따라서 하나님 말씀인 성경에 대한 잘못된 가르침과 잘못된 교리는 우리에게 왜곡된 진리를 전해 줍니다. 오늘날에는 잘못된 교리와 가르침이 무분별하고도 쉽게 전해지고 있습니다. 교회 바깥뿐 아니라 교회 안에서도 마찬가지입니다. 우리 신앙이 아무리 뜨겁게 '느껴질지라도' 잘못된 신학, 잘못된 가르침에 영향을 받은 거라면, 실제로 하나님과의 사귐은 일어나지 않습니다. 이것은 심각한 문제입니다.

기도원에 가서 며칠씩 금식하며 기도해도 하나님과의 사귐이 깊어지지 않을 수 있습니다. 신앙생활은 부부 관계와 비슷합니다. 시간이 지날수록 부부 관계가 깊어져야 정상이듯, 우리 신앙도 오래될수록 하나님과의 인격적인 만남이 깊어져야 합니다. 해마다 자신을 돌아보십시오. 자신의 신앙이, 하나님과의 관계가, 그 사귐이 작년보다 깊어졌습니까? 늘 같은 이야기만 하고 있지는 않습니까? 하나님과의 만남이 점점 깊어지길 바랍니다. 그러기 위해서는 바른 가르침이 필요합니다. 잘못된 신학 위에서는 올바른 신앙을 세울 수 없습니다.

이처럼 사도는 하나님과의 영적인 사귐을 방해하는 네 가지 장애물을 제시하는데, 이 네 가지는 뒤에서도 계속 지적됩니다. 죄의 문제를 다시 지적하고(요일 2:28-3:10), 형제 사랑의 결핍과(요일 3:11-24), 예수 그리스도에 대한 교리의 문제(요일 4:1, 2)를 다룹니다. 요한일서는 마치 돌고 돌아 올라가는 나선 계단과 같습니다. 이것을 반복하면서 우리에게 확신과 사귐의 기쁨을 누리게 합니다.

입으로 고백하는 신앙은 시험되어야 한다

영적 사귐의 장애물들을 뒤집어 보면 참된 믿음이 무엇인지, 건강한 그리스도인으로 살아간다는 것이 무엇인지를 알 수 있습니다. 그렇다면 건강한 그리스도인이 되는 길은 무엇일까요? 첫째, 거룩한 삶을 사는 것입니다. 둘째, 형제를 사랑하는 것입니다. 셋째, 세상을 사랑하지 않는 것입니다. 넷째, 바른 교리, 바른 가르침을 배우는 것입니다. 바로 이것이 건강한 그리스도인의 특징입니다. 그런데 여기서 사도 요한은 한 가지 중요한 명제를 전제합니다.

> 만일 우리가 하나님과 사귐이 있다 하고 어둠에 행하면(요일 1:6a).

"하나님과 사귐이 있다"고 말한다는 것은 자신은 하나님과 문제가 없다고, 하나님과 관계가 좋다고 말한다는 것입니다. 당시 영지주의자들은 자신들이 하나님과의 관계가 매우 깊어서 그 관계를 다른 사람들은 이해할 수 없다고 말했습니다. 하나님과 신비하고 특별한 사귐이 있다고 말해 온 것입니다. 그들뿐 아니라 그들을 따르던 추종자들도 같은 이야기를 했습니다. 그런데 사도 요한은 지금 "만일 우리가 하나님과 사귐이 있다 하고 어둠에 행하면 거짓말을 하고 진리를 행하지 아니함이거니와"라고 말합니다. 즉 "하나님과 사귐이 있다"고 주장하는 것을 시험해 봐야 한다는 것입니다.

여기서 우리는 '시험해 봐야 한다'는 말을 잘 이해해야 합니다. 주변에 있는 성도가 신앙이 있는지 없는지를 의심하라는 이야기가 아닙니다. 우리의 신앙은 기본적으로 신앙 고백 위에 서 있습니다. 그래서 다른 성도가 신앙을 고백할 때, 우리는 그 고백을 진정성 있는 것으로 받아들입니다. 그러나 교회사를 살펴보면 종종 교회에서 "시험해 보라"라는 성경 말씀을 잘못 이해하여 큰 실수를 저지른 경우들을 볼 수 있습니다. '완전주의'라는 관점으로 형제의 신앙을 재단하려 한 것입니다. 그렇다면 왜 완전주의와 같은 잘못된 관점이 생겨났을까요? 요한일서 3장 9절입니다.

> 하나님께로부터 난 자마다 죄를 짓지 아니하나니 이는 하나님의 씨가 그의 속에 거함이요 그도 범죄하지 못하는 것은 하나님께로부터 났음이라.

이 말씀은 "하나님께로부터 난 자", 즉 예수님을 믿는 하나님의 자녀는 죄를 짓지 않는다는 것입니까? 완전주의는 이 말씀을 "예수님을 믿는 자는 절대로 죄를 짓지 않는다"라는 뜻으로 잘못 이해합니다. 완전주의는 신앙이 어느 정도 경지에 이르면 이 땅에서 우리가 육신을 입고 사는 동안에도 죄를 짓지 않을 수 있다고 가르칩니다. 그리고 그런 기준으로 형제의 신앙을 재단하고 의심합니다. 이런 완전주의적 이해는 결국 교회와 자신의 신앙을 허물어뜨립니다. 뿐만 아니라 율법주의라는 독버섯을 키우게 됩니다.

이것은 요한일서의 의도가 아닙니다. 요한일서는 교회와 우리의 신앙을 허물려고 쓴 것이 아닙니다. 오히려 흔들리는 신앙을 세워 주려고, 영적 사귐의 기쁨을 충만하게 누리게 하려고 보낸 편지입니다. 그러기 위해서는 거짓 교사들과 그들을 추종하는 사람들의 거짓 신앙을 분별해야 합니다.

비판하지 말고 분별하라

사도 요한이 입으로 고백하는 신앙을 시험해 보아야 한다고 말했을 때, 어쩌면 거짓 교사들은 예수님께서 산상보훈에서 가르치신 한 구절을 들이대며 반박했을지도 모릅니다. 주님은 이렇게 말씀하셨습니다.

> 비판을 받지 아니하려거든 비판하지 말라(마 7:1).

자신들을 비판하는 사도에게 영지주의자들은 "주님이 비판하지 말라고 하셨다"고 대답했을 것입니다. 그러나 주님께서는 그 말씀과 같은 맥락에서 이 말씀도 하셨습니다.

> 거짓 선지자들을 삼가라 양의 옷을 입고 너희에게 나아오나 속에는 노략질하는 이리라(마 7:15).

주님께서는 '거짓 선지자들'을 조심하라고 말씀하십니다. 그들을 조심하려면 그들을 분별할 수 있어야 합니다. 주님은 비판하지 말라고 하시면서 동시에 분별하라고 명령하십니다. 그리고 이어서 주님은 그들의 열매로 그들을 알 것이라고 말씀하셨습니다.

> 그들의 열매로 그들을 알지니 가시나무에서 포도를, 또는 엉겅퀴에서 무화과를 따겠느냐 이와 같이 좋은 나무마다 아름다운 열매를 맺고 못된 나무가 나쁜 열매를 맺나니 좋은 나무가 나쁜 열매를 맺을 수 없고 못된 나무가 아름다운 열매를 맺을 수 없느니라 아름다운 열매를 맺지 아니하는 나무마다 찍혀 불에 던져지느니라 이러므로 그들의 열매로 그들을 알리

라(마 7:16-20).

'알다'라는 단어가 두 번 등장합니다. "열매로 그들을 알지니"(16절)와 "그들을 알리라"(20절)입니다. 이때 '알다'라는 말은 '간파하여 확실하게 파악하다', 즉 분별하라는 뜻입니다. 스쳐 지나가듯 단순하게 아는 것이 아니라 자세히 살펴보아 그들의 정체를 분명히 알라는 것입니다. 그들이 노략질하기 위해 하나님의 교회에 들어와 있는 이리인지, 아니면 양인지를 분간할 수 있어야 합니다.

나더러 주여 주여 하는 자마다 다 천국에 들어갈 것이 아니요 다만 하늘에 계신 내 아버지의 뜻대로 행하는 자라야 들어가리라 그날에 많은 사람이 나더러 이르되 주여 주여 우리가 주의 이름으로 선지자 노릇 하며 주의 이름으로 귀신을 쫓아 내며 주의 이름으로 많은 권능을 행하지 아니하였나이까 하리니(마 7:21, 22).

그들은 입으로 "주여 주여"라고 했습니다. 이들은 "하나님과 사귐이 있다"고 말한 사람들입니다. 더 충격적인 것은 그들이 입으로만 그렇게 말한 것이 아니라 눈으로 볼 수 있도록 선지자 역할을 했다는 것입니다. 그들은 목사이고 선교사였습니다. 귀신을 쫓아냈습니다. 능력 있는 사람들이고, 은사를 받았다고 말하는 사람들이었습니다. 보통 사람들이 행하지 못하는 일들을 그들은 행했습니다. 그런데 주님께서는 그들에게 이렇게 말씀하십니다.

그때에 내가 그들에게 밝히 말하되 내가 너희를 도무지 알지 못하니 불법을 행하는 자들아 내게서 떠나가라 하리라(마 7:23).

그들이 귀신을 쫓아냈다는 것을 부인하지 않습니다. 그들이 예수님의 이름으로 권능을 행했다거나, 예수님의 이름으로 선지자 노릇을 했다는 것을 부인하지 않습니다. 그들은 하나님의 일을 행했습니다. 그런데 주님께서는 그들이 불법을 행했다고 말씀하십니다. 그들은 하나님을 위해서 무언가를 한다고 열심을 냈지만, 하나님은 그들을 불법을 행하는 자들이라고 하십니다. 입으로는 말할 것도 없거니와 삶으로도 그들은 하나님을 믿는 신앙을 드러내는 것 같았습니다. 그런데 주님께서는 불법을 행하는 사람들이라고 말씀하십니다. 교회가 온전하게 서려면 성도는 이와 같은 것을 분별할 수 있어야 합니다.

믿는다고 하면서 어둠에 행하는 사람

요한일서에서 다루는 문제가 바로 그것입니다. 바로 불법을 행하는 것입니다.

> 만일 우리가 하나님과 사귐이 있다 하고 어둠에 행하면 거짓말을 하고 진리를 행하지 아니함이거니와(요일 1:6).

여기서 "어둠에 행하면"이라는 말에서 '행하다'라는 헬라어 동사는 현재 시제입니다. 헬라어에서 현재 시제는 반복적으로 이루어지는 것을 의미합니다. 즉, '습관적으로 어둠 가운데 사는 것'입니다. 지금 사도가 묘사하는 사람은 때때로 어둠 가운데 넘어지는 사람이 아닙니다. 삶 자체가 습관적으로 어둠 가운데 있는 사람입니다. 하나님과 사귐이 있다고 하는데, 하는 행동을 보면 아무렇지 않게 죄를 짓는 사람입니다. 그런 사람이 스스로 "나는 하나님과 사귐이 있다"고 하는 말은 거짓말이고 진리를 행하지 않는 것입니다.

사도는 하나님은 빛이시며, 빛이신 하나님 안에는 어둠이 조금도 없다고 말합니다(요일 1:5). 예수님께서도 이렇게 말씀하셨습니다.

> 그 정죄는 이것이니 곧 빛이 세상에 왔으되 사람들이 자기 행위가 악하므로 빛보다 어둠을 더 사랑한 것이니라(요 3:19).

사람들이 주님에게 가기를 싫어했습니다. 주님께 가까이 가면 빛 가운데 자신들의 악한 행위가 드러나기 때문입니다. 또한 이렇게 말씀하셨습니다.

> 예수께서 또 말씀하여 이르시되 나는 세상의 빛이니 나를 따르는 자는 어둠에 다니지 아니하고 생명의 빛을 얻으리라(요 8:12).

주님을 따르는 자는 어둠에 다니지 않는다고 말씀하십니다. 요한복음을 기록한 사도 요한이 요한일서에서도 반복하여 같은 이야기를 하고 있는 것입니다. 삶이 어둠 가운데 있는 사람, 자신의 처소가 어둠인 사람이 하나님을 믿는다고, 하나님과 사귐이 있다고 하는 말은 거짓말이고 진리를 행하지 않는 것입니다.

당시 영지주의자들이 한 거짓말이 바로 이런 것이었습니다. "육체는 원래 악한 것이다. 죄는 육체로 짓는 것이지 영혼으로 짓는 것이 아니다. 우리 영혼은 육체에 영향을 받지 않기 때문에 육체가 죄를 지어도 영혼은 여전히 순결하고 구원받는 데 아무 상관이 없다." 이것이 바로 이단들이 하던 이야기입니다.

신앙이 연약한 사람은 간혹 이렇게 생각합니다. "하나님께 받은 은혜가 있는데, 왜 나는 늘 넘어지는 걸까? 나는 어둠에 행하는 사람인가? 나는 구원받지 못한 사람인가?" 그러나 사도가 어둠에 행한다고 말한 것은 신앙이 연약한 사람들에게 한 말이 아닙니다. 어둠에 행하는 사람의 삶의 영역은 어둠입니다. 그 사람의 의식 속에는 하나님이 없습니다. 어둠 속에서 아무런 부담 없이 죄를 범하며 살아가는 사람입니다.

참된 신앙은 빛 가운데 행하는 삶으로 입증된다

참된 신자의 특징은 빛 가운데 행하는 것입니다.

> 그가 빛 가운데 계신 것같이 우리도 빛 가운데 행하면 우리가 서로 사귐이 있고 그 아들 예수의 피가 우리를 모든 죄에서 깨끗하게 하실 것이요 (요일 1:7).

"빛 가운데 행하면"이라는 구절에 나오는 '행하다'라는 동사 역시 계속성을 가리키는 시제로 '마음의 계속적인 상태'를 의미합니다. 우리 마음과 행동이 언제나 빛 가운데에 있는 것입니다. 이것은 거룩한 상태, 절대로 죄를 짓지 않는 상태를 의미하는 것이 아닙니다. '빛 가운데 행한다'는 것을 "하나님께로부터 난 자마다 죄를 짓지 아니하나니"(요일 3:9)라는 말씀과 연결해서 지금 사도 요한이 죄를 짓는 사람은 구원받지 못한 사람이라고 말하는 것으로 해석해서는 안 됩니다.

죄를 짓지 않는 거룩한 상태에 이르는 성화는 성도가 죽을 때 완성됩니다. 우리는 죽는 순간까지 죄를 지을 수 있는 존재라고 성경은 말합니다. 그렇다면 빛 가운데 행한다는 것은 무슨 의미일까요? 이것은 진리에 부합하는 삶을 살아가기 위해 의식적이고 지속적으로 노력하는 것입니다. 이 싸움을 지속하는 삶입니다. 빛 가운데 있기 때문에 죄와 싸우는 것입니다.

사도는 빛 가운데 행하면 하나님과 사귐을 갖게 되고 죄를 용서받는다고 말하는 것이 아닙니다. 그 반대입니다. 하나님과 사귐이 있는 자, 예수 그리스도를 믿는 자라면 빛 가운데 행하게 될 것이라고 말하고 있습니다. 참된 신앙은 빛 가운데 행하는 삶으로 증명됩니다.

빛 가운데 행하는 자가 누리는 행복

빛 가운데 행하는 삶에는 두 가지 행복이 있습니다.

> 그가 빛 가운데 계신 것같이 우리도 빛 가운데 행하면 우리가 서로 사귐이 있고 그 아들 예수의 피가 우리를 모든 죄에서 깨끗하게 하실 것이요 (요일 1:7).

첫째, 우리가 서로 사귐이 있는 것입니다. '우리가 서로 사귐이 있다'는 것은 하나님과의 사귐이 필연적으로 형제들과의 사귐을 만들어 낸다는 것을 보여 줍니다. 여러분, 주 안의 형제를 사랑하지 않는다면 하나님을 사랑할 수 없습니다. 형제와 사귐이 단절되면 하나님과의 사귐도 영향을 받습니다. 마찬가지로 하나님과 사귐이 있다는 것은 우리의 사귐이 일어난다는 것입니다. 큰 은혜를 받으면 그 은혜를 자랑하는 것이 아니라 나누고 싶습니다. 내가 메마르게 살고 있더라도 형제가 와서 자신이 받은 은혜를 나누면 내 마음도 기쁘고 은혜를 받습니다. 바로 이것이 신자들 안에서 자연스럽게 일어나는 일들입니다. 이렇게 우리는 서로가 필요합니다.

한번은 예수님께서 무리에게 말씀하실 때, 한 사람이 와서 이렇게 전했습니다. "보소서 당신의 어머니와 동생들이 당신께 말하려고 밖에 서 있나이다"(마 12:47). 그러자 예수님께서는 이렇게 답하셨습니다.

> 말하던 사람에게 대답하여 이르시되 누가 내 어머니이며 내 동생들이냐 하시고 손을 내밀어 제자들을 가리켜 이르시되 나의 어머니와 나의 동생들을 보라 누구든지 하늘에 계신 내 아버지의 뜻대로 하는 자가 내 형제요 자매요 어머니이니라 하시더라(마 12:48-50).

지금 주님은 새로운 가족을 선언하고 계십니다. 새로운 가족의 삶, 바로 이것이 빛 가운데 행하는 신자들이 누리게 되는 행복입니다.

이것은 교회가 포기할 수 없는 이상이기도 합니다. 우리는 이 땅에 육신을 입고 살아가지만, 하나님께서는 구원받은 자신의 백성을 교회로 부르셔서 예수 그리스도의 피로 한 가족이 되게 하십니다. 우리는 영적이고 진정한 이 사귐, 성령의 코이노니아를 삶에서 풍성하게 누리는 하나님의 교회를 경험하길 소망합니다. 그리고 그런 교회를 세우는 데 쓰임받길 원합니다. 이것은 특별한 사람들의 소원이 아닙니다. 예수님을 믿는 자들이 바라는 자연스러운 소원입니다. 형제의 사귐은 하나님께서 우리에게 주시는 선물이자 행복입니다.

둘째, 그 아들 예수의 피가 우리를 모든 죄에서 깨끗하게 하는 것입니다. 여기서 '깨끗하게 하다'라는 동사도 현재 시제로, 지속적이고 반복적으로 행해진다는 뜻입니다. 우리가 빛 가운데 행하더라도 넘어지고 죄를 짓는 일이 허다하게 일어나지만 예수님의 피가 우리를 '모든' 죄에서 지속적이고 반복적으로 깨끗하게 한다는 것입니다. 이것이 빛 가운데 행하는 자녀들이 누리는 행복입니다. 예수님의 피가 우리 죄를 이깁니다. 우리 죄가 아무리 많아도 예수님의 피가 그 모든 죄를 덮습니다. 이것이 빛 가운데 행하는 사람에게 보장된 행복입니다.

빛 가운데 행하는 삶, 부활의 생명

예수님께서 부활하셨다는 것은 우리에게 어떤 의미가 있습니까? 단순히 주님이 재림하시는 날 우리도 부활한다는 것이 전부일까요? 그렇지 않습니다. 빛 가운데 행하는 사람들은 지금 부활 생명을 누리고 있는 것입니다. 우리의 구원이 아직 완성되지 않았고 우리 몸이 완전히 구속되지 않았지만, 지금 우리는 부활의 생명을 누리며 살아가고 있습니다. 그것이 빛 가운데 행하는 삶입니다.

부활의 생명을 누리는 그 삶은 우리가 이전에 누리던 생명과는 질적으로 다릅니다. 이제 우리는 부활 생명을 함께 누리는 사람들과 사귐이 있는 삶, 새로운 형제자매들과 사귐을 가지는 삶을 살아갑니다.

성령으로 거듭나고, 믿음을 고백하여 세례를 받고, 세례를 받음으로 그리스도와 연합된 것을 공표하고, 그 연합된 생명을 누리기 위해 우리는 성찬을 통해 예수 그리스도를 먹고 마십니다. 우리는 주님의 식탁에서 성찬으로 주님의 찢어진 피와 살을 먹고 마시면서 서로 형제임을 다시 한 번 확인합니다. 주님과 내가 연합된 것만이 아니라 너와 내가 연합된 것을 다시 한 번 경험하는 것입니다. 주님께서 "많은 사람을 위하여 흘리는 바 나의 피 곧 언약의 피"(마 26:28)라고 말씀하신 그 피가 우리를 모든 죄에서 깨끗하게 한다고 사도는 말하고 있습니다.

여러분 가운데 "하나님과 사귐이 있다", "믿는다"고 말하면서 죄를 지어도 상관없다고 생각하는 분이 계십니까? 그것은 매우 위험한 생각입니다. 그것은 거짓말하는 것입니다. 진리를 행하는 삶이 아닙니다. 돌이켜 회개해야 합니다.

하나님은 거룩하십니다. 어둠 가운데 행하면서 그분과의 복된 사귐을 누릴 수는 없습니다. 우리는 모두 넘어지고 범죄하기 쉬운 사람들입니다. 그러나 우리에게는 우리를 모든 죄에서 깨끗하게 하는 예수님의 피가 있습니다. '하나님께로서 난 자', '빛 가운데 행하는 자들'에게 하나님이 주시는 은혜는 매우 풍성합니다. 우리는 죽는 날까지 이 은혜에 겨워 살아갑니다.

1 John
요한일서 1장 8, 9절

8 만일 우리가 죄가 없다고 말하면 스스로 속이고 또 진리가 우리 속에 있지 아니할 것이요 9 만일 우리가 우리 죄를 자백하면 그는 미쁘시고 의로우사 우리 죄를 사하시며 우리를 모든 불의에서 깨끗하게 하실 것이요

05

죄와 싸우는 삶

 사도 요한은 하나님과의 사귐을 깨뜨리는 장애물이 무엇인지를 밝히면서 요한일서를 시작하고 있습니다. 하나님과의 사귐을 방해하는 첫 요소로 사도는 죄를 언급합니다. 우리가 죄를 제대로 이해하지 못한다면 죄를 인식할 수 없을 것입니다. 죄를 인식할 수 없다면 그 죄를 해결할 길도 없습니다. 또한 우리의 신앙을 엉뚱한 방식으로 증명하려 할 것입니다.

 사도는 요한일서 1장 6, 7절에서 죄와 관련된 첫 번째 그릇된 주장을 언급합니다. 즉, "만일 우리가 하나님과 사귐이 있다 하고 어둠에 행하면" 그것은 거짓말이라는 것입니다. 요한일서 1장 8, 9절에서는 죄와 관련된 두 번째 그릇된 주장을 다루고 있습니다. 바로 "만일 우리가 죄가 없다고 말하면"이라는 주장입니다.

"죄가 없다고 말하면"

'죄가 없다'는 주장이 무슨 뜻일까요? 보통 헬라어로 '죄'라는 단어의 단수형과 복수형은 다른 의미를 지닙니다. 단수형 '죄'는 죄의 성향, 죄의 성품, 죄 된 본성을, 복수형 '죄들'은 죄를 짓는 행위를 뜻합니다. 요한일서 1장 8절에서 '죄가 없다'는 말에 쓰인 단어는 단수형으로 '죄의 성향, 죄의 본성을 가지지 않았다'라는 뜻입니다. 어떻게 이런 주장을 할 수 있었을까요?

당시 영지주의라는 이단은 자신들이 신비한 지식을 깨달아 구원을 받았다고 주장했습니다. 그들은 자신들이 깨달은 지식이 다른 사람에게는 없는 지식, 설명해 주어도 이해하지 못할 지식이며, 하나님께서 그 지식으로 구원받은 사람들에게서 죄를 뿌리째 뽑아 버리셨기 때문에 죄가 없다고 생각했습니다. 또한 그들의 기본 사상인 이원론에 따라, 육체로 아무리 많은 죄를 지어도 자신들의 영혼에 아무런 영향을 끼치지 못한다고 여겼습니다.

이러한 지식이 확고부동하다면, 인격 자체가 거짓이 될 수 있습니다. 거짓된 인격은 죄가 없다고 하면서 그 삶은 어둠 가운데 행합니다. 스스로를 하나님을 믿는 구원받은 사람, 하나님과 사귐이 있는 사람, 영생을 소유한 사람으로 믿으면서 얼마든지 죄를 지으면서 살 수 있습니다. 말로는 구원받은 하나님의 자녀라고, 영생을 가졌다고 하지만, 삶을 들여다보면 하나님의 자녀라는 증거와 열매를 전혀 찾아볼 수 없는 것입니다. 이것은 위선입니다. 그러나 위선보다 심각한 문제는 더 이상 감각이 없는 것입니다. 거짓말을 하면서도 그것이 진실이라고 믿습니다.

'죄가 없다'고 주장하는 사람들에게는 '거룩하신 하나님과 사귐을 가지려면 죄가 없어야 한다'는 전제가 있었습니다. 죄와 어둠 가운데 살아가는 우리는 빛이시고 거룩하신 하나님과 사귈 수 없다고 여긴 것입니다. 여러분, 거룩하신 하나님과 사귀려면 거룩해야 한다는 것이 옳은 말일까요? 이것이 성경의 진리에 부합하는 말일까요? 실제로 이것은 중요한 문제입니다. 히브리서 기자는 이렇게 말합니다.

> 모든 사람과 더불어 화평함과 거룩함을 따르라 이것이 없이는 아무도 주를 보지 못하리라(히 12:14).

"거룩함이 없이는 주를 보지 못한다!" 어떻습니까? 거룩하신 하나님과 사귀려면 거룩해야 한다는 말은 성경에 부합하지 않습니까? 하나님과 사귀려면 우리에게 거룩함이 요구되는데, 문제는 그 거룩함을 어떻게 얻을 수 있는가입니다.

이들이 주장하는 것처럼 우리가 살아가는 동안 죄가 뿌리째 뽑혀서 거룩해지는 수준에 도달할 수 있을까요? 그렇게 말할 수 있는 날이 올까요? 그럴 수 없습니다. 성경은 우리가 거룩해지는 성화는 죽을 때 비로소 완성된다고 가르칩니다. 성경은 살아 있는 어느 누구에 대해서도 죄가 완전히 뿌리 뽑혔다거나, 죄의 본성과 성향에서 완전히 자유로워져서 거룩해졌다고 묘사하지 않습니다. 우리의 거룩함은 죽어야 완성되는 것입니다. 거룩하신 하나님과 사귀려면 죄가 없어야 하는데, 성도가 사는 날 동안 자기 행위로 완전함과 거룩함에 이를 수 없고, 큰 은혜를 받아 죄가 뿌리째 뽑히는 일도 일어나지 않는다면, 우리 가운데 그 누구도 하나님과 사귈 수 없다는 결론에 이르게 됩니다.

성도는 그리스도로 말미암아 거룩해진 사람이다

이번 장에서 우리가 다루는 주제는 바로 '성화'입니다. 성화는 믿음으로 의롭다 함을 받은(이신칭의) 사람이 평생을 통해 점진적으로 거룩해지는 과정입니다. 성화는 점진적인 과정(거룩해지다)이라는 면에서 단회적으로 선언되는 칭의(의롭다 함을 받는다)와 구별됩니다. 칭의가 한순간에 믿음으로 하나님께서 선언하시는 법정적인 선언이라면, 성화는 칭의받은 사람이 하나님의 은혜와 주의 말씀으로 일평생 하나님 앞에서 거룩해지는 과정입니다.

그런데 성화와 관련하여 우리가 흔히 간과하는 것이 있습니다. 성화에는 점진적 성화와 결정적/확정적 성화, 이렇게 두 가지 측면이 있다는 사실입니다. 성경은 결정적으로 또는 확정적으로 주어지는 거룩함을 말합니다.

> 고린도에 있는 하나님의 교회 곧 그리스도 예수 안에서 거룩하여지고 성도라 부르심을 받은 자들과(고전 1:2a).

성도(聖徒)는 '거룩한 무리'라는 뜻입니다. 예수 안에서 거룩한 무리라 부르심을 받은 자들입니다. 이것이 바로 교회입니다. 다른 구절도 살펴보겠습니다.

> 너희 중에 이와 같은 자들이 있더니 주 예수 그리스도의 이름과 우리 하나님의 성령 안에서 씻음과 거룩함과 의롭다 하심을 받았느니라(고전 6:11).

바울이 이 편지를 쓸 당시 고린도 교회에서 예수님을 믿고 세례를 받은 성도 다수는 이전에 불의한 사람들이었습니다. 우상을 섬기고 간음하고 탐색하고 남색하는 자들이었습니다. 아무렇지 않게 도둑질하고 술 취하고 모욕하고 속여 빼앗는 자들이었습니다. 그런데 바울은 이들이 "주 예수 그리스도의 이름과 우리 하나님의 성령 안에서 씻음과 거룩함과 의롭다 하심을 받았[다]"고 말합니다. 한 구절만 더 보겠습니다.

> 너희는 하나님으로부터 나서 그리스도 예수 안에 있고 예수는 하나님으로부터 나와서 우리에게 지혜와 의로움과 거룩함과 구원함이 되셨으니 (고전 1:30).

예수 그리스도께서는 우리에게 의로움만 되신 것이 아닙니다. 그분은 우리를 하나님 앞에 의로운 자로 만들어 주셨을 뿐만 아니라 우리의 거룩함이 되셨습니다. 다시 말해 우리의 죄가 없어야 거룩하신 하나님과 사귈 수 있는데, 내 행위로 나 자신이 거룩해진 것이 아니라 하나님께서 예수 그리스도 안에서 확정적이고 결정적으로 우리에게 거룩함을 주셨다는 말입니다. 그래서 하나님은 우리를 의로운 자일 뿐만 아니라 거룩한 자로 여기십니다. 성경은 그 거룩함을 내 행위로 만들어 낸 것이 아니라, 예수 그리스도의 거룩함이 우리에게 주어진 것이라고 말합니다.

사실 결정적이고 확정적인 차원의 '거룩'이라는 말을 쓰지 않고 우리가 믿음으로 의롭다 함을 받았다는 '칭의'만으로도 얼마든지 하나님과 교제할 수 있게 되었다는 것을 설명할 수 있습니다. 바울은 이렇게 이야기합니다.

> 그러므로 우리가 믿음으로 의롭다 하심을 받았으니 우리 주 예수 그리스도로 말미암아 하나님과 화평을 누리자 또한 그로 말미암아 우리가 믿음으로 서 있는 이 은혜에 들어감을 얻었으며 하나님의 영광을 바라고 즐거워하느니라 (롬 5:1, 2).

여기서 바울은 우리가 전에 원수였는데 믿음으로 의롭다 하심을 받자 하나님과 화평을 누리는 존재, 하나님의 자녀가 되는 권세를 받았다고 말합니다. 이 세상에서도 자녀와 부모의 관계는 아주 특별한 관계입니다. 상당 부분은 일방적인 관계이기도 합니다. 부모의 사랑은 일방적일 뿐 아니라 거의 지배적입니다. 이처럼 바울은 우리가 믿음으로 의롭다 하심을 받아 하나님께서 우리를 자녀 삼으셨다고 말한 것만으로도 하나님과 사귐이 가능해졌다는 것을 설명할 수 있습니다. 그러나 앞서 거룩하신 하나님과 사귐을 가지려면 죄가 없어야 한다거나 거룩해야 한다는 명제에 따라 '거룩함'을 토대로 설명하기 위해 지금 결정적이고 확정적인 성화를 언급한 것입니다.

성도는 어떻게 거룩함을 입은 존재가 됩니까? 하나님께서 우리에게 "너는 거룩한 사람이다"라고 말씀하셔서 그것을 토대로 하나님과 사귐을 가질 수 있습니다. 이것은 죄의 뿌리가 완전히 뽑혀 죄성에서 자유로운 존재가 되었다는 의미가 아닙니다. 성도는 평생 점진적으로 하나님의 말씀과 은혜로 거룩해지는 과정을 밟기 때문입니다. 그렇기 때문에 영지주의자들이 주장하는 것처럼 "우리는 죄가 없기 때문에 하나님과 사귈 수 있어"라는 거짓말을 하지 않아도 됩니다.

거짓 주장이 입증하는 두 가지

영지주의자들은 자신들의 거짓 주장으로 두 가지 사실을 입증하고 있습니다. 하나는 스스로 속이는 것이고, 다른 하나는 진리가 그들 속에 없다는 것입니다(요일 1:8).

먼저 '스스로 속이는 것'은 자기기만입니다. 요한일서 1장 6절에서 사도 요한이 "하나님과 사귐이 있다 하고 어둠에 행하면 거짓말을 하[는 것]"이라고 한 것은 다른 사람에게 거짓을 말한다는 것입니다. 그런데 8절에서 "죄가 없다"고 말하는 것은 자기기만이라고 말합니다. 다른 사람에게 거짓말하는 것보다 자신을 속이는 자기기만이 더 심각한 문제입니다. 남에게 거짓을 지어서 말하는 것이 아니라, 자신이 직면해야 하는 현실을 억지로 인정하지 않으려 하는 것이기 때문입니다.

사실인지는 모르겠지만, 19세기 가장 뛰어난 설교자 찰스 스펄전(Charles Spurgeon)과 관련하여 전해지는 일화가 하나 있습니다. 하루는 스펄전이 식사 초대를 받았습니다. 스펄전을 초대한 사람은 자신에게 죄가 없다고 강하게 주장하는 사람이었습니다. 스펄전이 초대에 응해서 그의 집에 갔는데 식사하는 내내 "나는 죄가 없습니다"라고 이야기하더랍니다. 그 말을 듣고 있던 스펄전이 갑자기 자리에서 일어나 컵에 든 물을 그 사람 얼굴에 확 끼얹었습니다. 그 사람이 어떻게 반응했을까요? 노발대발하면서 스펄전의 무례함을 비난했습니다. 그러자 스펄전이 이렇게 말했습니다. "당신 속에 있는 옛 본성이 아직 죽지 않았군요. 그저 기절했다가 겨우 물 한 잔을 맞고 되살아났으니 말입니다." 바로 이것이 사도 요한이 말하는 바입니다. "우리는 죄가 없다"라고 주장하는 이들은 이 사람처럼 사실을 보려 하지 않고 자기를 속이고 있는 것입니다.

또한 "우리는 죄가 없다"라고 주장하는 이들은 그 주장을 통해 '진리가 그 안에 없는 것'을 방증하는 셈입니다. 사도는 1장 6절에서 "진리를 행하지 아니함"이라고 말했는데, '진리가 없다'는 것은 그보다 더 도발적이고 강한 표현입니다. 이것은 "우리가 보고 들은 바를 너희에게도 전[한 것]"(요일 1:3), 즉 사도들이 전한 복음의 진리가 그들 안에 없다는 의미입니다. 다시 말해 사도는 거짓된 주장을 계속하는 그들에게 "너희는 하나님과 상관이 없는 사람이다", "너희는 구원받은 하나님 백성이 아니다"라고 이야기하는 것입니다.

진리는 거짓의 아비인 마귀에게서 나온 것, 즉 자기기만을 포함하여 모든 거짓을 배격합니다. 우리 안에 들어온 복음의 진리는 정적으로 존재하지 않습니다. 복음은 역동적이고 힘이 있습니다. 복음의 진리는 우리를 바꿉니다. 내 마음대로 살 수 있게 하는 것이 아니라 복음의 진리는 우리를 거룩하게 만듭니다. 그래서 주님은 이렇게 말씀하셨습니다.

> 그들을 진리로 거룩하게 하옵소서 아버지의 말씀은 진리니이다(요 17:17).

진리가 왜 중요합니까? 진리의 말씀을 깨닫는 것이 왜 중요할까요? 진리의 말씀을 깨달을 때, 그 말씀이 우리 안에 감동을 주고 우리를 바꾸기 때문입니다.

하나님과의 사귐을 향한 열린 문, 자백함

1장 9절에서 사도 요한은 하나님과 사귀기 위해 우리가 죄가 없다는 식으로 거짓말하지 않아도 되는 이유를 설명합니다.

> 만일 우리가 우리 죄를 자백하면 그는 미쁘시고 의로우사 우리 죄를 사하시며 우리를 모든 불의에서 깨끗하게 하실 것이요.

우리는 이 세상을 살면서 죄를 짓는 존재입니다. 죄를 짓고는 하나님께 나아갈 수 없습니다. 그런데 사도는 우리가 죄를 짓는 존재라는 점이 하나님과 우리의 사귐을 막지 못한다고 말합니다. 그 죄를 해결할 수 있는 길이 우리에게 열려 있기 때문입니다. 바로 자백하는 것입니다.

한글 성경은 "죄를 자백하면"이라고 번역했지만, 원어인 헬라어는 복수형으로 "죄들을 자백하면"이라고 했습니다. 즉 우리 '죄들'을 사하신다는 뜻입니다. 여기서 말하는 죄(들)은 죄의 뿌리, 죄의 본성을 가리키는 것이 아닙니다. 그 뿌리와 본성에서 흘러나온 구체적이고 특정한 죄, 행동한 죄뿐 아니라 생각하고 아는 죄를 의미합니다. 죄들을 자백하려면 먼저 그 죄를 인식해야 합니다. 그리고 자신이 알고 인식할 수 있는 죄들은 하나님과의 사귐을 방해하거나 깨뜨리지 못합니다. 그리스도인은 자신이 인식하는 죄들을 하나님 앞에 자백하게 되어 있기 때문입니다. 이처럼 죄들을 자백하는 것은 신자들이 하나님과 다시 사귈 수 있도록 인도하는 문입니다.

여기서 중요한 점은 사도가 누구에게 죄들을 자백하라고 말하는가입니다. 신약 성경에서 '자백하다'라는 단어를 찾아보면, '사람들 앞에서 인정하다'라는 의미로 가장 많이 사용되었습니다. 그래서 어떤 사람들은 우리가 사람들 앞에서 공개적으로 죄들을 자백하면 '우리 죄를 사하신다'고 이해하기도 합니다. 그러나 이것은 이 구절을 지나치게 확대하여 적용한 경우입니다. '자백하다'라는 단어가 '사람들 앞에서 인정하다'라는 의미로 사용된 예가 많지만, 반드시 그런 의미로만 쓰인 것은 아닙니다.

사도 요한이 이 단어를 통해 사람들 앞에서 공개 자백하라는 의미를 전하고자 했다면, 오해하지 않도록 명확하게 "우리가 우리 죄를 교회와 회중 앞에서 자백하면 그는 미쁘시고 의로우사 우리 죄를 사하여 주실 것이오"라고 썼을 것입니다. 회개와 자백은 근본적으로 하나님 앞에서 하는 것입니다.

반면 회개와 자백과 관련된 또 하나의 오해가 있습니다. 어떤 사람이 교회에 공적인 잘못을 저지르고는 "나는 하나님 앞에서 용서받았어. 다 해결했어. 끝이야!"라고 선언하는 경우가 있습니다. 성경은 그렇게 하라고 말하지 않습니다. 사적으로 범한 잘못도 마찬가지입니다. 누군가에게 잘못하고는 "나는 하나님께 용서받았어!"라고 말하는 것으로 해결되었다고 생각해서는 안 된다는 것입니다. 신앙적이고 합당하며 성경적인 회개는 공적으로든 사적으로든 어떤 잘못을 저질렀을 때, 하나님 앞에서뿐 아니라 우리가 잘못을 범한 대상 앞에서도 잘못을 인정하고 용서를 구하는 것입니다.

우리가 자백해야 하는 대상은 근본적으로 하나님이며, 사람을 완전히 배제하지 않습니다.

자백의 결과와 용서의 근거

우리가 자백하면 어떤 결과를 얻게 될까요? 사도 요한은 두 가지 결과를 얻는다고 말합니다. 하나는 '하나님께서 우리 죄를 사해 주신다'는 것이고, 다른 하나는 '하나님께서 우리를 모든 불의에서 깨끗하게 하신다'는 것입니다. 그렇다면 이 둘은 어떤 차이가 있을까요?

'죄를 사하신다'는 것, 즉 용서하신다는 말은 주기도문에서도 볼 수 있는 표현입니다. "우리가 우리에게 죄 지은 자를 사하여 준 것같이"(마 6:12). 여기서 '사하여 주다'라는 말은 빚진 사람의 빚을 탕감해 준다는 의미의 경제 용어입니다. 다시 말해 하나님께서 우리 죄를 용서하신다, 사하신다는 것은 우리 죄를 탕감(면제)해 주셨다는 의미입니다. 우리가 갚아야 할 빚을 하나님께서 모두 없애 주신 것입니다.

그리고 "우리를 모든 불의에서 깨끗하게 하신다"고 할 때, '불의'는 죄로 말미암아 내 안에 생긴 더러운 흔적, 오점과 오염을 말합니다. 하나님께서는 우리 죄를 용서해 주시는 데서 끝내지 않으십니다. 죄로 말미암아 우리에게 얼룩으로 남은 상처와 흔적, 자국들조차 다 씻어 주십니다. 이것은 하나님께서 그 죄를 기억하지 않으시겠다는 강력한 표현입니다.

그렇다면 하나님께서 우리를 용서하시는 근거는 무엇입니까? 9절은 이렇게 말합니다.

그는 미쁘시고 의로우사.

'미쁘다'는 '약속을 지키다', '신실하다'라는 뜻입니다. 하나님은 미쁘십니다. 하나님께서는 죄를 회개하고 자백하는 자를 용서해 주시고 모든 불의, 모든 얼룩에서 깨끗하게 하겠다고 하신 약속을 신실하게 지키시는 분입니다. 그것을 알기에 우리는 하나님 앞에 자백할 수 있습니다.

또한 하나님은 의로우십니다. 그런데 조금 이상하지 않습니까? 하나님은 자비로우셔서 또는 은혜로우셔서 우리 죄를 용서하신다는 말이 더 자연스러울 것 같은데, 사도는 하나님이 의로우시다고 말합니다. 그러나 사실은 이것이 '은혜로우시다', '자비로우시다'보다 훨씬 강한 표현입니다. 동시에 이것은 우리에게 엄청난 확신을 주는 표현입니다. 이 표현은 요한일서 1장 7절에 근거합니다.

> 그가 빛 가운데 계신 것같이 우리도 빛 가운데 행하면 우리가 서로 사귐이 있고 그 아들 예수의 피가 우리를 모든 죄에서 깨끗하게 하실 것이요.

예수 그리스도의 피 흘리심으로 말미암아 하나님께서는 내가 받아야 할 모든 율법의 형벌과 저주와 그분의 진노를 예수님께 쏟아부으셨습니다. 그렇게 하나님의 의로우심이 만족되었기 때문에 이 근거 위에서 우리가 죄를 자백할 때 하나님이 용서하실 수 있고, 불의를 다 씻어 주실 수 있는 것입니다.

회개와 자백과 관련된 오해

이쯤에서 회개와 자백과 관련된 한 가지 오해를 바로잡고자 합니다. 이 오해는 신자가 범하는 죄가 신자에게 어떤 영향을 끼치는지와도 연관됩니다. 신자가 죄를 지으면 어떻게 될까요? 지옥에 가게 될까요? 사실 우리는 죄 지은 줄도 몰라서 자백하지 않은 죄가 많지 않습니까? 그러면 자백하지 않은 그 죄들에 대해서 우리는 심판을 받아야 할까요?

사도 요한은 "만일 우리가 우리 죄를 자백하면 …… 우리 죄를 사하시며"라고 말합니다. 우리가 인식하고 있는 죄들을 우리 입으로 자백하면, 하나님께서는 자백하는 그 죄들을 사하신다는 것입니다. 그러면 우리가 자백하지 않는 죄들은 어떻게 될까요? 하나님께서 죄를 용서하시는 것은 우리의 회개 행위와 관계가 있는 것일까요? 많은 사람이 이 부분을 오해합니다.

예수님을 믿지 않는 사람이 짓는 죄는 지옥으로 가게 만드는 죄입니다. 모두 율법의 형벌 아래 있는 죄, 형벌을 받아야 하는 죄입니다. 그러나 근본적으로 그리스도인이 짓는 죄는 지옥으로 가게 만드는 죄가 아닙니다. 예수님을 믿는 사람은 형벌을 받아야 할 죄를 지을 수 없습니다. 예수님께서 2천 년 전, 십자가에 달리셨을 때 신자를 대신하여 모든 형벌을 받으셨기 때문입니다. 심지어 진실로 예수님을 믿는 사람이 앞으로 지을 죄, 죽을 때까지 지을 모든 죄에 대한 형벌과 심판도 예수님께서 이미 다 받으셨습니다. 그러므로 우리가 더 용서받아야 할 죄, 사하심을 받아야 할 죄는 없습니다. 우리의 과거와 현재와 미래의 죄는 모두 예수님께서 2천 년 전 십자가에 달리셨을 때 그분 안에서 사함받았고 해결되었습니다.

이처럼 그리스도인들의 죄에 대해서는 예수님께서 대신하여 형벌을 받으셨기에 그들이 짓는 죄는 비그리스도인과 같은 운명적 결과를 가져오지는 않습니다. 그러나 신자의 죄는 하나님 아버지의 마음을 상하게 하고 슬프게 하며, 하나님 아버지와의 사귐을 소원하게 만들고 깨뜨립니다. 그렇게 해서 하나님과의 교제를 통해 누릴 수 있는 기쁨을 잃어버리게 됩니다. 죄로 인해 하나님과 사귐이 없는 것이 그리스도인에게는 지옥입니다. '나는 그리스도인이니 죄를 지어도 괜찮겠구나'라고 생각한다면, 자신이 정말 은혜받은 사람인지를 돌아보아야 합니다.

신자가 죄를 짓는다고 해서 하나님의 자녀 된 신분을 빼앗기거나 그분과의 관계가 끊어지는 것은 아닙니다. 그러나 하나님과의 사귐은 깨집니다. 죄를 짓거나 죄 지은 것을 인식하고 있으면서도 자백하지 않는다면, 비록 그 사람과 하나님의 관계가 근본적으로 깨지지는 않지만 그 사람은 절대로 하나님 앞에서 제대로 기도할 수 없습니다.

예수님께서 십자가에 달려 죽으실 때 신자들의 모든 죄를 속량하셨습니다. 우리를 위해 한 번의 영원한 제사로 모든 죄를 속량하셨습니다. 그런데 왜 죄를 자백하라고 하는 것일까요? 왜 회개하라는 것입니까? 자신이 인식하고 있는 죄를 자백하지 않으면 하나님과의 관계는 깊어질 수 없기 때문입니다. 하나님과 바른 사귐이 일어날 수 없습니다. 그렇기 때문에 우리가 자백할 때, 2천 년 전에 죽으심으로 예수님께서 내 죄를 속량하신 것을 적용해 주시는 것입니다. 그때에 하나님의 그 사랑과 용서하시는 은혜를 경험하고, 그러면서 아버지와 나의 소원한 관계가 회복되는 것입니다.

한편으로 자백은 우리의 양심을 위해 하나님께서 주신 선물이자 은혜의 방편입니다. 부부 사이에서 자신의 잘못을 숨기고 있는 사람은 배우자를 편안하게 대할 수 없습니다. 숨기고 있는 것이 있으면서도 친밀하게 대할 수 있다면, 그 사람은 거짓 인격이라는 심각한 문제가 있는 사람일 것입니다. 그럴 때 사람들은 종종 이렇게 말합니다. "그냥 다 털어놓고 이제 좀 자유로워지는 게 어때?"

가끔 공소 시효가 한참 지난 사건에 대해 자신이 범인이라고 고백하는 사람들에 대한 뉴스가 나옵니다. 공소 시효도 지났는데 왜 그런 고백을 하는 걸까요? 공소 시효가 지나기까지 십수 년간 편하지 않은 마음으로 살아왔기 때문이 아닐까요? 이러한 것을 볼 때, 심령의 골수도 꿰뚫어 보시는 하나님 앞에서는 더욱 그런 마음이 들지 않겠습니까? 죄 가운데 있거나 자신의 죄를 인식하고 있으면서도 하나님 앞에 자백하지 않은 채로는 참된 신앙생활을 할 수가 없습니다. 그러므로 죄를 자백하는 것은 하나님께서 우리의 양심을 자유하게 해주시기 위해 베푸신 방편인 것입니다.

죄와 싸워 이기는 삶에 대한 그릇된 가르침들

누군가가 자신은 "죄 없다"고 말한다면, 이는 거짓말입니다. 우리는 늘 죄를 짓고 넘어지기 때문입니다. 그러하기에 우리가 하나님 앞에서 우리 죄를 자백하고 회개하는 것은 죄와 싸우는 신자의 삶에 중요한 특징입니다. 회개할 수 있다는 말은 "죄를 지어도 괜찮다"며 죄 짓기를 부추기는 것이 아닙니다. 우리가 넘어지더라도 우리에게는 언제나 하나님과의 사귐이 깨지지 않을 수 있는 길이 있다는 것을 보여 주기 위함입니다. 그 길은 바로 하나님께 죄를 자백하는 것입니다.

그런데 여기서 우리가 주의해야 할 몇 가지 그릇된 가르침이 있습니다. 죄와 유혹에서 건짐받기를 간절히 원하고 그리스도를 닮기를 사모하지만, 진리의 지식에는 무지한 사람들이 받을 수 있는 유혹들입니다. 이들은 높은 수준의 그리스도인의 삶을 살 수 있다는 가르침에 미혹당하기 쉽습니다. 그래서 그리스도의 대속의 죽음과 부활을 통해서 이루신 일을 과장하려는 유혹이나, 성령님의 능력을 과장하고 싶은 유혹에 빠지기 쉽습니다. 그래서 어떤 체험을 하기만 하면 죄를 단번에 해결할 수 있다는 가르침에 현혹됩니다. 이것이 1세기 말, 요한일서가 쓰이던 당시 교회 안에 불어닥친 흐름이었고, 오늘날도 크게 다르지 않습니다. 이런 류의 가르침들은 거의 대부분 이단이거나 사이비라고 할 수 있습니다.

지금도 이런 가르침이 많습니다. 어떤 체험을 하면 '죄를 단번에 해결할 수 있다'거나, '세컨드 블레싱'(second blessing), 즉 제2의 축복을 받으면 수준 높은 경지에 올라간다고 가르칩니다. 하나님께 전적으로 순종하고 굴복해야 죄 없는 상태에 이를 수 있다거나, 자아가 깨어져야 한다는 등의 잘못된 가르침이 굉장히 많습니다. 죄를 짓지 않기를 바라는 열망은 있지만 성경에 무지하면, 우리는 어떤 특정한 체험으로 깊은 수준의 신앙으로 갈 수 있다는 이런 잘못된 가르침에 현혹될 수 있습니다.

참된 신자의 태도란

죄가 없다고 주장하는 사람들은 사실 자신이 그리스도인이라는 것을 부정하는 셈입니다. 죄가 없어서 하나님과 사귀는 것이 아니기 때문입니다. 죄를 짓고 넘어지는 연약한 인간임에도 미쁘시고 의로우신 하나님께서 예수님의 피로 우리 죄를 사하시고 우리를 모든 불의에서 깨끗케 하시는 자백의 자리를 만들어 주셨기에 우리가 언제든지 그분 앞에 나아갈 수 있는 것입니다. 그러므로 참된 신자의 태도는 죄를 부인하는 것이 아닙니다. 죄를 인정하고 자백하는 것이 참된 신자의 태도입니다.

하나님을 알아 갈수록 우리는 우리 자신을, 우리의 실상을 깊이 알게 됩니다. 즉 하나님을 알아 갈수록 그분이 얼마나 거룩하신 분인지 알게 되고, 그럴수록 우리가 얼마나 죄인인지를 알게 됩니다. 사도 바울은 이렇게 고백합니다.

> 모든 성도 중에 지극히 작은 자보다 더 작은 나에게 이 은혜를 주신 것은 (엡 3:8).

바울은 위대한 사도였습니다. 그러나 그는 자신을 그렇게 여기지 않습니다. "모든 성도 중에 지극히 작은 자보다 더 작은 나에게" 하나님께서 은혜를 베푸셨다고 말합니다. 그냥 하는 소리가 아닙니다. 이 고백은 사도 바울이 하나님을 정말 깊이 알았다는 것을 보여 줍니다. 그는 자신이 "죄 없다"

고 말하지 않습니다. 심지어 그는 디모데에게 보낸 편지에서 "죄인 중에 내가 괴수"(딤전 1:15)라고 고백합니다. "죄인 중에 괴수인 나 같은 놈이 지금, 이 자리에 와 있습니다"라고 말하는 것입니다.

신자의 삶은 죄와 싸우는 삶입니다(히 12:4). '죄와 싸운다'는 것은 일차적으로 쉬지 않고 죄를 거부하고 저항하는 것이지만, 또한 이것은 우리 죄를 하나님 앞에 자백하는 삶을 포함합니다. 그 안에서 우리는 하나님의 용서하시고 깨끗하게 하시는 은혜를 더 깊이 경험하게 됩니다. 이 은혜의 하나님을 알게 될 때, 우리는 "아, 죄를 더 지어도 되겠구나! 자백하기만 하면 되니까!"라고 반응하지 않습니다. 용서하시고 깨끗하게 하시는 그분의 은혜를 입을수록 우리는 죄와 싸울 힘이 더 강해집니다. 이것이 하나님의 방식입니다.

자신의 신앙생활을 돌아보면서 어떻게 죄와 싸울지 고민되십니까? 그렇다면 하나님 앞에 끊임없이 죄를 자백하십시오. 우리 삶과 우리 기도에 이 회개가 살아 있을 때, 우리는 점점 주께로 더 가까이 나아갈 수 있습니다.

1 John
요한일서 1장 10절-2장 2절

1:10 만일 우리가 범죄하지 아니하였다 하면 하나님을 거짓말하는 이로 만드는 것이니 또한 그의 말씀이 우리 속에 있지 아니하니라 2:1 나의 자녀들아 내가 이것을 너희에게 씀은 너희로 죄를 범하지 않게 하려 함이라 만일 누가 죄를 범하여도 아버지 앞에서 우리에게 대언자가 있으니 곧 의로우신 예수 그리스도시라 2 그는 우리 죄를 위한 화목 제물이니 우리만 위할 뿐 아니요 온 세상의 죄를 위하심이라

06

대언자 예수 그리스도

    교회를 넘어뜨리는 사탄의 전략은 언제나 거짓과 관련됩니다. 창세기에서 사탄이 뱀의 모습으로 하와에게 접근하여 대화한 내용을 살펴보면, 철저하게 하나님의 진리를 인용하는 것처럼 보이지만 실은 그 진리를 거짓되게 변형한 것을 알 수 있습니다. 오늘날에도 사탄의 전략은 전혀 변하지 않았습니다. 사탄은 진리를 왜곡하여 교회를 넘어뜨립니다. 그렇기 때문에 교회가 진리를 가르치는 데 소홀할 때, 교인들이 진리의 지식을 모호하게 알고 있을 때가 가장 위험합니다.

    이런 면에서 오늘날 한국 교회가 굉장히 위험한 상황에 처해 있다는 사실은 매우 분명합니다. 신앙생활을 오래했어도 자신이 무엇을 믿고 있는지 잘 알지 못하는 성도가 적지 않습니다. 교회 안에서 가르침은 사라지고 그 자리를 온갖 프로그램이 채우고 있습니다. 교회에서 시행하는 프로그램들이 하나님 말씀을 잘 가르치는 것이라면 좋을 텐데, 대부분 적용에 치우친 실제적인 것이 많습니다. 이러한 방향이 지속된다면 프로그램들에는 익숙해지지만, 하나님을 아는 지식에서는 자랄 수가 없습니다.

이런 상황에 더하여 온갖 이단과 사이비적인 가르침들이 횡행합니다. 교회 바깥뿐 아니라, 교회 안에서도 문제는 심각합니다. 진리의 말씀이 혼탁해지는 만큼 사탄이 교회 안에서 활동할 여지가 커진 것입니다. 사탄이 가지고 들어오는 거짓 진리는 참된 복음의 진리에 의해 축출되어야 하는데, 오히려 암 세포가 퍼지듯 교회 안에서 쉽게 퍼져 나갑니다.

1세기 말, 소아시아에 있는 교회들 역시 같은 상황이었습니다. 예수님과 함께하던 사도들은 모두 세상을 떠났고 요한만 남았습니다. 그런 상황에서 이단들은 더욱 기승을 부리며 거짓 교사들을 통해 교회에 들어오기 시작했습니다. 성도들은 진리가 무엇인지, 자신이 제대로 믿고 있는 것인지 헷갈리기 시작합니다. 이런 상황을 본 사도 요한이 성령의 영감을 받아 쓴 서신이 요한일서입니다.

죄를 짓지 않는다는 거짓 주장

사도 요한은 요한일서 서두에 죄와 관련된 세 가지 거짓 주장을 다루고 있습니다. 앞서 우리는 두 가지 거짓 주장을 살펴보았습니다. 첫째, '하나님과 사귐이 있다 하고 어둠에 행하는'(요일 1:6) 거짓말입니다. 이들은 "우리는 하나님과 깊은 교제를 나누고 있습니다. 당신들이 절대 이해하지 못하는 특별한 교제입니다"라고 말하지만 그 삶은 어둠 가운데 행하고 있었습니다. 둘째, '우리는 죄가 없다고 말하며'(요일 1:8) 스스로 속이는 거짓말입니다. 이들이 '죄가 없다'고 하는 주장에는 하나님께서 그들에게 신비한 지식을 주셔서 구원을 받았고(이것이 영지주의의 특징입니다), 그 지식을 받을 때 죄를 짓고 싶은 마음, 죄의 본성 자체가 뿌리째 뽑혀 나갔다는 의미가 담겨 있습니다. 그래서 그들은 "우리에게는 더 이상 죄가 없다. 죄의 뿌리조차 없다"고 이야기한 것입니다. 사도는 이런 주장을 '스스로 속이는 것', 즉 자기기만이라고 말합니다.

이제 요한이 다루는 세 번째 거짓 주장을 살펴보려 합니다. 바로 '우리는 범죄하지 아니하였다'(요일 1:10)는 주장입니다. 즉 죄를 짓지 않는다는 거짓말입니다. 여러분, 죄를 짓지 않는 신자가 있을까요? 이들은 상당히 논리 정연하게 이 거짓 주장을 내세웠기 때문에 교회 안에서 이런 주장을 들은 성도들이 쉽게 현혹될 수 있는 심각한 문제였습니다. 과연 오늘날 거짓 주장을 하는 사람들에게 성경 말씀을 내세워 선명하게 "그것은 잘못된 주장입니다"라고 말할 수 있는 신자가 얼마나 될까요? 그러므로 하나님 말씀을 정확하게 아는 것은 중요합니다.

사도 요한은 단번에 이 거짓말을 물리칩니다.

> 하나님을 거짓말하는 이로 만드는 것이니 또한 그의 말씀이 우리 속에 있지 아니하니라(요일 1:10b).

죄를 짓지 않는다는 주장은 궁극적으로 하나님의 거룩하신 본성과 용서하시는 본성 모두를 부인하는 것입니다.

하나님의 은혜로 의롭다 함을 받았어도 우리는 여전히 세상을 살아갑니다. 예수님을 믿고 구원받은 하나님의 자녀가 되었어도 어제 가던 직장으로 출근하고, 어제 밥을 같이 먹은 가족과 함께 지냅니다. 어제 한 실수를 오늘 또 하고, 어제 넘어진 일로 또 넘어집니다. 이때 진리의 지식에 무지한 성도는 이런 생각이 듭니다. '내가 구원받은 게 가짜인가? 그냥 뭔가를 느낀 거였나? 잠깐 내가 환각 상태에 빠졌던 건가?' 그들은 진리를 제대로 알지 못하고 "예수님을 믿는 사람은 죄를 짓지 않습니다"라는 거짓말에 속고 있기 때문입니다. 그러나 바울은 이렇게 말합니다.

> 우리가 알거니와 우리의 옛 사람이 예수와 함께 십자가에 못 박힌 것은 죄의 몸이 죽어 다시는 우리가 죄에게 종노릇하지 아니하려 함이니(롬 6:6).

> 그러므로 너희는 죄가 너희 죽을 몸을 지배하지 못하게 하여 몸의 사욕에 순종하지 말고(롬 6:12).

우리는 지금 하나님의 자녀로 이 땅을 살고 있지만, 죄의 몸을 지녔습니다. 죽을 몸이 있습니다. 예수님을 믿어도 우리 몸은 죽게 되어 있고, 무덤 속에서 썩게 마련입니다. 그래서 바울은 우리가 몸의 속량을 기다린다고 말합니다.

> 그뿐 아니라 또한 우리 곧 성령의 처음 익은 열매를 받은 우리까지도 속으로 탄식하여 양자 될 것 곧 우리 몸의 속량을 기다리느니라(롬 8:23).

지금은 죽음을 기다리고 있는 몸을 입고 있지만, 우리는 영원히 늙지 않고 썩지 않는 영광스러운 몸, 즉 "영의 몸"(고전 15:44)을 입고 부활하게 될 것을 기다립니다. 그때 우리는 영화로운 구원을 얻게 됩니다. 우리의 구원이 완성되는 것입니다. 그러나 그전까지 우리가 삶을 살아가는 동안에는 여전히 죄를 짓는다고 성경은 말합니다. 그럼에도 자신들은 죄를 짓지 않는다고 말하는 것은 진리를 말씀하시는 하나님을 거짓말쟁이로 만드는 것이라고 사도는 말합니다.

이어서 사도는 우리가 범죄하지 않았다고 주장한다면 "그의 말씀이 우리 속에 있지 [않다]"고 말합니다. '그의 말씀'이 없다는 것은 그들 안에 하나님의 아들 예수 그리스도께서 계시지 않다는 말과 같습니다.

> 아들이 있는 자에게는 생명이 있고 하나님의 아들이 없는 자에게는 생명이 없느니라(요일 5:12).

'그의 말씀'은 예수 그리스도를 가리킵니다. 아들이 있는 자에게는 생명이 있고 하나님의 아들이 없는 자에게는 생명이 없다고 하신 말씀처럼, 요한일서 1장에서 사도는 "그 거짓말하는 자들은 하나님과 상관없는 자, 하나님께 버림받은 자, 구원의 은혜를 입지 못한 자다"라고 선언하는 것입니다. 즉 "우리는 죄 짓지 않아!"라는 거짓말을 통해서 그들은 사실상 자기들이 하나님께 속한 사람이 아님을 입증한다는 것입니다.

신자의 균형_ 죄를 허용함과 죄를 인정하지 않음 사이에서

사도 요한은 독자들을 이렇게 친근하게 부릅니다. "나의 자녀들아"(요일 2:1). 사도는 지금까지 1인칭 복수인 '우리'를 화자로 사용했습니다.

> 태초부터 있는 생명의 말씀에 관하여는 **우리**가 들은 바요 눈으로 본 바요 자세히 보고 **우리**의 손으로 만진 바라 이 생명이 나타내신 바 된지라 이 영원한 생명을 **우리**가 보았고 증언하여 너희에게 전하노니 이는 아버지와 함께 계시다가 **우리**에게 나타내신 바 된 이시니라 **우리**가 보고 들은 바를 너희에게도 전함은 너희로 **우리**와 사귐이 있게 하려 함이니 **우리**의 사귐은 아버지와 그의 아들 예수 그리스도와 더불어 누림이라(요일 1:1-3, 강조는 저자).

사도 요한이 '우리'라고 표현한 것은 자기 혼자가 아님을, 복음을 전하는 다른 사도들과 자신이 하나임을, 그들이 가진 같은 복음을 전하는 것임을, 그리고 자신과 사도들이 전하는 복음을 들은 '너희'와도 하나임을 강조하는 것입니다. 그런데 본문 말씀에서 사도는 "**나의** 자녀들아 **내가** 이것을 너희에게 씀은"(요일 2:1)이라고 전합니다. 그리고 나서 다시 "우리가"(요일 2:3)라고 전환합니다.

사도가 중간에 잠깐 "나의 자녀들아 내가……"라고 부르는 것은 직접적인 명령이나 간곡한 권면을 하기 전에 주의를 환기하기 위함입니다. 지금까지와 다른 중요한 이야기를 꺼내기 전에 친밀한 관계임을 강조하기 위한 것입니다. 이제부터 사도가 말하려는 내용은 자칫 오해하기 쉬운 것이기 때문입니다.

> 나의 자녀들아 내가 이것을 너희에게 씀은 너희로 죄를 범하지 않게 하려 함이라 만일 누가 죄를 범하여도 아버지 앞에서 우리에게 대언자가 있으니 곧 의로우신 예수 그리스도시라(요일 2:1).

이 구절을 풀어 쓰자면, "내가 이것을 너희에게 쓰는 것은 너희에게 죄를 범하라고 하는 말이 아니라 죄를 범하지 않게 하려는 것이다"라는 의미입니다.

앞서 우리는 "예수님을 믿으면 죄를 짓지 않는다"라고 주장하는 사람들이 있다는 것을 살펴봤습니다. 그런데 사도 요한은 그것이 거짓말이라고 단언했습니다. 이런 상황에서는 사도 요한이 단언하는 바를 자칫 "신자가 죄를 지어도 괜찮다"라고 잘못 이해할 수 있습니다. 게다가 사도는 이렇게 말했습니다.

> 만일 우리가 우리 죄를 자백하면 그는 미쁘시고 의로우사 우리 죄를 사하시며 우리를 모든 불의에서 깨끗하게 하실 것이요(요일 1:9).

이렇다 보니 사도의 말을 들은 이들 가운데는 "지금 신자도 죄를 짓는다고 말씀하셨나요? 그리고 죄를 지을 때마다 자백하기만 하면 용서해 주신다고요? 그것 참 쉽네요"라는 식으로 삐딱하게 이해한 자들도 있었을 것입니다.

사도 요한이 말하려는 바를 제대로 이해하기 위해 우리는 죄에 대한 두 가지 극단적인 태도를 알아야 합니다. 하나는 죄를 방관하고 허용하는 태도입니다. 그러나 사도는 "신자는 죄를 짓지 않는다"라고 주장하는 사람들의 거짓 주장에 대하여 죄를 지어도 괜찮다고 말하려는 것이 아닙니다. 사도는 "죄 짓지 않는 사람이 어디 있어요? 하나님은 자백하기만 하면 뭐든지 용서해 주십니다"라는 의미로 말하는 게 아니라는 것입니다. 다른 하나는 이와 정반대인 엄격한 율법주의적 태도입니다. 죄에 대해 지나치게 엄격한 나머지 죄를 짓고 넘어지는 형제를 향해 엄중한 잣대를 들이대는 것입니다. 넘어지거나 죄를 지은 사람을 판단하고 심판하기만 하고, 그가 하나님 앞에서 회개할 때 용서하시는 하나님의 은혜와 자비는 드러내지 않는 것입니다. 우리는 이 두 가지 태도 모두 피해야 합니다. 바로 이것이 요한일서에서 사도가 특별히 강조하는 바입니다.

교회가 "우리는 범죄하지 않는다"라는 거짓말에 넘어간다면, 성도는 모두 위선자가 될 겁니다. 세상에서 무슨 짓을 했든 교회에서만은 아무 일 없다는 듯 깨끗한 척할 것입니다. 반대로 죄를 용서하시는 하나님의 자비와 관대하심만 강조하면 죄를 우습게 여기는 극단에 이를 수 있습니다. 하나님의 말씀은 죄를 쉽게 다루는 것을 허용하지 않습니다.

너희가 죄와 싸우되 피 흘리기까지는 대항하지 아니하고(히 12:4).

히브리서 기자는 피 흘리기까지 싸우라고 권면합니다. 그런데 이보다 심한 권면도 있습니다. 바로 주님이 하신 말씀입니다.

만일 네 오른눈이 너로 실족하게 하거든 빼어 내버리라 네 백체 중 하나가 없어지고 온몸이 지옥에 던져지지 않는 것이 유익하며 또한 만일 네 오른손이 너로 실족하게 하거든 찍어 내버리라 네 백체 중 하나가 없어지고 온몸이 지옥에 던져지지 않는 것이 유익하니라(마 5:29, 30).

주님은 강하게 표현하십니다. 농담으로 하신 말이나 강조 어법을 쓰신 것이 아닙니다. 주님께서는 죄를 가지고는 천국에 들어가지 못한다고 말씀하십니다. 그러나 성경은 또한 죄를 용서하시는 하나님의 은혜가 이 세상 그 어떤 언어로도 형언할 수 없을 만큼 무한하다고 말합니다(사 1:18). 사람은 하나님의 용서하시는 은혜보다 큰 죄를 지을 수가 없습니다.

사도가 말하려는 것은 바로 이런 균형 있는 진리입니다. 죄를 지으라는 것이 아닙니다. 우리는 죄를 짓는 존재이지만 죄와 싸우고 죄를 짓지 않도록 사도는 이 편지를 쓰고 있는 것입니다.

신자가 죄를 범해도 낙심하지 않을 근거

"신자는 죄를 범하지 않는다"라는 거짓 주장에 넘어간 연약한 성도는 죄를 범할 때마다 하나님께서 자신을 버리신 것은 아닌지 의심하며 낙심하게 됩니다. 분명 하나님의 은혜로 중생하고 의롭다 함을 입어 하나님의 자녀가 되었는데도 말씀에 무지하기 때문에 이런 거짓말에 속아 넘어가는 것입니다. 요한일서 2장 1절 하반절은 이런 연약한 성도들을 향해 사도 요한이 건네는 위로와 격려입니다. 신자도 죄를 지을 수 있습니다. 그러나 죄를 짓는 것이 하나님께 버림받은 증거는 아닙니다.

우리가 짓는 죄는 대부분 은밀한 죄입니다. 나 자신과 하나님, 그리고 사탄 말고는 아는 이가 없습니다. 그래서 로마서는 사탄이 우리를 고발한다고 말합니다(롬 8:33). "하나님의 자녀라면서 그 따위로 살아도 돼? 그러고도 네가 위선자가 아니야? 그런 거짓말을 하면서 천국에 갈 수 있다고 생각해?" 사탄이 이렇게 우리를 비난하고 고발합니다. 그래서 우리는 죄를 지을 때 자신이 참으로 하나님의 자녀인지 의심할 수 있습니다.

그러나 사도는 "만일 누가 죄를 범하여도"라고 말을 시작합니다. 이것은 1장 9절보다 강한 표현이자 9절을 설명하는 내용입니다. 그렇다면 사도 요한이 궁극적으로 말하려는 바는 무엇일까요?

> 만일 누가 죄를 범하여도 아버지 앞에서 우리에게 대언자가 있으니 곧 의로우신 예수 그리스도시라(요일 2:1b).

사도는 누군가 죄를 범해도 우리에게는 대언자가 있다고 말합니다. 이 말은 "죄를 지어도 절망할 필요가 없다"는 말입니다. 죄를 지으라거나, 죄를 짓는 것은 아무것도 아니라는 의미가 아닙니다. 죄를 지어도 낙심하지 말라는 의미입니다. 우리가 죄를 지어도 그리스도 예수 안에서 해결할 길이 이미 우리에게 주어져 있기 때문입니다.

사도는 예수 그리스도를 "우리의 대언자"라고 부릅니다. 개역개정역에는 '대언자'라는 단어에 "또는 보혜사"라고 각주가 달려 있습니다. 본문 말씀은 '대언자'라고 번역했고 다른 곳에서는 '보혜사'라고 번역된 이 단어는 헬라어로 '파라클레토스'(παράκλητος)입니다. 이 헬라어는 신약 성경 전체에서 다섯 번 등장합니다. 네 번은 요한복음에, 그리고 나머지 한 번이 요한일서에 등장합니다. 요한복음에 등장하는 '파라클레토스'는 모두 성령님을 가리킵니다. 그런데 요한일서에서만은 '예수 그리스도'를 가리키고 있습니다. 여기서 '파라클레토스'는 '보혜사'가 아닌 '대언자'라고 번역되었습니다.

본문 말씀에 '대언자'라고 번역된 헬라어 '파라클레토스'를 조금 더 자세히 살펴보자면, '파라'($παρά$)는 '옆에 있다'라는 뜻입니다. 영어 접두어인 'para'와 같습니다. '클레토스'($κλητος$)는 '칼레오'($καλέω$)의 변형으로, 영어로는 'call', 즉 '부르다'라는 뜻입니다. '옆에 있도록 도움을 요청받은 사람'이 바로 '파라클레토스'입니다. 오늘날 변호사와 같은 사람을 의미합니다.

변호사는 의뢰인의 요청을 받고 법정에서 옆에 서서 법적 전문성을 발휘하여 의뢰인을 대변합니다. 예수님은 요한복음에서 성령님을 그런 분으로 소개했고, 요한일서 본문은 예수님께서 승천하신 후 우리의 대언자로서 우리를 변호하여 주심을 보여 주고 있습니다. 이런 면에서 요한일서에 '대언자'라고 번역된 것은 적절하다고 볼 수 있습니다.

"누가 죄를 범하여도 아버지 앞에서" 대언해 주시는 분이 우리에게는 있습니다. '아버지'는 심판하시는 성부 하나님입니다. 성부 하나님 앞에서 우리는 죄인입니다. 우리는 평생 죄를 짓고 살다가 심판자이신 의로우신 하나님 아버지 앞에 서게 됩니다. 우리 가운데 그 누구도 그분 앞에서 입을 열 수 없습니다.

> 그러므로 율법의 행위로 그의 앞에 의롭다 하심을 얻을 육체가 없나니 율법으로는 죄를 깨달음이니라(롬 3:20).

그분 앞에서는 억울하다고, 한 번만 다시 생각해 달라고 말할 수가 없습니다. 자비를 베풀어 달라고 말할 수 없을 만큼 우리 죄가 많고 하나님은 거룩하시기 때문입니다. 스스로 당당할 때, 우리는 고개를 꼿꼿이 듭니다. 그러나 죄인은 하나님 앞에서 고개를 숙입니다. 우리는 하나님 앞에서 아무것도 말할 수 없는 존재입니다.

그런데 그런 우리에게 '대언자'가 있다고 사도는 말합니다. 가슴만 칠 뿐인 우리에게 대언자가 계시다는 것입니다. 우리 옆에서 하나님을 향하여 우리를 대신해 변호해 줄 분이 계십니다. 넘어지고 실패하는 우리를 하나님 앞에서 대언해 주실 그분은 바로 의로우신 예수 그리스도이십니다.

의로우신 예수 그리스도

대언자가 계시다는 것은 엄청나게 복된 소식입니다. 문제는 대언자의 자격, 대언자의 능력입니다. 사도 요한은 '의로우신 예수 그리스도'께서 우리의 대언자가 되신다고 말합니다. 그런데 왜 '의로우신'이라고 수식했을까요? 사람들의 마음을 위로하고 격려해 줄 생각이라면 "자비하시고 선하심이 무궁하시고 위로가 충만하신 예수 그리스도"라고 소개하는 것이 더 와닿지 않을까요? 나를 깊이 동정하시고 내 연약함을 알아주시며 같이 울어줄 것 같은 변호사라면 더 좋지 않을까요? 그런데 사도는 "의로우신 예수 그리스도"라고 말합니다. 왜 그렇게 표현했을까요?

하나님 앞에서 완전한 대언자가 될 자격을 얻는 데 중요한 것은 얼마나 나를 동정해 주고 울어 주느냐가 아닙니다. 중요한 것은 내 옆에서 나를 대신하여 내 죄를 변호해 주고 내가 의인이 되었다는 사실을 정확히 말해 주는 것입니다. 그러나 우리는 동정하고 울어 주는 것을 더 선호하는 경향이 있습니다.

물론 주님께서는 우리의 고난과 연약함을 다 아십니다. 히브리서 기자가 말한 것처럼 주님께서는 우리의 연약함을 전부 아시는 분입니다(히 4:15). 우리가 유혹에 쉽게 넘어진다는 것을 잘 아십니다. 주님께서는 유혹을 다 받으셨으나 유혹에 넘어가지 않으셨습니다. 여기서 사도가 대언자 되신 예수 그리스도를 의로우신 분이라고 강조하는 것은 그분이 성육신하셔서 이 땅에 계시는 동안 아버지의 뜻에 완전히 순종하셔서 율법의 의를 완벽하게 이루셨다는 것을 말하기 위함입니다.

예수님께서는 이 땅에 죽기 위해서만 오신 것이 아닙니다. 살기 위해서도 오셨습니다. 주님께서는 율법 아래 나셔서 그 율법의 모든 말씀에 완벽하게 순종하셨습니다(갈 4:4). 그렇게 해서 주님은 믿음으로 의롭다 함을 받지 않으시고, 행위로 의롭다 함을 얻으셨습니다. 죄인인 우리가 행위로 얻을 수 없는 완벽한 율법의 의를 주님께서 대신 얻으셔서 우리에게 주시기 위해서입니다. 사도가 "의로우신 예수 그리스도"라고 표현한 것은 다분히 이것을 의도한 것입니다.

하나님 앞에 서려면 전혀 흠이 없는 완벽한 의로움이 필요합니다. 하나님은 의로우신 분이기 때문입니다. 예수님께서는 그 의로움을 우리에게 거저 주시기 위해서, 우리가 이룰 수 없는 것을 우리에게 이루어 주시기 위해서 이 땅에 사시는 동안 율법에 순종하셨습니다. 마음과 뜻과 목숨을 다하여 주 하나님을 사랑하셨고, 이웃을 자기 몸처럼 사랑하셨고, 원수조차 사랑하셨습니다. 그렇게 완벽하게 율법에 순종하셨습니다. 예수님께서는 단순히 내 죄를 뒤집어쓰고 십자가에서 죽으심으로 죄의 형벌과 율법의 저주를 받고 우리의 죄 문제를 해결해 주신 것만이 아닙니다.

오해하지 말아야 할 것은 마치 하나님 아버지께서는 심판하려 하시는데 예수님께서 "제발 심판을 거두어 주십시오"라는 식으로 설득하시는 것이 아니라는 것입니다. 성부 하나님은 의로우신 하나님이시면서 "세상을 이처럼 사랑하사 독생자를 주[신]", 사랑과 은혜와 자비와 긍휼이 무궁하신 하나님이십니다. 언제든 용서하기를 기뻐하시는 하나님이십니다. 다만 용서하시는 데 조건이 있습니다.

> 율법을 따라 거의 모든 물건이 피로써 정결하게 되나니 피 흘림이 없은즉 사함이 없느니라(히 9:22).

또한 출애굽기에서는 이렇게 말합니다.

> 여호와께서 그의 앞으로 지나시며 선포하시되 여호와라 여호와라 자비롭고 은혜롭고 노하기를 더디 하고 인자와 진실이 많은 하나님이라 인자를 천 대까지 베풀며 악과 과실과 죄를 용서하리라 그러나 벌을 면제하지는 아니하고 아버지의 악행을 자손 삼사 대까지 보응하리라(출 34:6, 7).

하나님께서는 자비하시고 인자하시고 은혜로우셔서 인자를 천 대까지 베푸시고 용서하시는 분입니다. 그러나 벌을 면제하지는 않으십니다. 하나님은 공의로운 분이기 때문입니다. 이것이 십자가에서 나타난 하나님의 의로우심입니다(롬 3:25). 하나님 아버지께서는 우리에게 부어져야 할 진노와 저주를 십자가에서 그 아들을 향하여 형벌로 내리셔서 우리를 용서하셨습니다.

화목 제물

예수 그리스도께서 우리의 대언자가 되실 수 있는 또 다른 자격으로 사도 요한은 "그는 우리 죄를 위한 화목 제물이니"(요일 2:2a)라고 언급합니다. 여기서 '화목 제물'은 오해하기 쉬운 말입니다.

신약 성경에는 '화목 제물'을 뜻하는 헬라어 '힐라스모스'(ἱλασμός)가 두 번 등장합니다. 많이 나오지 않는 특별한 단어입니다. 그런데 두 번 모두 요한일서에서만 볼 수 있습니다.

> 그는 우리 죄를 위한 화목 제물이니 우리만 위할 뿐 아니요 온 세상의 죄를 위하심이라(요일 2:2).

> 사랑은 여기 있으니 우리가 하나님을 사랑한 것이 아니요 하나님이 우리를 사랑하사 우리 죄를 속하기 위하여 화목 제물로 그 아들을 보내셨음이라(요일 4:10).

로마서 3장 25절에도 개역개정역으로 '화목 제물'이라고 번역된 단어가 나옵니다. "이 예수를 하나님이 그의 피로써 믿음으로 말미암는 화목 제물로 세우셨으니." 그러나 이때 사용된 '화목 제물'은 요한일서의 '화목 제물'과 어근은 같지만 정확하게 일치하는 단어가 아닙니다. 어근이 같기 때문에 의미는 유사합니다. 로마서 3장에서 '화목 제물'로 번역된 단어(힐라스테리온[ἱλαστήριον])는 구약 성경에서 언약궤 위에 있는 속죄소를 가리키는 용어입니다. 그러므로 예수님께서 화목 제물이 되셨다는 말은 예수님이 그 속죄소가 되셨다는 의미입니다.

요한일서에서 사도 요한이 '화목 제물'이라는 단어를 통해 의미하고자 하는 것은 바로 '속죄' 자체입니다. '속죄'라고 하면 우리는 죄에 대한 대가, 즉 '형벌을 받으면 속죄된다'는 식으로 생각하기 쉽습니다. 그러나 여기서 말하는 화목 제물에는 그보다 풍성한 의미가 담겨 있습니다. 단순히 죄의 대가를 치른다는 의미를 넘어 하나님의 진노를 푼다는 개념이 더해진 것이기 때문입니다. 우리가 죄를 범하면 하나님의 진노를 사게 됩니다. 하나님은 죄인에게 진노하십니다. 그러면 "제가 죗값을 달게 받겠습니다"라는 것으로 끝낼 수 없습니다. 하나님의 진노가 풀어져야 하기 때문입니다. 이 진노를 푼다는 개념이 담긴 것이 화목 제물입니다.

성경은 '하나님의 진노'에 대해 여러 곳에서 말하고 있습니다. 그런데 오늘날 많은 신학자가 그 개념을 받아들이지 않습니다. '진노하는 신'은 고대 종교에서 흔히 볼 수 있는 개념입니다. 고대 종교에서는 신의 진노를 샀을 경우, 인신 제사와 같은 극단적인 행위로 신의 진노를 풀어야 했습니다. 전쟁에서 승리하기 위해서나 왕권을 유지하기 위해 사람을 제물로 바쳤습니다. 고대에는 신의 진노를 풀기 위해 이처럼 반인륜적이고 잔인한 제사를 많이 드렸습니다. '진노하는 신'이라는 개념이 이처럼 부정적이다 보니, 현대 신학자들은 그러한 개념을 하나님에게 지우는 것이 거북하다고 느꼈습니다. 그래서 '하나님의 진노'라는 개념은 제거하고 배상의 개념을 가지는 최소한의 속죄 개념만 언급하게 된 것입니다. 그러나 하나님의 진노는 공의롭고 거룩하신 하나님께서 죄에 대해 보이시는 매우 정상적이고 당연한 반응입니다. 그런 면에서 하나님의 진노 개념을 제거하려고 하는 현대 신학자들은 성경이 말하는 논지를 놓치고 있는 것이 분명합니다.

사도 요한은 다른 단어가 있는데도 의도적으로 이 '화목 제물'이라는 단어를 사용하였습니다. 예수님의 십자가 죽음은 단순히 죄의 대가로 형벌만 치른 것이 아니기 때문입니다. 그 죽으심은 하나님의 진노를 풀기 위한 죽음이었습니다.

우리에게 대언자가 있으니

사도 요한은 우리에게 이렇게 말합니다.

"사랑하는 나의 자녀들아, 우리의 대언자이신 예수 그리스도께서는 우리를 완벽하게 대언하실 수 있는 분이다. 누구든 범죄해도 낙심하지 말아라.

죄를 범한다고 해서 하나님께서 우리를 버리셨다고 생각하지 말아라. 죄를 범해도 괜찮다는 것이 아니다. 그 죄보다 훨씬 큰 은혜가 우리의 대언자이신 예수 그리스도를 통해 우리에게 주어지기 때문이다. 예수 그리스도는 의로우시며, 우리 죄를 위한 화목 제물이 되신 분이다. 그분은 화목 제물로 우리 죗값만 치르신 것이 아니라 우리 죄에 대한 하나님의 진노도 완전하게 풀어 주셨다. 그렇게 해서 하나님께서는 우리를 향해 사랑과 자비와 선하심, 그 모든 것을 베푸실 준비가 되어 계시다. 이제 하나님께서 우리에게 베푸실 것은 오직 그것뿐이다."

이 얼마나 큰 위로이고 기쁨입니까? 죄를 짓지 않는 사람은 없습니다. 우리는 늘 넘어집니다. 그런데도 우리는 거룩하신 하나님 앞에 나아갑니다. 무슨 근거로 나아갑니까? 심지어 우리는 구원의 확신을 말합니다. 어떻게 그럴 수 있습니까? 우리에게는 대언자가 계시기 때문입니다. 그분은 의로우시고 화목 제물이 되신 예수 그리스도이십니다. 하나님 앞에서 아무 말도 할 수 없는 우리 죄인을 대신하여 예수 그리스도께서 말씀하십니다. "내가 내 의를 이 사람에게 주었고, 이 사람의 죄를 내가 취하여 다 담당했습니다."

19세기 스코틀랜드 신학자이자 저명한 찬송 작가인 호라티우스 보나르(Horatius Bonar)는 우리 죄를 위한 화목 제물이자 대언자가 되신 예수님에 대해 이렇게 고백했습니다.

> 내가 살지 않은 삶 위에
> 내가 죽지 않은 죽음 위에
> 다른 이의 삶, 다른 이의 죽음 위에
> 내 모든 영원을 의지하네.

얼마나 복된 고백입니까? 우리는 남은 인생만이 아니라 영원을 그리스도의 삶과 죽음에 의지하는 것입니다.

이 땅을 살면서 번번이 넘어지고 실패하며 죄를 짓는 하나님의 자녀에게 대언자가 있다는 사실보다 큰 위로가 있을까요? "신자는 죄를 짓지 않는다"는 거짓말은 우리에게 위로가 될 수 없습니다. 성공회 목사이자 찬송 작가인 아우구스투스 토플라디(Augustus Toplady)는 이런 찬송시로 고백했습니다.

> 하나님께서 값을 두 번 요구하지 않으시리니
> 피 흘리시는 보증의 손에서 받으신 값을
> 나의 손에서 다시 찾지 아니하시리로다.
> 완전한 속죄를 주께서 다 이루셨도다.
> 주의 백성이 빚진 모든 것
> 마지막 한 닢까지 다 갚으셨나이다.
> 내 영혼아 안식하라.
> 지극히 높으신 대제사장의 공로가
> 화평과 자유를 말씀하시노라.
> 그리스도 능력의 보혈을 신뢰하며
> 하나님께 내어 쫓길 것을 두려워 말라.
> 예수님께서 너를 위해 죽으셨기 때문이니라.

그분이 바로 우리의 영원한 대언자이신 주 예수 그리스도이십니다. 그분은 우리의 연약함을 전부 경험하신 분입니다. 지금 하나님 보좌 우편에서 우리를 위해 대언하실 뿐 아니라 간구하시는 분입니다. 주 예수 그리스도께서는 참되고 의로우신 그분을 믿는 모든 자를 위한 대언자가 되십니다.

언젠가 주님 앞에 서게 될 때 우리는 알게 될 것입니다. 보게 될 것입니다. 그날 그때에도 주님께서는 우리의 대언자가 되실 것입니다. 그러므로 하나님의 백성은 죄 없다고 주장할 것이 아니라, 죄를 짓지 않는다고 고집할 것이 아니라, "주님, 저는 죄인입니다. 값없이 주시는 구원의 은혜를 받았음에도 여전히 넘어지고 실패하고 범죄하는 죄인입니다. 긍휼히 여겨 주시옵소서"라고 고백해야 합니다.

우리에게 대언자가 계시다는 사실로 인해 기뻐하고 위로를 얻고 만족하십시오. 이 화목 제물은 우리가 아니라 하나님께서 베푸신 것입니다. 우리를 용서하고 안아 주고 싶으신 하나님 아버지께서 우리가 드릴 수 없는 제물을 우리에게 친히 주셨습니다. 이방의 신들은 우리에게 인신 제사를 요구하지만, 하나님께서는 자신의 아들을 우리에게 주셔서 제물이 되게 하심으로 자신의 진노를 푸셨습니다. 우리 생애에 이러한 하나님 아버지께 합당한 존귀와 찬송과 영광을 돌리는 것은 마땅한 바입니다.

1 John
요한일서 2장 2절

2 그는 우리 죄를 위한 화목 제물이니 우리만 위할 뿐 아니요 온 세상의 죄를 위하심이라

07

온 세상의 죄를 위한 죽으심

요한일서 2장 2절은 역사적으로 많은 신학적 논쟁을 불러일으킨 구절입니다. 이 구절에는 '우리 죄'와 '온 세상의 죄'라는 표현이 나옵니다.

> 그는 우리 죄를 위한 화목 제물이니 우리만 위할 뿐 아니요 온 세상의 죄를 위하심이라.

여기서 가리키는 '우리'는 명확합니다. 바로 믿는 신자입니다. 그렇다면 '온 세상'은 정확히 누구를 가리키는 것일까요? 사도 요한이 어떤 의미에서 '온 세상'이라는 말을 사용한 것일까요? 이 부분이 신학적으로 많은 논쟁을 불러일으켰습니다.

그리스도께서 죽으신 것은

사실 이 구절은 논쟁적인 요소 때문에 설교자들이 부담스러워하지만, 기독교 복음의 중심인 '그리스도의 죽으심'에 대한 매우 은혜로운 말씀입니다. 여기서 퀴즈를 하나 드리지요. 이 구절은 그리스도의 죽으심이 무엇을 위한 것이라고 설명하는 것일까요? 다음 세 가지 보기에서 선택해 보십시오.

A. 모든 사람의 모든 죄를 위해서 죽으셨다.
B. 모든 사람의 어떤 죄를 위해서 죽으셨다.
C. 어떤 사람의 모든 죄를 위해서 죽으셨다.

어느 것이 정답일까요? 한번 생각해 보십시오. 이것은 굉장히 중요한 문제입니다.

"A. 모든 사람의 모든 죄를 위해서 죽으셨다"가 정답이라면, 모든 사람이 마땅히 구원을 받아야만 합니다. 주님은 "다 이루었다"고 말씀하셨는데, A에 따르면 이것은 모든 사람의 모든 죄를 위해 주님이 모든 것을 하셨다는 의미가 됩니다. 여기에는 '믿었다'거나 '믿지 않았다'라는 식의 조건이나 단서가 들어가는 것이 합당치 않습니다. 주님의 피는 효력이 있고, 주님의 죽으심은 효력이 있는 죽으심이기 때문입니다. 하나님이신 예수님께서는 헛되이 수고하시거나 헛되지 죽지 않으셨을 것이기 때문입니다.

이 죽으심은 하나님께서 작정하시고 창세전부터 예정된 것이었습니다. 하나님께서는 우리를 구원하실 때 구원에 필요한 모든 것을 다 이루셨습니다. 그렇다면 모든 사람이 구원받아야만 합니다. 보통 이런 주장을 '만인구원설', '보편 구원설'이라고 부릅니다. 현대 신학자 가운데는 이 견해를 지지하는 사람이 꽤 많습니다.

사실 이 견해를 주장하려면 성경에서 제거해야 할 말씀이 꽤나 많습니다. 먼저 지옥을 제거해야 하고, 심판에 대한 말씀, 특히 주님이 재림하셔서 심판하신다는 말씀도 모두 지워야 합니다. 결국 이 주장은 성경 말씀을 그대로 받아들이는 사람들이 채택하기는 어려운 답입니다.

이번에는 "B. 모든 사람의 어떤 죄를 위해서 죽으셨다"라는 선택지를 살펴볼까요? B에서 말하는 '모든 사람'이란 역사상 그리고 지구상의 모든 인류입니다. 그 '모든 사람'에는 당연히 '나 자신'도 포함됩니다. 그렇다면 이 문장은 이렇게 표현할 수도 있습니다. "나의 어떤 죄를 위해서 죽으셨다." 예수님께서 나의 어떤 죄를 위해서 죽으셨다면, 다른 어떤 죄는 남게 됩니다. 그렇다면 남은 그 어떤 죄는 어떻게 해야 할까요? 나 자신이 해결해야 하는 것인가요? 그렇게 되면 구원을 부득불 하나님과 나의 합작품으로 만드는 셈이 됩니다. 그러니 이것 역시 성경에서 가르치는 바라고 보기는 어렵습니다.

"C. 어떤 사람의 모든 죄를 위해서 죽으셨다"라는 답은 어떨까요? 이 답에서 걸리는 점이 하나 있습니다. A도 B도 '모든 사람'이라고 말하는데, C는 '어떤 사람'이라고 말합니다. 이것을 보통 '제한 속죄'라고 부릅니다. '일정한 사람들에게 제한된 구원'이라는 의미입니다. 즉 '모든 죄'를 위해서 죽으셨기 때문에 주님의 죽으심은 완전한 속죄, 완전한 구원이 되지만 그것이 적용되는 대상은 모든 사람이 아니라 '어떤 사람들'이라는 것입니다. 그리고 그 '어떤 사람들'이란 창세전에 하나님께서 택하신 모든 자를 말합니다.

> 곧 창세전에 그리스도 안에서 우리를 택하사 우리로 사랑 안에서 그 앞에 거룩하고 흠이 없게 하시려고(엡 1:4).

하나님께서 택하신 백성이 바로 '어떤 사람들'입니다. 주님은 그들의 모든 죄에 대한 형벌과 율법의 저주와 하나님의 진노를 다 받으셨습니다. 예수님께서 그 모든 것을 완벽하게 다 치르셨기 때문에 그 '어떤 사람들'이 구원받기 위해 할 수 있는 것이나 기여할 수 있는 것이나 협조할 수 있는 것은 아무것도 없습니다. 하나님께서 그들의 구원을 위해 모든 것을 이루셨습니다.

대체로 사람들은 성경이 인간에 대해 정의하는 바에 온전히 동의하기를 어려워합니다. 성경은 인간이 죄로 말미암아 타락했고, 그 타락으로 인한 죄악의 독소가 우리 몸 모든 곳에 퍼져 있어서 그 어떤 것도 하나님께 바르게 반응할 수 없다고 설명합니다. 그런데 우리는 잘 살아갑니다. 때로 주변 사람들에게 선을 베풀기도 하고, 착하게 살려고 애쓰기도 하고, 뭔가를 열정적으로 추구하기도 합니다. 우리가 행하는 것이 전부 죄라고는 생각하지 않습니다. 우리는 이성으로 생각할 수 있으며, 뭔가를 우리 힘으로 이룰 수 있다고 생각하는 것이 매우 당연합니다. 그러나 성경 말씀은 구원받기 위해 인간인 우리가 할 수 있는 것이 아무것도 없다고 말합니다. 이것은 성경이 우리에게 가르치는 매우 중요한 말씀입니다.

이렇게 설명해도 여전히 "온 세상의 죄를 위하심이라"라는 말씀을 이해하기가 쉽지 않습니다. 그리고 C보다는 A가 정답에 가깝다고 생각합니다. 이 구절은 예수님의 화목 제물 되심에 대해 "우리만 위할 뿐 아니요 온 세상의 죄를 위하심이라"라고 설명하기 때문입니다. 이것을 좀 더 깊이 이해하기 위해서 이 구절을 해석하는 두 가지 관점을 소개하고자 합니다.

"그리스도는 모든 인간을 위해 동일한 의미로 죽으셨다"
_아르미니우스주의

하나는 이른바 '아르미니우스주의'라고 알려진 해석입니다. 아르미니우스주의는 16-17세기 네덜란드 신학자인 야코부스 아르미니우스(Jacobus Arminius)에게서 비롯된 관점입니다. 이 관점은 그리스도께서 모든 인간을 위해 똑같은 의미로 죽으셨다고 주장합니다. 아르미니우스는 사도 요한이 말하는 '온 세상'이 말 그대로 그리스도인이든 비그리스도인이든 상관없이 모든 사람을 일컫는다고 이야기합니다.

모든 사람의 모든 죄를 위해 죽으셨다면 모든 사람이 구원받아야 마땅합니다. 그런데 아르미니우스의 주장에는 조건이 있습니다. 믿어야 한다는 조건입니다. 예수님께서는 십자가에서 "다 이루었다"(요 19:30)는 말씀을 남기셨는데, 아르미니우스에 따르면 예수님의 이 말씀은 조금 과장된 것이 됩니다. 다 이루셨다면, 우리가 할 일이 남아 있어서는 안 되기 때문입니다. 우리 편에서의 믿고 회개하는 조건이 필요하다면 엄밀히 말해 "다 이루었다"가 아니라 "거의 다 이루었다"라고 말씀하셔야 했습니다. 그런데 주님께서는 "다 이루었다"라고 말씀하셨습니다.

아르미니우스가 설명한 대로 이해한다면 예수님의 죽으심은 모든 인간에게 구원받을 수 있는 '가능성'을 열어 준 셈입니다. 기회의 문이 열린 것입니다. 즉 주님께서 "다 이루었다"고 하신 말씀은 구원받을 문을 열어 주는 일을 다 이루셨다는 뜻이 됩니다.

그러나 십자가에서 예수님이 다 이루었다고 하신 말씀은 "내가 너의 구원을 다 이루었다"는 것이지, "네가 구원받을 수 있는 가능성을 열어 놓았다"는 의미로 이해하기는 어렵습니다. 후자로 이해한다면 내가 믿고 회개하는 것은 전적으로 자의적으로 결정해서 행하는 나의 '행위'가 됩니다. 믿음과 회개라는 나의 행위로, 주님께서 열어 놓으신 구원의 가능성에 응답하여 구원을 받는 것입니다. 이것은 하나님께서 예수 그리스도 안에서 십자가의 죽으심을 통하여 나를 위해 이루어 놓으신 완전한 구원이 아닙니다. 하나님께서 열어 놓으신 가능성의 문으로 내가 믿음이라는 행위로 반응하여 들어간 것입니다. 결국 구원은 하나님과 나의 합작품이 되는 것입니다.

**"그리스도께서는 택한 사람을 위해 죽으셨고,
그 죽으심은 그들의 구원을 완전히 확보한 죽음이다"_칼뱅주의**

반면 다른 해석도 있습니다. "그리스도께서는 택한 사람을 위해 죽으셨고, 그 죽으심은 그들의 구원을 완전히 확보한 죽음이다"라는 해석입니다. 보통 칼뱅주의 또는 개혁주의라고 알려진 관점으로, 이것을 '제한 속죄'라고 부릅니다.

이 주장은 사실 C의 내용을 좀 더 정확하게 표현한 것입니다. 예수님께서 십자가에서 죽으신 것은 신자를 위한 것으로, 단순히 구원의 가능성이나 기회를 열어 준 것이 아니라 택하신 '자기 백성을 그들의 죄에서 완전하게 구원하신다'는 말입니다. 자기 백성을 위해 주님께서 완전히 성취하신 일이 바로 구원입니다.

예수님께서는 십자가에서 죽으시면서 구원에 필요한 모든 것을 자신의 피로 값 주고 사셨습니다. 그 모든 것에는 중생의 은혜와 회개의 선물도 포함됩니다. 많은 사람이 '믿으면 구원을 받는다'는 것을 조건이라고 생각하지만, 주님께서는 믿음도 우리에게 주실 것으로 확보하셨습니다. 그 조건까지 우리에게 제공하시는 것입니다.

그리스도께서 십자가에서 피 흘려 죽으신 것은 단순히 구원의 가능성이 아닌 구원 자체를 이루신 것입니다. 예수님께서 십자가에서 죽으실 때, 2

천 년 뒤에나 태어나서 살아갈 '아무개'라는 인간이 그 죽으심으로 구원받은 것입니다. "나중에 네가 믿으면 구원한다"라는 조건이 달린 것이 아닙니다. 사랑하는 아들을 십자가에 못 박아 죽이실 때 하나님 아버지 마음속에서는 이미 택하신 백성, 그들이 있었습니다.

예수님께서 누구를 위해 죽으셨는가는 중요한 질문입니다. 예수님의 십자가 죽으심이 어떤 의미인지, 그것이 얼마나 큰 사랑인지를 제대로 알고, 그 하나님의 은혜와 사랑에 반응하는 데 이것은 중요합니다.

주님께서는 우리에게 가능성은 열려 있으니 나머지는 다들 알아서 하라고 말씀하시지 않습니다. 자기 백성을 위하여 구원에 필요한 모든 것을 완벽하게 다 이루어 주셨습니다. 이 주장을 뒷받침하는 성경 구절은 많습니다. 여기서는 요한일서를 쓴 요한의 다른 책인 요한복음에서 몇 구절을 살펴보겠습니다. 우선 요한복음 10장 15절입니다.

> 나는 양을 위하여 목숨을 버리노라.

예수님께서는 "나는 모든 사람을 위하여 목숨을 버리노라"라고 말씀하시지 않았습니다. 여기서 '양'이라고 하신 것은 특정 대상을 지목하신 것입니다. '양'은 세상의 모든 사람이 아닙니다. 자기 힘으로, 믿음으로, 회개로 반응하는 사람들을 가리키는 것도 아닙니다. 예수님께서 말씀하신 '양'은 성부 하나님께서 선택하셔서 아들에게 주신 사람들입니다.

> 아버지께서 내게 주시는 자는 다 내게로 올 것이요 내게 오는 자는 내가 결코 내쫓지 아니하리라(요 6:37).

주님께서는 분명하게 알고 계셨습니다. 주님을 믿겠다며 따르는 자들이 바로 아버지께서 당신에게 주신 사람들이라는 것을 말입니다. 아버지께서 주님에게 주시는 자는 누구든지 다 그분에게 올 것을, 그분을 믿을 것을 아셨습니다. 주님께서는 "내게 오는 자는 내가 결코 내쫓지 아니하[겠다]"고 말씀하십니다. 그분이 그를 위해 죽으실 것이기 때문입니다.

> 나를 보내신 아버지께서 이끌지 아니하시면 아무도 내게 올 수 없으니 오는 그를 내가 마지막 날에 다시 살리리라(요 6:44).

이 말씀은 하나님의 은혜가 없다면 아무도 구원받을 사람이 없음을 보여 줍니다. 하나님 아버지께서 이끄셔서 보내지 않으시면 아무도 예수님께로 갈 수 없기 때문입니다. 하나님께서 택하시고 그 사람 안에 어떤 일들을 이루시지 않는다면, 주님께서 아무리 구원의 가능성을 열어 놓는 죽음을 죽으셨어도 그분께 갈 수 없다는 것입니다.

> 너희가 내 양이 아니므로 믿지 아니하는도다(요 10:26).

예수님께서는 "너희가 믿으므로 내 양이구나"라고 하시지 않고 "너희가 양이니까 믿는다"고 말씀하십니다. 믿어서 양이 되는 것이 아니라 양이기 때문에 믿는다는 것입니다. 믿지 않는 유대인들에게 주님께서는 "너희가 믿지 않는 걸 보니 내 양이 아니구나"라고 말씀하십니다.

그리고 요한복음 17장에는 이 모든 것을 정리하는 말씀이 있습니다.

> 아버지께서 아들에게 주신 모든 사람에게 영생을 주게 하시려고 만민을 다스리는 권세를 아들에게 주셨음이로소이다(요 17:2).

"아버지께서 아들에게 주신 모든 사람"이 바로 C의 '어떤 사람들'입니다. '양'이 가리키는 것도 이 사람들입니다. 아버지께서 아들에게 주신 모든 사람입니다. 한 사람도 예외 없이 그들에게 영생을 주시는 것이 하나님의 뜻입니다.

> **세상 중에서 내게 주신 사람들**에게 내가 아버지의 이름을 나타내었나이다 그들은 아버지의 것이었는데 내게 주셨으며 그들은 아버지의 말씀을 지키었나이다(요 17:6).

> 내가 그들을 위하여 비옵나니 내가 비옵는 것은 세상을 위함이 아니요 **내게 주신 자들**을 위함이니이다 그들은 아버지의 것이로소이다(요 17:9).

> 내가 그들과 함께 있을 때에 **내게 주신 아버지의 이름으로 그들을** 보전하고 지키었나이다 그중의 하나도 멸망하지 않고 다만 멸망의 자식뿐이오니 이는 성경을 응하게 함이니이다(요 17:12).

> 아버지여 **내게 주신 자**도 나 있는 곳에 나와 함께 있어 아버지께서 창세 전부터 나를 사랑하시므로 내게 주신 나의 영광을 그들로 보게 하시기를 원하옵나이다(요 17:24).

십자가의 죽음을 앞두고 예수님께서 하나님 앞에 드린 기도가 담긴 이 요한복음 17장을 보면 예수님께서는 세상 모든 사람을 위해서 기도하시는 것이 아닙니다. 그분은 아버지께서 당신에게 주신 사람들, 하나님의 택하신 백성을 위해 기도하고 계십니다. 자신이 십자가에서 죽는 것은 바로 '이 사람들을 위함'이라고 말씀하시는 것입니다. 사도 바울은 에베소 교회 성도들에게 이렇게 말합니다.

> 남편들아 아내 사랑하기를 그리스도께서 교회를 사랑하시고 그 교회를 위하여 자신을 주심같이 하라(엡 5:25).

이 구절은 남편과 아내에 대해 이야기하는 것 같지만 바울은 이 부분을 마무리하는 32절에서 이렇게 말합니다.

> 이 비밀이 크도다 나는 그리스도와 교회에 대하여 말하노라(엡 5:32).

결혼 관계는 결국 그리스도와 교회가 맺는 관계를 반영합니다. 남편과 아내의 관계는 그리스도와 교회의 관계를 드러냅니다. 남편은 그리스도께서 교회를 사랑하시고 자기를 주심과 같이 아내를 사랑하라는 것이 하나님의 명령입니다. 아내에게는 교회가 그리스도께 복종한 것처럼 복종하라고 말씀하십니다. 그런데 중요한 점이 있습니다. 바울은 그냥 '사랑하라'고만 말하지 않았습니다. "그 교회를 위하여 자신을 주심같이"(25절) 사랑하라고 했습니다.

바울은 결혼에 비유해서 주님께서 교회를 위해 자신을 주셨다고 말합니다. 세상을 위해 자신을 주셨다고 말하지 않습니다. 주님께서는 신부가 될 사람들을 불특정 다수로 여기지 않으셨습니다. 십자가에서 죽으시면서 "다 이루었다"고 말씀하실 때, 주님께서는 그분의 신부가 될 자들이 누구인지를 정확하게 아셨고 그들을 위해 자신을 주신 것입니다. 이것이 성경이 가르치는 바입니다. 주님의 십자가 죽으심은 분명하고 특정한 대상을 향해 분명한 목적과 계획 아래 이루어진 완전한 구원 행위입니다.

이 주장과 관련하여 한 가지 더 언급해야만 하는 것은 주님께서 자신을

'모든 사람의 대속물'이라고 말씀하시지 않았다는 것입니다.

> 인자가 온 것은 섬김을 받으려 함이 아니라 도리어 섬기려 하고 자기 목숨을 많은 사람의 대속물로 주려 함이니라(막 10:45).

주님은 자신을 '많은 사람의 대속물'이라고 말씀하십니다. 또한 제자들과 나누는 마지막 만찬에서도 잔을 가지사 감사 기도를 하시고 이렇게 말씀하셨습니다.

> 이것은 죄 사함을 얻게 하려고 많은 사람을 위하여 흘리는 바 나의 피 곧 언약의 피니라(마 26:28).

여기서도 주님은 '모든 사람'이 아니라 '많은 사람'이라고 말씀하십니다. 성경의 이 모든 증거를 보면 그리스도의 십자가 죽으심은 '온 세상의 모든 사람'에게 구원받을 가능성을 열어 주신 것이 아니라 '택하신 자기 백성'을 위해 완전하게 성취하신 구원을 주신 것임을 알 수 있습니다. 앞서 이것을 '제한 속죄'(limited atonement)라고 부른다고 설명했습니다. 여기서 말하는 '제한'(limit)은 주님의 십자가 죽으심의 효력, 그 피의 효력이 제한되었다는 의미가 아닙니다. 예수님의 죽으심, 그 피로 말미암는 속죄의 대상에 제한이 있다는 의미입니다. '제한 속죄'라는 표현이 이렇게 오해받을 수 있기에 영어권 학자들 중에는 '제한'(limited)이라는 단어 대신 '확정'(definite)이라는 단어를 써서 '확정적인 속죄'라고 표현하기도 합니다. 확정된 사람들, 즉 분명한 대상이 있음을 의미하는 것입니다.

실제로는 예수 그리스도께서 모든 사람을 위해, 온 세상을 위해 죽으셨다고 주장하는 것이 오히려 그리스도의 구속을 제한하는 결과를 가져올 수 있습니다. 예수님께서 모든 사람을 위해 죽으셨음에도 불구하고 모든 사람이 다 구원을 받지 못한다면, 그것은 결국 예수님께서 완전한 구원이 아닌 불완전한 구원을 이루신 것이 되기 때문입니다. 주님은 모든 사람을 위해 죽으셨지만, 그 죽으심의 효력이 이루어지는 것은 그들에게 달려 있기 때문입니다.

하나님의 의도와 십자가의 충족성

그렇다면 "온 세상의 죄를 위하심이라"라는 요한일서 2장 2절을 어떻게 이해해야 할까요?

때로 우리는 성경을 읽으면서 말씀들이 상충된다고 생각할 때가 있습니다. 예를 들면 로마서에서는 믿음으로 구원을 받는다고 하는데 야고보서에서는 행위로 구원을 받는다고 말씀하지 않느냐는 질문이 있습니다. 성경이 모순적인 것일까요? 그렇지 않습니다. 성경 해석의 원리 가운데, 더 분명한 말씀을 통해 덜 분명한 말씀을 해석해야 한다는 원리가 있습니다. 이 원리를 사용하여 우리가 지금 다루는 주제도 이해할 수 있습니다. 즉, 이제까지 설명한 것들에 기초하여 "온 세상의 죄를 위하심이라"라는 구절을 이해하는 것입니다.

지금까지 많은 성경 구절을 통해서 이 구절을 이해하려고 했는데 한 구절을 더 소개합니다. 대제사장 가야바가 한 말입니다.

> 한 사람이 백성을 위하여 죽어서 온 민족이 망하지 않게 되는 것이 너희에게 유익한 줄을 생각하지 아니하는도다 하였으니(요 11:50).

가야바는 당시 예수님으로 인해 유대 사회에 소동이 일어나자, 로마 군

대가 소요를 진압한다는 명목으로 유대인들을 살육하지 않을까 우려했습니다. 그래서 그는 '예수'라는 한 사람이 죽고 유대인 모두가 사는 것이 유익하다고 말한 것입니다. 그런데 가야바는 자신도 무슨 말을 하는지 몰랐습니다. 이어지는 구절은 이렇게 말합니다.

> 이 말은 스스로 함이 아니요 그해의 대제사장이므로 예수께서 그 민족을 위하시고 또 그 민족만 위할 뿐 아니라 흩어진 하나님의 자녀를 모아 하나가 되게 하기 위하여 죽으실 것을 미리 말함이러라(요 11:51, 52).

가야바는 단순히 자기 민족인 유대인만을 생각하고 이야기한 것이지만, 사실은 예수님 한 분의 죽으심을 통해 그 민족뿐 아니라 흩어진 모든 하나님의 백성을 모아 하나가 되게 하실 것임을 자기도 모르게 말한 것입니다. 그리고 이 말씀이 요한일서 2장 2절을 해석하는 중요한 열쇠가 됩니다.

요한복음 11장의 이 구절들에 비추어 '온 세상의 죄를 위하심'이라는 본문 말씀을 본다면, 이것은 이스라엘 사람들이 단순히 생각하듯이 유대인만을 위한 것이 아니라 온 세상에 흩어져 있는 모든 하나님의 백성, 유대인이라는 특정 민족 혹은 특정 집단이 아니라 어디에도 제한되어 있지 않고 온 세상에 있는 모든 하나님의 백성, 택하신 그 백성을 모두 모아 하나가 되게 하기 위한 죽음을 나타낸다는 것을 알 수 있습니다.

그럼에도 여전히 이 구절이 명쾌하게 수용되지 않을 가능성이 있습니다. 그것은 하나님의 의도와 십자가의 충족성을 구분하지 못하기 때문입니다.

'십자가의 충족성'이란 예수님이 십자가에서 피 흘려 죽으신 그 죽으심의 효력은 세상 모든 인간을 구원하고도 남을 만큼 크다는 것입니다. 주님은 사람이 아닌 하나님이시고, 죄를 알지도 못하시는 분이기 때문입니다. 십자가에서 죽으신 분은 하나님이셨습니다. 그 죽음은 아담에서부터 오늘날까지 이 세상을 살아간 인간을 모두 합한다 해도 비할 수 없는 가치를 지니신 창조주 하나님께서 사람의 몸을 입고 이 땅에 오셔서 치르신 죽음이기 때문입니다. 그 죽으심은 온 세상의 모든 사람을 남김없이 구원하고도 남을 만큼 그 효력이 큽니다. 이것이 '십자가에서 예수님의 죽음의 충족성'입니다. 그러나 하나님께서 그 아들 예수 그리스도를 십자가에 못 박아 죽이실 때 의도하신 대상은 온 세상의 모든 사람이 아니었습니다. 이것은 '하나님의 의도'입니다. 우리는 십자가의 충족성과 하나님의 의도, 이 둘을 구분해야 합니다.

성부 하나님께서 그리스도의 죽으심으로 구속하고자 의도하신 대상은 한정된 사람들입니다. 마태복음에서 주의 사자가 요셉에게 전한 말은 이것을 잘 보여 줍니다.

> 아들을 낳으리니 이름을 예수라 하라 이는 그가 자기 백성을 그들의 죄에서 구원할 자이심이라 하니라(마 1:21).

주의 사자는 '예수'라는 이름이 '자기 백성을 그들의 죄에서 구원할 자'라는 뜻이라고 설명합니다.

'온 세상의 죄를 위하심'이라는 말씀은 구속의 충족성이라는 측면에서 이해할 수 있습니다. 주님의 죽으심은 온 세상을 덮고도 남습니다. 그러나 하나님은 온 세상에서 그분의 택하신 백성을 불러 모으십니다. 그래서 보통은 이것을 이렇게 설명합니다. "그리스도의 죽으심으로 이루신 구속은 모든 사람을 위해 충분하지만, 일부를 위해 효과적이다." 모든 사람을 위해 충분한 것이지만, 주님의 피의 구속은 일부만을 위해 효력이 있다는 의미입니다.

믿음과 전도의 의미

이런 신학적 논의는 자칫 머리만 써서 마음이 차가워지기 쉽습니다. 하지만 사실 이 교리는 믿는 자들의 마음을 뜨겁게 합니다. 우리는 이 교리를 두 가지 면에 적용함으로써 그 유익을 얻을 수 있습니다.

먼저 이 교리는 '믿음'을 이해하는 데 유익합니다. 우리는 보통 믿음이 내 구원의 원인인 것처럼 말합니다. "내가 믿어서(믿었기 때문에) 구원받았어." 내가 믿음이라는 행위를 통해서 하나님의 구원에 협조한 것처럼 생각하기가 쉽습니다. 그러나 성경은 그렇게 말하지 않습니다. 그렇게 이해하고 말하는 사람은 예수님의 죽으심의 효력, 그 구속의 효력을 제한하는 셈입니다. 예수님께서는 구원의 가능성을 열어 주시고 "너희가 믿음의 행위를 통해 구원을 이루라"고 하신 것이 아닙니다.

그리스도의 죽으심은 그분의 신부(교회)를 위한 죽으심입니다. 정확히 알고 있는 신부, 분명한 대상을 염두에 둔 사랑하는 이들을 위한 죽으심입니다. 이 말씀을 묵상할 때, 믿는 자들은 주님께서 나를 아셨고, 나를 주님이 사랑하는 신부로 여기셨고, 나를 위해서 죽으셨다는 사실에서 큰 은혜를 경험하게 됩니다. 그 사랑에 감격하게 됩니다. '제한 속죄'의 의미를 오해해서 "저는 예수님께 나아갔는데 알고 보니 저를 위해 남겨 놓으신 구속은 없었어요. 저는 택한 자가 아니더라고요"라고 말할 수가 없는 것입니다.

그런데 우리는 종종 이렇게 말하고 싶어 합니다. "주 예수님께서 혹시 저를 위해서 죽으신 것이 아니라면, 혹시 제가 버림받은 자라면, 제가 택한 백성이 아니라면, 저는 믿어도 결국은 소용이 없잖아요." 이런 말을 하는 것은 예수님을 믿는다는 것이 어떤 의미인지 모르기 때문입니다. 예수님을 믿는다는 것은 자신이 구원받은 사람, 택함받은 백성임을 확인하고 믿는 것이 아닙니다. 그런 사람은 단 한 사람도 없습니다. 예수님을 믿는다는 것은 "주님, 저는 죄악 가운데 멸망받을 수밖에 없는 죄인입니다. 저는 구원받기를 원합니다. 저를 긍휼히 여겨 구원하여 주십시오. 주님, 저를 살려 주십시오"라고 간구하는 것입니다. 주님이 구원에 필요한 모든 것을 이루신 줄을 알고 그 은혜를 나에게 베풀어 달라고 간구하며 나아가는 것입니다. 그렇게 주님께 나아가는 사람들은 모두 아버지께서 이끄시는 자들입니다. 주님께서는 그 사람들을 내쫓지 않는다고 확언하십니다(요 6:37). 그리스도의 죽으심은 모든 사람을 위해 충분하기 때문에 이 선물을 거절하는 사람을 제외하고는 그 누구도 배제되지 않습니다.

복음은 겸손히 통회하고 자복하는 심령에게 값없이 주어집니다. 어떤 사람들은 자신의 믿음이 적어서, 회개의 깊이가 충분하지 못해서 구원받지 못할 것 같다고 말합니다. 그러면 우리의 회개가 얼마나 깊어야 하나님께서 구원하실까요? 우리의 믿음이 얼마나 커야 우리를 구원하실까요? "의심이 섞이지 않은 순도 100퍼센트의 믿음이 아니면 하나님께서 여러분을 받지 않습니다"라는 말은 성경적으로 옳지 않습니다. 이 땅을 사는 동안 우리의 믿음은 의심이 섞인 믿음일 수밖에 없습니다. 우리는 단 한 번도 하나님 앞에 제대로 반응하지 못합니다. 우리가 온전하고 순전하게 믿는 모습이나, 죄로 인해 눈물을 흘리며 회개하는 모습을 보고 주님께서 구원하시는 것이 아닙니다. 주님께서 이루신 구원이 온전하기 때문에 우리가 주님께 나아가는 것이고 구원을 얻는 것입니다. 우리 믿음이 순전해서 구원받는다면 그 믿음은 내 의로움이 될 것입니다. 하나님께서는 그렇게 구원하시지 않습니다. 우리가 철저히 회개했기 때문에 구원받는 것이 아닙니다. 복음은 "주님, 저는 주님이 필요한 죄인입니다"라고 주님을 부르는 사람들에게 값없이 주어집니다.

주님께서 회당에 앉아 있던 손 마른 사람에게 말씀하셨습니다. "네 손을 내밀라"(막 3:5). 이때 손 마른 사람이 어떻게 반응했습니까? "고쳐 주셔야 내밀죠. 제가 손을 사용할 수 없는 것이 보이지 않으세요?"이렇게 말하지 않았습니다. 그는 주님의 말씀에 손을 내밀었습니다. 그리고 그때 그 손이 회복되었습니다. 이 사람에게 명령하실 때 주님께서는 이미 그를 고치신 것입니다. 그 사람은 믿음으로 반응함으로써 구원의 역사를 확인한 것입니다. 주님께서 그 믿음도 주셔서 그로 반응하게 하신 것입니다. 믿는다고 할 때 중요한 것은 자신이 얼마나 비참한 처지인지 아는 것입니다. 자신이 처한 죄와 비참의 상태를 알지 못한다면, 그는 결코 주님을 부르거나 찾지 않을 것이기 때문입니다.

또한 이 교리는 '전도'가 무엇을 의미하는지와 관련해서도 유익이 있습니다. 그리스도의 죽으심은 모든 사람에게 값없이 제시되는 복음의 기초입니다. 이런 점에서 하나님은 모든 사람을 위해 그리스도를 보내셨습니다. 하나님께서 모든 사람을 위해 그리스도를 보내셨다는 것은 그리스도께서 모든 사람에게 사죄의 은혜, 용서의 은혜, 믿음으로 말미암아 의롭다 함을 얻는 은혜, 하나님의 자녀가 되는 은혜를 절대적으로 확실하고 유효하게 제시하기 위해 죽으셨다는 뜻입니다.

우리는 복음을 전할 때 "당신을 위한 복음의 가능성이 열려 있습니다. 그것을 받아들이는 것은 당신에게 달려 있습니다"라고 말하지 않습니다. 성경은 주님께서 우리를 위한 가능성을 열어 두셨다고 말씀하지 않습니다. 우리가 전하는 복음은 절대적으로 확실하고 유효한 구원이 그리스도 안에서 이루어졌다는 사실입니다. 우리는 그 복음을 전하는 것입니다. 그렇기 때문에 우리는 "여기에 오면 구원받을 수도 있습니다"라고 말하지 않고, "그리스도께 와서 그분을 믿으십시오. 회개하십시오. 그러면 그리스도께서 당신을 위해 죽으심으로 이루신 모든 것이 당신의 것이 될 것입니다. 당신이 그리스도와 연합하게 되고 그리스도의 영광을 누리게 될 것입니다"라고 말합니다. 우리가 전도할 때 누군가가 믿음으로 반응한다면, 그 사람은 그 믿음으로써 자신이 하나님의 택하신 백성임을 증명하는 셈이 되는 것입니다. 이보다 더 확실한 증거는 없습니다.

전도는 전도하는 사람의 능력과 기술에 달린 문제가 아닙니다. 주 예수 그리스도의 십자가 죽음으로 말미암아 주님께서 다 이루신 구속의 능력 때문에 우리는 복음을 전할 수 있고, 그렇게 복음을 전할 때 사람들이 구원을 받습니다. 그래서 사도 바울은 이렇게 말했습니다.

> 내가 복음을 부끄러워하지 아니하노니 이 복음은 모든 믿는 자에게 구원을 주시는 하나님의 능력이 됨이라 먼저는 유대인에게요 그리고 헬라인에게로다(롬 1:16).

바울은 전도와 구원이 복음을 전하는 자의 능력에 달린 것이 아니라는 것을 알았습니다. 그 복음을 믿는 자들을 구원하는 능력은 그 복음 자체라는 사실을 알았습니다. 이처럼 전도는 영광스러운 것입니다. 전도는 그 자체로 영광스러운 완벽한 구원의 복음을 전하는 것입니다.

모든 것을 이루신 주님의 구속 사역

본문 말씀은 주님의 영광스러운 구속 사역을 온전하게 드러냅니다. 주님께서는 우리를 위해 가능성을 열어 두신 것이 아니라 구원에 필요한 모든 것을 이루셨습니다. 그 앞에 나아갈 때마다, 그리고 그분께 나아가는 자마다 구원을 받습니다. 우리가 나아갔기 때문이 아닙니다. 나아갈 수 있는 조건마저도 주님께서 주셨습니다. 그렇지 않으면 나아갈 자가 아무도 없기 때문입니다.

그렇다면 우리는 주 앞에 어떻게 반응해야 합니까? "주님, 제게 은혜를 주십시오"라고 간구할 뿐입니다. "주님께서 다 이루십니다. 주님, 제가 그 구속의 신비와 은혜를 더 알게 해주십시오. 그 은혜 아래 쉼을 누리게 해주십시오. 제 인생에 무슨 일이 일어난다고 할지라도 그 은혜 아래 자족함과 만족함을 누리며 살아가게 해주십시오." "주님, 제가 주께 나아갑니다. 주님께서 다 이루신 구원 앞에 나아갑니다. 주님, 저를 도와주시옵소서." 우리가 주 앞에 구할 수 있는 다른 것은 없습니다. 주님께서 십자가에 달리실 때에 모든 것을 완벽하게 이루셨기 때문입니다.

1 John
요한일서 2장 3-6절

3 우리가 그의 계명을 지키면 이로써 우리가 그를 아는 줄로 알 것이요 4 그를 아노라 하고 그의 계명을 지키지 아니하는 자는 거짓말하는 자요 진리가 그 속에 있지 아니하되 5 누구든지 그의 말씀을 지키는 자는 하나님의 사랑이 참으로 그 속에서 온전하게 되었나니 이로써 우리가 그의 안에 있는 줄을 아노라 6 그의 안에 산다고 하는 자는 그가 행하시는 대로 자기도 행할지니라

08

순종 테스트

그리스도인으로 살아가면서 '확신'은 정말 중요합니다. 인도네시아에 살 때, 사이드 브레이크를 채우고 운전을 한 적이 있습니다. 그리스도인에게 확신이 없는 것은 사이드 브레이크를 채우고 운전하는 것과 같습니다. 그러면, 차가 가긴 가는데 뭔가 걸려 있는 듯 제대로 속도가 붙지 않습니다. 신자에게 확신이 없으면 가다가 서고 가다가 서는 식으로 또는 늘 불안한 상태로 살아가게 마련입니다. '내가 이 길로 가면 과연 천국에 이를까?', '내가 죽으면 과연 하나님께서 영접해 주실까?' 이런 의문이 드는 것입니다. 확신은 이렇듯 중요합니다.

확신의 중요성

확신은 믿음과는 구분됩니다. 자신이 진짜 믿고 있다는 것을 아는 것이 확신입니다. 사도 요한은 요한일서 5장 13절에서 이렇게 말합니다.

> 내가 하나님의 아들의 이름을 믿는 너희에게 이것을 쓰는 것은 너희로 하여금 너희에게 영생이 있음을 알게 하려 함이라.

사도는 성도들이 영생을 가졌음을 알게 하려고, 다시 말해서 확신을 주려고 이 편지를 쓴 것입니다. 사도는 왜 이처럼 확신을 주는 편지를 써야 했을까요?

영지주의가 위협적 이단으로 자리 잡으면서 교회 안에서도 그 거짓 가르침의 영향으로 지도자를 포함한 일부 열심 있는 성도들이 교회를 떠나는 일이 일어났습니다.

> 그들이 우리에게서 나갔으나 우리에게 속하지 아니하였나니 만일 우리에게 속하였더라면 우리와 함께 거하였으려니와 그들이 나간 것은 다 우리에게 속하지 아니함을 나타내려 함이니라(요일 2:19).

사도 요한이 쓴 이 서신은 이런 일들을 겪으면서도 교회 안에 남아 있는 성도들에게 보내는 편지였습니다. 남은 성도들이 마음속에서 점점 확신을 잃어버리고 있었기 때문입니다. 이런 상황에서 사도는 "그들이 우리에게서 나갔으나 우리에게 속하지 아니하였[다]"고 말하고 있습니다. 구원받고 정말 열심으로 하나님을 섬기던 자들인데 지금 잠시 잘못된 길로 갔다고 말하는 것이 아닙니다. 그들이 처음부터 우리에게 속한 사람들이 아니었다고, 그리스도께 속한 자들이 아니었다고 말하는 것입니다. 그러면서 남은 성도들에게 참된 믿음 가운데 있는지 확인하라고 편지를 쓰고 있습니다. 우리는 신앙생활을 하면서 "나는 얼마나 확신을 가지고 신앙생활을 하고 있는가?"라고 생각할 수 있습니다. 사도 요한은 지금 그 질문에 대해 이야기하고 있습니다.

신앙생활에서 '확신'이 중요한 만큼 확신의 증거라고 여겨지는 거짓된 증거도 많습니다. 예를 들면 기도하는데 뭔가가 보였다는 신앙 체험이나 이유를 알 수 없는 감정적 반응, 어떤 감각이나 환상, 특별한 기도 응답과 같은 것들입니다. 이런 것들이 확신의 참된 근거가 될 수 있을까요? 사도 요한은 영생이 있음을 알게 하려고 쓴 이 편지에서 그러한 것들을 확신의 근거로 내세우지 않습니다. 우리는 사도가 강조하는 바를 그의 문장 구조에서 확인할 수 있습니다.

> 만일 우리가 하나님과 사귐이 있다 하고 어둠에 행하면 거짓말을 하고 진리를 행하지 아니함이거니와(요일 1:6).

> 만일 우리가 죄가 없다고 말하면 스스로 속이고 또 진리가 우리 속에 있지 아니할 것이요(요일 1:8).

> 만일 우리가 범죄하지 아니하였다 하면 하나님을 거짓말하는 이로 만드는 것이니 또한 그의 말씀이 우리 속에 있지 아니하니라(요일 1:10).

간단히 말해서, 어떤 사람이 스스로 자신의 신앙에 대해 주장하는 바는 늘 시험해 봐야 한다는 것입니다. 요한일서 2장에서도 사도는 같은 방식으로 말합니다.

> 그를 아노라 하고 그의 계명을 지키지 아니하는 자는 거짓말하는 자요 진리가 그 속에 있지 아니하되(요일 2:4).

그의 안에 산다고 하는 자는 그가 행하시는 대로 자기도 행할지니라(요일 2:6).

빛 가운데 있다 하면서 그 형제를 미워하는 자는 지금까지 어둠에 있는 자요(요일 2:9).

"나는 하나님을 아는 지식을 가진 사람입니다"라고 말하지만, 그 삶에서 계명을 지키지 않는다면 우리는 그 사람의 주장을 받아들일 수 없습니다. "나는 언제나 하나님 안에서 살아갑니다"라고 말하는 사람은 예수님의 성품을 조금씩 드러내야 합니다. "나는 빛 가운데 살아갑니다"라고 말하면서 형제를 미워하는 사람은 거짓말하는 것입니다. 지금 사도는 무슨 말을 하든 시험해 봐야 한다고 말하고 있습니다. 참된 신앙과 거짓된 신앙을 분별할 능력이 없으면 자신의 신앙도 바르게 설 수 없기 때문입니다.

그렇다면 어떻게 시험할 수 있을까요? 사도 요한은 세 가지 테스트를 제시합니다. 첫째, 도덕적인 테스트입니다. 이번 장에서 이 도덕적 테스트를 살펴볼 텐데, 이것은 "나는 순종하는가? 하나님 말씀대로 살고 있는가?"를 살피는 것입니다(요일 2:4). 번지르르한 말로 사람들에게 깊은 감명을 줄 수 있어도 그 삶이 도덕적으로 무너져 있다면 그 신앙은 참되다고 할 수 없습니다. 둘째, 사회적인 테스트입니다. "서로 사랑하라고 말씀하신 새 계명을 따라 형제를 사랑하는가?"를 묻는 테스트입니다(요일 2:9). 첫째 테스트가 순종 테스트라면, 둘째 테스트는 사랑 테스트입니다. 셋째, 교리적인 테스트입니다. 예수님이 누구신지에 대한 교리가 분명하지 않으면서 하나님을 안다고 말할 수는 없습니다. 사도 요한은 이 세 가지를 적용하여 자신이 참된 그리스도인인지, 영생을 가진 그리스도인인지 확인하는 테스트를 해 볼 것을 권하고 있습니다.

당시 교회를 떠난 사람들 가운데에는 지도자들, 열심 있는 사람들, 신앙을 가르쳐 준 사람들도 있었습니다. 그들은 정말 훌륭하게 말을 잘하던 이들이었을 것입니다. 그런데 사도 요한은 이들에게 세 가지 테스트를 모두 적용해 볼 것을 요구하고 있습니다. 그러나 이것은 단순히 다른 사람에 대한 테스트만이 아닙니다. 자기 신앙에 대한 테스트입니다. 자신의 신앙이 정말 바른 신앙인지를 우리도 이 세 가지 테스트를 통해 확인해 봐야 합니다.

순종이 중요한 이유

사도 요한이 가장 먼저 제시한 참된 신앙의 증거는 '순종'입니다. 사도는 확신의 근거가 순종, 즉 계명을 지키는 것이라고 말합니다. 순종은 우리 믿음이 얼마나 진정성 있는지를 드러내 줍니다.

> 우리가 그의 계명을 지키면 이로써 우리가 그를 아는 줄로 알 것이요(요일 2:3).

그뿐 아니라 하나님 말씀을 지키고 순종하는 것은, 우리 고백의 진정성을 보여 주고, 우리 사랑이 성숙한 사랑인 것과 우리 삶이 그리스도를 닮은 성숙한 삶인 것을 보여 줍니다.

> 누구든지 그의 말씀을 지키는 자는 하나님의 사랑이 참으로 그 속에서 온전하게 되었나니 이로써 우리가 그의 안에 있는 줄을 아노라 그의 안에 산다고 하는 자는 그가 행하시는 대로 자기도 행할지니라(요일 2:5, 6).

신앙과 말이 아닙니다. 신앙과 지식도 아닙니다. 신앙과 순종입니다. 이 신앙과 순종은 동전의 양면과 같습니다.

당시 교회를 위협하던 영지주의라는 거짓 가르침은 예수님의 신성만을 강조했습니다. 그러다 보니 영적인 것만 중요하게 여기고, 우리 몸으로 하는 것은 모두 아무 상관이 없다고 가르쳤습니다. 육체로는 무슨 짓을 하든 우리의 영적인 구원과는 무관하다고 여겼습니다. 이들의 가르침은 결국 율법(도덕률) 폐기론으로 향할 수밖에 없었습니다.

이 서신을 쓸 때, 사도는 바로 이 영지주의를 의식하고 있었습니다. 그래서 단어를 선택할 때도 매우 신중했습니다. 다섯 장밖에 되지 않는 요한일서에서 가장 많이 나오는 단어가 '알다'입니다. 헬라어로 '기노스코'(γινώσκω)인 이 동사가 요한일서에 무려 25번이나 등장합니다. 영지주의가 강조하는 것이 바로 이 '기노스코'의 명사형인 '그노시스'(γνῶσις), 즉 '지식'이기 때문입니다. 이 그노시스에서 영지주의(gnosticism)라는 명칭이 나왔습니다. 이 단어 말고도 '알다'라는 뜻을 지닌 다른 헬라어 '오이다'(οἶδα)까지 합하면 '알다'라는 표현이 요한일서에만 총 40번 정도 등장합니다.

사도 요한이 '알다'라는 단어를 반복해서 쓴 것은 진짜 지식이 무엇인지를 가르쳐 주기 위해서입니다. 사도는 '우리가 그의 계명을 지키면 하나님을 안다는 사실을 알게 된다'고 말합니다(요일 2:3). 이것이 바로 확신입니다. 이때 '안다'는 말은 '믿음'보다 강한 표현입니다. 사도는 지금 "나는 하나님을 믿습니다"라는 말을 "나는 그분을 압니다"라고 표현한 것입니다. 굉장히 강한 표현입니다.

> 이로 말미암아 내가 또 이 고난을 받되 부끄러워하지 아니함은 내가 믿는 자를 내가 알고 또한 내가 의탁한 것을 그날까지 그가 능히 지키실 줄을 확신함이라(딤후 1:12).

바울은 고난을 받고 있지만 부끄럽지 않다고 말합니다. '내가 믿는 자를 내가 알기' 때문입니다. 바울은 자신이 누구를 믿는지를 알았습니다. 이것이 바로 확신과 관련된 표현입니다. "나는 내가 누구를 믿는지를, 내가 믿는 그 하나님을 알고 있습니다." 여러분도 이렇게 표현하실 수 있습니까? 사도 요한은 그런 의미에서 '알다'라는 표현을 사용하고 있습니다.

그렇다면 순종하는 것과 아는 것은 어떤 관계가 있을까요? 미국 침례교 목사인 애드리안 로저스(Adrian Rogers)는 이런 말을 했습니다. "하나님에 관해 알고 싶으면 성경을 공부하십시오. 그런데 진정으로 하나님을 알고 싶으면 성경에 순종하십시오." 우리가 성경을 열심히 읽고 공부하면 하나님에 관해 알 수 있습니다. 이것은 중요합니다. 그런데 하나님을 경험적으로 정말 친밀하게 알려면 성경에 순종해야 합니다. 이것이 참된 앎으로 가는 길입니다.

2차 세계 대전 당시 히틀러가 유럽을 점령해 가고 있을 무렵, 독일의 젊은 신학자인 디트리히 본회퍼(Dietrich Bonhoeffer)는 조국의 현실을 보며 뉴욕에서의 교수 생활과 보장된 장래를 포기하고 독일로 돌아가 레지스탕스에 가담하여 히틀러 암살 음모에 참여하게 됩니다. 그러나 끝내 발각되어 투옥되었다가 히틀러가 죽기 며칠 전에 사형을 당합니다. 본회퍼는 이렇게 말했습니다. "오직 믿는 사람만이 순종하고, 오직 순종하는 자만이 믿는다."

애드리안 로저스나 디트리히 본회퍼의 말을 빌리지 않더라도, 성경은 우리에게 그분을 믿는다는 것은 그분을 안다는 것이고, 그분을 안다는 것은 그분에게 순종하는 것임을 분명하게 말하고 있습니다. 이것은 전혀 다른 내용들이 아니라 같은 내용의 다른 표현들입니다.

그리스도인은 누구인가

여기서 사도는 그리스도인이 누구인지를 가르쳐 줍니다. 이것은 오늘날 우리에게도 굉장히 중요한 질문입니다. 저는 21세기 한국 교회에서 거의 의식적으로 피하는 질문이 바로 이것이라고 생각합니다. "그리스도인은 누구인가?" 이 질문은 종종 우리를 불편하게 하기 때문입니다.

사도 요한은 그리스도인은 '하나님을 아는 사람'이라고 말합니다.

> 우리가 그의 계명을 지키면 이로써 우리가 그를 아는 줄로 알 것이요(요일 2:3).

하나님을 알지 못하는데 하나님을 신뢰할 수 있을까요? "나는 예수님을 믿는다"라고 할 때는 '내가 믿는 분을 안다'는 것을 전제합니다. 사도는 여기서 끝나지 않습니다.

> 이로써 우리가 그의 안에 있는 줄을 아노라(요일 2:5b).

그리스도인은 '그의 안에', 즉 하나님 안에 있는 사람입니다. 나아가 6절은 그리스도인을 "그의 안에 산다고 하는 자"라고 표현하고, 그는 "그가 행하시는 대로 자기도 행[한다]"고 말합니다. 이것은 단순히 순종하는 차원을 넘어서는 이야기입니다. "내 존재가 하나님 안에 있는가"를 묻는 질문입니다.

'하나님 안에 산다'는 것은 가족의 개념을 상정합니다. 가족은 한 집에 살면서 교제하는 식구들입니다. 가족 안에는 같이 식사하고 함께 대화하는 사귐이 있습니다. 하나님 안에 산다는 것은 이처럼 하나님과 사귐이 있다는 의미입니다. 하나님과의 사귐과 하나님을 아는 지식은 결코 분리될 수 없습니다. 그래서 개혁주의 신약학자인 사이먼 키스트메이커(Simon J. Kistemaker)는 "하나님과의 사귐과 하나님을 아는 지식은 동전의 양면"이라고 말했습니다. 하나님을 안다고 말하면서 하나님과 사귐이 없다면, 그것은 실제로는 하나님을 모르는 것입니다.

또한 사도는 그리스도인을 '빛 가운데 있는 자'라고 말합니다.

> 빛 가운데 있다 하면서 그 형제를 미워하는 자는 지금까지 어둠에 있는 자요(요일 2:9).

빛 가운데 있는 자는 형제를 사랑하는 사람입니다. 즉 그리스도인은 형제를 사랑하는 사람입니다. 여기서 사도 요한은 형제를 사랑하라고 명령하지 않습니다. 그리스도인은 형제를 사랑한다고 '말할' 뿐입니다.

사도 요한은 그리스도인이 누구인지에 대해 많은 기준에 비추어 검증해야 하며, 이것은 남을 판단하기보다 나 자신의 신앙을 돌아봐야 하는 문제라고 설명합니다. 반면 오늘날에는 단순히 교회에 나오는 사람, 제 발로 교회를 찾아오는 사람, 교회에서 함께 예배드리는 사람을 그리스도인으로 간주합니다. 이것이 이 시대 교회의 불편한 진실입니다. 그러나 성경은 스스로 그리스도인이라고 고백하는 말을 시험해 봐야 한다고 말합니다. 이런 의미에서 오늘날과 같이 쉽게 정의되는 그리스도인의 기준은 타락의 징후라고 할 수 있습니다.

그리스도인은 하나님을 아는 사람입니다. 하나님을 안다는 것은 단순히 교리적으로 성경을 열심히 공부하고 수십 년간 교회에 다녔다는 의미가 아닙니다. 이것은 하나님과 인격적인 관계를 맺고 있다는 의미입니다.

우리는 기도를 통해 이러한 사귐을 깊이 경험합니다. 하나님이 내 말을 하나도 흘려듣지 않으시고, 내게 필요한 것들을 허락하시며, 은혜와 위로를 주시고, 주님 자신으로 나를 채워 주시는 것을 경험하는 기도의 삶에서 우리는 하나님을 인격적으로 아는 참된 지식을 확실히 알게 됩니다.

우리의 신앙은 처음에 "하나님, 이거 주세요, 저거 주세요" 하는 수준에서 시작합니다. 그러나 하나님을 인격적으로 알아 가고 하나님을 사랑하게 되면서 우리의 신앙은 성숙해지고, 점점 하나님께서 원하시는 바를 이루는 것, 십자가를 지고 자기를 부인하고 주님을 따라가는 것, 주님의 뜻과 나라가 이 땅에 이루어지는 것보다 큰 기쁨이 없다고 여기게 됩니다. 이것이 순종입니다.

> 우리가 그의 계명을 지키면 이로써 우리가 그를 아는 줄로 알 것이요(요일 2:3).

이 구절에서 우리가 주목할 사실은 사도 요한이 '안다'라는 동사를 완료형 시제로 표현한 것입니다. 이것은 하나님을 아는 것이 한순간 깨닫고 끝나는 것이 아니라 한 번 알게 된 사실과 그 결과가 이후에도 계속 영향을 끼치고 있다는 것을 나타냅니다. 영지주의자는 "그날 내가 이 사실을 깨달았어. 그래서 나는 구원받았어!"라고 말하는데, 참으로 하나님을 아는 것은 그날 알게 된 사실이 오늘 나를 더 깊은 앎으로 인도한다고 말하는 것입니다. 하나님을 지속적으로 알아 가는 삶이 되는 것입니다. 그렇기 때문에 하나님을 아는 참된 지식은 하나님을 경외하며 그분 앞에서 살아가는 삶으로 나타나지 않을 수 없습니다.

3절에 '지키다'라는 동사도 마찬가지입니다. 이 동사는 현재 시제로 되어 있는데, 헬라어에서 현재 시제는 반복해서 지속적으로 이루어지는 행위를 가리킵니다. 즉 이것은 한 번 지키고 만다는 의미가 아닙니다. 삶 전체가 하나님의 계명을 지키는 방향으로 지속적으로 나아가고 있다는 의미입니다. 이것이 믿는 자의 특징입니다. 반면 믿지 않는 자의 특징은 "그의 계명을 지키지 아니하는"(요일 2:4) 것입니다. 하나님의 말씀과 계명을 지키는 것이 그에게는 중요하지 않습니다. 그에게 중요한 것은 자기 자신이고, 자신이 무엇을 원하고 성취하길 바라는가입니다. 그것이 그의 삶과 신앙의 전부인 것입니다.

구원은 순종이라는 열매를 맺는다

결국 사도 요한이 전개하고 있는 논지는, 말로 하는 고백은 순종의 삶을 통해 검증되어야 한다는 것입니다. 물론 사도는 "그의 계명을 지키면"이라고 말하지만, 그 계명을 완전히 지키는 사람은 없습니다. 우리는 모두 넘어지고 실패하는 사람입니다. 사도 역시 완전해야 한다고 말하는 것이 아닙니다. 우리는 죄를 짓는 자들이기에 죄를 자백해야 한다고 앞서 이야기했습니다(요일 1:9).

여기서 사도는 완전한 순종을 이야기하는 것이 아닙니다. 칼뱅은 요한일서 2장 3절을 이렇게 이해했습니다.

> 사도 요한은 신자가 율법의 모든 계명을 완전히 지킬 수 있다고 말하려는 것이 아니다. 이것은 율법에 대한 신중함, 주의 깊게 순종하려는 태도를 강조하는 표현이다.

하나님을 아는 사람은 하나님의 계명을 지키는 일에 관심이 있고, 그 일을 중요하게 여깁니다. 순종하고자 의식하는 마음이 중요합니다. 순종 테스트는 단순히 외적인 행동만을 시험하는 것이 아니라 마음의 태도까지 살피는 것입니다. 사도 바울은 디도에게 편지를 쓰면서 그레데 사람들에 대해 "그들이 하나님을 시인하나 행위로는 부인[한다]"(딛 1:16)고 말했습니다. 말로는 하나님을 믿는다고 하지만 행위로는 하나님을 믿지 않는 자처럼 살아가는 자들을 실천적 무신론자라고 합니다. 물론 말과 행동, 앎과 삶에는 간극이 있을 수 있습니다. 그러나 하나님을 아는 진정한 지식은 그 앎의 대상을 사랑하게 만들고 사랑하는 하나님을 위하여 행동하게 만듭니다.

하나님 말씀에 순종하면 확신도 커집니다. D. L. 무디(Moody)의 성경책에는 'T', 'P'라고 적힌 구절이 많았다고 합니다. 'T'는 'Test', 즉 시험해 봐야 한다는 의미이고, 'P'는 'Proven', 즉 입증되었다는 의미입니다. 그는 성경에 있는 많은 구절을 그대로 행해 보고 검증해 보았습니다. 무디처럼 하나님 말씀에 순종해서 성경책에 'T'와 'P'가 가득해지면 성경을 읽을 때마다 "맞아! 내가 전에 이런 상황일 때 이 말씀에 순종했더니 말씀대로 되었지!" 하는 것을 경험할 것입니다. 그러면 확신이 점점 강해질 수밖에 없습니다.

우리는 우리 힘으로 순종할 수 없다는 것을 잘 알고 있습니다. 하나님의 은혜로 순종할 수 있습니다. 또한 두려움 때문에 순종하는 것이 바른 것이 아님도 잘 알고 있습니다. 시편 119편의 아름다운 구절들이 이 사실을 분명하게 보여 줍니다.

> 나로 하여금 주의 계명들의 길로 행하게 하소서 내가 이를 즐거워함이니이다(시 119:35).

> 그러므로 내가 주의 계명들을 금 곧 순금보다 더 사랑하나이다(시 119:127).

> 여호와여 내가 주의 구원을 사모하였사오며 주의 율법을 즐거워하나이다 (시 119:174).

주님 자신도 이렇게 말씀하셨습니다.

너희가 나를 사랑하면 나의 계명을 지키리라 (요 14:15).

순종은 확신에 이르는 대로입니다. 순종하면 구원받는다는 말이 아닙니다. 순종은 구원받은 사람에게 그 구원의 열매로 주어지는 결과입니다. 그 열매를 통해 우리는 확신에 이르게 됩니다. 순종하면 그리스도인이 되는 것이 아니라, 그리스도인이 되면 순종하는 삶을 사는 것입니다.

하나님의 사랑이 온전하게 되는 순종

5절에는 조금 특이한 표현이 등장합니다.

누구든지 그의 말씀을 지키는 자는 하나님의 사랑이 참으로 그 속에서 온전하게 되었나니 이로써 우리가 그의 안에 있는 줄을 아노라.

"하나님의 사랑이 참으로 그 속에서 온전하게 되었나니." 이것은 요한일서에 세 번 나오는 독특한 표현입니다. '하나님의 사랑이 온전하게 되었다'는 말이 무슨 뜻일까요? 먼저 여기서 '하나님의 사랑'은 세 가지로 해석할 수 있습니다.

첫째, 순종하는 사람을 향한 하나님의 사랑입니다. 하나님이 '주어'로, 하나님께서 순종하는 사람을 사랑하신다는 것입니다. 이 의미는 요한일서 4장 9절의 의미와 비슷합니다.

하나님의 사랑이 우리에게 이렇게 나타난 바 되었으니 하나님이 자기의

> 독생자를 세상에 보내심은 그로 말미암아 우리를 살리려 하심이라.

하나님께서 우리를 사랑하신 것입니다.

둘째, 순종하는 사람이 하나님을 향해 보이는 사랑입니다. 하나님이 '목적어'입니다. 이것은 5장 3절의 용례와 비슷합니다.

> 하나님을 사랑하는 것은 이것이니 우리가 그의 계명들을 지키는 것이라 그의 계명들은 무거운 것이 아니로다.

셋째, 하나님의 사랑과 같은 사랑이 우리 안에서 형제를 향해 나타난 것입니다. 즉, 형제를 향해 나타나는 하나님의 사랑입니다. 이것은 3장 17절과 비교할 수 있습니다.

> 누가 이 세상의 재물을 가지고 형제의 궁핍함을 보고도 도와줄 마음을 닫으면 하나님의 사랑이 어찌 그 속에 거하겠느냐.

교회 안에 있는 형제가 어려움에 처했는데 도와줄 마음을 닫는다면 그에게 하나님의 사랑이 있다고 말할 수 없다는 것입니다.

'하나님의 사랑'에 대한 세 가지 해석 가운데 저는 대부분의 학자와 마찬가지로 두 번째 해석이 문맥에 어울린다고 생각합니다. 본문은 하나님을 알고 사랑하는 증거로 그의 말씀(계명)을 지키는 순종을 제시하고 있기 때문입니다.

하나님의 사랑이 '온전하게 되었다'는 것은 하나님의 사랑이 성취되었다는 뜻입니다. 우리는 사랑에 대해 많이 오해하고 있습니다. 사람들은 보통 사랑을 감상주의적인 언어 또는 신비주의적인 체험으로 이해하기 쉬운데,

성경이 이야기하는 사랑은 매우 실천적이고 구체적입니다. 말로만 사랑한다고 하는 것이 아니라 행동으로 드러나는 것입니다. 하나님이 세상을 사랑하여 이 땅에 독생자를 주신 것처럼 우리에게도 그렇게 하는 것이 사랑이라고 성경은 이야기하고 있습니다.

그러면 그 사랑은 어떻게 성취되는 것일까요? 하나님의 사랑은 순종함으로 성취됩니다. 이때 '성취되었다'는 것은 '끝났다'는 의미가 아닙니다. 이제 온전해지는 과정이 우리 안에서 시작되었다는 의미입니다. 하나님을 향한 우리의 사랑이 성숙하다는 것, 달라고 요구하는 수준이 아니라 성숙한 수준에 이르러서 섬기는 모습, 그 사랑을 성취하는 모습으로 드러난다는 것을 보여 줍니다.

순종을 가능하게 하는 힘

이제 순종 테스트에 대해 다루는 작은 단락의 소결론이 나옵니다.

> 그의 안에 산다고 하는 자는 그가 행하시는 대로 자기도 행할지니라(요일 2:6).

사도 요한은 그리스도인은 '그의 안에 사는' 사람이라고 말합니다. 이 말은 단순히 내가 주님 안에 산다는 것만을 의미하지 않습니다. 주님도 내 안에 성령으로 사십니다. 내가 그 안에, 그가 내 안에 사시는 것입니다. 이것은 그분이 행하시는 대로 우리도 행하는 것을 통해 알 수 있습니다.

33년간 이 땅에 사시면서 주님은 율법에 순종하심으로 능동적 순종을 보여 주셨고, 우리 죄로 말미암아 고난과 죽음을 당하실 때 수동적 순종으로 그것을 모두 짊어지고 감당하셨습니다. 그리스도의 삶과 죽음이 순종을 드러내는 것이었듯, 우리 삶도 그러해야 한다는 것입니다. 이러한 순종을 가능하게 하는 힘은 내가 그리스도 안에 거하고 그리스도께서 내 안에 거하신다는 확신에서 비롯됩니다. 신자의 삶은 긴 인생 여정 동안 순종함으로 주님과 동행하는 것입니다.

참된 신앙은 하나님을 아는 것이다

본문 말씀은 우리에게 그리스도인의 정체성과 교회에 대해 몇 가지 교훈을 줍니다.

첫째, 신앙은 지식 추구가 아니라는 것입니다. 요한일서가 쓰일 당시, 영지주의의 거짓 가르침이 강조한 것은 지식 추구가 곧 신앙적 태도라는 것이었습니다. 그러나 그렇지 않습니다. 오늘날에도 이러한 신앙적 태도를 취하기가 쉽습니다. 지식을 추구하거나 지적인 욕구가 많은 사람들은 교회에서 성경을 많이 공부하고 신앙과 신학에 관한 책을 많이 읽으면 신앙이 온전해진다고 생각합니다. 그러나 신앙은 거기에 있지 않습니다. 공부도 중요하지만, 신앙의 참됨은 순종이라는 테스트를 통과해야 합니다. 신앙은 순종하는 것입니다.

둘째, 신앙이 지식을 추구하는 위험에서 벗어나려면 신앙의 본질이 '사귐'이라는 사실을 인식해야 합니다.

> 영생은 곧 유일하신 참 하나님과 그가 보내신 자 예수 그리스도를 아는 것이니이다(요 17:3).

사도 요한은 하나님을 아는 것이 영생이라고 이야기합니다. 이것은 하나님과의 사귐을 표현한 말입니다. 하나님과 인격적인 사귐이 없는 신앙이 건강하게 지속되는 것은 불가능합니다.

자신의 신앙에 순종 테스트를 적용해 보십시오. "나는 정말 하나님의 말씀을 배우는 대로 그 말씀을 내 가슴에 담고, 그 말씀대로 살 은혜를 주 앞에 구하며 살아가는가?" 지금까지 신앙생활을 하면서 순종하라는 하나님의 요구에 진지하지 못한 적은 없는지, 그냥 성경을 읽고 지식만 추구하지는 않았는지 자신을 돌아보십시오.

순종은 하나님의 사랑을 온전하게 합니다. '하나님에 대해' 아는 것은 중요합니다. 그러나 거기서 끝나서는 안 됩니다. '하나님을' 아는 자리로 나아가야 합니다. 사람은 알면 알수록 실망하지만, 하나님은 알면 알수록 사랑하게 됩니다. 하나님을 사랑하는 길은 하나님을 아는 길입니다. 하나님을 사랑하게 되면 그분이 원하시는 것을 하고 싶어집니다. 그것이 내게 어떤 고난과 불이익과 손해를 끼칠지라도 말입니다. 이로써 우리는 우리가 하나님을 아는 줄로 알게 됩니다. 그리고 이로써 하나님의 사랑이 참으로 우리 안에서 온전해지는 것을 경험하게 됩니다.

더 나아가 하나님께서 우리를 사랑하신 그 동일한 사랑을 주변 사람들에게 전하십시오. 우리에게 잘해 주는 사람에게만 잘해 주는 것이 아닙니다. 하나님의 사랑은 나를 힘들게 하는 사람을 향해서도 나타납니다. 하나님께서는 이런 은혜로 주의 교회를 세우시고 이끌어 가십니다.

1 John
요한일서 2장 7-11절

7 사랑하는 자들아 내가 새 계명을 너희에게 쓰는 것이 아니라 너희가 처음부터 가진 옛 계명이니 이 옛 계명은 너희가 들은 바 말씀이거니와 8 다시 내가 너희에게 새 계명을 쓰노니 그에게와 너희에게도 참된 것이라 이는 어둠이 지나가고 참빛이 벌써 비침이니라 9 빛 가운데 있다 하면서 그 형제를 미워하는 자는 지금까지 어둠에 있는 자요 10 그의 형제를 사랑하는 자는 빛 가운데 거하여 자기 속에 거리낌이 없으나 11 그의 형제를 미워하는 자는 어둠에 있고 또 어둠에 행하며 갈 곳을 알지 못하나니 이는 그 어둠이 그의 눈을 멀게 하였음이라

09

사랑 테스트

요한일서는 빛 가운데 거하는 사람이 어떤 사람인지를 다루고 있습니다. "하나님은 빛이시라"(요일 1:5)라는 말씀을 생각해 보면 빛 가운데 거한다는 것은 하나님 안에 거한다는 말이고 이는 성령으로 거듭난 그리스도인, 참된 그리스도인, 곧 하나님의 자녀를 가리킵니다. 요한일서는 한마디로 "참된 그리스도인의 특징은 무엇인가", "진짜 그리스도인을 어떻게 식별할 수 있는가"를 다루는 책입니다. 그것을 통해 자신의 믿음을 확인하며, 확신을 얻고 분별하게 하는 것입니다.

요한일서 1장 후반부에서는 빛 가운데 거하는 사람은 죄를 지어서는 안 되며, 우리가 죄를 범할지라도 하나님 앞에 나아가 죄를 자백하고 용서받아 하나님과의 교제가 끊어지지 않게 하라고 말합니다(요일 1:5-2:2). 자신이 아무리 하나님과의 사귐 가운데 있다고 주장해도 죄 짓는 삶을 살아가는 한 그 주장은 거짓말일 수밖에 없습니다. 하나님과 사귀려 한다면 죄를 짓지 않아야 한다거나, 우리가 죄를 짓지 않을 수 있다고 말하는 것이 아닙니다. 우리는 죄를 짓지만 그 죄를 자백해야 하나님과의 교제가 계속 이어질 수 있다고 말하는 것입니다.

이어서 사도 요한은 빛 가운데 거하는 사람은 하나님의 계명에 순종하는 사람이라고 말합니다(요일 2:3-6). 우리가 앞에서 살펴본 '순종 테스트'가 그것입니다. 스스로 하나님 말씀에 순종하고 있는지를 살피는 것입니다. 하나님께 전혀 순종하지 않고 자신이 원하는 대로 자기 기준과 이익을 따라 행하는 사람은 참된 그리스도인이라고 할 수 없습니다.

이번 장에서 살펴볼 주제는 '형제 사랑'입니다. 참된 그리스도인인지 분별하는 두 번째 테스트는 '사랑 테스트'입니다. 이것은 단순히 "열심히 형제를 사랑하세요"라는 권면이라기보다는, "예수님을 믿는 형제를 사랑하는 것이 예수님을 믿는 자의 특성이다"라고 이야기하는 것입니다.

앞서 "하나님의 계명을 지키는 사람이 참으로 빛 가운데 사는 사람, 하나님을 믿는 사람이다"라고 했는데, 그 '하나님의 계명'이 바로 이번 장에서 말하는 '형제 사랑'인 것입니다.

새 계명인가, 옛 계명인가

사도 요한은 "사랑하는 자들아"(요일 2:7)라는 말로 본문을 시작합니다. 이것은 사도가 그동안 이야기해 오던 논지를 전환하거나 주의를 집중시킬 때 사용하는 방식입니다. 여기서도 사도는 '형제 사랑'이라는 사랑의 계명을 다루기 위해 편지를 받는 성도들을 "사랑하는 자들아"라고 부르며 주의를 모으고 있습니다.

사도 요한이 성도들을 부르고 나서 이어지는 내용은 조금 모순적으로 들립니다. 이어지는 구절을 보면 사도가 지금 말하려는 것이 새 계명에 대한 것인지, 옛 계명에 대한 것인지 헷갈립니다.

> 사랑하는 자들아 내가 새 계명을 너희에게 쓰는 것이 아니라 너희가 처음부터 가진 옛 계명이니 이 옛 계명은 너희가 들은 바 말씀이거니와 다시 내가 너희에게 새 계명을 쓰노니(요일 2:7, 8a).

사도는 새 계명과 옛 계명을 각각 두 번씩 번갈아 언급합니다. 그가 새 계명을 말하려는 건지, 옛 계명을 말하려는 건지, 그리고 새 계명은 무엇이고, 옛 계명은 무엇인지 정확히 알기가 어렵습니다.

요한일서 2장 7, 8절에서 사도 요한이 말하는 바는 "나는 너희가 처음부터 가진 옛 계명에 대해 이야기할 텐데, 그것이 바로 내가 말하려는 새 계명이다"라는 것입니다. 즉, 옛 계명과 새 계명은 같은 것이라고 말하는 것입니다.

또한 사도 요한이 요한일서를 쓴 시기는 앞서 예수님께서 제자들의 발을 씻기시며 '새 계명'을 명하신 때로부터 적어도 50년 정도 지난 때입니다(요 13:34, 35). 예수님께서 말씀하신 새 계명도 이미 옛 계명이 되었다고 할 수 있습니다. 즉, 사도가 "너희가 처음부터 가진 옛 계명"이라고 말하는 것은 구약 성경에 익숙한 유대인이라면 율법을 통해 다 아는 명령, 그리고 예수님을 믿을 때부터 들은 말씀입니다. 다시 말해, 사도가 이야기하려는 '형제 사랑'이라는 계명은 구약의 율법에서도, 예수님께서 명하신 말씀에서도 볼 수 있습니다.

우선 구약 성경에 나오는 율법에서 우리는 사랑의 계명을 찾을 수 있습니다.

> 원수를 갚지 말며 동포를 원망하지 말며 네 이웃 사랑하기를 네 자신과

> 같이 사랑하라 나는 여호와이니라(레 19:18).

> 너는 마음을 다하고 뜻을 다하고 힘을 다하여 네 하나님 여호와를 사랑하라(신 6:5).

예수님께서도 구약 성경을 이렇게 요약하셨습니다.

> 예수께서 이르시되 네 마음을 다하고 목숨을 다하고 뜻을 다하여 주 너의 하나님을 사랑하라 하셨으니 이것이 크고 첫째 되는 계명이요 둘째도 그와 같으니 네 이웃을 네 자신같이 사랑하라 하셨으니(마 22:37-39).

레위기 19장 18절과 신명기 6장 5절을 인용하여 구약 성경 전체를 '하나님 사랑'과 '이웃 사랑'으로 정리하신 것입니다.
또한 요한복음에서는 제자들의 발을 씻기시고 "서로 사랑하라"고 명하셨습니다.

> 새 계명을 너희에게 주노니 서로 사랑하라 내가 너희를 사랑한 것같이 너희도 서로 사랑하라 너희가 서로 사랑하면 이로써 모든 사람이 너희가 내 제자인 줄 알리라(요 13:34, 35).

여기서 예수님께서는 이것을 '새 계명'이라고 말씀하시지만, 사실 이것은 구약 성경에 이미 포함된 계명이었습니다. 다시 말해 주님이 십자가에 달려 돌아가시기 직전에 다락방에서 제자들과 함께 식사하시고 마지막으로 주신 "서로 사랑하라"는 계명은 새로운 계명이 아니었습니다. 그렇다면 주님은 왜 이것을 '새 계명'이라고 말씀하셨을까요?

왜 새 계명인가

요한복음에서 주님이 '새 계명'이라고 말씀하신 이유가 있습니다. 신명기에서 율법은 하나님을 사랑하되 목숨을 다해, 마음을 다해, 힘을 다해 사랑하라고 명하지만, 그 율법대로 하나님을 사랑한 사람은 아무도 없었습니다. '이웃을 네 몸처럼 사랑하라'고 명하는 레위기 말씀도 마찬가지입니다. 심지어 레위기에는 이스라엘에 살고 있는 사람이라면 나그네든 외국인이든 "굶는 일은 없어야 한다"는 말씀도 있습니다. 추수할 때에는 배고픈 사람들이 먹을 수 있도록 밭 모퉁이까지 다 거두지 말고 이삭도 줍지 말라고 명하셨습니다(레 19:9). 가난한 사람들은 늘 있지만, 적어도 하나님 백성 안에서 함께 살아가는 한 그들이 굶어 죽는 일은 없어야 한다는 것입니다. 율법에는 이런 배려가 가득합니다.

그럼에도 주님께서는 그것으로 족하지 않아서 십자가에 달려 돌아가시기 전에 제자들에게 이렇게 말씀하십니다. "새 계명을 너희에게 주노니." 이것은 기존에 없던 계명이 아닙니다. 이미 있는 계명을 새롭게 하신 것입니다. 그 의미가 살아나게 하신 것입니다. 주님은 십자가를 지심으로 율법의 핵심인 이 계명을 온전히 실현하셔서 전혀 새로운 차원을 여셨습니다. 목숨과 마음과 뜻을 다해 하나님을 사랑하시고 하나님의 택하신 백성을 사랑하셔서 그분 자신을 대속 제물로 주신 것입니다. 예수님께서는 삶 속에서, 그리고 십자가의 죽으심으로 이 사랑의 계명을 완성하셨습니다.

주님은 몸소 이 계명을 완성하시는 데서 그치지 않으셨습니다. 이제 보내실 성령님을 통해 믿는 자들도 주님처럼 사랑을 행하며 살게 하실 것입니다. 주님을 믿는 제자들은 주님처럼 형제를 사랑하는 능력을 경험할 것입니다. 사도가 "다시 내가 너희에게 새 계명을 쓰노니 그에게와 너희에게도 참된 것이라"(요일 2:8a)고 말한 의미가 바로 그것입니다. 새 계명이 "그

[예수님]에게와 너희에게" 참되다고 말하는데, 여기서 '참되다'는 것은 옳다는 의미라기보다, '실재가 되다', '온전케 되다', '실현되다'라는 의미이기 때문입니다. 또한 주님께서 이루신 그 일을 우리도 할 수 있게 만드셨다는 차원에서 '새 계명'이라고 말씀하신 것입니다.

사도 요한은 이제는 오래된 계명이 되었지만, 주님께서 말씀하신 새 계명을 다시 꺼내어 편지를 받을 성도들, 특별히 에베소 교회와 그 주변 교회들에게 제시하고 있습니다. 사랑하라는 새 계명이 교회 안에서 실재가 되는 것입니다. 교회는 서로 사랑하는 공동체로서 자신의 정체성을 드러냅니다. 사도가 말하는 교회의 특징, 그리고 주님께서 새 계명을 주시며 말씀하신 교회의 특징은 '서로 사랑'입니다.

> 너희가 서로 사랑하면 이로써 모든 사람이 너희가 내 제자인 줄 알리라 (요 13:35).

사도 요한은 하나님을 사랑하고 이웃을 사랑하는 것이 우리에게 실재가 될 수 있는 것은 어둠이 지나가고 참빛이 벌써 비치고 있기 때문이라고 말합니다.

> 이는 어둠이 지나가고 참빛이 벌써 비침이니라(요일 2:8b).

사도 요한은 이것을 요한복음 1장에서 이렇게 표현합니다.

> 빛이 어둠에 비치되 어둠이 깨닫지 못하더라(요 1:5).

> 참빛 곧 세상에 와서 각 사람에게 비추는 빛이 있었나니(요 1:9).

사도는 예수님을 '참빛'이라고 묘사합니다. 예수님께서 오신 것은 참빛이 세상에 와서 비추는 것과 같습니다. 사도는 이 말씀을 요한일서에서 다시 한 번 전하고 있습니다. 참빛이신 예수님께서 오시자 어둠이 물러가기 시작합니다. 이것은 어둠이 완전히 물러갔다거나, 어둠이 언젠가 물러갈 것이라는 말이 아닙니다. 이미 어둠이 물러가기 시작했다는 것입니다. 그리고 어둠이 물러가는 만큼 우리 안에 사랑이 실재가 되는 일이 일어나고 있다는 이야기입니다.

형제를 미워함으로 어둠 가운데 있음을 증명하는 사람

요한일서 2장 9-11절은 앞 구절을 적용하는 말씀입니다. 이 구절은 자신의 신앙에 대해 무슨 말을 하든, 그 사람의 신앙은 말이 아닌 '형제 사랑'이라는 테스트를 통해 시험해 봐야 한다는 것을 구체적으로 보여 줍니다.

> 빛 가운데 있다 하면서 그 형제를 미워하는 자는 지금까지 어둠에 있는 자요 그의 형제를 사랑하는 자는 빛 가운데 거하여 자기 속에 거리낌이 없으나 그의 형제를 미워하는 자는 어둠에 있고 또 어둠에 행하며 갈 곳을 알지 못하나니 이는 그 어둠이 그의 눈을 멀게 하였음이라.

요한일서의 전체 주제는 빛 가운데 있는 사람의 특징입니다. 사도 요한은 "빛 가운데 있다 하면서 그 형제를 미워하는 자는 지금까지 어둠에 있는 자"(요일 2:9)라고 말합니다. 이것은 단순히 거짓말쟁이라는 의미가 아닙니다. 앞에서도 이야기했듯이 이 사람은 어둠 가운데 살아가는 어둠의 자식입니다. 그의 영적 주소는 빛이 아니라 어둠입니다. 주님께서는 이런 자들의 아버지는 거짓의 아비인 마귀라고 말씀하십니다(요 8:44). 참으로 무서운 말씀입니다.

그런데 여러분, 우리는 누구나 형제를 미워한 적이 있지 않습니까? 그렇다면 형제를 미워할 때마다 우리는 어둠에 속하는 것입니까? 예수님을 믿는 하나님의 백성이고 하나님의 자녀인데 형제를 미워하는 순간 마귀의 자녀가 되는 것입니까? 그런 것이 아닙니다. 오해하지 마십시오. 사도는 지금 우리가 어떤 순간에 누군가를 미워하는 것, 상처받거나 시험에 들어서 미워하는 마음을 가진 것 때문에 괴로워하는 경험을 이야기하는 것이 아닙니다.

여기서 '형제를 미워하는 자'는 지속적으로 형제를 미워하는 관계 속에서 살아가는 사람을 의미합니다. 미움이 그가 살아가는 삶의 기조이자 형제를 대하는 기본 방식인 사람을 말하는 것입니다. 그는 형제를 향한 애틋함에서 비롯된 섬기는 마음이나 형제에게 관심을 가지고 돌보고자 하는 마음, 형제를 위해 불편을 감수하고자 하는 마음, 형제를 위해 내 것을 사용하고자 하는 마음과는 거리가 있는 사람입니다. 모든 것 중심에 자기 자신뿐이고, 자기 외에는 아무것도 보이지 않으며, 삶의 기조가 자기 자신인 사람입니다. 자기 사랑은 충만하지만 형제 사랑이 없는 사람입니다. '어둠에 있다'는 것은 바로 이런 것입니다.

그런데 이것이 끝이 아닙니다. 사도는 9절에서 한 말을 11절에서 반복합니다.

> 그 형세를 미워하는 자는 지금까지 어둠에 있는 자요(요일 2:9b).

> 그의 형제를 미워하는 자는 어둠에 있고 또 어둠에 행하며(요일 2:11a).

그의 거주지만 어둠이 아닙니다. 그가 행하는 모든 일, 그가 가는 모든 곳이 어둠입니다. 이뿐만이 아닙니다. 그는 "갈 곳을 알지 못하[는]"(11b절) 자입니다. 삶을 지배하는 원리도, 삶이 지향하는 목적도 없습니다. 어디로 가야 하는지 알지 못한 채 그냥 살아갑니다. 이것은 전적으로 믿지 않는 자에 대한 묘사입니다. 신자는 이렇게 살 수 없기 때문입니다.

신자는 자신이 가야 할 인생의 종착지를 아는 사람입니다. 왜 살아야 하는지를 잘 알고 있습니다. 하나님을 영화롭게 하는 것이 신자 인생의 목적입니다. 삶을 지배하는 목적이 분명하고 가야 할 방향이 있습니다. 그러나 믿지 않는 자는 갈 곳을 알지 못합니다. 방황하는 삶을 살아갑니다. 그저 오늘 하루를 살아갈 뿐입니다. 그들에게는 그것 외에 다른 길, 다른 선택지가 없습니다. 그런데 이것도 끝이 아닙니다.

> 이는 그 어둠이 그의 눈을 멀게 하였음이라(요일 2:11b).

얼마나 무서운 말입니까? 어둠에 있고 어둠에 행할 뿐 아니라 어둠이 그의 눈을 멀게 해버렸습니다. 형제 사랑이라는 계명에 불순종하는 것은 결정적으로 그 사람의 눈을 멀게 해서 지속적으로 불순종하고 형제 사랑에서 멀어진 삶을 살게 만듭니다. 점점 악화되는 것입니다.

형제에 대한 미움은 우리의 시각을 왜곡시킵니다. 이것은 실상 우리의 심성을 비롯한 전부를 망가뜨립니다. 미움은 눈을 멀게 해서 참된 것을 분별할 수 없게 만듭니다. 그리고 결국 깊은 비참함 속으로 우리 인생을 던져 놓습니다.

요한복음 9장에는 주님께서 태어나면서부터 소경 된 사람의 눈을 뜨게 하시는 사건이 나옵니다. 공관 복음서에는 나오지 않는 이 사건은 참빛이신 예수님께서 오셨지만 어둠이 깨닫질 못하는 것을 보여 줍니다. 우리는 모두 영적 소경입니다. 어둠에 살고 있기 때문에 빛이 비치는데도 깨닫지 못합니다. 늘 어둠 가운데 살아갑니다. 어둠이 눈을 멀게 했습니다. 앞을 보지 못합니다. 갈 곳을 잃어버렸습니다. 이 길로 갈수록 자신이 인식하고 있었거나 깨닫고 있었던 죄에 대한 감각마저 무뎌집니다. 악화일로(惡化一路)인 것입니다. 이런 사람들에게 무슨 소망이 있겠습니까? 해가 뜨는 것이 무슨 의미가 있겠습니까? 아무 의미가 없습니다. 어둠 가운데 살아가는 사람들, 그 눈먼 사람들에게 한 가지 소망이 있다면 하나님께서 찾아오셔서 기적을 행하시는 것뿐입니다. 예수 그리스도께서 그 눈을 열어 주시는 것 말고는 아무 소망이 없습니다. 이것이 영적 소경이 처한 상황입니다.

구약 성경을 보면 예루살렘을 함락시킨 느부갓네살 왕이 시드기야 왕의 눈을 빼서 멀게 한 일이 기록되어 있습니다(렘 39:6, 7). 시드기야 왕이 자기 눈으로 본 마지막 장면은 자식들의 죽음이었습니다. 얼마나 비참합니까? 요한일서가 기록된 1세기 말에도 그런 방식이 많이 사용되었습니다. 야만인들(여기서 야만인이란 로마 제국에 있는 비라틴계 사람들을 뜻합니다)은 군사적으로 적국을 정복하거나 이기면 적들의 눈알을 뽑아 눈을 멀게 했습니다. 때로는 정치적인 원수들에게도 그런 악행을 저질렀습니다. 왜 그렇게 했을까요? 눈을 멀게 하는 것은 사람을 가장 치욕스럽고 무력하게 만들기 때문입니다. 힘이 센 삼손도 눈이 멀고 나서는 비참한 처지가 되었습니다. 그만큼 1세기 독자들에게 '눈을 멀게 한다'는 것은 매우 실제적인 표현이었습니다.

어둠은 중립적이고 수동적인 상태가 아닙니다. 사도가 말하는 어둠은 눈을 멀게 할 만큼 공격적인 영적 실재입니다. 어둠은 우리를 비참한 상태로 몰아갑니다. 우리 인생을 점점 혼란과 무질서 가운데로 끌고 갑니다. 문제는 어둠에 있는 사람은 자신의 상태를 모른다는 것입니다. 어둠으로 눈이 먼 사람은 자신이 어디에 있는지 알지 못합니다. 그러하기에 어둠 가운데서 형제를 미워하면서도 빛 가운데 있다고 말하는(요일 2:9) 무서운 자기기만에 빠지는 것입니다.

형제를 사랑함으로 빛 가운데 있음을 증명하는 사람

사도 요한은 그 반대 경우도 이야기합니다.

> 그의 형제를 사랑하는 자는 빛 가운데 거하여 자기 속에 거리낌이 없으나 (요일 2:10).

사도는 형제를 사랑하는 사람은 빛 가운데 거하는 사람이라고 말합니다. 형제 사랑이 그가 살고 있는 영적 주소를 가르쳐 줍니다. 거기에 더하여 사도는 '자기 속에 거리낌이 없다'고 말합니다. 이 말이 무슨 뜻일까요?

우리말로 '거리낌'이라고 번역된 이 헬라어는 '스칸달론'(σκάνδαλον)으로, '덫', '미끼를 달아 놓은 막대기', '사람을 넘어지게 만드는 돌부리 또는 원인'을 뜻하며, 영어 '스캔들'(scandal)의 어원이기도 합니다. 이 단어는 신약성경에 상당히 자주 등장하는데, '실족하게 하는 일'이라고 번역된 경우가 많습니다.

> 실족하게 하는 일들이 있음으로 말미암아 세상에 화가 있도다 실족하게 하는 일이 없을 수는 없으나 실족하게 하는 그 사람에게는 화가 있도다 (마 18:7).

마태복음에서 말하는 '실족하게 하는 일'이 바로 사도 요한이 말하는 '거리낌'입니다.

그런데 사도의 말을 제대로 이해하려면 한 가지 짚고 넘어가야 할 것이 있습니다. "요한이 말하는 거리낌의 대상, 즉 걸려 넘어지게 하는 대상은 나 자신인가, 아니면 다른 사람인가?" 여기서 우리는 거리낌의 대상이 누구인지를 이해해야 합니다.

일반적으로 '실족하게 하는 일'이라고 할 때 그 대상은 다른 사람인 경우가 많습니다. 그런데 이 본문에서는 문맥상 그 대상이 자기 자신인 것으로 읽는 것이 훨씬 자연스럽습니다. 그렇다면 우리는 이 말씀을 이렇게 이해할 수 있습니다. "형제를 사랑함으로 빛 가운데에 거하는 자에게는 자신을 넘어지게 하는 요소들이 없을 것이다." 이것이 "사람이 낮에 다니면 이 세상의 빛을 보므로 실족하지 아니하고 밤에 다니면 빛이 그 사람 안에 없는 고로 실족하느니라"(요 11:9b, 10)라고 하신 말씀의 의미입니다. 형제를 사랑하는 자는 빛 가운데에 거하고 그 안에서 행하는 사람이기 때문에 넘어지는 일이 없다는 것입니다.

우리가 교회 안의 형제를 사랑한다면 우리는 점점 교회 공동체에 결속될 것입니다. 그리고 그 결속의 끈은 여러 형제와 더 깊이 맺어질 것입니다. 그것이 교회의 코이노니아, 교회의 교제를 더 깊게 만들고, 우리 역시 더 깊이 결속되면서 점점 떼어 낼 수 없는 관계가 될 것입니다. 이것이 우리를 점점 하나님께 나아가게 할 것이기 때문입니다. 빛 가운데 있다는 것은 말로 증명되는 것이 아닙니다. 형제 사랑이라는 테스트를 통과할 때 그 진정성이 드러납니다.

사랑은 느낌이 아니다

요한일서 2장 7-11절을 통해 우리는 세 가지 교훈을 얻을 수 있습니다. 먼저 형제 사랑이라는 새 계명은 결코 느낌이 아니라는 것입니다. 사도 요한은 신앙의 진정성은 말에 있지 않다고 계속 말합니다. 마찬가지로 그것은 우리의 느낌에 근거하지도 않습니다. 신앙은 무언가를 느끼는 것이 아닙니다. 앞서 말한 것처럼 신앙의 진정성은 계명에 순종함으로 드러납니다. 특별히 옛 계명이라고 일컬어지는 새 계명인 '형제 사랑'으로 신앙의 진정성이 드러납니다. 성경은 사랑이 느낌이 아닌 행함의 열매를 맺는 것이라고 일관되게 가르칩니다.

> 나는 선한 목자라 선한 목자는 양들을 위하여 목숨을 버리거니와(요 10:11).

주님께서 말씀하시고 가르치신 모든 것은 느낌으로의 사랑도, 말로의 사랑도 아니었습니다. 사랑은 대가를 지불하는 것입니다. 형제를 위해 불편함을 감수하는 것입니다. 형제를 섬기기 위해 손해를 보는 것입니다. 형제를 사랑하는 것은 나를 내어 주는 것입니다. 내 시간과 물질을 내어 주는 것입니다.

형제 사랑은 느낌이 아닙니다. 계명이자 명령입니다. 그리스도인에게 이것은 선택 사항이나 권장 사항이 아닙니다. 형제 사랑은 명령 이상입니다. 형제 사랑은 그리스도인의 존재 증명입니다. 사도는 단순히 자신이 어둠이 아니라 빛 가운데 있다는 것을 보여 주기 위한 최소한의 형제 사랑을 말하는 것이 아닙니다. 형제를 사랑함으로 그리스도인이 된다는 말은 더더욱 아닙니다. 사도가 말하고자 하는 바는 그리스도인이기 때문에 형제를 사랑함으로 스스로 그리스도인임을 확신하게 된다는 것입니다. 또한 우리는 형제를 사랑함으로써 서로에게, 그리고 세상 앞에 우리가 그리스도인임을 증명한다는 것입니다. 주님께서 하신 말씀을 생각해 보십시오.

> 새 계명을 너희에게 주노니 서로 사랑하라 내가 너희를 사랑한 것같이 너희도 서로 사랑하라 너희가 서로 사랑하면 이로써 모든 사람이 너희가 내 제자인 줄 알리라(요 13:34, 35).

주님의 말씀은 추상적이지 않습니다. 사도 요한이 형제를 사랑하는 자는 빛 가운데 거하여 자기 속에 거리낌이 없다고 한 것 역시 추상적인 말이 아닙니다. 감상적인 말도 아닙니다. 이것은 대단히 행동적인 표현입니다. 가만히 앉아서 기도하고, 가만히 앉아서 말씀을 배우는 것으로 이루어지는 것이 아닙니다. 가만히 앉아서 조용히 신앙생활한다는 것은 성경적으로 합당하지 않습니다.

여러분은 어떻게 형제 사랑이라는 테스트를 통과하여 살아가고 있습니까? 여러분의 신앙은 형제 사랑이라는 관문을 지나 빛 가운데 있음을 어떻게 드러내고 있습니까? 형제 사랑이라는 주님의 이 새 계명, 옛 계명은 여러분의 삶에서 어떻게 드러나고 있습니까? 사도 요한이 말한 것처럼 여러분에게도 그 계명은 참된 것입니까? 그렇다면 그 계명을 어떻게 실현하고 있습니까? 손해와 불이익과 불편을 기꺼이 감당하면서 적극적으로 형제 사랑을 감당하고 있습니까? 사도는 지금 여러분 안에 있는 형제 사랑의 불을 일으키라고 권면하는 것입니다.

미움은 덫이다

둘째 교훈은 우리에게 미움을 사소하게 여기는 경향이 있음을 알고 조심하라는 것입니다. 가족 안에서든, 하나님의 가족인 교회 안에서든, 직장이나 사회에서든 우리는 미움을 그다지 대단하게 여기지 않는 시대를 살고 있습니다. 때로는 상담가들도 이렇게 말합니다. "미워하세요. 참지 마세요. 참으면 병이 됩니다. 그냥 미워하세요." 그러나 주님께서는 다르게 말씀하셨습니다.

나는 너희에게 이르노니 형제에게 노하는 자마다 심판을 받게 되고 형제를 대하여 라가라 하는 자는 공회에 잡혀가게 되고 미련한 놈이라 하는 자는 지옥 불에 들어가게 되리라(마 5:22).

사도 요한도 요한일서 3장에서 "그 형제를 미워하는 자마다 살인하는 자"(15절)라고 이야기합니다. 이 말씀에 비춰 볼 때 형제를 미워하는 것은 사소한 문제가 아니라 심각한 문제입니다. 미움은 가족 안에서도, 교회 안에서도, 예수님을 믿는 사람들 가운데서도 일어나는 문제입니다. 어제오늘의 문제가 아닙니다. 그래서 본문 말씀은 우리에게 경고합니다.

그의 형제를 미워하는 자는 어둠에 있고 또 어둠에 행하며 갈 곳을 알지 못하나니 이는 그 어둠이 그의 눈을 멀게 하였음이라(요일 2:11).

미움은 어둠에 있음을 증명할 뿐 아니라 눈을 멀게 해서 우리 인생을 점점 비참하게 만듭니다. "형제를 사랑하는 자는 빛 가운데 거하여 자기 속에 거리낌이 없다"(10절)는 말씀을 반대로 생각하면, 형제를 사랑하지 않는 자, 형제를 미워하는 자는 자기 속에 거리낌이 있다는 말입니다. 형제를 미워하면서 살아가는 사람은 사사건건 넘어지게 될 것입니다. 자신을 넘어지게 하는 덫과 지뢰가 많아서 무사히 걸어갈 수가 없습니다. 형제를 미워하면 그런 비참한 인생을 살게 되는 것입니다. 미움을 사소한 것으로 여기지 마십시오.

형제 사랑은 성숙한 신자만의 특징이 아니다

본문 말씀에서 가르치는 마지막 교훈은 형제 사랑이란 성숙한 신자들만의 의무나 특징이 아니라는 것입니다. 형제 사랑은 참된 모든 신자에게서 볼 수 있는 특징입니다.

> 너희가 처음부터 가진 옛 계명이니 이 옛 계명은 너희가 들은 바 말씀이 거니와 다시 내가 너희에게 새 계명을 쓰노니 그에게와 너희에게도 참된 것이라(요일 2:7b, 8a).

형제 사랑은 '처음부터 가진 옛 계명'입니다. 처음부터 우리가 듣고 배우고 순종해야 할 계명으로 가지고 있던 것입니다. 신앙이 성장하다가 어느 단계에 이르러 형제를 사랑하게 되는 것이 아닙니다. 내가 세상에 태어나는 순간 부모님을 사랑하고 형제를 사랑하는 것처럼 처음 복음을 듣고 죄를 회개하고 예수님을 믿는 순간 우리가 들은 말씀이 형제 사랑입니다.

참으로 예수님을 믿는 자라면, 참으로 성령으로 거듭난 사람이라면, 참으로 하나님의 자녀라면, 참으로 빛 가운데 거하는 자라면, 우리는 "그가 행하시는 대로 자기도 행할지니라"(요일 2:6)라는 사도의 말대로 예수님께서 사랑하신 것처럼 사랑할 것입니다. 그 계명이 우리에게 참된 것이기 때문입니다.

자기를 내어 주는 형제 사랑은 가끔 한 번씩 하는 것이 아닙니다. 예수님을 믿는 사람, 빛 가운데 거하는 사람의 삶의 기조입니다. 빛 가운데 살아가는 하나님의 자녀에게 형제 사랑은 삶의 양식이자 습관, 태도이자 전부입니다. 형제를 사랑하는 사람은 그 안에 거리낌이 없고, 넘어지지 않는 안전한 길을 걸어갈 것입니다. 형제 사랑이라는 계명에서 예외인 하나님의 자녀는 없습니다.

1 John
요한일서 2장 12-14절

12 자녀들아 내가 너희에게 쓰는 것은 너희 죄가 그의 이름으로 말미암아 사함을 받았음이요 13 아비들아 내가 너희에게 쓰는 것은 너희가 태초부터 계신 이를 알았음이요 청년들아 내가 너희에게 쓰는 것은 너희가 악한 자를 이기었음이라 14 아이들아 내가 너희에게 쓴 것은 너희가 아버지를 알았음이요 아비들아 내가 너희에게 쓴 것은 너희가 태초부터 계신 이를 알았음이요 청년들아 내가 너희에게 쓴 것은 너희가 강하고 하나님의 말씀이 너희 안에 거하시며 너희가 흉악한 자를 이기었음이라

10

신자가 누리는 영광

여러분은 설교를 들으면서 혹은 듣고 나서 구원의 확신이 흔들린 경험을 한 적이 있습니까? 이럴 때 우리에게는 성령님께서 성경을 통해 주시는 확신이 필요합니다. 본문 말씀을 읽어 보면 사도 요한은 편지를 쓰다가 이런 생각을 한 것처럼 보입니다. '이 편지를 받을 성도들 중 연약한 자들은 이 편지를 읽으면서 자신을 하나님의 자녀가 아니라고 여길지도 모르겠구나.' 왜 그렇게 생각했을까요? 본문 말씀의 앞에서 사도는 이렇게 말했습니다.

> 빛 가운데 있다 하면서 그 형제를 미워하는 자는 지금까지 어둠에 있는 자요 …… 그의 형제를 미워하는 자는 어둠에 있고 또 어둠에 행하며 갈 곳을 알지 못하나니 이는 그 어둠이 그의 눈을 멀게 하였음이라(요일 2:9, 11).

사도는 빛 가운데 있다고 하면서 형제를 미워하는 자들에 대해 이야기합니다. 그러면서 그런 자들은 어둠에 있는 자라고 분명하게 지적합니다. 그들은 어둠에서 행하는 자, 갈 곳을 알지 못하는 자처럼 자신의 인생을 지배하는 목적과 원리가 없는 자라고 말합니다. 심지어 어둠이 눈을 멀게 해서 진정한 분별을 하지 못한 채 세상을 살아가는 자입니다. 사실 이것은 믿지 않는 자들에 대한 묘사이지만, 사도는 이 글을 읽고 마음에 찔려 낙심하는 자들이 있을 것을 염려했습니다. 그것은 사도가 이 편지를 쓰는 목적과 정반대 결과이기 때문입니다.

위로와 격려, 그리고 신자가 누리는 영광

앞서 사도 요한은 신자의 참된 조건으로 '계명을 지켜 순종하는 삶을 사는 것'과 '형제를 사랑하는 것'을 이야기했습니다. 이것은 신자가 되는 굉장히 중요한 기준이자 분명한 증거입니다. 그런데 아마도 이 편지를 읽으면서 자신이 정말 하나님의 말씀에 순종하는지, 형제를 사랑하는지 돌아볼 때 그러지 못한다는 것에 낙심하는 사람들이 있었을 것입니다. 그런 사람들을 생각하면서 사도는 하던 이야기를 멈추고 그들을 위로하고 격려하길 바랐습니다. 사도는 사랑 어린 호칭으로 시작합니다.

> 자녀들아 내가 너희에게 쓰는 것은 너희 죄가 그의 이름으로 말미암아 사함을 받았음이요 아비들아 내가 너희에게 쓰는 것은 너희가 태초부터 계신 이를 알았음이요 청년들아 내가 너희에게 쓰는 것은 너희가 악한 자를 이기었음이라 아이들아 내가 너희에게 쓴 것은 너희가 아버지를 알았음이요 아비들아 내가 너희에게 쓴 것은 너희가 태초부터 계신 이를 알았음이요 청년들아 내가 너희에게 쓴 것은 너희가 강하고 하나님의 말씀이 너희 안에 거하시며 너희가 흉악한 자를 이기었음이라 (요일 2:12-14).

이 본문 말씀은 마치 운율이 있는 시처럼 느껴집니다. 요한일서의 수신자였을 에베소 교회는 사도 요한이 목회를 했던 교회입니다. 아마 사도는 성도들을 대부분 알았을 테고, 그들의 이름도 알고 있었을 것입니다. 본문에서 "자녀들아 …… 아비들아 …… 청년들아 …… 아이들아"라고 부르는 것은 성도들 한 사람 한 사람의 이름을 부르고 싶은 사도의 심정을 보여주는 것만 같습니다.

요한일서를 쓸 당시, 사도 요한은 나이가 많았습니다. 정확히는 모르지만 아마도 90세 가까이 되었을 것입니다. 요한보다 나이가 많은 성도는 거의 없었을 것입니다. 사도 요한이 "자녀들아"라고 부르는 것은 그런 어른의 마음이기도 합니다. 혹시나 자신이 쓴 글 때문에 믿음이 흔들릴 연약한 자들에게 이렇게 말하는 것입니다. "내가 쓴 편지 때문에 자신이 구원받지 못한 사람이라고 생각해서 낙심하고 있니? 내가 지금 이 편지를 쓰는 것은 너희가 진정으로 믿는 자인지를 의심해서가 아니란다." 사도가 편지에서 '어둠에 행하는 자'라고 일컫는 자들은 성도 안에 거짓된 가르침을 전한 거짓 교사들과 그 거짓 교사들을 따라 교회를 떠난 자들입니다(요일 2:19). 자신의 믿음이 진짜인지 의심해야 할 자들은 바로 그들이라고 말하는 것입니다.

사도 요한은 아버지 같은 마음으로 그들을 격려합니다. 죄를 범하지 말라고(요일 2:1) 말했지만 죄를 범해도 우리를 위한 화목 제물이 되신 분이 하나님 앞에서 우리를 변호하실 대언자가 되어 주신다고 격려합니다. 형제를 사랑하지 못할 때가 있지만, 하나님께서 우리에게 형제를 사랑할 수 있는 은혜를 주신다는 말을 해주고 싶은 것입니다.

우리가 어떻게 주님의 계명을 전부 지키고 형제를 온전히 사랑할 수 있겠습니까? 이런 명령을 들을 때 사람들은 어떻게 하면 그렇게 살 수 있을지를 고민하기보다는 "당신은 그렇게 살고 있습니까?"라고 반박합니다. 이런 반박에 대해서 사도는 자신이 성도들에게 이루지 못할 이상적인 삶을 말하는 것이 아니라고, 믿는 자들 안에 성령님이 거하셔서 계명을 지키고 형제를 사랑할 능력을 주시고, 그러한 삶을 경험하게 하실 것이라고 말하고 있습니다. 이처럼 사도 요한은 요한일서에서 참되고 사랑이 흘러넘치는 목회자답게 연약한 사람들을 하나하나 살피고 있습니다.

참된 신자도 구원의 확신을 잃어버릴 수 있습니다. 우리가 알아야 할 것은 구원의 확신이 없다고 해서 구원을 잃어버리는 것은 아니라는 사실입니다. 중요한 것은 자신이 구원받은 사람임을, 하나님의 자녀임을 아는 것입니다.

여러분에게는 자신이 하나님의 자녀라는 사실이 어떤 의미입니까? 그리스도인이라는 것이 어떤 의미인가요? 성경은 '그리스도인' 또는 '예수님을 믿는 하나님의 자녀'를 매우 영광스럽게 표현합니다. 그런데 우리는 종종 자신이 그리스도인이라는 사실을 부끄러워합니다. 그리스도를 따라가는 그리스도인이 된다는 것이 영광스럽다기보다는 고생길로 보입니다. 그러나 사도는 성도들을 위로하고 격려할 뿐 아니라 예수님을 믿는 자들이 얼마나 영광스러운지도 이야기하고 싶어 합니다. 신자로서 누리는 영광스러운 신분과 자리를 알라는 것입니다. 그것이 참된 신자에게 최고의 기쁨이자 감격이기 때문입니다.

'자녀(아이)', '아비', '청년'에 대한 해석과 말씀을 반복하는 의도

사도 요한은 자신이 어둠에 있다고, 하나님의 자녀가 아닐지 모른다고 의심하는 연약한 신자들을 위로하고 격려하기 위해 사랑이 묻어나는 호칭으로 이 부분을 시작합니다. 그래서 이 짧은 본문에서 '자녀들아(아이들아)', '아비들아', '청년들아'를 각각 두 번씩 반복합니다. 한 번만 불러도 될 텐데 두 번 반복하여 부르는 것은 교회를 향한 자신의 애정을 표현한 것입니다. 그런데 여기서 사도가 부른 '자녀(아이)', '아비', '청년'은 누구를 가리키는 것일까요? 이에 대해서는 성경 학자들 사이에서도 의견이 분분합니다.

먼저 이 세 그룹이 교회 안에 있는 세 부류를 가리킨다는 해석입니다. 연령에 따라 우리식으로 말하면 '아동부', '청년부', '장년부'로 분류한 것이라고 보는 사람들도 있고, 영적 성숙도에 따라 분류한 것으로 보는 사람들도 있습니다. 갓 회심한 사람들(자녀 또는 아이), 원숙한 신앙에 이른 사람들(아비), 신앙이 한창 자라고 영적인 싸움이 치열한 사람들(청년)로 나눈 것이라고 보는 것입니다.

두 번째는 이 호칭이 가리키는 것이 교회 안에 있는 두 그룹이라는 해석입니다. '아이들아' 혹은 '자녀들아'라는 것은 보통 사도 요한이 교회를 향해서 부를 때 쓰는 호칭입니다. 요한일서 2장을 시작하면서 사도는 "나의 자녀들아 내가 이것을 너희에게 씀은"이라고 말합니다. 이렇듯 사도가 '자녀들아'라고 부르는 말은 나이가 어리거나 영적으로 어린 사람을 향한 것이 아니라, 일반적으로 교회 전체를 향해 쓰는 호칭입니다. 이러한 사도의 방식을 고려하여 '자녀들아(아이들아)'라고 부른 것은 교회 전체를 가리킨다고 이해하기도 합니다.

그런데 여기서 한 가지 주목할 것이 있습니다. '아비'와 '청년'은 동일한데, 어린 부류를 가리키는 호칭은 '자녀'와 '아이' 두 가지로 쓰인 것입니다. 이것은 원어인 헬라어로 '자녀'와 '아이'를 각각 다르게 썼기 때문입니다. '자녀'로 번역된 헬라어는 '테크니온'(τεκνίον), '아이'로 번역된 헬라어는 '파이디온'(παιδίον)입니다. 이 두 단어를 구분하는 사람들은 '자녀'로 번역된 헬라어 '테크니온'은 부모와 자식의 관계에 있는 자녀를 뜻하는 반면, '아이'로 번역된 헬라어 '파이디온'은 성년이 되지 않은 자로 아직 부모나 교사의 가르침과 훈육 아래 지도를 받는 어린아이를 뜻한다고 해석하여 둘을 구분하기를 원합니다. 하지만 성경에서는 이 두 단어를 호환하여 사용했습니다.

> 작은 자들아 내가 아직 잠시 너희와 함께 있겠노라 너희가 나를 찾을 것이나 일찍이 내가 유대인들에게 너희는 내가 가는 곳에 올 수 없다고 말한 것과 같이 지금 너희에게도 이르노라 (요 13:33).

> 예수께서 이르시되 얘들아 너희에게 고기가 있느냐 대답하되 없나이다 (요 21:5).

요한복음 13장에 '작은 자들아'라고 번역된 헬라어는 본문 12절에 '자녀들아'라고 번역된 헬라어(테크니온)와 같은 단어이고, 요한복음 21장에 '얘들아'라고 번역된 헬라어는 본문 14절에 '아이들아'라고 번역된 헬라어(파이디온)와 같은 단어입니다. 이처럼 요한이 쓴 복음서인 요한복음에서 주님은 제자들을 부르실 때 자녀를 뜻하는 '테크니온'을 쓰신 적도 있고, 아이를 뜻하는 '파이디온'을 쓰신 적도 있습니다. 즉, 이 두 단어는 호환해서 사용될 수 있는 말입니다. 그렇기 때문에 본문에서 '자녀들아', '아이들아'라고 부른 것 역시 구분할 것이 아니라 교회 전체를 향해 같은 의미의 두 단어를 반복하여 쓴 것으로 볼 수 있습니다.

'자녀'와 '아이'가 교회 전체를 가리키는 호칭이라면, '아비'와 '청년'은 교회에 있는 두 그룹을 가리킨다고 볼 수 있습니다. 아비와 청년은 영적 성숙도나 직분에 따른 구분일 수도 있고, 단순히 나이에 따른 구분일 수도 있는데, 전자보다는 후자가 더 자연스러운 해석으로 보입니다. 영적 성숙도나 직분에 따른 구분이라면 아비와 청년을 각각 장로와 집사로 이해할 수 있는데, 성도가 모두 장로와 집사일 수는 없기 때문입니다. 오히려 장년과 청년을 가리킨다고 보는 것이 자연스럽습니다. 사도 바울은 디모데에게 목회를 가르치면서 이렇게 말합니다.

> 늙은이를 꾸짖지 말고 권하되 아버지에게 하듯 하며 젊은이에게는 형제에게 하듯 하고(딤전 5:1).

이처럼 사도 바울이 성도들을 늙은이와 젊은이로 분류한 것도 이러한 해석을 지지합니다. 또한 호칭의 순서가 나이에 따라 열거된 것이 아니라는 점(자녀를 부른 다음에 청년이 아닌 아비가 나온 점)도 교회 안의 세 그룹이 아닌 두 그룹을 가리킨다는 견해를 그럴듯하게 만들어 줍니다.

사실 사도 요한이 어떤 의도로 이런 호칭들을 썼는지는 단정할 수 없습니다. 다만 지금까지 살펴본 견해대로 이해할 수 있을 뿐입니다. 분명한 것은 사도가 매우 강력하게 참된 신자들이 얼마나 영광스러운 존재인지를 보여 주고자 한다는 사실입니다. 그렇기 때문에 사도가 '자녀들아', '아비들아', '청년들아'라고 부르면서 전한 말씀들은 모든 신자에게 해당될 수 있습니다. 신자는 어린아이들처럼 깨끗하고(어린아이가 죄가 없다는 뜻은 아닙니다), 청년들처럼 하나님을 아는 지식으로 힘 있게 영적 전투를 싸우며, 아비들처럼 영적 경험과 성숙함에서 노련해야 한다고 사도는 말하고자 하는 것입니다.

본문 말씀에서 주의 깊게 살펴볼 또 한 가지는 반복적으로 등장하는 특이한 표현입니다. 바로 '내가 너희에게 쓴다'라는 표현입니다.

> 자녀들아 내가 너희에게 쓰는 것은……(요일 2:12a).

> 아비들아 내가 너희에게 쓰는 것은 …… 청년들아 내가 너희에게 쓰는 것은……(요일 2:13).

아이들아 내가 너희에게 쓴 것은 …… 아비들아 내가 너희에게 쓴 것은
…… 청년들아 내가 너희에게 쓴 것은……(요일 2:14).

앞서도 살펴봤지만, 일반적으로 사도 요한은 "내가 지금 이 편지를 쓰는 목적은"이라는 식의 표현을 많이 사용하였습니다(요일 1:4; 2:1, 7, 8 참조). 사도가 이런 표현으로 시작할 때는 중요한 진술이 뒤따를 것임을 암시합니다. 편지를 읽는 자들에게 다시 한 번 주의를 집중시키려는 것입니다.

그런데 한 가지 더 특이한 점이 있습니다. 본문에서 앞 세 번은 '쓰는 것은'이라고 되어 있는데, 뒤 세 번은 '쓴 것은'이라고 되어 있다는 것입니다. '쓴 것은'이라는 표현은 우리말로는 과거 시제로 보이지만, 헬라어로는 부정 과거 시제라는 독특한 시제입니다. 이 차이에 대한 가장 그럴듯한 설명은 여기에 사용된 부정 과거 시제를 편지에 종종 나타나는 수사학적 표현으로 이해하는 것입니다. 헬라어로 쓰인 서간문에서는 보통 앞에서 현재 시제로 설명한 내용을 반복하여 강조할 때, 뒤에서는 부정 과거 시제를 사용합니다. 실제로 본문을 살펴보면, 뒤 세 번의 내용이 앞에서 말한 내용보다 깊이가 있다는 것을 알 수 있습니다.

신자가 누리는 영광 1_ 자녀들아, 아이들아

이제 사도가 자녀(아이)들, 아비들, 청년들에게 주는 말씀을 본격적으로 살펴보려 합니다.

자녀들아 내가 너희에게 쓰는 것은 너희 죄가 그의 이름으로 말미암아 사함을 받았음이요(요일 2:12).

아이들아 내가 너희에게 쓴 것은 너희가 아버지를 알았음이요(요일 2:14a).

사도 요한은 '너희 죄가 예수님의 이름으로 말미암아 용서받았다'는 것과, '너희가 하나님을 너희의 아버지로 알았다'는 두 가지 사실을 말하고 있습니다. 이 두 가지는 그리스도인에게 가장 기본적이면서 별개로 존재할 수 없는 지식입니다. 우리가 죄를 용서받기 전에는 하나님과 원수였고, 하나님은 나를 심판하실 두려운 심판자셨습니다. 그러나 예수 그리스도로 말미암아 죄를 용서받고 나면 우리는 하나님의 자녀가 되고 의롭다 함을 입으며 그리스도와 연합한 자가 됩니다. 회심한 사람은 그리스도의 십자가 죽으심으로 말미암아 자기 죄에 대한 하나님의 심판이 그리스도께로 다 부어졌음을 아는 사람입니다. 하나님께서 우리를 보실 때 마치 그리스도를 보시듯 보신다는 은혜를 입었기 때문에 이제 우리는 하나님을 아버지라고 부르고 사랑하며 그 하나님을 경배하는 것입니다. 이것이 회심한 사람에게 나타나는 가장 근본적이고 기초적인 지식입니다.

사도 요한은 '자녀들아'라고 부르며 모든 그리스도인에게, 혹은 교회 안에 있는 연약한 어린아이 같은 신자들에게 말합니다. 자신에게 죄가 없다고 주장하고(요일 1:8), 불순종하면서도 하나님을 안다고 주장하는(요일 2:4) 이단들의 말은 거짓일 뿐이라고 말입니다. 이 편지를 읽는 성도들이야말로 그리스도로 말미암아 죄를 용서받은 신자이고, 하나님을 아버지로 알고 부르는 참된 그리스도인이라고 말입니다. 사도는 그들을 의심하기 때문에 편지를 쓴 것이 아닙니다. 그들이 하나님의 참된 자녀이기에 편지를 보내는 것입니다. 사도 요한은 자신의 편지를 통해 온 교회가, 그리고 특별히 영적으로 어리고 낙심한 신자들이 위로와 격려받기를 바랐습니다.

신자가 누리는 영광 2_ 아비들아

두 번째로 아비들에게 하는 말씀이 나옵니다.

> 아비들아 내가 너희에게 쓰는 것은 너희가 태초부터 계신 이를 알았음이요(요일 2:13a).

> 아비들아 내가 너희에게 쓴 것은 너희가 태초부터 계신 이를 알았음이요(요일 2:14a).

사도는 '너희가 태초부터 계신 이를 알았다'고 말합니다. 태초부터 계신 이는 누구입니까? 사도 요한은 요한복음과 요한일서를 각각 이렇게 시작합니다.

> 태초에 말씀이 계시니라 이 말씀이 하나님과 함께 계셨으니 이 말씀은 곧 하나님이시니라(요 1:1).

> 태초부터 있는 생명의 말씀에 관하여는 우리가 들은 바요 눈으로 본 바요 자세히 보고 우리의 손으로 만진 바라(요일 1:1).

둘 모두에 등장하는 '말씀'은 바로 예수 그리스도이십니다. 따라서 사도 요한이 아비들이 알았다고 말하는 '태초부터 계신 이'는 성부 하나님이 아닌 예수 그리스도를 가리키는 것임을 어느 정도 알 수 있습니다. 14절을 자세히 읽어 보면 이것을 뒷받침하는 또 다른 근거를 찾을 수 있습니다.

> 아이들아 내가 너희에게 쓴 것은 너희가 아버지를 알았음이요 아비들아 내가 너희에게 쓴 것은 너희가 태초부터 계신 이를 알았음이요.

아이들에게 '너희가 아버지를 알았다'고 말한 것을 보면, 아비들에게도 '성부 하나님을 알았다'고 반복한 것이 아님을 추측할 수 있습니다. 게다가 성부 하나님이 태초부터 계신 이임을 부인할 사람은 아무도 없었습니다. 그러나 초대 교회 이단들 가운데에는 예수 그리스도의 신성을 부인하는 자가 많았습니다. 그래서 사도 요한은 특별히 예수 그리스도에 대해 '태초부터 계신 이', '영원 전부터 계신 분', '하나님인 분'이라는 표현을 쓴 것입니다.

사도가 아비들에게 '알았음이요'라는 표현을 사용한 것은 당시 영지주의 이단들이 강조하는 '지식으로 얻는 구원'을 의식한 것입니다. 사도는 그들의 지식은 거짓된 지식이며, 참된 신자의 믿음은 참으로 살아 계신 하나님인 그리스도를 아는 참된 지식을 포함한다는 것을 말하려는 것입니다.

지식이 없는 믿음은 없습니다. 믿음이 자라고 견고해지려면 하나님을 아는 지식이 자라야 합니다. 하나님을 아는 지식이 선명하고 분명해질 때 그분을 신뢰하는 우리의 믿음도 선명하고 분명하게 자랍니다. 지식과 믿음은 달리 갈 수 있는 것이 아닙니다.

하나님을 아는 지식은 전적으로 하나님께서 주신 계시의 말씀에서 비롯됩니다. 이것이 예배에서, 교회의 모든 모임에서 늘 하나님 말씀을 가르쳐야 하는 이유입니다. 우리는 믿음으로 모인 사람들입니다. 우리에게는 믿음이 함께 자라 가고 우리가 믿는 바가 무엇인지를 함께 나누는 토대가 필요합니다. 그런 의미에서 우리가 말씀을 듣고 매일 말씀을 읽는 것은 중요합니다. 할 수만 있다면 우리의 분주한 삶을 뒤로하고 더 자주 모여서 하나님 말씀을 더 깊이 공부할 수 있으면 좋겠습니다. 이처럼 우리는 하나님 말씀이 필요한 사람들입니다. 하나님 말씀 안에서 그분을 알아 가는 지식을 얻을 때 우리도 모르는 사이에 하나님을 신뢰하는 믿음이 자라고 견고해집니다. 그런 면에서 사도 요한이 '알다'라는 단어를 쓴 것은 우리 믿음이 지식과 무관하지 않다는 것을 의미합니다. 그러나 이 지식이 단순히 이론이거나 머릿속에만 남는 것이라면 결코 우리 믿음을 세우지 못합니다.

성경이 말하는 참된 지식은 언제나 관계적인 지식입니다. 우리가 유명인사를 안다고 할 때 의미하는 그런 지식이 아닙니다. 그 사람과 내가 실제로 서로를 아는 지식입니다. 하나님과 내가 서로를 아는 지식입니다. 그것이 관계적이고 경험적인 지식입니다. 이러한 지식은 베일에 싸여 아무것도 알 수 없는 대상과의 만남에서는 얻을 수 없습니다. 사람들이 만나서 관계를 맺을 때는 통성명에서 시작해서 자신이 어떤 사람인지 이야기하는 것이 상식입니다.

우리는 하나님을 아는 참된 지식에 근거하여, 때로는 우리 삶에서 겪는 고난 속에서, 또 때로는 하나님께서 우리에게 주시는 선물과 같은 것들 속에서 하나님을 경험합니다. 매 순간 우리 삶에서 일어나는 모든 사건을 통해 우리는 하나님을 알아 갑니다. 인생에 심각한 고난이 찾아오거나 버거운 문제가 터졌을 때 우리는 언제나 문제에 초점을 맞추지만, 그것은 문제를 푸는 방식이 아닙니다. 하나님께서 우리 앞에 버거운 문제를 갖다 놓으시는 것은 그 문제를 통해 하나님을 찾으라는 뜻입니다. 문제라는 렌즈를 통해 하나님을 보라는 뜻입니다. 이렇듯 말씀을 통해 하나님을 아는 우리의 지식이 자라게 하시고, 그 지식을 우리 삶 속에서 경험하게 하셔서 하나님은 우리의 믿음을 키워 가십니다.

지금 사도 요한은 아비들에게 태초부터 계신 예수 그리스도를 알았다고 말합니다. 그리고 하나님과 예수 그리스도를 아는 지식, 즉 영생을 누리는 삶이 그들 안에 풍성해지고 있다고 말하고 있습니다.

신자가 누리는 영광 3_ 청년들아

마지막으로 사도는 청년들에게 말합니다.

> 청년들아 내가 너희에게 쓰는 것은 너희가 악한 자를 이기었음이라(요일 2:13b).

> 청년들아 내가 너희에게 쓴 것은 너희가 강하고 하나님의 말씀이 너희 안에 거하시며 너희가 흉악한 자를 이기었음이라(요일 2:14b).

한글로는 '악하다'(13절), '흉악하다'(14절)라고 다르게 번역되어 있지만, 헬라어로는 같은 단어입니다. 사도가 말하는 '악한 자', '흉악한 자'는 사탄을 가리킵니다. 청년들에게 '너희는 사탄을 이긴 자들이다'라고 말하고 있습니다.

지금 사도 요한이 의식하고 있는 이 영적 싸움은 청년들만의 싸움이 아닙니다. 영적으로 어느 단계에 있든지 참된 신자라면 영적 싸움을 피할 수 없습니다. 그렇기 때문에 예수님을 믿는 사람은 누구나 영적 싸움 한가운데에서 그리스도의 군사로 서게 됩니다. 여기서 사도는 당시에 막 싹을 틔우고 있던 영지주의라는 이단적인 가르침, 거짓된 진리와의 싸움을 의식했을 것입니다. 이것은 진리와 진리가 만나서 충돌하는 (물론 한쪽은 거짓이지만) 진리 대결입니다.

오늘날 우리의 일상적인 삶 속에서도 이런 일들이 일어난다는 사실을 아십니까? 포스트모더니즘 시대를 지배하는 정신은 다원주의입니다. 여러분은 다원주의를 확신하는 사람에게 생명의 복음을 전해 줄 준비가 되어 있습니까? 진리의 싸움을 감당할 준비가 되어 있습니까? 영적 전쟁은 단순히 기도만으로 치를 수 있는 것이 아닙니다. 우리가 하나님 말씀 안에서 얼마나 잘 준비되어 있느냐도 대단히 중요합니다. 사도 요한 역시 그 점을 분명하게 의식하면서 '너희가 악한 자를 이겼다'고 말하고 있는 것입니다.

사도가 '이겼다'라고 쓴 동사는 완료형입니다. 이 동사뿐 아니라 지금까지 사도가 참된 신자의 모습으로 소개한 동사는 모두 완료형입니다. "자녀들아 …… 너희 죄가 …… 사함을 **받았음이요**"(12절), "아비들아 …… 너희가 태초부터 계신 이를 **알았음이요**"(13절), "청년들아 …… 너희가 악한 자를 **이기었음이라**"(13절), "아이들아 …… 너희가 아버지를 **알았음이요**"(14절), "아비들아 …… 너희가 태초부터 계신 이를 **알았음이요**"(14절), "청년들아 …… 너희가 흉악한 자를 **이기었음이라**"(14절), 여기에 사용된 동사들이 모두 완료형입니다. 완료형은 과거에 이미 일어난 일이 지금도 계속 영향을 끼치고 있음을 의미합니다.

그렇다면 완료형으로 쓰인 이 동사들은 과거 언제 일어난 일일까요? 이것은 그리스도께서 십자가에서 승리하셨을 때 일어난 일입니다. 골로새서 2장 15절을 보십시오.

> 통치자들과 권세들을 무력화하여 드러내어 구경거리로 삼으시고 십자가로 그들을 이기셨느니라.

예수 그리스도께서 십자가에서 모든 권세를 이기셨습니다. 사도 요한 역시 지금 같은 메시지를 전하고 있습니다. 예수님이 십자가에서 죽으심으로 뱀의 머리를 짓밟으신 사건, 그 승리의 사건의 영향과 결과로 지금도 우리가 예수 그리스도의 승리 안에서 이기는 자로 살아가는 것입니다.

이 그리스도의 승리는 그리스도를 믿을 때 모든 신자에게 적용되고 일어납니다. 사도 요한은 이 편지를 받는 성도들에게 "너희가 회심할 때, 이 모든 일이 너희에게 처음 적용되었다"고 말하고 있습니다. 예수 그리스도를 믿었을 때 죄를 용서받았고, 죄를 용서받았을 때 아버지를 알게 되었다고, 죄를 용서받은 결과와 영향은 변하거나 취소되지 않으며 지금도 여전히 죄를 용서받은 존재로, 아버지를 아는 존재로 살아가고 있다는 것을 알려 주고 있습니다. 그러면서 사도는 신자가 승리할 수 있는 두 가지 근거를 말합니다.

> 너희가 강하고 하나님의 말씀이 너희 안에 거하시며 너희가 흉악한 자를 이기었음이라(요일 2:14b).

하나는 신자가 강하기 때문이고, 다른 하나는 하나님 말씀이 신자 안에 거하기 때문입니다. 그리고 신자가 강한 것은 그 안에 하나님 말씀이 거하기 때문입니다.

여기서 하나님 말씀이 의미하는 것은 사도 요한이 "태초에 하나님과 함께 계신 말씀"(요 1:1)이라고 표현한 그리스도이십니다. 즉, '하나님 말씀이 너희 안에 거한다'는 말은 '십자가에서 승리하신 그리스도께서 너희 안에 계신다'는 의미입니다. 사도는 그분이 신자들을 강하게 하시고 신자들로 이 모든 영적 싸움에서 이기게 하신다고 말합니다. 그리스도와 연합한 신자는 자신 안에 거하시는 그리스도로 말미암아 승리를 경험하며 살아갑니다. 주님께서는 이렇게 말씀하십니다.

> 너희가 내 안에 거하고 내 말이 너희 안에 거하면 무엇이든지 원하는 대로 구하라 그리하면 이루리라(요 15:7).

'너희가 내 안에 거하고 내가 너희 안에 거하면'이라고 말씀하지 않으셨습니다. 주님께서는 자신의 인격과 말씀을 분리하지 않으십니다. 하나님 말씀이 우리 안에 거할 때, 우리는 우리 안에 거하시는 주님을 확신할 수 있습니다. 하나님 말씀이 우리 안에 충만해져서 그 말씀이 우리 삶을 이끌도록 그 말씀 안에 살아가는 것입니다.

사도 요한은 이 편지에서 이렇게 전하고 있는 것입니다. "청년들아, 나는 너희가 이미 악한 자를 이긴 사람이라는 것을 알고 있다. 너희가 눈이 멀었다거나 어둠에 살며 그 안에서 행하고 있다는 이야기가 아니란다. 너희는 이미 이긴 자들이다. 너희의 경험을 이야기하는 것도, 너희가 날마다 영적 전쟁에서 승리하며 살아간다는 뜻도 아니다. 너희 안에 계시는 그리스도께서 이미 십자가에서 이기셨다. 그분이 너희 안에 계시다는 것을 내가 안다. 그래서 너희는 강한 사람들이다. 너희는 끝까지 이기는 자로 이 전쟁을 싸우게 될 것이다. 그래서 내가 이 편지를 쓰는 것이다."

그리스도를 믿는 자들에게 주어진 은혜와 영광

사도는 참된 믿음과 거짓된 믿음을 분별하며 자신들의 믿음이 참되다는 것을 알고 확신에 이르게 하여 성도들의 교제에 기쁨을 충만하게 하려고 요한일서를 쓰고 있습니다. 그런데 참 믿음과 거짓 믿음을 분별하는 이야기를 하다 보니 연약한 신자들이 자기 자신을 의심하는 것을 보고, 하던 이야기를 잠시 멈추어 사랑하는 성도들을 사랑 어린 음성으로 부르며 위로하고 격려하고 있는 것입니다.

18세기 신학자인 조나단 에드워즈의 「신앙감정론」을 가지고 강의할 때에도 비슷한 경험을 했습니다. 이 책은 참된 믿음과 거짓된 믿음을 분별하는 열두 가지 표지를 다루는데, 이 책을 활용하여 성경 말씀을 토대로 가르치다 보면 '저 말씀에 따르면 나도 가짜 아닌가?'라고 생각하는 연약한 성도들이 생깁니다. 그래서 지금 사도 요한이 성도들을 부르며 위로하고 격려하는 것을 충분히 이해할 수 있습니다.

사도는 구원의 확신에 이르기 위해 해야 할 일들을 나열하지 않습니다. 오히려 이미 그리스도 안에서 모든 믿는 자에게 일어난 구원 사건과, 하나님을 알고 주 예수 그리스도를 알게 된 것, 말씀의 능력으로 그리스도 안에서 사탄을 이미 이겼다는 것을 가르쳐 주고 있습니다. 이 모든 것은 그리스도 예수로 말미암은 일들입니다. 우리의 노력과 의지, 싸움의 결과가 아닙니다. 그리스도께서 이미 이기시고 이루신 복음의 은혜 아래 하나님의 백성이 들어와 살아가는 것입니다.

사도는 참된 신자의 증거로 죄 사함을 받은 것, 하나님(그리스도)을 아는 지식, 악에 대해 승리한 것을 제시합니다. 우리 가운데 죄를 짓지 않는 사람은 없습니다. 그러나 우리는 그리스도의 이름으로 죄를 사함받았다는 사실을 듣습니다. 우리는 하나님을 아는 사람이지만, 때로 우리를 넘어지게 하는 시련과 고통과 아픔 속에서 근심하고 염려하며 걱정합니다. 그러나 사도는 이미 그리스도 안에서 우리가 아버지를 아는 자일 뿐 아니라 태초부터 계신 이를 아는 자라고 분명하게 말합니다. 우리가 악한 자와 싸워서 백전백승하는 것은 아닙니다. 그럼에도 사도는 주 예수 그리스도께서 우리를 대신하여 싸워 이기신 그 승리가 우리의 것이라고 말합니다. 이것은 그리스도를 믿는 자들에게 주어진 축복이자 은혜이며, 영광입니다.

그리스도인도 세상의 문제를 동일하게 경험합니다. 그러나 성경은 우리에게 늘 예수 그리스도를 믿고 그분을 따라가는 길은 영광의 길이라고 말합니다. 이 길이 얼마나 영광스러운지를 안다면, 자신에게 어떤 일이 찾아와도, 자신이 어떤 일을 당해도, 자신의 믿음으로 말미암아 어떤 어려움을 당해도 그 길을 마다하지 않을 것입니다. 이 영광을 알 때, 우리는 사도 요한이 말하려는 것들을 깨닫고 그 길을 걸어갈 수 있습니다. 이 영광을 알아야 믿음으로 살 수 있습니다.

성도에게 주어진 영광스러움은 빼앗길 수 없습니다. 그리스도로 말미암은 죄 사함은 빼앗길 수 없습니다. 아버지를 아는 지식이 우리를 강하게 하여 모든 것을 감당하게 만듭니다. 태초부터 계신 이인 그리스도를 알기 때문에 그분을 따라가는 우리의 길을 막을 수 있는 자가 없습니다. 그리스도께서 십자가에서 승리하신 것을 알기 때문에 우리는 여전히 그리스도 안에서 이기는 삶을 살아가는 것입니다.

범죄하지 말고 계명을 지키며, 형제를 사랑하고 세상을 사랑하지 말라고 사도가 우리에게 요구하는 이 모든 것의 토대는 바로 우리가 누리는 이 영광스러움입니다. 우리가 주님 앞에 설 때, 주님께서는 우리에게 이렇게 말씀하실 것입니다. "너희가 흉악한 자를 이겼음이라." 주님이 이겼다고 말씀하시지 않습니다. 우리가 이겼다고 말씀하십니다. 주님께서 다 이기신 싸움을 따라갔을 뿐인데도, 우리는 "너희가 흉악한 자를 이겼음이라"라는 말씀을 듣게 될 것입니다. 사도 요한이 1세기 성도를 위로하는 말씀을 통해 우리 역시 위로를 얻고, 주님께서 우리에게 주신 믿음의 길을 영광스럽게 걸어가야 할 것입니다.

1 John
요한일서 2장 15-17절

15 이 세상이나 세상에 있는 것들을 사랑하지 말라 누구든지 세상을 사랑하면 아버지의 사랑이 그 안에 있지 아니하니 16 이는 세상에 있는 모든 것이 육신의 정욕과 안목의 정욕과 이생의 자랑이니 다 아버지께로부터 온 것이 아니요 세상으로부터 온 것이라 17 이 세상도, 그 정욕도 지나가되 오직 하나님의 뜻을 행하는 자는 영원히 거하느니라

11

세상을 사랑하지 말라

　사도 요한이 요한일서를 쓴 목적은 두 가지입니다. 하나는 참된 그리스도인의 증거를 밝혀서 참된 신자들에게 확신을 주는 것입니다. 다른 하나는 이러한 확신을 가지고 하나님 안에서 더불어 누리는 성도의 교제와 사귐으로 참 기쁨을 충만하게 하는 것입니다. 이것을 위해 사도는 입으로는 믿는다고 주장하지만 실은 거짓된 신자들의 경우를 다루었습니다. 그러면서 한편으로 거짓된 신자들의 경우를 들으며 믿음이 연약한 신자들이 스스로를 의심할 것을 염려하여, 하던 이야기를 잠시 멈추고 그들을 '자녀(아이)들아', '아비들아', '청년들아' 하며 사랑 어린 호칭으로 부르면서 위로하고 격려하는 말을 전했습니다.
　요한일서 2장 15-17절에서 사도 요한은 그리스도인이란 그러한 확신 가운데 세상에서 살아가되 세상을 사랑하지 않고 세상의 가치관에 휩쓸리지 않으며, 하나님 뜻을 행하는 데 매진해야 한다고 권고합니다. 하나님과 세상 사이를 시계추처럼 왔다 갔다 하는 사람은 예수님을 믿는 진정한 기쁨을 누릴 수 없습니다. 이 기쁨은 확신과 연결됩니다. 자신이 하는 일에 확신이 있는 사람은 비록 고되고 힘들지라도 그 일을 하는 동안 희열을 느낍니다. 그들의 관점은 주변에서 그들을 바라보는 다른 사람들과 다릅니다. 그리스도인도 마찬가지입니다. 세상 사람들은 그리스도인들을 보면서 '짧은 인생 살면서 왜 저렇게 사서 고생을 하지?'라고 생각할 수 있지만, 확신을 가지고 신앙의 길을 걸어가는 신자들에게는 힘이 있고 기쁨이 있습니다.

여러분은 참된 확신을 가지고 이 길을 걸어가고 계십니까? 자신이 거듭난 하나님의 자녀라는 확신이 있습니까? 혹시 있을지도 모르는 천국과 지옥에 대한 막연한 두려움 때문에 이 신앙의 길을 떠나지 못하고 계신 것은 아닙니까? 이번 장에서는 하나님 나라의 백성인 신자들이 이 세상을 어떻게 살아야 하는지를 다루려고 합니다.

"세상을 사랑하지 말라"는 명령

요한일서 전체 맥락에서 보면 2장 12-17절은 괄호에 해당하는 부분입니다. 전체 논지를 끌고 가다가 잠시 멈추어 격려하고(2:12-14) 권면하는(2:15-17) 부분이기 때문입니다.

2장 15-17절에서 사도 요한은 우리가 확신을 가지고 이 길을 걸어가며 기쁨을 누리기 위해서는 세상과 적당히 타협해서는 안 된다고 말합니다.

> 이 세상이나 세상에 있는 것들을 사랑하지 말라 누구든지 세상을 사랑하면 아버지의 사랑이 그 안에 있지 아니하니(요일 2:15).

"이 세상이나 세상에 있는 것들을 사랑하지 말라"는 사도의 이 말은 많은 오해를 받아 왔습니다. 한 예로 어떤 사람들은 거룩과 세속을 나누는 이원론에 근거하여 이 구절을 '세상을 등지고 살라'는 의미로 이해합니다. 그러나 성경은 세상을 등지고 살라고 말하지 않습니다. 성도는 세상에 속하지 않은 자이지, 세상을 등지고 사는 사람이 아닙니다. 주님께서도 십자가를 지시기 전에 이렇게 기도하셨습니다.

> 내가 비옵는 것은 그들을 세상에서 데려가시기를 위함이 아니요 다만 악에 빠지지 않게 보존하시기를 위함이니이다(요 17:15).

주님께서는 우리가 여전히 이 땅을 살면서 악에 빠지지 않기를 기도하셨습니다. 그런데 악한 세상에서 살면서 악에 빠지지 않고 살아가는 것이 가능할까요? 그래서 교회사를 살펴보면 세상에서 도피해야 한다거나 세상을 거부해야 한다는 식으로 요한일서 2장 15절을 이해한 사람이 적지 않았습니다. 기독교를 금욕주의로 오해하여 세상에서 누리는 모든 즐거움을 끊어 버리면 죄를 범하지 않는다고 생각하기도 했습니다. 그러나 죄는 즐거움을 주는 그것의 문제라기보다 우리 안에서 일어나는 욕구의 문제입니다. 성경은 그러한 즐거움들을 끊는다고 해서 우리가 죄를 멀리할 수 있다고 가르치지 않습니다.

한국 교회는 "이 세상이나 세상에 있는 것들을 사랑하지 말라"는 말씀을 오해하여 오랫동안 술, 담배, 춤, 유행가 등을 금하기도 했습니다. 이것은 이 구절을 매우 협소하게 이해한 결과입니다. 우리나라에 기독교가 들어올 당시, 남성들은 술, 담배, 도박과 같은 문제가 심각했기에, 선교사들이 그러한 것들을 금하는 경향이 있었습니다. 당시 이런 결정은 분명히 필요하고 유익한 것이었지만, 술과 담배를 하지 않는 것을 신앙의 유무 또는 신앙의 성숙과 연결하는 식의 이해는 문제가 있습니다. 또 어떤 사람들은 그리스도인이라면 사회 문제나 정치적 쟁점에 거리를 두어야 한다고 생각합니다. 하지만 사회 운동에 참여하거나 정치에 대해 논하는 것을 피하고 사회와 정치에 무관심하게 살아가는 것은 성경이 가르치는 합당한 그리스도인 시민의 자세가 아닙니다.

사도가 이 권면에서 전하고자 하는 핵심은 '세상을 사랑하지 말라'는 것입니다. 여기서 사도는 십계명의 첫째 계명인 "나 외에는 다른 신들을 네게 두지 말라"는 문제를 다루는 것입니다. 세상과 세상에 있는 것들이 우리 마음을 사로잡는 다른 신이 되는 문제인 것입니다.

세상을 사랑하지 말아야 하는 두 가지 전제

'세상을 사랑하지 말라'는 명령에는 두 가지 전제가 있습니다.

> 누구든지 세상을 사랑하면 아버지의 사랑이 그 안에 있지 아니하니(요일 2:15b).

그리스도인이 세상을 사랑하지 말아야 하는 첫 번째 전제는 한 사람의 마음속에 세상을 향한 사랑과 아버지를 향한 사랑이 공존할 수 없다는 것입니다. 이때 '아버지의 사랑'은 '아버지가 나를 사랑하는 것'을 뜻할 수도 있고 '내가 아버지를 사랑하는 것'을 뜻할 수도 있습니다. '아버지'가 주어가 될 수도 있고 목적어가 될 수도 있는데, 세상을 사랑하지 말라는 맥락에서 볼 때 '너희가 세상을 사랑하면 아버지를 사랑할 수 없다'는 의미가 자연스럽습니다. 즉, 세상 사랑과 아버지의 사랑은 상호 배타적입니다. 칼뱅은 「기독교 강요」에서 이렇게 말했습니다.

> 참으로 우리는 세상을 무가치하게 생각하든지, 그렇지 않으면 과도히 사
> 랑하든지 해야 하는데, 이 둘 사이에는 중간 지대가 없다(3.9.2).

세상의 돈, 명예와 같은 것들을 별것 아니라고 생각하든가 과도하게 사랑하든가 둘 중 하나이지, 다른 길은 없습니다. 주님께서도 두 주인을 섬길 수 없다고 말씀하셨습니다.

> 한 사람이 두 주인을 섬기지 못할 것이니 혹 이를 미워하고 저를 사랑하
> 거나 혹 이를 중히 여기고 저를 경히 여김이라 너희가 하나님과 재물을
> 겸하여 섬기지 못하느니라(마 6:24).

주님은 '사랑'과 '미움', '중히 여김'과 '경히 여김'으로 이 문제에 접근하셨습니다. 사랑하면, 그 대상에 마음과 생각과 삶이 지배당하게 마련입니다. 한 젊은이가 사랑에 빠졌다면, 자신이 사랑하는 대상에게 그 마음을 빼앗길 수밖에 없습니다. 이처럼 사랑한다는 것은 그 대상에게 자신의 존재가 지배당하는 것입니다. 돈을 사랑하면 돈의 지배를 받게 되고, 하나님을 사랑하면 하나님의 다스림을 받게 됩니다. 야고보도 말합니다.

> 간음한 여인들아 세상과 벗 된 것이 하나님과 원수 됨을 알지 못하느냐
> 그런즉 누구든지 세상과 벗이 되고자 하는 자는 스스로 하나님과 원수 되
> 는 것이니라(약 4:4).

이것은 실제로 간음한 여자들에게 한 말이 아니라 세상과 벗이 되어 살아가는 교회를 질타하는 책망입니다. 사도 요한은 이런 차원에서 세상과 세상에 있는 것들을 사랑하지 말라고 권하는 것입니다. 16절 하반절은 세

상 사랑과 아버지 사랑이 공존할 수 없는 이유를 좀 더 설명합니다.

다 아버지께로부터 온 것이 아니요 세상으로부터 온 것이라.

세상에 있는 것들, 즉 육신의 정욕과 안목의 정욕과 이생의 자랑은 그 근원이 아버지께로부터 온 것이 아니기 때문입니다.
그리스도인이 세상을 사랑하지 말아야 하는 두 번째 전제는 17절에 등장합니다.

이 세상도, 그 정욕도 지나가되 오직 하나님의 뜻을 행하는 자는 영원히 거하느니라.

이 세상도, 그 정욕도 지나간다는 것입니다. 물질적 소유뿐 아니라 모든 정욕과 세속적인 태도도 모두 덧없이 지나가 버립니다. 그것이 얼마짜리든, 얼마나 오랜 시간을 바쳐 이룬 것이든 모두 지나갑니다. '궁극적인' 의미에서 이 모든 것은 허상입니다. 실재가 아닌 그림자입니다. 그런 것들에 목숨을 걸 이유가 없습니다.
여러분은 '지나간다'는 말이 어떻게 들리시나요? 재앙처럼 다가오나요, 아니면 위로가 되나요? 이것이 신앙을 점검하는 시금석입니다. 바울은 "보이는 것은 잠깐이요 보이지 않는 것은 영원함이라"(고후 4:18)라고 말합니다. 허상과 실재를 분별하는 것이 믿음입니다. 그 믿음이 세상을 사랑하지 않도록 우리 삶을 이끌어 갑니다.
신자는 그리스도 안에서 하나님께 영원한 유업을 받아 누릴 사람들입니다. 영원히 없어지지 않을 실재를 바라고 사는 사람들입니다. 지금은 보이지 않아도 그 유업은 확실합니다. 그 약속이 있기 때문에 신자는 힘 있게

살 수 있습니다. 반면 성경은 세상의 모든 것이 임시적이고 가변적이며 잠
깐 있다가 없어질 것들이라고 말합니다.

> 모든 육체는 풀이요 그의 모든 아름다움은 들의 꽃과 같으니 풀은 마르고
> 꽃이 시듦은 여호와의 기운이 그 위에 붊이라 이 백성은 실로 풀이로다
> 풀은 마르고 꽃은 시드나 우리 하나님의 말씀은 영원히 서리라 하라(사
> 40:6b-8).

사도 베드로도 이 말씀을 그대로 인용했습니다.

> 그러므로 모든 육체는 풀과 같고 그 모든 영광은 풀의 꽃과 같으니 풀은
> 마르고 꽃은 떨어지되 오직 주의 말씀은 세세토록 있도다 하였으니 너희
> 에게 전한 복음이 곧 이 말씀이니라(벧전 1:24, 25).

사람들이 세상에서 영광으로 여기는 것들은 지나가는 들꽃과 같다고 성
경은 일관되게 이야기합니다. 이것이 두 번째 전제입니다.

'세상'이 의미하는 것

이러한 두 가지 전제 아래 사도는 세상을 사랑하지 말라고 권합니다. 그
렇다면 우리에게 사랑하지 말라고 권하는 '세상'은 구체적으로 무엇을 가
리키는 것일까요? 사도 요한이 쓴 또 다른 성경인 요한복음에는 유명한 말
씀이 있습니다.

> 하나님이 세상을 이처럼 사랑하사 독생자를 주셨으니 이는 그를 믿는 자

마다 멸망하지 않고 영생을 얻게 하려 하심이라(요 3:16).

이상하지 않습니까? 요한일서에서는 '세상을 사랑하지 말라'던 사도 요한이 요한복음에서는 '하나님이 세상을 이처럼 사랑하신다'고 말합니다. 우리에게 사랑하지 말라는 세상은 무엇이고, 하나님이 사랑하신 세상은 무엇입니까?

요한복음의 '세상'과 요한일서의 '세상'은 둘 다 헬라어로 '코스모스'(κόσμος)입니다. 하지만 성경에서 말하는 '세상'은 적어도 세 가지 의미가 있습니다.

첫째, 하나님께서 창조하신 세상입니다. 이것은 하나님께서 창조하시고 보시기에 좋았다고 말씀하신 물질 세상을 가리킵니다. 비록 인간이 범죄하여 자연도 타락했지만 여전히 세상은 도덕적으로는 악하거나 선한 것이 아니라 중립적이라고 볼 수 있습니다.

둘째, 성경에서 '세상'은 세상에 살고 있는 '사람들'을 가리키기도 합니다.

> 그가 세상에 계셨으며 세상은 그로 말미암아 지은 바 되었으되 세상이 그를 알지 못하였고(요 1:10).

이 구절에서는 '세상'이라는 단어가 세 번 등장합니다. 처음에 나오는 '세상'은 예수님이 계신 세상, 즉 하나님께서 창조하신 세상을 말합니다. 그다음에 나오는 '세상' 역시 동일한 의미로 보입니다. 그러면 마지막에 나오는 '세상'은 어떤 의미일까요? 이어지는 구절에서 "자기 땅에 오매 자기 백성이 영접하지 아니하였으나"(11절)라는 것으로 보아 마지막 '세상'은 세상에 사는 '사람들'을 뜻하는 것을 알 수 있습니다.

여기까지 살펴보면, 사도가 사랑하지 말라고 한 '세상'은 '하나님께서 창조하신 세상'이나 '세상에 사는 사람들'을 가리키는 것이 아님은 분명합니다. 우리는 하나님께서 창조하신 세상, 즉 피조 세계를 보며 하나님께 감사드립니다. 자연은 아름답고 하나님께서 우리에게 주신 것입니다. 또한 세상에 사는 사람들 역시 비록 악의 세력인 마귀에게 붙잡혀 하나님을 대적하긴 하지만 우리가 사랑해야 할 대상, 복음을 전해야 할 대상입니다(요한복음 3장 16절에서 하나님이 사랑하신 '세상'이 바로 이 '사람들'입니다).

그렇다면, 성경이 말하는 '세상'의 셋째 의미는 무엇일까요? 그것은 하나님과 하나님의 일을 대적하고 세속적인 방향으로 가는 체제입니다. 도덕적으로 타락한 세상의 체제와 가치관, 물질 자체보다는 그 물질에 대한 사람들의 태도, 쾌락과 유흥, 야망과 같은 것입니다. 바울이 "너희는 이 세대를 본받지 말[라]"(롬 12:2a)고 할 때도 이 셋째 의미의 세상을 의미한 것입니다.

주님께서는 사탄을 '이 세상 임금'이라고 부르셨습니다(요 14:30; 16:11). 온 우주의 왕은 하나님이시지만, 지금 이 세상의 악한 체제를 다스리며 영향력을 행사하는 자가 바로 사탄이기 때문입니다. 바울 역시 사탄을 '이 세상 신'이라고 불렀습니다(고후 4:4). 사도 요한이 사랑하지 말라고 한 세상은 바로 이런 의미의 세상입니다. 마귀의 영향 아래 번창하는 악한 체제와 정신, 관습, 그 모든 것을 사랑하지 말라는 것입니다.

여기서 우리가 오해하지 말아야 할 점이 있습니다. 요한일서 2장 16절에서 사도는 "다 아버지께로부터 온 것이 아니요 세상으로부터 온 것이라"라고 말하는데, 이것은 하나님과 세상이 대립한다는 이원론을 말하는 것이 아닙니다. 이원론은 고대 그리스 철학자 플라톤이나, 그에게 영향받은 고대 이단인 영지주의에서 주장하는 사상입니다. 이들이 주장하는 이원론은 우주론적, 존재론적 이원론으로, 이 세상을 선과 악이 싸우는 전쟁터로 이해합니다. 그러나 성경은 그렇게 말하지 않습니다. 사도가 말한 것에서도 이원론을 볼 수 있지만, 이것은 도덕적 이원론입니다. 선과 악이 싸우는 것은 사실이지만 하나님이 그 모든 것을 통치하십니다. 하나님에게서 오지 않은 것은 아무것도 없습니다. 그럼에도 사도가 "아버지께로부터 온 것이 아니요 세상으로부터 온 것"이라고 말하는 것은 세상의 악한 체제가 하나님에게서 비롯된 것이 아님을, 하나님은 악의 조성자가 아님을 강조한 표현입니다. 그것은 사탄이 만들어 낸 것입니다. 우리는 사도가 전하고자 한 의미를 잘 이해해야 합니다.

세상에 있는 모든 것 세 가지

사도 요한은 세상에 있는 모든 것을 구체적으로 세 가지로 요약합니다. 이 세상의 악한 체제는 "육신의 정욕과 안목의 정욕과 이생의 자랑"(16절)으로 가득합니다. 이 세 가지의 공통적 특징은 기만, 즉 속임수입니다. 육신의 정욕과 안목의 정욕과 이생의 자랑은 우리를 행복하게 해줄 것처럼 약속합니다. 마치 선악과 앞에서 뱀이 하와에게 한 말이나 광야에서 마귀가 예수님을 시험하면서 한 말과 다르지 않습니다. 문제는 세상이 그럴 능력을 가지지 않았다는 것입니다. 이 세상 임금인 마귀를 주님께서 '거짓의 아비'라고 부르신 이유입니다(요 8:44).

성경은 분명 행복을 말합니다. 웨스트민스터 대소요리문답은 하나님을 영원히 즐거워함으로써 하나님을 영화롭게 할 수 있다고 말합니다. 이것이 인간이 행복할 수 있는 길이라고 설명합니다. 그러나 세상은 정반대를 말합니다. 이것이 세상이 주는 기만입니다. 세상을 사랑하면 행복할 것이라고, 육신의 정욕과 안목의 정욕과 이생의 자랑을 추구하고 어느 정도 성취하면 행복할 것이라고 속삭입니다. 이 거짓말은 매우 교묘하고 교활해서 많은 사람, 심지어 예수님을 믿는 사람들도 이런 거짓의 유혹에 넘어지곤 합니다.

많은 그리스도인이 '육신의 정욕'이라는 표현에서 '육신'과 '정욕' 두 단어 모두 부정적인 의미로 생각합니다. 그런데 사실 이 두 단어는 그 자체로는 중립적인 단어입니다. 바울 서신에서 '육신'은 종종 우리의 죄악 된 본성과 관련되어 사용되었지만, 요한복음과 요한서신에서는 영이신 하나님과 대조되는 인간, 제한된 몸을 지닌 인간 자신을 의미하는 용어로 사용되었습니다. '정욕'도 마찬가지입니다. 이 단어는 다른 말로 '욕구'라고도 번역할 수 있습니다. 주님은 제자들과 마지막 만찬을 하시면서 이렇게 말씀하셨습니다.

> 이르시되 내가 고난을 받기 전에 너희와 함께 이 유월절 먹기를 원하고 원하였노라(눅 22:15).

주님께서 "원하고 원하였노라"라고 말씀하실 때 사용된 헬라어가 바로 '정욕'으로 번역된 단어입니다. 문제는 원하는 대상입니다. 그 대상을 지나치게 원하고 애착할 때, 그것은 하나님의 자리를 차지하고 우상이 되고 맙니다.

여러 신학자에 따르면, 사도 요한이 말하는 '육신의 정욕'은 단순히 육체적이고 성적인 욕망만을 가리키는 것이 아니라 하나님을 대적하는 모든 기질을 포함합니다. 마틴 로이드존스(David Martyn Lloyd-Jones)는 육신의 정욕을 "육신의 필요에 예속되어 사는 것"이라고 말합니다. 육신의 필요에 우리의 모든 사고와 의식을 지배당하는 것입니다. 영혼은 없고 몸만 가진 인간처럼 식욕이나 성욕과 같은 감각적인 만족만 추구하는 삶입니다. 윌리엄 바클레이(William Barclay)는 이렇게 설명합니다.

> 육신의 정욕이란 감각에 지배되어 사는 삶을 말한다. 음식을 절제하지 못

하고 탐식하며 사치에 빠지고 쾌락의 노예가 되며, 도덕적인 면에서는 느슨하고 욕정적이며, 재산 사용에 있어서는 이기적이고, 영적인 문제에는 무관심하되 세상적, 물질적 욕심을 충족시키는 데는 열을 올리는 삶이 그것이다. 육신의 정욕은 하나님의 계명을 잊게 하고 보지 못하게 하며 거기에 대해 무관심하게 한다.

육신의 정욕은 아주 추악한 것이라기보다는 단순히 하나님을 잊어버리게 하고 다른 사람들의 필요에 무감각하게 만들며 자신의 필요에만 집중하며 살아가는 것입니다. 존 파이퍼는 이것을 '사과 파이'에 비유합니다. 우리의 영적인 삶을 무너지게 하는 것은 이 시대에 만연한 음란한 동영상 같은 것이 아니라 그 자체로 놓고 보면 별것 아닌 사과 파이 같은 것이라고 말입니다. 사과 파이를 누가 죄라고 말하겠습니까? 그러나 그것을 먹는 데 정신 팔린 삶, 내 감각적 필요를 채우는 데 끌려다니는 삶이 바로 육신의 정욕을 사랑하는 삶입니다. "우리는 험상궂은 세상의 두려움에 의해서보다는 미소 짓는 세상의 매력에 의해서 더 위협을 당한다"는 매튜 헨리(Matthew Henry)의 말도 기억해야 할 것입니다.

'안목의 정욕'은 직역하면 '눈들의 정욕'입니다. 육체적인 것이든 관념적인 것이든 눈으로 보는 것을 도구 삼아 만족을 추구하는 삶의 경향입니다. 성경은 종종 눈을 죄가 들어오는 통로라고 표현합니다. 아간이 하나님께 바쳐진 여리고 성의 물건을 훔친 것은 그것을 '보고' 탐심이 일었기 때문입니다(수 7:21). 다윗은 왕궁 옥상에서 한 여인이 목욕하는 것을 '보고' 죄를 지었습니다(삼하 11:2). 이러한 눈의 위험한 유혹을 알았던 욥은 이렇게 말합니다. "내가 내 눈과 약속하였나니 어찌 처녀에게 주목하랴"(욥 31:1). 이런 점에서 세속 현자들이 말한 '견물생심'(見物生心)은 지혜로운 통찰입니다. 주님 또한 "나는 너희에게 이르노니 음욕을 품고 여자를 보는 자마다 마음에 이미 간음하였느니라"(마 5:28)라고 말씀하십니다. 여기서 '음욕'이라고 번역된 단어가 사도 요한이 말한 '정욕'과 같은 단어입니다. 그냥 보는 것이 아니라 음욕(정욕)을 품고 보는 것은 마음에 이미 간음한 것이라고 말씀하실 정도로 안목의 정욕은 위험합니다.

지금 우리가 사는 세상은 인류 역사상 그 어느 때보다 우리 눈을 유혹하는 것들로 가득합니다. 텔레비전, 컴퓨터, 태블릿, 스마트폰에서 우리는 보고 또 봅니다. 무한하다고 느낄 만큼 어마어마한 볼거리가 그 안에 있습니다. 문제는 무엇을 보느냐입니다. 보는 것이 우리 마음을 지배하고 빼앗아 가고, 때로는 우리를 불행하게 만듭니다. 눈에 보이는 것들을 소유하면 행복해질 것이라고 생각합니다. 그러나 그 모든 생각은 이 세상과 이 세상 임금인 마귀가 주는 기만입니다. 세상이나 세상에 있는 것들을 사랑하지 않으려면 눈을 관리해야 합니다. 그러지 않고는 참된 신앙생활을 할 수 없습니다. 결국 신앙생활은 무엇을 보느냐의 싸움이기도 한 것입니다.

육신의 정욕과 안목의 정욕이 '정욕'의 문제인 반면, '이생의 자랑'은 '태도'의 문제입니다. '이생'이란 헬라어로 영원한 생명과 대조되는 '이 세상의 삶', 그리고 그 삶에서의 소유와 재물을 뜻합니다. 즉 이생의 자랑은 이 세상에서 무엇을 가졌느냐를 자랑하는 태도, 그 소유를 가지고 자신을 증명하는 모든 태도를 의미합니다. 야고보는 그것을 '허탄한 자랑'이라고 못 박았습니다(약 4:16). 여기서 사용된 '자랑'이라는 단어는 '허탄하다'라는 뜻을 지닙니다. 자신이 소유한 재물과 세상에서의 성공 여부로 자신을 자랑하려는 것은 세상을 사랑하는 태도입니다. 이것은 아버지를 사랑하는 것과 공존할 수 없습니다. 바울은 자랑하는 것이 사형으로 정죄받을 죄이며(롬 1:30), 사람들이 보여 줄 말세의 징조라고 지적합니다(딤후 3:2).

자랑하는 것이 곧 그 사람이 중요하게 여기는 것입니다. 이 세상에 한정된 것들, 있다가 사라지는 것들을 자랑하는 데 공들이는 인생은 영원한 유업을 기다리는 사람이라고 볼 수 없습니다. 이생의 자랑은 육신의 정욕과 안목의 정욕보다 훨씬 교묘합니다. 우리는 이생의 자랑에 뒤덮인 시대를 살아갑니다. 출신, 학벌, 직업, 교양 수준, 가족, 가문, 자신의 노력, 성공 경험, 명성, 사회적 지위, 영향력, 유명한 지인 등 할 수 있는 모든 것을 자랑하는 시대입니다. 이생의 자랑은 하나님의 영광을 추구하는 삶의 방식이 아닙니다. 정반대의 길, 세상의 영광을 추구하는 삶의 방식입니다.

있어도 없는 것처럼

신자로 세상을 살아가면서 어떻게 육신의 정욕, 안목의 정욕, 이생의 자랑을 이기며 살 수 있을까요? 사실 이 세 가지는 매우 거대한 힘입니다. 그런데 우리가 어떻게 이것을 이기며 세상이나 세상에 있는 것을 사랑하지 않고 살아갈 수 있을까요?

앞서 말했듯이 어떤 이들은 요한일서의 이 구절을 금욕주의로 해석합니다. 필요에 의해서만 모든 것의 사용이 정당화된다고 가르칩니다. 또 어떤 이들은 하나님께서 우리의 유익을 위해 우리가 누릴 많은 것을 창조해 주셨다고 생각합니다. 그리고 이 사실에 근거해서 절제 없는 방종으로 치닫습니다. 이런 사람들은 나의 필요를 위해서는 억만금을 쓰지만 다른 사람의 필요에는 무관심합니다. 그러나 사도 요한은 금욕주의를 이야기하는 것도, 방종을 이야기하는 것도 아닙니다. 신자는 이 두 극단을 피하도록 조심해야 합니다. 그리고 그 길은 늘 창조주 하나님을 기억하는 것입니다. 사도 바울은 이렇게 권면합니다.

형제들아 내가 이 말을 하노니 그때가 단축하여진 고로 이후부터 아내 있는 자들은 없는 자같이 하며 우는 자들은 울지 않는 자같이 하며 기쁜 자들은 기쁘지 않은 자같이 하며 매매하는 자들은 없는 자같이 하며 세상 물건을 쓰는 자들은 다 쓰지 못하는 자같이 하라 이 세상의 외형은 지나 감이니(고전 7:29-31).

바울도 "이 세상의 외형은 지나[간다]"고 말합니다. 그렇기 때문에 무엇이든 지금 있어도 없는 것처럼 살라고 권합니다. 지금 있는 것을 감사하며 누릴지라도 그것에 지나치게 의존하지 말라는 것입니다. 그것들을 행복의 조건으로 여기지 말고, 하나님이 계신 것에 만족하는 마음으로 살라는 것입니다. 그럴 때에 우리는 세상에 붙잡히지 않을 수 있습니다. 지나가는 것들, 유한한 것들에서 자유로워질 수 있습니다. 이것이 세상이나 세상에 있는 것들을 사랑하지 않고, 세상의 정욕과 유혹을 경계하여 살아가는 방법입니다. 칼뱅은 「기독교 강요」에서 이렇게 권면합니다.

> 그들이 곧 없어질 재물을 너무 탐내지 않으며, 이미 가진 것을 너무 믿지 않게 하시려고 주께서는 혹은 추방으로, 혹은 흉작으로, 혹은 화재로, 혹은 기타 방법으로 그들을 빈곤으로 몰아넣으시며, 적어도 풍족하지 못한 처지에 있도록 제한하신다. 그들이 마음 놓고 결혼 생활을 즐기지 않도록, 주께서는 악한 처나 불량한 자녀나 가족의 죽음으로 그들의 마음을 괴롭히며 교만을 꺾으신다. 이런 점에서 그들을 관대히 다루시는 일이 있더라도 그들이 허영심으로 부풀고 자신감으로 기뻐 날뛰지 않도록 그들에게 병과 재난을 보내어, 이 모든 좋은 것은 없어지는 것, 불안정하고 무상한 것임을 눈으로 보게 하신다.
>
> 십자가의 훈련을 통하여 현세 생활의 불안을 깨닫는 때라야 우리는 올바로 전진을 할 수 있다. …… 우선 현세 생활을 철저히 무시하지 않으면, 참으로 정신을 차려 내세를 원하며 깊이 생각하게 되지 않는다는 것을 우리

는 믿어야 한다(3.9.1).

하나님께서는 때때로 우리에게 고난을 주시거나 실패를 주시거나 잃어버리게 하십니다. 그것을 통해 결국에는 모두 지나간다는 것, 그러니 세상의 것들에 의존하지 말 것을 가르치십니다. 칼뱅은 고난도 하나님의 선하신 배려이며 자신의 자녀들을 향한 교훈이라고 이야기하는 것입니다.

영원을 바라보며 살라!

신자는 지나가는 세상을 사랑하고 그 세상에 목매고 살아가는 사람들이 아닙니다. 사도는 "이 세상도, 그 정욕도 지나가되 오직 하나님의 뜻을 행하는 자는 영원히 거하느니라"(요일 2:17)라고 말합니다. 하나님의 뜻을 행하는 자, 순종이라는 테스트를 거쳐 참된 신자 됨을 드러내는 사람은 영원히 거합니다.

미국의 흑인 배우 찰스 더튼(Charles Dutton)은 배우가 되기 전 젊은 시절에 우발적인 살인으로 7년간 감옥에 있었습니다. 그는 감옥에 있는 동안 연극에 관심을 가지고 다양한 연기를 연습했습니다. 그리고 출소 후 브로드웨이에서 닥치는 대로 단역을 맡다가 〈피아노 플레이어〉라는 연극에서 큰 인기를 얻었습니다. 그는 텔레비전에도 출연하고 영화도 찍으면서 스타가 되었습니다.

나중에 한 기자가 찰스 더튼을 인터뷰하면서 수감자에서 대스타가 되었는데 비결이 무엇인지 물었습니다. 그러자 그는 이렇게 대답했습니다. "저는 감방을 치장하며 시간을 보내지 않았습니다. 그곳은 잠깐 머물 곳이라고 스스로 상기시켰습니다."

어느 인생이든 언젠가는 막이 내립니다. 무대 위에서 백만장자가 되어 누리던 온갖 것도 결국 다 치워질 것입니다. 이 세상에서 사는 동안, 사람들에게 인정과 칭찬을 받으며 명성을 날리던 시절도 다 지나갑니다. 여러분 주위를 맴돌던 사람들도 다 지나갑니다. 내 전부라고 생각하며 살던 모든 것이 하나님 앞에 서는 날 모두 사라질 것입니다.

성경에는 앞서 소개한 찰스 더튼과 비교되는 인물이 있습니다. 바로 데마입니다. 그는 어리석은 인생의 전형입니다. 사도 바울은 마지막 서신인 디모데후서에서 데마를 이렇게 소개합니다.

> 데마는 이 세상을 사랑하여 나를 버리고 데살로니가로 갔고(딤후 4:10a).

데마는 사도 바울과 함께 복음 전도에 힘쓰던 동역자였습니다. 그는 젊은 시절에 하나님께 헌신했던 사람이지만 결국 세상을 사랑하여 자기 길로 갔습니다. 여러분, 데마의 인생을 살지 마십시오. 세상을 사랑하지 말고 하나님의 뜻을 행함으로 영원히 하나님 안에 거하십시오. 언제나 그렇듯 주님의 말씀은 선명합니다. 우리는 세상 안에 살지만 성경은 세상이나 세상에 있는 것들을 사랑하지 말라고 명합니다. 그렇게 할 때 우리는 확신을 가지고 예수님을 믿는 기쁨을 누리며 이 길을 걸어갈 수 있습니다.

1 John
요한일서 2장 18-21절

18 아이들아 지금은 마지막 때라 적그리스도가 오리라는 말을 너희가 들은 것과 같이 지금도 많은 적그리스도가 일어났으니 그러므로 우리가 마지막 때인 줄 아노라 19 그들이 우리에게서 나갔으나 우리에게 속하지 아니하였나니 만일 우리에게 속하였더라면 우리와 함께 하였으려니와 그들이 나간 것은 다 우리에게 속하지 아니함을 나타내려 함이니라 20 너희는 거룩하신 자에게서 기름 부음을 받고 모든 것을 아느니라 21 내가 너희에게 쓰는 것은 너희가 진리를 알지 못하기 때문이 아니라 알기 때문이요 또 모든 거짓은 진리에서 나지 않기 때문이라

12

마지막 때와 적그리스도

　신앙생활에서 사귐은 매우 중요합니다. 주일 아침에 교회에 와서 예배를 드리는 것이 신앙생활의 전부라고 생각하신다면, 크게 오해하고 있는 것입니다. 신앙생활은 근본적으로 하나님과 더불어 신자들 간에 이루어지는 사귐입니다. 물론 교회에서 가르치고 배우는 것도 중요하지만, 본질적인 것은 사귐입니다. 진리 안에서 그리스도인들이 함께 사귈 때, 우리는 육신의 상태가 어떠하든, 삶의 자리가 어떠하든 형제를 통해 하나님께서 주시는 위로를 경험하게 됩니다. 사귐이 우리 안에 풍성해지면 그 사귐으로 말미암은 기쁨이 넘쳐납니다. 이 사귐은 성도가 자신을 하나님의 자녀라고 확신하는 것과도 분리될 수 없습니다.

사귐을 방해하는 요소들

지금까지 사도 요한은 이러한 사귐을 방해하는 요소들을 이야기했습니다. 우선 계명을 지키는 데 실패하는 것, 순종의 문제입니다. 하나님 앞에서 죄를 짓는 삶은 단순히 개인의 문제가 아닙니다. 그것은 교회를 허물어뜨립니다. 그렇기 때문에 권징은 교회에서 중요합니다.

교회의 성도들은 주일에 잠깐 만났다가 헤어지는 관계가 아닙니다. 우리가 하나님의 눈을 피해 살 수 없듯이, 성도는 서로를 지켜 주는 지킴이입니다.

> 네 형제가 죄를 범하거든 가서 너와 그 사람과만 상대하여 권고하라 만일 들으면 네가 네 형제를 얻은 것이요 만일 듣지 않거든 한두 사람을 데리고 가서 두세 증인의 입으로 말마다 확증하게 하라 만일 그들의 말도 듣지 않거든 교회에 말하고 교회의 말도 듣지 않거든 이방인과 세리와 같이 여기라(마 18:15-17).

형제가 죄를 범하면 권고해야 합니다. 그가 듣지 않으면, 사랑하는 형제를 돌이키고 다시 굳게 세우기 위해 두세 사람이 찾아가 말해야 합니다. 그래도 듣지 않으면 교회에 말해서 책임 있는 장로가 지도자로서 그를 찾아가 권고해야 합니다. 그렇게까지 했는데도 듣지 않으면 교회에서 내보내라고 주님은 말씀하십니다. 이러한 권징과 치리는 교회를 위해서도 중요하지만, 죄를 범한 형제를 위해서도 중요합니다. 그러나 오늘날에는 이런 기준이 많이 사라졌습니다.

사귐을 방해하는 두 번째 요소는 형제를 사랑하는 데 실패하는 것입니다. 형제를 사랑하지 못하면 사귐이 무너집니다. 참된 신앙은 형제 사랑으로 나타납니다. 참으로 거듭난 하나님의 자녀요, 그리스도 안에서 천국을 유업으로 받을 사람들이라면, 원하든 원치 않든 서로가 서로에게 이 세상 어떤 인간관계보다 깊이 묶여 있다는 사실을 알아야 합니다.

사귐을 방해하는 마지막 요소는 세상을 사랑하는 삶의 태도입니다. 이 세상의 육신의 정욕과 안목의 정욕과 이생의 자랑에 마음을 빼앗긴 채 살아가면 교회의 사귐은 무너지고 맙니다.

이것들은 모두 내적인 요인입니다. 그리스도인이 내면에서 싸워야 하는 요소들입니다. 그리고 이제 사도는 외적인 요인을 언급합니다. 바로 적그리스도입니다.

> 아이들아 지금은 마지막 때라 적그리스도가 오리라는 말을 너희가 들은 것과 같이 지금도 많은 적그리스도가 일어났으니 그러므로 우리가 마지막 때인 줄 아노라(요일 2:18).

요한일서 2장 18-27절은 그리스도인의 사귐을 방해하는 요소로 진리가 무너지는 것을 다루고 있습니다. 서로 믿는 바가 다르다면, 성도 간에 참된 교제를 이룰 수 없습니다. 성경에 계시된 하나님, 그 진리 안에서만 교회가 하나 될 수 있습니다. 그렇기 때문에 우리가 예배 가운데 한 말씀 안에서 하나님을 배우고, 우리가 배운 하나님을 삶에서 경험하며 살아가는 것이 중요합니다. 우리는 늘 바른 진리를 붙잡고, 그 진리 안에서 사랑하고 하나 되는 경험을 더 많이 누려야 합니다. 사도 요한은 교리 안에서 하나 되는 것, 진리 안에서 하나 되는 것을 방해하는 자들이 있는데, 바로 적그리스도라고 이야기합니다.

"지금은 마지막 때라"

요한일서 2장 18-21절에서 우리가 가장 먼저 살펴볼 말은 '마지막 때'입니다. 사도는 여기서 다시 한 번 "아이들아"라고 성도를 부릅니다. 선생님이 어린 학생을 부르듯, 부모가 어린 자녀를 부르듯, 가르치고 배우는 관계에 있는 자들을 부르듯 사도 요한이 친근하게 부르는 것은 편지를 읽는 성도들을 주목하게 하려는 것입니다. 사도는 "마지막 때"라는 말로 18절을 시작하고 마칩니다.

예전에는 '마지막 때', 즉 '말세'라는 말을 많이 들었는데, 오늘날에는 잘 사용하지 않는 것 같습니다. 사람들은 '지금 이 세상을 어떻게 잘 살 것인가'에 관심을 둡니다. 영원이 아닌 이 세상 일들이 더 중요합니다. 그러나 신자는 영원의 관점에서 영혼을 보는 자들입니다. 옥중 서신인 에베소서를 보면 사도 바울이 영원을 바라보고 있다는 것을 알 수 있습니다. 감옥에 갇혀 있으면서도 영원을 바라보고 있었던 것입니다. 이것이야말로 신자들이 이 고달픈 인생을 살면서도 별것 아닌 것처럼 여유를 누릴 수 있는 이유가 아닐까요?

앞서 사도 요한은 세상이나 세상에 있는 것들을 사랑하지 말라고 권고했습니다. 세상을 사랑하는 것과 아버지를 사랑하는 것은 공존할 수 없고(요일 2:15), 세상도 그 정욕도 모두 지나가기(요일 2:17) 때문입니다. 사도는 이 두 번째 이유, 세상도 정욕도 모두 지나간다는 것을 '마지막 때'라는 말로 이어서 설명합니다. 논리적으로 연관된 흐름입니다.

'때'라고 번역된 헬라어는 '시간'을 의미하는데, 유독 요한복음에 이 단어가 많이 등장합니다.

> 예수께서 이르시되 여자여 나와 무슨 상관이 있나이까 내 때가 아직 이르

지 아니하였나이다(요 2:4).

가나 혼인 잔치에서 처음 등장하는 '때'라는 단어는 요한복음의 중심 단어입니다. 요한복음은 이 '때'를 향해 점점 다가가는 구조로 서술되었습니다. 이 '때'는 예수님이 십자가에서 고난받으시고 죽으시는 때입니다.

요한일서에 나오는 '마지막 때'에도 같은 단어가 사용되었습니다. 그런데 여기서는 어느 '시점'을 가리킨다기보다 일정한 '기간'을 가리킵니다. 그 기간은 예수님의 초림에서 시작하여 재림에 이르기까지의 시간입니다. 더 정확히는 예수님이 승천하셔서 지상 사역을 마치신 때부터 재림까지라고 볼 수도 있습니다.

주님은 공생애를 시작하시면서 "하나님의 나라가 가까이 왔[다]"(마 4:17; 막 1:15)고 선포하셨습니다. 이 말씀은 조금 있으면 하나님 나라가 온다는 의미가 아닙니다. '하나님 나라가 지금 여기에 들어와 있다'는 의미입니다. 즉, 하나님 나라의 즉각성보다는 내재성을 말씀하신 것입니다.

이 말씀을 이해하려면 하나님 나라가 무엇을 의미하는지를 알아야 합니다. 우리는 보통 특정 국가를 생각할 때, 영토를 떠올립니다. 그러나 성경에서 말하는 '하나님 나라'는 영토보다 우선적으로 전달하고자 하는 의미가 있습니다. 바로 '다스림', 즉 하나님의 주권적인 통치입니다. 다시 말하면, 이때 '나라'는 '왕권'과 같은 말입니다. 그래서 '하나님의 나라가 가까이 왔다'는 예수님의 선포는 '지금 하나님의 통치가 시작되었다', '너희가 살아가는 이 세상 속에 하나님의 다스림이 나타나고 있다'는 의미입니다.

주님께서는 마귀를 '이 세상 임금'(요 12:31; 14:30; 16:11)이라고 표현하셨습니다. 이것은 마귀가 이 세상을 다스리고 하나님은 통치하지 않으신다는 의미가 아닙니다. 하나님이 온 세상을 통치하시지만 마귀에게 일정한 영역을 통치하도록 허용하신 것입니다. 하나님의 영광스러운 경륜을 위해서입니다. 주님께서 이 땅에 오셔서 병을 고치시고 귀신을 쫓아내시는 일들을 하신 것은 일종의 사인(sign)입니다. 죄로 인해 세상에 들어온 병을 고치시고 죽은 자를 살리시는 일들을 통해 하나님 나라가 이 땅에 임했다는 것을, 하나님의 통치가 임했다는 것을 보여 주신 것입니다. 예수님께서도 직접 이것을 말씀하셨습니다.

> 그러나 내가 만일 하나님의 손을 힘입어 귀신을 쫓아낸다면 하나님의 나라가 이미 너희에게 임하였느니라(눅 11:20).

이것이 하나님 나라의 내재성이 의미하는 바입니다.

우리는 종종 예수님께서 "하나님 나라가 가까이 왔다"고 선포하신 지 2천 년이 지났는데도 왜 아직 하나님 나라가 완성되지 않는지 궁금해합니다. 요한일서에서 말한 '마지막 때'도 마찬가지입니다. 주후 90년경에 '마지막 때'라고 말했는데 지금도 '마지막 때'라면 도대체 '마지막 때'는 무슨 의미인지 의아합니다.

여기서 사도 요한이 말하는 '마지막 때'는 앞서 말했듯 예수님의 초림에서 시작해서 재림에 이르는 시간입니다. 더 정확히 말한다면 예수님이 초림하셨을 때 하나님 나라가 왔고, 예수님이 재림하실 때 그 나라가 완성된다고 설명할 수 있습니다. 이것이 성경에서 의미하는 '마지막 때'입니다.

결국 "하나님 나라가 가까이 왔다"는 주님의 말씀은 '하나님 나라가 이 세상 나라에서 시작되었다', '하나님의 다스림과 주권적 통치가 시작되었다', '하나님 나라가 이 세상 안에 현존하게 되었다'는 의미입니다. 이것이 어떻게 가능할까요? 바로 교회를 통해서입니다. 교회는 하나님께 구속받은 백성입니다. 하나님의 다스리심을 받는 사람들입니다. 하나님이 왕이심을 인정하는 사람들이 모인 것이 참된 교회입니다. 하나님께서 나를 다스리신다는 것을 알고 그분을 왕으로 인정할 때 하나님 나라가 거기에 있습니다. 우리 안에 하나님의 다스림이 있고, 하나님의 다스림을 받는 사람들이 모여 하나님의 교회가 됩니다.

'이 세상이 지나간다'(17절)는 말과 이 세상에 하나님 나라가 시작되었다는 것을 의미하는 '마지막 때'(18절)라는 말을 함께 생각해 보면, 초림과 재림 사이를 살아가는 지금은 두 시대가 겹쳐 있는 시대입니다. 지나가고 있는 이 시대(this age)와, 지금 왔고 오고 있으며 올 시대(the age to come)가 교차하고 있는 것입니다.

예수님이 초림하셨을 때, 하나님 나라가 임했습니다. 새로운 시대가 시작되었습니다. 그런데 지금 우리가 살고 있는 세상은 그대로입니다. 그러나 이 시대는 언젠가 끝이 납니다. 주님이 재림하셔서 하나님 나라가 완성되는 때, 우리가 살고 있는 지금 이 세상, 이 시대는 지나갑니다. 주님이 재림하실 때, 하나님 나라가 완성될 것입니다. 주님이 재림하실 때, 잠자던 모든 성도가 영광의 몸으로 부활할 것입니다. 그래서 하나님 나라가 완성되는 것과 함께 세상은 하나님의 심판을 받을 것이고, 마귀와 그 권세 아래 복종하던 모든 존재는 영원한 불못에 던져질 겁니다.

지금이 '마지막 때'라는 사도의 말은 하나님 나라가 이미 왔고, 지금도 오고 있으며, 올 것이라는 의미입니다. 신학자 오스카 쿨만(Oscar Cullmann)은 이것을 D-DAY와 V-DAY로 설명했습니다. 2차 세계 대전 당시, 유럽 대륙을 모두 빼앗긴 연합군은 노르망디 상륙 작전을 통해 전세를 역전시켜 결국 승리합니다. 그 작전을 실행한 날, 연합군은 사상자 1만 명, 독일군은 사상자 1천 명을 낳았지만, 결국 작전은 성공했습니다. 이 작전은 2차 세계 대전을 연합군의 승리로 이끈 결정적 전투가 되었습니다. 노르망디 상륙 작전을 감행하기로 한 1944년 6월 6일, 이날을 'D-DAY'라고 불렀습니다.

그렇다면 2차 세계 대전은 그날 종식되었을까요? 2차 세계 대전의 공식적인 종전일은 일본이 항복을 서명한 1945년 9월 9일입니다. 이날이 바로 V-DAY, 즉 '승리의 날'(victory-day)입니다. 결정적인 전투에서 이긴 지 1년 3개월 만에 전쟁이 끝난 것입니다.

오스카 쿨만은 이것에 빗대어 "이 마지막 때를 사는 신자들은 어떤 존재인가"를 설명합니다. 신자들은 예수님의 십자가 사건(D-DAY)에서 이미 결정적 승리를 얻은 자들입니다. 그리고 예수님께서 재림하셔서 모든 원수를 발아래에 복종케 하실 때, 신자들은 승리의 날(V-DAY)를 맞을 것입니다. 신자는 그 사이에서 살아가는 존재입니다. 전쟁의 승패는 이미 결정되었습니다. 문제는 신자가 살아가는 D-DAY와 V-DAY 사이에 치열한 전투를 치러야 한다는 것입니다.

신자는 이미 승리했지만 승리가 완성되지 않은 상태라는 긴장, 하나님 나라와 세상 나라라는 긴장 속에서 살아갑니다. 승리의 날이 언제가 될지 모르듯, 주님께서 언제 재림하실지 그 누구도 알지 못하기 때문입니다. 긴장 가운데 살고 있다는 것은 머지않아 하나님을 대면해야 한다는 생각을 갖게 하고, 주님 앞에서 합당하게 행동할 동기를 갖게 합니다.

> 아이들아 지금은 마지막 때라 적그리스도가 오리라는 말을 너희가 들은 것과 같이 지금도 많은 적그리스도가 일어났으니 그러므로 우리가 마지막 때인 줄 아노라(요일 2:18).

사도가 '마지막 때'라는 말을 강조하는 것은 지금이 우리 신앙생활의 마지막 때임을 아는 것이 중요하기 때문입니다. 세상 속에서 믿음을 지키려는 신자들에게 종말을 인식하는 것은 매우 유익합니다.

신약 성경이 가르치는 종말론에서 말하는 '마지막 때'는 지금까지 흘러오던 것이 중단되는 때가 아니라 완성되는 때입니다. 불안하고 연약하고 깨어지기 쉬운 우리 믿음이 완성되는 날입니다. 그러하기에 이 땅을 살아가는 우리 믿음의 씨름이 헛되지 않습니다. 성경은 역사가 순환하는 것이 아니라 직선으로 진행한다고 가르칩니다. 시간과 역사는 그 마지막 지점, 즉 완성의 지점을 향해 목적 지향적으로 진행됩니다. 이 시간의 끝에서 인간의 경험은 사라지거나 다시 시작되는 것이 아니라, 그리스도 안에서 이미 이루어진 성취가 온전해지고 완전해지는 것입니다.

주님께서는 하나님 나라가 완성되고, 하나님의 영광 가운데 영접받을 것이라고 말씀하셨습니다. 영광받을 날이 곧 오리라는 것을 아는 사람은 이 세상의 가치를 따라, 이 세상 사람들이 살아가는 방식대로 살아갈 수 없습니다. 신자는 승리의 날이 올 것을, 머지않아 하나님을 대면해야 한다는 것을 인식하고 살아가는 자들입니다. 영원을 준비하며 하나님께서 허락하신 인생을 살아가는 것입니다.

적그리스도와 그 정체

사도는 자신이 '마지막 때'라고 말하는 판단 근거로 "적그리스도가 오리라는 말을 너희가 들은 것과 같이 지금도 많은 적그리스도가 일어났[다]"(18절)고 말합니다. 성도들은 이미 적그리스도가 나타날 것을 들어서 알고 있었습니다. 그렇기 때문에 놀라거나 두려워하거나 이상하게 여길 일은 아니었습니다.

적그리스도는 영어로 'antichrist'로, 이 단어는 헬라어에서 비롯되었습니다. 요즘에는 우리도 무언가를 반대한다는 의미를 나타낼 때, 영어 접두사인 '안티'(anti)를 붙여 단어를 만드는데, 이 단어에는 '반대하다', '적대하다', '거스르다'라는 의미도 있지만, '대신하다'라는 의미도 있습니다. 적그리스도 역시 두 가지 의미를 지닙니다. 하나는 그리스도의 인격과 가르침을 모두 부정하고 대적하며 반대하는 자들을 가리키고, 다른 하나는 그리스도를 대신해서 자신을 그리스도로 사칭하는 자들을 가리킵니다.

적그리스도라는 단어는 신약 성경에서 요한의 서신에만 등장합니다(요일 2:18, 22; 4:3; 요이 1:7). 우리가 살펴보는 요한일서 2장 18절에는 이 단어가 두 번 등장합니다. 여기서 우리가 주목할 점은 원어로는 앞의 단어가 단수형, 뒤의 단어가 복수형으로 되어 있다는 것입니다. 그래서 한글 성경에서도 앞에서는 "적그리스도가 오리라"라고 되어 있고, 뒤에서는 "많은 적그리스도가 일어났나니"라고 번역되어 있습니다. 사도는 궁극적으로 적그리스도의 대표격인 존재가 오겠지만, 그전에 많은 적그리스도가 일어났다는 것을 말하고 있습니다.

사도가 말하는 적그리스도들은 그리스도를 부정하고 그분의 가르침을 반대하는 자들이었을 것입니다.

> 거짓말하는 자가 누구냐 예수께서 그리스도이심을 부인하는 자가 아니냐 아버지와 아들을 부인하는 그가 적그리스도니(요일 2:22).

1세기 교회에 일어난 문제는 그리스도께서 육체를 입고 사셨고 육체를 입고 죽으셨으며 육체를 입고 부활하셨다는 것을 부정하는 자들이 나타났다는 것이었습니다. 사도는 이들을 적그리스도라고 불렀습니다. 예수님도 이에 대해 비슷한 말씀을 하셨습니다.

> 거짓 그리스도들과 거짓 선지자들이 일어나 큰 표적과 기사를 보여 할 수만 있으면 택하신 자들도 미혹하리라(마 24:24).

주님께서는 '적그리스도' 대신 '거짓 그리스도들'과 '거짓 선지자들'이라고 표현하셨습니다. 주님께서는 거짓 그리스도들이 자신을 그리스도라고 사칭하고, 거짓 선지자들이 큰 표적과 기사를 보이는 때가 올 텐데, 이런 것들에 속지 말라고 말씀하십니다. 사도 바울도 이렇게 이야기합니다.

> 누가 어떻게 하여도 너희가 미혹되지 말라 먼저 배교하는 일이 있고 저 불법의 사람 곧 멸망의 아들이 나타나기 전에는 그날이 이르지 아니하리니 그는 대적하는 자라 신이라고 불리는 모든 것과 숭배함을 받는 것에 대항하여 그 위에 자기를 높이고 하나님의 성전에 앉아 자기를 하나님이라고 내세우느니라(살후 2:3, 4).

예수님께서 말씀하신 '거짓 그리스도들'과 '거짓 선지자들', 바울이 말한 '불법의 사람', 요한이 말한 '적그리스도'는 모두 같은 개념입니다. 역사를 살펴보면 이런 적그리스도가 많이 일어났습니다. 그러나 마지막에 일어날 적그리스도는 이전에 등장한 적그리스도들 이상의 일을 할 것입니다.

그렇다면 사도 요한이 말하는 적그리스도는 누구를 가리키는 것입니까? 이들은 이 편지를 읽고 있는 1세기 독자들도 알고 요한도 알고 있는 자들입니다.

> 그들이 우리에게서 나갔으나 우리에게 속하지 아니하였나니 만일 우리에게 속하였더라면 우리와 함께 거하였으려니와 그들이 나간 것은 다 우리에게 속하지 아니함을 나타내려 함이니라(요일 2:19).

당시 교회는 분열로 혼란을 겪고 있었습니다. 이제 막 세워져서 견고해져야 할 1세기 교회에 분열이 일어난 것입니다. 지도자를 포함해서 많은 사람이 교회를 떠났습니다. 상황이 이렇다 보니 교회가 많이 위축되었습니다. 사도 요한은 '우리에게서 나간 자들'이 바로 적그리스도들이라고 말합니다.

교회를 떠난 사람들은 거짓 교사들과 영지주의적인 거짓 가르침에 영향을 받은 자들이었습니다. 그들은 그리스도께서 육체로 오신 것을 부인했습니다. 그러한 자신들의 주장과 가르침이 받아들여지지 않자 그들은 교회를 떠난 것입니다. 그들은 구약 전통에서 보면 거짓 선지자들과 다르지 않습니다. 그들은 모두 사람들을 미혹하는 자들이기 때문입니다.

> 그러나 백성 가운데 또한 거짓 선지자들이 일어났었나니 이와 같이 너희 중에도 거짓 선생들이 있으리라 그들은 멸망하게 할 이단을 가만히 끌어들여 자기들을 사신 주를 부인하고 임박한 멸망을 스스로 취하는 자들이라(벧후 2:1).

하나님의 거룩하고 유익한 목적

사도 요한은 어떻게 그토록 확고하게 그들을 적그리스도라고 단정할 수 있었을까요?

우선 '그들이 우리에게서 나갔기' 때문입니다. 그들은 출교당하거나 제명당한 것이 아닙니다. 요한복음에서 요한은 마지막 만찬을 나누던 가룟 유다가 예수님께서 주신 떡 한 조각을 받고 밤에 나간 장면을 이렇게 묘사했습니다. "유다가 그 조각을 받고 곧 나가니 밤이러라"(요 13:30). 지금 요한일서에서 '우리에게서 나간' 자들도 유다와 같은 방식으로 나간 자들입니다. 그들이 나간 것은 우리에게 속하지 않았기 때문입니다. 그들은 본래 구원받지 못한 사람들입니다. 하나님의 자녀가 아닌 것입니다.

디모데도 비슷한 일을 겪었습니다. 진리의 문제로 교회가 분열된 것입니다. 그때 사도 바울은 디모데에게 이렇게 편지를 썼습니다.

> 그러나 하나님의 견고한 터는 섰으니 인 침이 있어 일렀으되 주께서 자기 백성을 아신다 하며 또 주의 이름을 부르는 자마다 불의에서 떠날지어다 하였느니라(딤후 2:19).

바울은 디모데에게 "우리는 불의에서 떠났고 그들은 우리에게서 나갔다. 이렇게 해서 하나님의 교회는 견고한 터 위에 세워져 간다"고 위로합니다. 그리고 사도 요한도 같은 말을 성도들에게 전하고 있습니다. 이 분열이 궁극적으로 교회와 성도를 유익하게 하시는 하나님의 방편이었다는 것입니다. 분열로 큰 타격을 입고 휘청대는 교회에 얼마나 위로가 되는 말이었겠습니까?

사도 요한은 "그들이 나간 것은 다 우리에게 속하지 아니함을 나타내려 함이니라"라고 말합니다. 여기서 '나타내다'라는 단어는 특히 요한복음에서 예수님과 관련된 하나님의 계시를 말할 때 사용되었습니다(요 2:11; 21:1, 14; 요일 1:2; 2:28; 3:2, 5, 8; 4:9). 그 나타남의 결과는 언제나 성도들에게 유익하고 교회가 새로워지는 은혜였습니다. 여기서도 사도는 이 단어를 사용하여 우리의 유익을 위해 하나님의 영광을 드러내는 방식을 설명하고 있는 것입니다. 구원받은 사람은 끝까지 견디는 신앙의 인내로 자기의 참됨을 증거하기 때문입니다.

무엇이 우리를 지켜 주는가

여기서 우리가 물어야 하는 몇 가지 중요한 질문이 있습니다. 교회에서 신앙생활을 잘하다가 교회를 떠나거나 이단으로 넘어가는 사람들을 본 적이 있을 것입니다(물론 우리는 그들의 궁극적 운명을 판단할 수 없습니다. 하나님께서 탕자처럼 돌아오게 하시는 사람들도 분명히 있습니다). 반면 우리는 여전히 이 자리에 있습니다. 그렇다면 우리는 그들과 무엇이 달라서 이 자리에 있는 것입니까? 무엇 때문에 여전히 진리 안에 남아 있는 것입니까? 무엇이 우리로 하여금 하나님의 교회 안에 머물러서 하나님의 은혜를 누리게 하는 것입니까? 무엇이 우리로 견디게 하는 것입니까? 무엇이 나를 잘못된 교리에서 지켜 주는 것입니까? 교회를 떠나는 자들과 남아 있는 자들의 본질적인 차이는 무엇입니까? 사도는 이렇게 대답합니다.

너희는 거룩하신 자에게서 기름 부음을 받고 모든 것을 아느니라(요일 2:20).

우리는 지금 사도가 말한 마지막 때를 살고 있습니다. 많은 적그리스도가 우리를 미혹하는 세상입니다. 믿음의 자리에 있는 듯하던 사람들이 미혹을 받아서 혹은 세상을 사랑해서 믿음을 버리고 배교의 길을 걸어갑니다. 교회 안에서도 하나님의 말씀이 아닌 인간의 천박한 소리가 강단을 채우는 일이 허다합니다. 그런데 지금 우리는 이 자리에 있습니다. 이것이 기계적으로 하나님 나라를 보장하지는 않지만, 우리가 지금 이 자리에 있다는 것, 우리가 하나님의 진리의 말씀에 붙들려 있다는 것은 은혜입니다. 그것은 우리의 판단과 의지의 문제가 아니기 때문입니다. 오직 성령의 은혜입니다.

하나님의 은혜가 없는 자신을 생각해 보신 적이 있습니까? 하나님의 은혜가 없다면 우리가 얼마나 보잘것없는 자인지 알고 계십니까? 이 마지막 때를 살아가며 우리를 미혹하게 하는 수많은 적그리스도에게서 지켜 주신 주님의 은혜에 감사드립시다. 주님의 영광스러운 재림의 날에 기쁨과 영광으로 주 앞에 서도록 우리는 인생 마지막 순간까지 더 큰 은혜를 구하며, 하나님과 더불어 성도들의 사귐 속에 깊이 머물러야 할 것입니다.

1 John
요한일서 2장 18-21절

18 아이들아 지금은 마지막 때라 적그리스도가 오리라는 말을 너희가 들은 것과 같이 지금도 많은 적그리스도가 일어났으니 그러므로 우리가 마지막 때인 줄 아노라 19 그들이 우리에게서 나갔으나 우리에게 속하지 아니하였나니 만일 우리에게 속하였더라면 우리와 함께 거하였으려니와 그들이 나간 것은 다 우리에게 속하지 아니함을 나타내려 함이니라 20 너희는 거룩하신 자에게서 기름 부음을 받고 모든 것을 아느니라 21 내가 너희에게 쓰는 것은 너희가 진리를 알지 못하기 때문이 아니라 알기 때문이요 또 모든 거짓은 진리에서 나지 않기 때문이라

13

기름 부음

요한일서 2장 18절에서 사도 요한은 지금이 마지막 때라고 판단하는 근거로 적그리스도(들)의 출현을 제시합니다.

> 아이들아 지금은 마지막 때라 적그리스도가 오리라는 말을 너희가 들은 것과 같이 지금도 많은 적그리스도가 일어났으니 그러므로 우리가 마지막 때인 줄 아노라.

사도는 궁극적인 적그리스도가 나타나기 전 많은 적그리스도가 활동할 것이라는 말을 들었을 텐데, 이미 그들이 활동하고 있다고 성도들에게 말합니다. 그런데 이것은 단순히 뜬구름 잡는 이야기가 아니었습니다. 사도가 편지를 쓸 당시 교회 성도들이 겪고 있는 현실이었습니다.

교회는 큰 분열을 겪었고, 교회 지도자들을 포함한 적지 않은 사람들이 교회에서 잘못된 교리와 잘못된 그리스도를 믿는다고 비난하면서 교회를 떠났습니다. 이제 교회에 남은 사람들은 불안해졌고, 교회 안에서 나누는 교제도 흔들렸습니다. 사도는 남은 성도들에게 개인적으로는 구원의 확신을 주고, 공동체적으로는 사귐의 기쁨을 회복시키기 위해 이 편지를 썼습니다. 이런 배경을 고려할 때, 19절은 남은 성도들에게 폭탄 선언과도 같았을 것입니다.

> 그들이 우리에게서 나갔으나 우리에게 속하지 아니하였나니 만일 우리에게 속하였더라면 우리와 함께 거하였으려니와 그들이 나간 것은 다 우리에게 속하지 아니함을 나타내려 함이니라.

사도 요한이 '이미 활동하고 있는 적그리스도들'이라고 표현한 이들이 다름 아닌 교회를 떠난 사람들, 특히 거짓 교사들이라고 밝힌 것입니다. 이 지적은 매우 직설적입니다. 교회를 흔들어 놓고 나간 그들이 바로 적그리스도들이라는 것입니다.

우리는 이 말씀을 신중하게 적용해야 합니다. 이것은 교회를 떠난 사람들이 모두 적그리스도들이라는 말이 아닙니다. 당시 사람들이 교회를 어지럽히고 떠난 것은 그리스도에 대한 그들의 주장, 즉 교리 때문이었습니다. 그들은 그리스도께서 육신을 입으실 수 없다고 믿었으며, 그렇게 주장하고 가르쳤습니다. '육체는 악하고 영은 선하다'는 헬라 철학의 이원론이 그들 사상을 시배하고 있었기 때문입니다. 그리스도의 성육신은 물론 육신으로 죽으시고 육신으로 부활하신 모든 것을 믿지 않았습니다. 그들은 이단이었습니다. 그들이 믿는 그리스도는 성경에서 말하는 그리스도가 아니었습니다. 그들은 자신들의 잘못된 교리를 가르치기 위해 교회를 흔들어댔습니다. 그러다가 자신들의 주장이 받아들여지지 않고 교회가 자신들 손 안에 들어오지 않자, 결국 교회를 흔들 수 있는 대로 흔들고 떠난 것입니다. 자신들의 이단 교리를 옳다고 주장하면서 교회를 흔들고 나갔기 때문에, 사도는 이들을 적그리스도들이라고 명백하게 지적한 것입니다.

지금 사도 요한은 특별한 의미에서의 사도적 권위로 말하고 있습니다. 물론 어느 시대나 이러한 적그리스도들이 있지만, 이 구절을 사용해서 자칫 다른 사람들을 경솔하게 판단하고 자의적으로 비난하지 않도록 매우 조심해야 합니다.

'우리' 대 '그들'

사도 요한은 본문 말씀에서 '우리 대 그들'의 구도로 말합니다. 교회에서 나간 자들은 처음부터 교회에 속하지 않았음을 증명하는 것입니다. '그들'이 본래부터 '우리'에게 속했다면 '그들'은 머물렀을 것입니다. 그러나 '그들'은 결국 나갔습니다. '우리에게 속했다'는 말은 우리가 그리스도께 속했듯이, 그리스도와 참된 교회에 속했다는 말입니다. '우리'는 교회이고, '그들'은 적그리스도들입니다. 중요한 것은 얼마나 많은 사람이 나갔느냐가 아닙니다. 교회가 겪는 이 어려움은 결국 교회를 유익하게 하시는 하나님의 방편입니다.

사도가 말하는 '우리 대 그들'이라는 구도는 두 가지 중요한 교리와 연결됩니다. 하나는 '성도의 견인' 교리이고 또 하나는 '교회의 본질'에 관한 교리입니다.

우선 요한일서 2장 19절은 '성도의 견인' 교리에 대해 무엇을 말하고 있습니까? '그들'이 그리스도의 지체이자 거듭난 하나님의 자녀였다면, 인내하며 교회에 남아 있었을 것입니다. 물론 그들의 궁극적 운명을 확언할 수는 없습니다. 그들 가운데 몇몇은 회개하고 주님께 돌아왔을지도 모릅니다. 그러나 자신들이 믿고 주장하며 가르치는 그 교리로 그들은 자신들의 정체를 드러냈을 뿐 아니라, 그리스도의 몸인 교회를 거짓 진리로 깨뜨리려 했으므로 적그리스도들이라고 불리게 된 것입니다.

구원받은 참된 성도는 자기 신앙의 참됨을 어떻게 드러냅니까? 오해하지 말고 잘 들으십시오. 참된 신앙은 열심으로 드러나지 않습니다. 성경에서 가르치는 참된 신앙의 표지는 열심과 헌신이 아니라 끝까지 견디는 인내입니다. 인내는 구원받은 성도의 보증입니다. 그래서 히브리서 기자는 인내를 성도의 믿음과 같은 의미로 사용했습니다.

> 게으르지 아니하고 믿음과 오래 참음으로 말미암아 약속들을 기업으로 받는 자들을 본받는 자 되게 하려는 것이니라(히 6:12).

또한 19절은 '교회의 본질'에 대해서도 말합니다. 주님께서 비유로 말씀하신 대로(마 13:24-30) 교회 안에는 알곡과 가라지가 섞여 있다는 사실을 우리는 늘 생각해야 합니다. 하지만 함부로 알곡과 가라지를 구별하려는 것은 주님께서도 금하신 일이므로 조심해야 합니다. 1566년에 작성된 제2 스위스 신앙 고백서는 이 점에 대해 이렇게 쓰고 있습니다.

> 그러나 우리가 이미 언급한 표지들로 교회를 매우 엄격하게 제한하는 것은 아니며, 이를 통해 (자원하거나 경멸에 차서가 아니라 필요에 의해 제약을 받거나 자신의 뜻에 반하여 불참하거나, 그러지 않다면 원했을) 성례에 참여하지 않는 사람들이나, 믿음이 부패하거나 완전히 죽은 것은 아니지만 믿음에 실패한 사람들, 또는 연약에서 비롯된 실수나 오류가 발견되는 사람들 모두를 교회 밖에 있는 이들로 치부하는 것은 아닙니다. …… 주님을 부인한 베드로에게 무슨 일이 일어났는지, 또는 하나님이 택하신 백성이 잘못을 범

해 철저하게 약해졌을 때 그들에게 날마다 무슨 일이 일어났는지를 알고 있습니다.

우리는 또한 사도 시대에 갈라디아 교회와 고린도 교회가 어떠했는지, 사도 바울이 얼마나 많은 죄악을 정죄했는지를 잘 알고 있습니다. 그럼에도 바울은 이 교회들을 그리스도의 거룩한 교회라 불렀습니다(고전 1:2; 갈 1:2)(17장 12항)(조엘 비키, 「개혁주의 신앙 고백의 하모니」[죠이북스 역간, 2023], 248-249쪽).

교회에는 언제나 참된 믿음에 이르지 못한 사람들이 있다는 사실을 늘 기억해야 합니다.

다시 말하지만, 교회 안에 있는 자로 헤아려지는 모든 사람이 성도이거나 교회의 살아 있는 참된 지체는 아닙니다. 겉으로 보기에 이들은 하나님 말씀을 듣고, 공적으로 성찬을 받으며, 오직 그리스도를 통해서만 하나님에게 기도하고, 그리스도를 자신의 유일한 의로 고백하며, 그렇게 함으로 하나님을 예배하고, 사랑의 사역을 행하고, 잠시 동안 인내하며 불행을 견디는 것으로 보입니다. 그러나 이들에게는 하나님의 성령의 내적 조명, 신앙과 마음의 성실함, 끝까지 인내하는 견인이 부족합니다. 그러나 이런 위선자들은 마침내 드러날 것입니다. 사도 요한이 이렇게 쓰고 있기 때문입니다. "그들이 우리에게서 나갔으나 우리에게 속하지 아니하였나니 만일 우리에게 속하였더라면 우리와 함께 거하였으려니와 그들이 나간 것은 다 우리에게 속하지 아니함을 나타내려 함이니라"(요일 2:19)(17장 14항)(조엘 비키, 「개혁주의 신앙 고백의 하모니」[죠이북스 역간, 2023], 249쪽).

가라지가 존재한다고 해서 교회가 참되지 않다는 것은 결코 아닙니다.

이런 사실 때문에 목사든 교인이든 낙심하거나 힘들어해서는 안 됩니다. 비록 지금은 은혜를 입지 못했을지라도 하나님의 말씀을 계속 들어 거듭나는 은혜를 주실 것을 기대하고 격려해야 합니다. 하지만 동시에 이로 인하여 말씀 사역과 교회의 거룩함에 장애가 되거나 교회가 약화되지 않도록 힘써야 합니다.

목사는 말씀을 가르치는 일을 더욱 전심으로 감당하고, 또 다른 은혜의 방편인 성례를 말씀에 입각하여 바르게 시행하는 일에 힘써야 합니다. 또 성도들이 좋지 않은 영향을 받아 나태해지거나 영적으로 방종하지 않도록 올바르게 권징하는 것도 목사와 장로의 직무입니다. 교회가 언제나 적그리스도, 즉 교회의 대적으로 말미암아 영적으로 위험해질 수 있다는 것을 알고 행해야 하는 것입니다. 단순히 열심히 하면 되는 것이 아닙니다. 교회 사역은 맨땅에 세우기만 하면 되는 차원의 일이 아니라, 우리가 힘써 세운 것을 무너뜨리는 존재가 있다는 것을 알고 대적하며 싸워야 하는 영적 전쟁입니다.

기름 부음과 그 성경적 배경

앞 장에서 저는 여러분에게 무엇이 여러분을 지금 진리에 붙어 있게 만들었는지 물었습니다. 이단과 사이비가 속출하는 이 시대에 여러분을 지금 바른 진리 가운데 속하도록 지켜 준 요인은 무엇입니까? 사도 요한은 그 요인이 기름 부음이라고 말합니다.

> 너희는 거룩하신 자에게서 기름 부음을 받고 모든 것을 아느니라(요일 2:20).

기름 부음은 쉽게 이해할 수 있는 말은 아닙니다. 하지만 오늘날 교인들도 많이 사용하는 말입니다. 먼저 기름 부음에 관한 몇 가지 오해를 살펴보려 합니다. 기름 부음은 하나님으로부터 직접 받는 계시를 가리키는 말이 아닙니다. 또한 영적으로 충만하다고 느끼는 자신의 주관적 상태와 상황을 근거로 모든 것을 판단할 수 있다는 말도 아닙니다. 이렇게 되면 사람들이 성경을 통해 하나님과 하나님의 뜻을 알아 가기보다는 하나님의 음성을 주관적으로 듣는 일에 치중하는 위험한 상황으로 몰려갈 것입니다. 성령님께서 가르쳐 주시니까 내 삶과 경험에서 성경은 무시해도 된다고 생각하는 것은 결코 기름 부음받은 사람의 자세가 아닙니다. 또 성령님께서 나에게 말씀하시고 가르쳐 주셨기 때문에 틀림없다고 말하는 것도 잘못입니다. 이것은 극단적 주관주의로 가는 잘못된 태도입니다. 기름 부음은 이런 자세와 태도를 합리화하는 도구가 아닙니다.

사도 요한이 어떤 맥락에서 '기름 부음'이라는 말을 사용하는지 보십시오. "너희는 거룩하신 자에게서 기름 부음을 받[았기]" 때문에 지식을 가지고 있다고 말하고 있습니다. 사도는 참된 신자의 적극적인 표지로 기름 부음을 언급합니다. 여기서 '모든 것을 아느니라'라는 말은 정확하게 해석하면 '(기름 부음을 받은) 너희 모두가 아느니라'라는 의미입니다. '모든'이라는 관형사가 목적어가 아닌 주어를 꾸며 줍니다. 즉, 본문이 말하는 기름 부음은 지식과 관련됩니다. 기름 부음을 받은 사람은 누구나 어떤 지식을 가집니다. 참된 신자는 누구나 어떤 지식을 공유하고 있습니다. 이것은 사도가 어떤 신비한 지식을 얻어 구원받았다고 주장하는 영지주의자들을 의식해서 한 말일 것입니다. 여기에 거룩하신 분에게 받은 기름 부음으로 말미암아 얻은 참된 지식이 있다는 것입니다.

그렇다면 '기름 부음'이 성경에서 어떤 의미로 사용될까요? 구약 성경에서 기름 부음은 거룩한 목적을 위해 어떤 사람(선지자, 제사장, 왕)이나 물건들

(성막이나 성전에 있는 거룩한 기구들)을 따로 세우고 성별하는 데 사용된 말입니다(출 29:7; 30:25; 40:15; 단 9:26). 그런데 이 말은 또한 성령을 받는 것과 관련됩니다.

사무엘이 기름 뿔병을 가져다가 그의 형제 중에서 그에게 부었더니 이날 이후로 다윗이 여호와의 영에게 크게 감동되니라(삼상 16:13).

이것은 나중에 예수님께서 성령을 받으시는 것과도 관련됩니다. 신약 성경에서 '기름 부음'은 동사형으로 다섯 번 등장하는데, 네 번은 예수님에 대해서(눅 4:18; 행 4:27; 10:38; 히 1:9), 한 번은 성도에 대해서 사용되었습니다(고후 1:21).

과연 헤롯과 본디오 빌라도는 이방인과 이스라엘 백성과 합세하여 하나님께서 기름 부으신 거룩한 종 예수를 거슬러(행 4:27).

하나님이 나사렛 예수에게 성령과 능력을 기름 붓듯 하셨으매 그가 두루 다니시며 선한 일을 행하시고 마귀에게 눌린 모든 사람을 고치셨으니 이는 하나님이 함께하셨음이라(행 10:38).

예수님에 대해 사용된 이 두 구절에서 우리는 기름 부음이 성령과 능력을 받는 것과 관련된다는 것을 봅니다. 성도에 대해 사용된 구절도 살펴보겠습니다.

우리를 너희와 함께 그리스도 안에서 굳건하게 하시고 우리에게 기름을 부으신 이는 하나님이시니(고후 1:21).

이것이 '기름 부음'을 이해할 수 있는 성경의 배경입니다. 그리고 이 단어가 명사형으로 사용된 경우가 요한일서에만 세 번 등장하는데, 그중 두 번이 2장 27절에 나옵니다. 여러 의미를 종합할 때, 기름 부음은 누군가 예수님을 믿게 될 때 성령님을 선물로 받는 것을 가리킨다고 볼 수 있습니다. 즉, 물질적 개념으로 기름을 바른다는 것이 아니라 성령을 주신다는 영적 의미인 것입니다. 더 단순하게 말하면 믿고 성령을 받은 것, 거듭남과 성령님의 내주를 의미합니다. 그런데 이것이 다가 아닙니다.

> 너희는 주께 받은 바 기름 부음이 너희 안에 거하나니 아무도 너희를 가르칠 필요가 없고 오직 그의 기름 부음이 모든 것을 너희에게 가르치며 또 참되고 거짓이 없으니 너희를 가르치신 그대로 주 안에 거하라(요일 2:27).

20절과 함께 이 말씀을 본다면, 기름 부음은 어떤 지식을 갖는 것과 관련된다는 사실을 부인할 수 없습니다. 분명히 기름 부음과 하나님 말씀을 받아 하나님을 아는 지식을 얻게 되는 것 사이에는 연관성이 있습니다. 종합하면, 기름 부음은 두 가지 요소, 즉 성령과 진리(하나님의 말씀)에 상관되는 것입니다.

성경과 성령은 함께한다

기름 부음을 받은 사람들은 진리의 말씀을 받은 사람들입니다. 그들은 영적 지식, 구원에 이르게 하는 지식을 가진 사람들입니다. 그런데 이 진리의 지식은 성령님의 역사하심을 통해 그들에게 주어졌습니다.

> 이는 우리 복음이 너희에게 말로만 이른 것이 아니라 또한 능력과 성령과

큰 확신으로 된 것임이라 우리가 너희 가운데서 너희를 위하여 어떤 사람이 된 것은 너희가 아는 바와 같으니라 또 너희는 많은 환난 가운데서 성령의 기쁨으로 말씀을 받아 우리와 주를 본받은 자가 되었으니(살전 1:5, 6).

사도 바울은 말씀이 어떻게 데살로니가 교인들에게 임하였는지를 분명하게 설명합니다. 그것은 성령의 역사하심이었습니다.

우리는 성경 전체를 통해, 그리고 기름 부음이라는 말을 통해 성령님과 하나님 말씀 사이에는 뗄 수 없는 관계가 있다는 것을 보게 됩니다. 주님께서 십자가를 지시기 전날 밤, 제자들에게 또 다른 보혜사, 곧 성령님을 보내 주겠다고 하신 말씀에서도 우리는 그것을 보게 됩니다. 주님께서는 성령님을 진리의 영으로 소개하십니다.

그는 진리의 영이라 세상은 능히 그를 받지 못하나니 이는 그를 보지도 못하고 알지도 못함이라 그러나 너희는 그를 아나니 그는 너희와 함께 거하심이요 또 너희 속에 계시겠음이라(요 14:17).

내가 아버지께로부터 너희에게 보낼 보혜사 곧 아버지께로부터 나오시는 진리의 성령이 오실 때에 그가 나를 증언하실 것이요(요 15:26).

그러나 진리의 성령이 오시면 그가 너희를 모든 진리 가운데로 인도하시리니 그가 스스로 말하지 않고 오직 들은 것을 말하며 장래 일을 너희에게 알리시리라(요 16:13).

성령님은 진리의 영이십니다. 그리고 세상은 능히 그분을 받지 못합니다. 오직 거듭난 그리스도인만이 자기 안에 거하시는 그분을 압니다.

> 보혜사 곧 아버지께서 내 이름으로 보내실 성령 그가 너희에게 모든 것을 가르치고 내가 너희에게 말한 모든 것을 생각나게 하리라(요 14:26).

성령님은 또한 가르치는 분입니다. 그분은 성도들을 모든 진리 가운데로 인도하실 것입니다. 여기서 우리는 매우 중요한 신앙의 명제를 확립하게 됩니다. "하나님의 객관적 진리의 말씀은 신자 안에 거하시는 성령님의 내적 증거와 결코 분리되지 않는다"는 것입니다.

사도 요한은 "너희는 거룩하신 자에게서 기름 부음을 받고"(요일 2:20)라고 말합니다. 여기서 '거룩하신 자'는 성부 하나님과 성자 하나님 모두를 지칭한다고 보아도 아무 문제가 없지만, 사도가 '거룩하신 자'라고 쓸 때의 용례("우리가 주는 하나님의 거룩하신 자이신 줄 믿고 알았사옵나이다"[요 6:69])나 27절을 볼 때, 예수님을 가리킨다고 봐야 할 것입니다. 또한 성령님을 주시는 것은 그리스도께서 구속 사역을 완전하게 성취하셨기 때문에 가능하다는 점에서도 그러합니다(엡 4:8; 행 2:33). 그리스도인은 그리스도와 연합하였기 때문에, 그리스도 안에서 그리스도와 같이 기름 부음과 성령의 충만함과 은사를 받아 누리게 되는 것입니다.

앞서 20절 하반절인 "모든 것을 아느니라"가 본래 '너희 모두가 아느니라'는 뜻이라고 설명했는데, 바울도 동일하게 말합니다.

> 우리가 세상의 영을 받지 아니하고 오직 하나님으로부터 온 영을 받았으니 이는 우리로 하여금 하나님께서 우리에게 은혜로 주신 것들을 알게 하려 하심이라 우리가 이것을 말하거니와 사람의 지혜가 가르친 말로 아니하고 오직 성령께서 가르치신 것으로 하니 영적인 일은 영적인 것으로 분별하느니라(고전 2:12, 13).

성도는 성령님으로 말미암아 깨닫는 영적 지식을 가진 사람입니다. 이것은 교회를 어지럽힌 영지주의자들의 주장처럼 선택된 소수만이 가지는 지식이 아닙니다. 사도는 "성령을 받은 모든 그리스도인은 진리를 안다"고 말합니다.

> 내가 너희에게 쓰는 것은 너희가 진리를 알지 못하기 때문이 아니라 알기 때문이요 또 모든 거짓은 진리에서 나지 않기 때문이라(요일 2:21).

흔들리는 신앙을 확실하게 붙잡아 주고 싶은 사도의 심정이 이 구절에 잘 나타납니다. "너희는 기름 부음받은 사람들이다. 하나님의 택하심을 받아 구별된 사람들이며, 참 진리의 지식을 가진 자들이다. 너희가 진리를 아는 자들이기 때문에 나는 이 편지를 쓴다. 기억해라. 모든 거짓은 진리에서 나지 않는 법이다. 그러므로 그들은 적그리스도들이다." 지금 사도는 바른 진리, 그리스도에 대한 바른 교리를 말하고 있는 것입니다.

자신의 신앙을 점검하라

본문 말씀은 우리에게 자신의 신앙을 점검해 볼 것을 요구합니다. 자신이 참으로 교회에 속한 자인지 점검하라는 것입니다. 그러면서 참된 그리스도인의 표지를 제시합니다. "나는 다른 그리스도인 형제자매들과 참된 교제를 갈망하며, 그러한 교제를 나누길 힘쓰고 있는가?" "나는 다른 곳에서는 경험할 수 없는 깊은 결속을 참된 그리스도인 형제자매들과의 만남 속에서 경험하는가?" "내 삶은 교회의 삶과 유기적으로 연결되어 있는가?" 이런 질문들은 자신의 신앙을 점검하고, 자신이 참된 교회에 속해 있는지를 확인할 수 있는 좋은 질문입니다. 자신의 신앙을 점검해 보십시오. 참으로 교회에 속한 자라면 더욱 힘쓰십시오. 그리고 자신이 참으로 교회에 속한 자가 아니라면, 하나님의 은혜를 간절히 구하십시오.

신앙을 점검하는 시금석은 자신이 참된 지식, 진리에 이르는 지식을 가지고 있는지를 묻는 것입니다. "그리스도를 아는 바른 지식이 있는가?" "단순히 머리로만 아는 지식이 아니라, 진정 그리스도를 아는 사람인가?" 이것은 성령님이 아니면 깨달을 수 없는 영적 지식을 가졌는지를 살피는 것입니다.

> 육에 속한 사람은 하나님의 성령의 일들을 받지 아니하나니 이는 그것들이 그에게는 어리석게 보임이요, 또 그는 그것들을 알 수도 없나니 그러한 일은 영적으로 분별되기 때문이라(고전 2:14).

여러분은 십자가를 통한 하나님의 구원의 은혜를 알고 누리며, 그 은혜 안에서 참으로 기뻐하고 만족하며 살아가고 있습니까? 혹시 그저 머리로 이해하고 깨닫는 수준에 머물러 있지는 않습니까? 자비하신 주님께 성령님이 아니면 깨달을 수 없으니 성령님을 달라고 구하십시오. 거듭난 자의 심령에 오셔서 머무시며 떠나지 않으시는 성령님께 그 지식을 가슴으로 깨달아 알고 은혜를 경험하게 해주시길 구하십시오. 하나님의 말씀을 가르치는 참된 교회에서는 이런 일이 일어나고 경험되어야 합니다.

1 John
요한일서 2장 22-27절

22 거짓말하는 자가 누구냐 예수께서 그리스도이심을 부인하는 자가 아니냐 아버지와 아들을 부인하는 그가 적그리스도니 23 아들을 부인하는 자에게는 또한 아버지가 없으되 아들을 시인하는 자에게는 아버지도 있느니라 24 너희는 처음부터 들은 것을 너희 안에 거하게 하라 처음부터 들은 것이 너희 안에 거하면 너희가 아들과 아버지 안에 거하리라 25 그가 우리에게 약속하신 것은 이것이니 곧 영원한 생명이니라 26 너희를 미혹하는 자들에 관하여 내가 이것을 너희에게 썼노라 27 너희는 주께 받은 바 기름 부음이 너희 안에 거하나니 아무도 너희를 가르칠 필요가 없고 오직 그의 기름 부음이 모든 것을 너희에게 가르치며 또 참되고 거짓이 없으니 너희를 가르치신 그대로 주 안에 거하라

14

진리 테스트

사도 요한은 참된 그리스도인이 누구인지를 알 수 있는 세 가지 테스트를 이야기합니다. 첫째, 하나님 말씀에 순종하는지를 살피는 도덕적인 테스트입니다(요일 2:3-6). 둘째, 형제를 사랑하는지를 살피는 사회적인 테스트로, 이것은 교회 됨을 이야기합니다(요일 2:7-11). 그리고 이번 장에서 다룰 내용이 바로 셋째, 교리적인 테스트입니다. 참된 진리를 믿는지를 살피는 것입니다. 이 세 가지 테스트는 대단히 중요합니다.

신자는 많은 문제에서 넘어집니다. 하나님의 말씀에 순종하는 문제에서도 넘어집니다. 우리는 늘 두 약속 가운데서 살아갑니다. 우선 세상이 우리에게 주는 약속이 있습니다. "이것을 먹으면 눈이 밝아지고, 지혜로워지며, 아름다워질 것"이라며 마귀가 주는 약속입니다. 다른 하나는 하나님께서 주시는 약속입니다. "이것을 먹으면 죽는다." 우리는 세상이 주는 약속을 버리고 하나님의 말씀과 약속을 믿어 순종하는 이 씨름에서도 많이 넘어집니다.

이뿐만이 아닙니다. 교회에서 서로 교제하며 사랑하는 데서도 우리를 시험에 들게 하거나 아프게 하는 일이 일어납니다. 이것은 피할 수 없습니다. 우리는 모두 연약한 사람이기 때문입니다. 부족하고 연약한 자들이 만나서 은혜 가운데 교제하는 것이 우리를 온전케 하시는 하나님의 방식입니다. 그렇기 때문에 형제의 사귐이 중요합니다.

특히 요한일서 2장 22-27절 말씀처럼 교리적인 면에서 이단이나 사이비에 걸려 넘어지는 일은 지금도 많이 일어납니다. 우리가 무엇을 믿는지를 정확하게 배우지 못하고 확신한 바에 이르지 못하면 넘어지는 것은 시간문제입니다.

이번 장에서 다룰 진리 테스트는 오늘날처럼 진리가 부재한 한국 교회 현실에 특별히 적실한 내용입니다. 진리 없이는 교회가 설 수 없습니다. 진리의 기둥과 터가 교회이기 때문입니다(딤전 3:15). 터도 없고 기둥도 없으면, 무너질 수밖에 없습니다. 교회에 독버섯처럼 퍼지는 이단이나 사이비보다 더 무서운 것은 교회 안에서 성경이 말하지 않는 신비주의적 요소나 이상한 신학을 가르치는 문제입니다. 우리가 하나님 말씀을 명확하게 듣고 진리 위에 굳건히 서는 것은 참 중요합니다.

적그리스도의 본성_ 예수님이 그리스도이심을 부인함

사도 요한은 적그리스도의 본성을 명확하게 설명합니다.

> 거짓말하는 자가 누구냐 예수께서 그리스도이심을 부인하는 자가 아니냐 아버지와 아들을 부인하는 그가 적그리스도니(요일 2:22).

적그리스도는 근본적으로 마귀의 수하에 있는 존재입니다. 주님께서는 마귀를 거짓의 아비라고 말씀하셨습니다(요 8:44). 일반적으로 우리가 거짓말을 하는 것도 문제지만, 더 심각한 경우는 진리가 아닌 것을 진리로 믿고 말하는 것입니다. 심지어 인격 자체가 거짓이 되는 경우도 있습니다. 인격 자체가 거짓이 되면, 상황에 따라 혹은 상대방에 따라 서로 다른 말을 하면서도 스스로는 매우 진실하다고 생각합니다. 이처럼 다양한 문제가 나타나는데, 이 모든 것이 적그리스도의 본성, 즉 거짓과 관계 있습니다. 여기서 사도 요한이 다루는 '거짓말'은 참과 거짓의 문제, 진리가 아닌 것을 말하는 것입니다.

앞서 사도 요한은 교회에서 떠난 많은 거짓 교사와, 그 거짓 교사들을 추종하는 사람들이 적그리스도들이라고 이야기했습니다(18, 19절). 그리고 이제 그들을 왜 적그리스도라고 하는지, 그들이 어느 부분에서 틀렸는지를 노골적으로 설명합니다(요일 2:22). 바로 예수님이 그리스도이심을 부인하는 것입니다.

당시 그리스 철학에 영향을 받은 사람들은 그리스 철학과 기독교 복음을 섞어서 설명했습니다. 그런 설명은 배운 사람들이 할 수 있는 것인데, 그 시대에 통하고 있는 철학의 이름으로 기독교를 설명했기 때문에 굉장히 그럴듯해 보였습니다.

그리스 철학, 특히 플라톤의 영향을 받은 사람들은 육신은 악하고 영혼은 선하다는 이원론을 믿었는데, 이원론에서 보자면 "예수님이 성육신하셨다"는 것은 말이 되지 않았습니다. 영이신 하나님께서 어떻게 악한 육신을 입을 수 있습니까? 그래서 그들은 "예수라는 사람이 세례를 받을 때, 그리스도의 영이 그에게 임했다가 고난을 받고 십자가에 죽기 전에 그 영이 떠나셨다"고 설명했습니다. 이것이 사도 요한이 편지를 보낸 에베소 교회에서 가르쳐지던 것이었습니다. 이 가르침으로 교회는 크게 분열되었고, 많은 사람이 그 새로운 가르침을 좇아 나갔습니다.

예수님의 성육신을 부인하는 것은 그리스도께서 우리를 위하여 대속적인 죽음을 죽으신 것을 부인하는 것이 됩니다. 그리스도가 육신을 입고 있지 않은데 어떻게 형벌을 받고 대속적인 죽음을 죽을 수 있습니까? 그들에 의하면, 십자가에 달린 건 '예수'이고 '그리스도'가 아니기 때문입니다. 또한 이것은 예수님이 육체를 입고 부활하셨다는 것도 부인하는 것이 됩니다. 부활 후 제자들과 함께 잡수시고, 도마에게 "네 손가락을 이리 내밀어 내 손을 보고 네 손을 내밀어 내 옆구리에 넣어 보라"고 말씀하신 것(요 20:27)은 예수님이 육체로 부활하신 것을 증명하지만, 그들은 그들의 정해진 논리와 설명으로 이 복음의 사실들을 부정하게 되는 것입니다.

이들의 주장은 "아버지와 아들을 부인하는 그가 적그리스도니"(22b절)라는 말씀처럼 예수 그리스도만 부인하는 것이 아니라 그들이 믿는다고 말하는 하나님 아버지도 부인하는 결과를 낳게 됩니다. 기독교 신앙의 근거를 모두 제거해 버리는 것입니다. 사도는 이 사실을 이렇게 부연합니다.

> 아들을 부인하는 자에게는 또한 아버지가 없으되 아들을 시인하는 자에게는 아버지도 있느니라(요일 2:23).

아들은 부인한다는 것은 예수님이 그리스도이심을 부인하는 것입니다. 사도는 예수님이 그리스도이심을 부인하는 사람에게는 아버지가 없고, 아들을 시인하는 자에게는 아버지가 있다고 말합니다. '아버지가 있다'는 것은 아버지와의 교제, 사귐, 생명이 있다는 것입니다. 사도는 하나님의 아들이신 예수 그리스도께서 완전하신 하나님이자 완전하신 사람으로 한 인격 안에 두 본성을 지니신 분임을 믿는 것이 기독교 신앙의 초석이라고 말하는 것입니다.

양보하지 못할 본질적인 참과 거짓의 문제

기독교 복음은 이 진리 위에 서 있습니다. 신앙은 무엇을 믿는가, 즉 그 신앙의 내용에 근거합니다. 사도들은 예수 그리스도께서 역사 속에서 사셨고 십자가를 지고 죽으셨다는 것을 증언하였습니다. 이것이 복음입니다. 이 복음은 1세기부터 지금까지 변하지 않았습니다. 이 복음은 새로운 계시나 새로운 가르침을 받아 뭔가를 추가해야 할 만큼 부족하지 않습니다. 온전한 복음이기 때문입니다.

사도 요한의 말에 따르면 그리스도인은 진리를 아는 사람, 진리를 깨달은 사람입니다(요일 2:21). 진리를 알지 못한다면 그는 그리스도인이 아닙니다. 사도가 말하는 '진리'는 복음입니다. 사도는 "너희는 거룩하신 자에게서 기름 부음을 받고 모든 것을 아느니라"(요일 2:20)라고 말했는데, 여기서 '기름 부음을 받았다'는 것은 특별한 사람들이 받는 특별한 능력이 아닙니다. 모든 그리스도인이 예수님을 믿고 회심할 때 성령을 받는 것을 가리켜 '기름 부음'이라고 표현한 것입니다. 사도 바울은 같은 맥락이지만 조금 다른 방식으로 이것을 설명했습니다.

> 우리가 세상의 영을 받지 아니하고 오직 하나님으로부터 온 영을 받았으니 이는 우리로 하여금 하나님께서 우리에게 은혜로 주신 것들을 알게 하려 하심이라 우리가 이것을 말하거니와 사람의 지혜가 가르친 말로 아니하고 오직 성령께서 가르치신 것으로 하니 영적인 일은 영적인 것으로 분별하느니라 육에 속한 사람은 하나님의 성령의 일들을 받지 아니하나니 이는 그것들이 그에게는 어리석게 보임이요, 또 그는 그것들을 알 수도 없나니 그러한 일은 영적으로 분별되기 때문이라(고전 2:12-14).

'하나님으로부터 온 영', 즉 성령을 받은 사람은 하나님이 우리에게 은혜로 주신 것들을 압니다. 성령님을 받기 전에는 하나님이 많은 것을 주셔도 그것이 하나님의 은혜라는 사실을 인지하지 못합니다. 예수님을 믿고 성령님을 받은 사람은 시각이 바뀝니다. 성령님이 가르쳐 주시는 방법으로 영적인 것을 분별하기 때문입니다(고전 2:14). 무언가를 분별하려면 기준이 필요합니다. 영적 분별력에도 기준이 있습니다. 바로 진리, 그리스도에 대한 진리입니다. 그 진리, 즉 '예수님이 누구신가'에 비추어 분별할 수 있는 것입니다.

종말과 같이 부정적이거나 어려운 주제에 대해서는 많은 견해가 있습니다. 또한 해석하기 힘든 구절에도 신학자마다 다양한 해석이 존재합니다. 이런 문제들에 대해 나와 견해와 해석이 다른 사람들을 함부로 정죄해서는 안 됩니다. 그러나 사도 요한이 지금 다루는 것은 복음의 본질, 즉 진리의 문제입니다. 이것은 한 치도 양보할 수 없는 문제입니다. 그래서 그는 단호하게 "너희는 적그리스도다"라고 못 박고 있습니다.

사랑의 사도로 불리는 요한이 지금 굉장히 분명하고 직설적으로 "거짓말하는 자가 누구냐"고 질타합니다. 요한만이 아닙니다. 사도 바울도 갈라디아서에서 비슷한 태도를 보입니다.

> 그러나 우리나 혹은 하늘로부터 온 천사라도 우리가 너희에게 전한 복음 외에 다른 복음을 전하면 저주를 받을지어다 우리가 전에 말하였거니와 내가 지금 다시 말하노니 만일 누구든지 너희가 받은 것 외에 다른 복음을 전하면 저주를 받을지어다(갈 1:8, 9).

'저주'라는 단어는 우리가 입에 쉽게 올리는 말이 아닙니다. 그럼에도 바울은 "우리가 너희에게 전한 복음 외에 다른 복음을 전하면 저주를 받을지어다"라고 분명하게 말합니다. 이것은 본질적인 참과 거짓의 문제, 구원의 문제와 관련되기 때문입니다. 이처럼 본질적인 문제에서는 우리도 선명해져야 합니다. 그러기 위해서는 무엇이 본질적인 문제인지를 분별할 수 있어야 합니다.

오늘날에는 기독교의 본질적인 진리의 문제에서조차 모든 것이 다 좋다는 식의 포용적 감상주의로 처신하는 사람이 많습니다. 교회와 교단 차원에서도 이런 모습을 많이 볼 수 있습니다. 이것은 복음과 기독교를 부정하는 태도입니다.

사도 요한은 아들을 부인하는 자, 즉 진리를 부인하는 자들에게는 두 가지 결과가 따른다고 말합니다.

> 아들을 부인하는 자에게는 또한 아버지가 없으되 아들을 시인하는 자에게는 아버지도 있느니라 …… 그가 우리에게 약속하신 것은 이것이니 곧 영원한 생명이니라(요일 2:23, 25).

하나는 아버지가 없다는 것인데, 이것은 그들에게 기독교 신앙이 존재하지 않는다는 의미입니다. 다른 하나는 하나님께서 약속하신 영원한 생명을 잃어버린다는 것입니다.

예수님께서는 "나와 아버지는 하나"(요 10:30)이며, "나로 말미암지 않고는 아버지께로 올 자가 없[다]"(요 14:6)고 말씀하셨습니다. 예수님을 부인하면서 하나님을 믿을 수는 없습니다. 또한 주님은 하나님께서 보내신 독생자 예수 그리스도를 믿는 자마다 영생이 있다고 약속하셨습니다(요 3:16). 그러므로 아들을 부인하는 자에게 약속된 영원한 생명은 없습니다.

그리스도인의 두 가지 안전장치

기독교 신앙에서 진리 테스트는 중요합니다. 그래서 사도는 "처음부터 들은 것을 너희 안에 거하게 하라"(요일 2:24a)고 권합니다. 처음부터 들은 것, 즉 진리를 우리 안에 거하게 하라는 것입니다.

여러분 안에 진리가 거하고 있습니까? 우리 인생에서 이보다 중요한 것은 없습니다. 명예, 부, 인간관계 등 우리가 소유했다고 자랑하는 많은 것이 있지만, 우리 인생의 성패를 결정하는 것은 '진리가 내 안에 거하느냐'입니다.

이어서 사도는 "처음부터 들은 것이 너희 안에 거하면 너희가 아들과 아버지 안에 거하리라"(요일 2:24b)고 말합니다. '아들과 아버지 안에 거한다'는 것은 영생을 누리고 있다는 말입니다. 그런데 그 조건이 '진리가 내 안에 거한다'는 것입니다. 우리는 어떻게 거짓된 교리에 빠지지 않고, 진리가 우리 안에 계속 거하게 할 수 있을까요? 본문 말씀은 하나님께서 두 가지 안전장치를 주셨다고 말합니다. 하나는 "처음부터 들은 것"(24절)이고, 다른 하나는 "기름 부음"(27절)입니다.

'처음부터 들은 것'은 예수님을 처음 믿을 때 들은 복음의 진리, 곧 말씀을 가리킵니다. 사도 요한은 의도적으로 이것을 "처음부터 들은 것"이라고 표현했습니다. 많은 사람이 거짓된 교리, 적그리스도의 가르침을 따라가는 이유는 늘 새로운 것을 추구하는 경향이 있어서입니다. 사람들은 들어본 적 없는 이야기에 귀가 솔깃해집니다. 그들은 "이미 들은 메시지를 언제까지 들어야 하는가?"라고 말합니다. 그러나 사도는 "너희가 처음부터 들은 복음에 닻을 내려라. 그 복음에 뿌리를 내려라. 그것이 기준이다"라고 말하고 있습니다.

복음의 은혜로 거듭난 성도는 그 복음을 또 듣고 싶어합니다. 사랑해서 결혼한 부부가 연애 시절 이야기를 하고 또 해도 질리지 않는 것과 같습니다. 영국의 A. C. 행키(Hankey) 여사가 쓴 시는 그러한 마음을 잘 표현합니다.

> 주 예수 크신 사랑 늘 말해 주시오.
> 나 항상 듣던 말씀 또 들려주시오.
> 저 뵈지 않는 천국 주 예수 계신 곳
> 나 밝히 알아듣게 또 들려주시오.
> 나 항상 듣던 말씀 나 항상 듣던 말씀
> 주 예수 크신 사랑 또 들려주시오(새찬송가 205장).

이것이 성도가 보이는 정상적인 반응입니다. 주 예수 그리스도의 사랑 이야기인 복음은 처음부터 항상 듣던 말씀입니다. 그런데도 더 밝히 알아듣도록 또 들려달라고 외치는 것입니다.

참된 성도는 복음을 들려달라고 외치는 사람입니다. 참된 성도는 교회 강단에서 복음이 선포되지 않고 이 세상에서 잘 먹고 잘사는 것에 관한 이야기가 들릴 때, 그만하고 복음을 들려달라고 외치는 사람입니다. 세상의 헛된 영화에 미혹당하던 자들도 복음을 들으면 천국의 빛난 영광이 비치는 것을 경험하게 됩니다. 바로 이것이 '처음부터 들은 것'이라는 말로 사도가 강조하고자 한 것이었습니다.

누가가 사도행전에 아덴(아테네) 사람들의 성향을 묘사한 부분은 흥미롭습니다.

> 네가 어떤 이상한 것을 우리 귀에 들려주니 그 무슨 뜻인지 알고자 하노라 하니 모든 아덴 사람과 거기서 나그네 된 외국인들이 가장 새로운 것을 말하고 듣는 것 이외에는 달리 시간을 쓰지 않음이더라(행 17:20, 21).

아덴은 그리스 철학의 중심지입니다. 철학을 숭상한 아덴 사람들은 새로운 것을 말하고 듣는 것 외에는 달리 시간을 쓰지 않았습니다. 그런 그들이 듣기에 바울이 전하는 복음은 새로운 것이었고, 그래서 듣기 시작했습니다. 그러나 복음은 철학적인 사색의 산물이 아닙니다. 역사 속에서 그리스도께서 하신 일과 그 하신 일에 대한 사도들의 설명에 기반합니다. 덧붙여야 할 계시가 필요 없는 온전한 복음입니다. 그래서 사도 바울은 말세의 징조를 이렇게 지적합니다.

> 때가 이르리니 사람이 바른 교훈을 받지 아니하며 귀가 가려워서 자기의 사욕을 따를 스승을 많이 두고 또 그 귀를 진리에서 돌이켜 허탄한 이야기를 따르리라(딤후 4:3, 4).

마지막 때가 이르면, 바른 교훈을 받지 않는다고 말합니다. 바른 교훈은 복음, 즉 사도 요한이 말한 '처음부터 들은 것'입니다. 또한 귀가 가려워서 자기들의 귀를 시원하게 해줄 스승, 자기 사욕을 따를 스승을 많이 둔다고 합니다. 이처럼 마지막 때의 증거 가운데 하나는 거짓 교사가 많이 일어난다는 것입니다.

거짓 교사의 특징은 시장이 요구하는 것을 준다는 것입니다. 자기 사욕을 따른다는 의미가 바로 시장이 요구하는 것을 주는 것입니다. 사탕을 달라고 하면 사탕을 주고, 꿀을 달라고 하면 꿀을 줍니다. 시장이 원하는 것을 제공합니다. 이것은 이윤을 극대화하는 것이 목적인 기업의 논리입니다. 개인의 입신양명에 눈먼 타락한 정치인들이 표를 얻기 위해 벌이는 양태이자 거짓 선지자들이 보여 준 길입니다. 이것은 성경이 우리에게 말씀하는 바 하나님의 백성이 가야 할 길은 아닙니다. 그러나 안타깝게도 이것이 한국 교회의 현실입니다. 바울이 말한 말세의 징조를 이 시대 한국 교회에서 쉽게 찾아볼 수 있습니다. 시장이 원하는 것을 주는 것입니다.

오늘날 교회가 타락하는 것은 목사만의 문제가 아닙니다. 함께 타락하는 교인들이 있습니다. 사도 요한은 거짓 가르침을 준 거짓 교사들을 쫓아 나간 사람들이 있다고 말합니다. 적지 않은 사람이 거짓 교사들을 쫓아갔을 것입니다. 그들은 복음을 원하지 않았습니다. 재미있는 것을 달라고 요구하고, 한 주 동안 힘들었으니 위로해 달라고 합니다. 지금 형편과 처지가 어렵지만 거짓말이라도 좋으니 잘될 거라고 말해 주기를 원합니다. 이런 시장의 요구에 따라 하나님 말씀에 물을 타서 전한 자들이 구약 성경에 나오는 거짓 선지자들입니다.

바울은 말세에 사람들이 "그 귀를 진리에서 돌이켜 허탄한 이야기를 따르리라"(딤후 4:4)고 말합니다. 그들은 처음부터 들은 복음인 진리에서 돌이켜 허탄한 이야기, 내용이 없는 이야기를 따릅니다. 진리에 관심이 없고 이 세상에서 잘 먹고 잘사는 일에만 관심이 있습니다. 하나님은 그저 내 인생을 도와주시기만 하면 됩니다. 이런 식으로 하나님을 도구화하는 일들이 세상이 아닌 하나님의 교회 안에서 일어나고 있는 것이 오늘날 한국 교회의 현실입니다. 허탄한 이야기를 따르는 것은 아덴 사람들과 다르지 않습니다. 들어보지 못한 이야기, 새로운 이야기를 추구하는 것입니다. 바로 이것이 이단과 사이비가 독버섯처럼 자랄 수 있는 토양이 된 것입니다. 이미 스무 세기 전에 사도들이 성령으로 예언한 말씀이 이루어지고 있는 것입니다.

사도 요한은 "처음부터 들은 것을 너희 안에 거하게 하라"(요일 2:24)고 권면합니다. 그 복음을 기준 삼아 분별하는 것이 기름 부음받은 사람이 하는 일입니다.

여기서 우리가 주목할 단어가 있습니다. 바로 '거하다'입니다. 이 동사는 신약 성경에서 많이 볼 수 있지만, 특히 요한복음과 요한일서에 집중적으로 사용되었습니다. 사도 요한이 즐겨 사용한 단어로, 이 '거하다'라는 단어는 어딘가에 잠시 머무는 것이 아니라 영구적인 주소지를 정하고 머문다는 뜻입니다. 이 단어에는 영구성과 지속성이 함축되어 있습니다.

그리스도인으로 살면서 성장하길 원한다면, 참된 그리스도인으로 믿음을 잘 지키면서 살다가 주님이 부르실 때 그분 앞에 영광스럽게 서길 원한다면, 처음부터 들은 것을 우리 안에 거하게 해야 합니다. 복음의 진리가 내 안에 거하게 해야 합니다. 복음의 진리가 우리 마음과 생각을 집으로 삼아서 정착할 수 있게 해야 합니다.

사도는 '거하다'라는 단어를 일방적인 개념이 아닌 상호적인 개념으로 사용합니다. "처음부터 들은 것이 너희 안에 거하면 너희가 아들과 아버지 안에 거하리라"(요일 2:24b). 그렇게 아버지와 우리의 사귐이 이루어지는 것입니다. 주님께서는 제자들에게 이렇게 말씀하셨습니다.

> 내 살을 먹고 내 피를 마시는 자는 내 안에 거하고 나도 그의 안에 거하나니(요 6:56).

> 내 안에 거하라 나도 너희 안에 거하리라(요 15:4).

'거한다'는 것은 상호적인 것입니다. '아들을 시인하는 자에게 아버지도 있다'는 말씀은 아버지께서 그 안에 거하신다는 것과 같습니다. 하나님 안에 거하는 것과 하나님을 소유하는 것은 동일합니다. 하나님께서 우리에게 주신 '처음부터 들은 것'은 거짓 교리에 미혹당하여 진리에서 벗어나지 않게 하시는 안전장치입니다. 우리는 처음부터 들은 복음의 진리에 비추어 모든 것을 판단하고 분별해야 합니다.

하나님께서 참된 성도에게 안전장치로 주신 다른 하나는 '기름 부음'입니다. 기름 부음이 무엇입니까? 모든 신자가 예수님을 믿을 때 선물로 받은 성령님을 가리킵니다. "너희는 거룩하신 자에게서 기름 부음을 받고 모든 것을 아느니라"(요일 2:20)라는 말씀은 모든 신자가 공유하는 영적 지식이 있다는 것입니다. 성령님은 진리의 영이십니다.

성령님은 홀로 일하지 않으십니다. 말씀을 통해서, 말씀과 함께, 말씀을 드러내심으로 우리 안에서 일하십니다. 처음부터 들은 것을 우리 안에 거하게 하고 기름 부음이 우리 안에 거할 때, 하나님께서 모든 거짓 가르침에서 친히 우리를 지키십니다.

기름 부음은 영적인 분별력을 가져옵니다. 사도는 27절에서 20절을 부연합니다.

> 너희는 주께 받은 바 기름 부음이 너희 안에 거하나니 아무도 너희를 가르칠 필요가 없고 오직 그의 기름 부음이 모든 것을 너희에게 가르치며 또 참되고 거짓이 없으니 너희를 가르치신 그대로 주 안에 거하라(요일 2:27).

여기서도 사도는 "기름 부음이 너희 안에 거[한다]"고 말합니다. 기름 부음이 우리 안에 지속적으로 머문다는 것입니다. 그 성령님께서 우리 안에 오셔서 영원히 떠나지 않으신다는 것입니다.

그런데 이 말씀은 은사주의자들에 의해 많이 왜곡되었습니다. 일부 극단적 은사주의자들은 "아무도 너희를 가르칠 필요가 없고"라는 말씀을 성령의 기름 부음이 있으니 목사나 장로와 같은 직분도 필요 없고, 성도들은 성령님께 직접 계시를 받는다고 해석합니다. 그러나 목사와 교사는 예수 그리스도께서 성령을 통하여 교회에 세우신 직분입니다(엡 4:11). 이것은 서로 모순되는 말씀이 아닙니다. 보십시오. 사도 요한도 지금 성도들을 '가르치기 위해' 이 편지를 쓰고 있습니다.

이 말씀은 온갖 거짓 교리에서 우리를 지켜 주는 것은 주님께서 모든 신자에게 주신 '기름 부음'이라고 말하고 있습니다. 이 기름 부음이 우리가 처음부터 들은 복음의 진리를 붙잡게 하고, 그 진리가 우리 안에 거하게 하며, 그 진리에 비추어 모든 것을 판단하게 하기 때문입니다. 기름 부음은 성도들이 거짓 교리에 빠지지 않도록 진리에 대한 분별과 확신으로 인도합니다.

주님께서 자기 백성을 지키기 위해 주신 두 가지 안전장치는 '처음부터 들은 것'과 '기름 부음', 즉 진리와 성령입니다. 성도는 회심할 때 이 두 가지 안전장치를 받습니다. 진리의 말씀은 객관적인 안정장치이고, 기름 부음은 주관적이고 경험적인 안전장치입니다. 하나님 말씀을 배우는 데 게으르지 마십시오. 이보다 중요한 것은 없습니다. 그러나 그것만으로는 안 됩니다. 성령의 기름 부음 없이는 깨달을 수 없기 때문입니다. 또한 성령을 받았다는 것이 하나님의 말씀을 배우고 확신한 일에 거하는 것에서 우리를 면제해 주지도 않습니다. 하나님께서는 이사야 선지자의 예언에서 이것을 우리에게 그대로 보여 주십니다.

> 여호와께서 이르시되 내가 그들과 세운 나의 언약이 이러하니 곧 네 위에 있는 나의 영과 네 입에 둔 나의 말이 이제부터 영원하도록 네 입에서와 네 후손의 입에서와 네 후손의 후손의 입에서 떠나지 아니하리라 하시니라 여호와의 말씀이니라(사 59:21).

'네 위에 있는 나의 영'과 '네 입에 둔 나의 말'은 곧 성령과 말씀을 가리킵니다. 성령과 진리가 우리를 인도하시고, 우리의 후손을 인도하시며, 우리의 후손의 후손을 인도하실 것이라는 이사야의 예언이 요한일서에서 두

개의 안전장치, 즉 처음부터 들은 것과 성령의 기름 부음이라는 말로 설명되어 있는 것입니다. 우리는 그 오래된 복음을 붙들고 살아가는 것입니다. 하늘의 교사이신 성령님께서 그 복음을 깨닫게 하시고 확신시키십니다.

우리를 거짓 교리에서 지켜 주는 것은 신앙 경력도, 이성적인 판단력도, 은혜 체험도 아닙니다. 거듭난 사람들에게 이미 주신 두 가지, 처음부터 들은 복음의 진리와 기름 부음이 우리를 지켜 줍니다. 이 두 가지를 붙들고 가는 사람은 흔들리지 않습니다.

그리스도의 은혜와 그를 아는 지식에서 자라 가라

참된 그리스도인에게 진리 테스트는 매우 중요합니다. 성경은 열심히 행하고 사랑이 많은 것처럼 보이는 자가 참된 그리스도인이라고 말하지 않습니다. 참된 신자는 진리 테스트를 통과한 사람입니다. 예수 그리스도께서 누구신지에 대해 선명한 진리를 갖고 있는 사람입니다. 복음이 무엇인지에 대해 분명히 아는 사람입니다. 단순히 머릿속 지식이나 지적인 동의가 아니라 주관적인 확신이 되도록 성령님께서 역사하셔서 그 진리가 그 안에 거하게 하십니다.

여러분 안에는 주님께서 주신 이 두 가지 안전장치가 있습니까? 여러분 안에 처음 들은 것이 거하고 있습니까? 기름 부음이 거하고 있습니까? 복음의 말씀을 옛것이라고 진부하게 여기지 않고, 또 들려달라고 할 만큼 처음 들은 그 복음의 은혜를 다시 받기를, 더 밝히 알기를 원하십니까? 그렇다면 감사하십시오. 하나님께서 주신 두 가지 안전장치가 자신 안에 거한다면 감사하십시오. 여러분은 아버지를 소유하고 영원한 생명을 소유한 자들입니다. 이제 여러분이 할 일은 "구주 예수 그리스도의 은혜와 그를 아는 지식에서 자라가는 것"(벧후 3:18)입니다. 여러분 인생에 이보다 중요한 것은 없습니다.

　여전히 처음부터 들은 말씀과 기름 부음이 내 안에 있는지 잘 모르겠다고 생각하시는 분들이 계시다면, 은혜 베풀기를 기뻐하시는 주님께 나아가 은혜를 구하십시오. 그리고 복음의 진리를 읽고 듣고 배우는 일에 자신을 드리십시오. 신앙생활을 얼마나 오래했는지, 우리의 배경과 처한 상황이 어떠한지는 중요하지 않습니다. 주님께서는 "아버지께서 내게 주시는 자는 다 내게로 올 것이요 내게 오는 자는 내가 결코 내쫓지 아니하리라"(요 6:37)라고 분명하게 말씀하셨습니다. 주님 앞에 나아가는 사람 가운데 은혜받지 못하는 사람은 없습니다. 그럴 때, "처음부터 들은 것이 너희 안에 거하면 너희가 아들과 아버지 안에 거하리라"(2:24)는 말씀이 우리 모두 안에서 이루어질 것입니다.

1 John
요한일서 2장 28절-3장 3절

2:28 자녀들아 이제 그의 안에 거하라 이는 주께서 나타내신 바 되면 그가 강림하실 때에 우리로 담대함을 얻어 그 앞에서 부끄럽지 않게 하려 함이라 29 너희가 그가 의로우신 줄을 알면 의를 행하는 자마다 그에게서 난 줄을 알리라 3:1 보라 아버지께서 어떠한 사랑을 우리에게 베푸사 하나님의 자녀라 일컬음을 받게 하셨는가, 우리가 그러하도다 그러므로 세상이 우리를 알지 못함은 그를 알지 못함이라 2 사랑하는 자들아 우리가 지금은 하나님의 자녀라 장래에 어떻게 될지는 아직 나타나지 아니하였으나 그가 나타나시면 우리가 그와 같을 줄을 아는 것은 그의 참모습 그대로 볼 것이기 때문이니 3 주를 향하여 이 소망을 가진 자마다 그의 깨끗하심과 같이 자기를 깨끗하게 하느니라

15

하나님의 자녀

성경은 우리에게 균형 있는 신앙을 강조합니다. 요한계시록 2장에서 에베소 교회는 악한 자들을 용납하지 않고, 하나님 말씀으로 자칭 사도라 하는 자들의 거짓된 것을 드러냈음에도 첫사랑을 잃어버렸다는 책망을 듣습니다. 오늘날에도 어떤 사람은 말씀을, 어떤 사람은 기도를, 또 어떤 사람은 찬송이나 은사를 강조합니다. 이 모두가 좋은 것이지만 신앙은 자신의 기질이나 성향에 따라 불균형적으로 세워져서는 안 됩니다. 감성이 풍부한 사람도 있고, 이성적이고 합리적인 사람도 있지만, 우리는 말씀을 통해 온전한 신앙이 어떠한 것인지를 바르게 깨닫고 그것을 추구해야 합니다. 이 점에서 요한일서는 바른 신앙이 무엇인지, 어떻게 신앙생활을 하고 어떻게 교회를 이루어 가는 것이 합당한지를 잘 설명하고 있습니다.

그리스도인은 하나님의 자녀다

사도 요한은 그리스도인이 어떤 사람인지를 여러 가지로 설명합니다. 우선 그리스도인은 '하나님을 아는 사람'입니다.

> 우리가 그의 계명을 지키면 이로써 우리가 그를 아는 줄로 알 것이요 그를 아노라 하고 그의 계명을 지키지 아니하는 자는 거짓말하는 자요 진리가 그 속에 있지 아니하되(요일 2:3, 4).

또한 그리스도인은 '그리스도 안에 있는 사람'입니다.

> 누구든지 그의 말씀을 지키는 자는 하나님의 사랑이 참으로 그 속에서 온전하게 되었나니 이로써 우리가 그의 안에 있는 줄을 아노라 그의 안에 산다고 하는 자는 그가 행하시는 대로 자기도 행할지니라(요일 2:5, 6).

그리스도인은 '빛 가운데 행하는 사람'입니다.

> 빛 가운데 있다 하면서 그 형제를 미워하는 자는 지금까지 어둠에 있는 자요 그의 형제를 사랑하는 자는 빛 가운데 거하여 자기 속에 거리낌이 없으나(요일 2:9, 10).

그리고 그리스도인은 '아버지와 아들 안에 거하는 사람'입니다.

> 너희는 처음부터 들은 것을 너희 안에 거하게 하라 처음부터 들은 것이 너희 안에 거하면 너희가 아들과 아버지 안에 거하리라(요일 2:24).

그런데 사도는 이제 그리스도인에 대해 새로운 개념을 설명합니다. 이 설명이 시작되는 2장 28절부터 요한일서는 새로운 국면으로 들어갑니다. 이번 장의 본문 말씀이 3장 1절이 아닌 2장 28절에서 시작되는 이유입니다. 사도 요한이 강조하고자 하는 새로운 개념은 바로 그리스도인은 '하나님의 자녀'라는 것입니다.

> 너희가 그가 의로우신 줄을 알면 의를 행하는 자마다 그에게서 난 줄을 알리라 보라 아버지께서 어떠한 사랑을 우리에게 베푸사 하나님의 자녀라 일컬음을 받게 하셨는가, 우리가 그러하도다 그러므로 세상이 우리를 알지 못함은 그를 알지 못함이라 사랑하는 자들아 우리가 지금은 하나님의 자녀라 장래에 어떻게 될지는 아직 나타나지 아니하였으나 그가 나타나시면 우리가 그와 같을 줄을 아는 것은 그의 참모습 그대로 볼 것이기 때문이니(요일 2:29-3:2).

사도는 29절에서 "그에게서 난 줄을 알리라"라고 말합니다. '그에게서 났다'는 표현으로 사도는 '하나님의 자녀'라는 의미를 전하기 시작합니다. 여기서 새로운 개념으로 주제가 전환되지만, 요한일서의 특징인 나선형 구조에 따라 내용은 반복됩니다.

요한일서 2장 28절-4장 6절은 사도 요한이 강조하는 '하나님에게서 난 자', 즉 하나님의 자녀가 어떤 사람인지를 설명합니다. 하나님의 자녀는 같은 죄를 반복하지 않고(요일 3:9), 의를 행하며(요일 2:29), 하나님의 가족 안에서 형제자매를 사랑하고(요일 3:10, 14; 4:7), 예수님이 그리스도시라는 사실을 믿는(요일 4:1-6) 자입니다. 이것은 사도가 이 편지에서 무엇에 관심을 갖고 있는지를 보여 줍니다. 사도는 이 편지를 통해 성도들의 믿음이 참된지 점검하고 확신에 이르게 하려는 것입니다.

자신이 하나님의 자녀인지 알지 못하는 사람은 확신에 이를 수 없고 두려움 가운데 힘든 삶을 살 수밖에 없습니다. 그러나 놀랍게도 성경은 우리가 믿음의 확신을 가지고 살아갈 수 있다고 말합니다. 성경은 확신에 이르는 두 가지 길을 이야기합니다. 하나는 성령님께서 친히 우리 영과 더불어 우리가 하나님의 자녀인 것을 증언하신다는 것입니다(롬 8:16). 이는 하나님께서 주시는 신비한 확신입니다. 그리고 또 하나는 우리가 하나님 말씀에 순종하여 살아갈 때 그 순종을 통해 주시는 확신입니다. 이 확신은 순종해 보지 않으면 얻을 수 없습니다. 거듭난 하나님의 자녀라 할지라도 순종하는 삶을 살아가지 않는다면, 이 확신에 이를 수 없습니다. 이 확신은 하나님의 자녀가 하나님의 자녀답게 살아갈 때 주어집니다.

지금 사도 요한은 이 편지를 받는 성도들에게 그러한 확신을 주고 싶어 합니다. 확신이 없는 성도는 구원을 얻기 위해 무언가를 해야 한다고 생각할 수 있습니다. 그러나 성경은 그렇게 말하지 않습니다. 성도는 하나님께서 주신 은혜가 몹시도 크고 감사해서 하나님을 섬기는 사람이지, 하나님을 섬겨서 구원을 받으려는 사람이 아닙니다. 구원받았기 때문에 그 은혜의 기쁨으로 하나님을 섬기는 것입니다.

오늘날에는 기독교 복음을 마치 현실의 어려움을 극복하는 심리적 위로나 행복감을 주는 정도로 이해하고 접근하는 사람이 많습니다. 그렇다 보니 교회에서도 그런 사람들의 필요를 채워 주려고만 합니다. 그러나 복음은 우리의 영원을 다루는 것입니다. 우리의 상상과 이해, 그 모든 것을 초월히는 어마어마한 것이 복음입니다. 현실에서 맞닥뜨리는 어려움을 극복하고 난처한 문제를 해결해 주어서 마음을 편안하게 만드는 것은 복음이 아닌 다른 것으로도 할 수 있습니다. 복음은 그렇게 작고 사소한 것이 아닙니다. 그것들이 아무 문제도 아니라는 말은 아니지만, 복음은 그런 문제들보다 더 크고 영광스러운 것들을 보게 합니다. 복음은 영원한 행복을 다루기 때문입니다. 그리고 그 영원한 행복은 내가 하나님의 자녀인지 아닌지에 달려 있습니다. 우리 인생에서 이보다 중차대한 문제는 없습니다.

하나님의 자녀의 특징

사도 요한은 하나님의 자녀는 '의를 행한다'고 말합니다.

> 너희가 그가 의로우신 줄을 알면 의를 행하는 자마다 그에게서 난 줄을 알리라(요일 2:29).

'의를 행한다'는 것은 무슨 의미일까요? 그것은 빛 가운데 행하는 삶을 가리킵니다. 하나님이 빛이시기 때문입니다(요일 1:5 이하). 또한 그것은 하나님의 계명을 순종하는 삶이며(요일 2:3 이하), 세상과 세상에 있는 것들을 사랑하지 않는 삶입니다(요일 2:15). 사도는 앞서 이야기한 이런 것들을 '의를 행한다'는 말로 요약하고 있습니다.

의를 행하는 것은 의로우신 하나님을 닮았다는 것을 드러내는 표시이고, 하나님을 닮았다는 것은 그가 하나님에게서 난 하나님의 아들이라는 표시입니다. 사도는 이것을 '하나님의 자녀'라고 표현합니다.

> 보라 아버지께서 어떠한 사랑을 우리에게 베푸사 하나님의 자녀라 일컬음을 받게 하셨는가, 우리가 그러하도다 그러므로 세상이 우리를 알지 못함은 그를 알지 못함이라 사랑하는 자들아 우리가 지금은 하나님의 자녀라 장래에 어떻게 될지는 아직 나타나지 아니하였으나 그가 나타나시면 우리가 그와 같을 줄을 아는 것은 그의 참모습 그대로 볼 것이기 때문이니(요일 3:1, 2).

요한일서가 기록된 1세기 로마에서는 아이나 성인을 입양해서 법적인 후계자나 상속자로 삼는 일이 흔했습니다. 그래서 보통 '자녀'는 '상속권을 지닌 자'와 같은 의미로 사용되었습니다. 성경도 우리의 구원을 '입양된 아들'이라는 개념으로 설명합니다. 하지만 이 편지에서 사도가 쓴 '자녀'라는 단어는 생물학적인 부모 자식 관계를 의미합니다. 즉, '친자'라는 뜻입니다.

사도 요한은 왜 이 단어를 사용한 것일까요? 그 이유는 29절에 "그에게서 난 줄을 알리라"라는 말에서 찾을 수 있습니다. 자식이 자신을 낳아 준 부모를 닮듯이, 하나님에게서 난 자, 즉 하나님의 자녀라면 하나님을 닮아야 한다는 것을 설명하기 위해서입니다. 사도는 하나님의 본성인 의로움을 닮아 의를 행하는 것이 바로 하나님의 자녀임을 알 수 있는 특징이라고 말하는 것입니다.

동시에 사도는 영지주의자들이 "지식으로 구원을 얻는다"고 말할 때, 그 '구원 얻는 지식'이 참된 지식이라면 구원받은 사람은 의를 행할 것이라는 말로 그들의 헛된 거짓말을 반박하고 있습니다. 주님께서도 산상 수훈에서 "그들의 열매로 그들을 알리라"(마 7:20)라고 말씀하셨듯이, 우리는 열매로 참과 거짓을 분별해야 합니다. 신기하고 새로운 가르침에 넘어갈 것이 아니라, 그들의 열매를 볼 수 있어야 합니다. 하나님에게서 난 자는 하나님의 자녀만이 맺을 수 있는 열매를 맺습니다. 신앙은 말이 아니라 삶으로 드러납니다.

죄인을 하나님의 자녀 되게 하는 하나님의 사랑

사도 요한의 논지는 성경 전체에서 가르치는 바와 조금도 다르지 않습니다. 사도는 하나님의 은혜로 말미암아 주어진 하나님의 자녀라는 신분과 특권이 얼마나 영광스러운지를 성도들이 알기를 바랐습니다. 그 은혜로 주어진 이 변화를 이해하지 못하는 것은 매우 안타까운 일입니다. 그것을 아는 것이야말로 성도의 삶 전체를 바꿀 중요한 기초이자 열쇠이기 때문입니다. 그러므로 성도에게 가장 큰 비극은 자신이 누구인지를 모르는 것입니다. 자신이 누구인지 모른다는 것은 하나님의 자녀라는 신분이 얼마나 영광스러운지를 모르는 것입니다. 그래서 사도는 그 사실을 전하고자 하는 것입니다.

> 보라 아버지께서 어떠한 사랑을 우리에게 베푸사 하나님의 자녀라 일컬음을 받게 하셨는가, 우리가 그러하도다 그러므로 세상이 우리를 알지 못함은 그를 알지 못함이라(요일 3:1).

사도는 무엇이 죄인인 우리를 하나님의 자녀가 되게 하는지를 묻고 있습니다. 여러분, 무엇이 죄인을 하나님의 자녀로 만듭니까? 노력과 수고, 봉사와 헌신입니까? 아닙니다. 사도는 우리로 하나님의 자녀 되게 하는 것은 '하나님의 사랑'이라고 말합니다. 하지만 많은 사람은 죄인인 자신이 하나님을 믿기로 결심했기 때문에, 혹은 믿었기 때문에 구원받았다고 생각합니다. 이 문제에 대해서 요한복음은 이렇게 말씀합니다.

> 영접하는 자 곧 그 이름을 믿는 자들에게는 하나님의 자녀가 되는 권세를 주셨으니(요 1:12).

사도 요한은 하나님께서 예수님을 믿는 자들에게 하나님의 자녀가 되는 권세를 주셨다고 말합니다. 이 구절만 읽으면 자신이 믿는다고 결심할 때, 그 결심으로 하나님의 자녀가 되는 것이라고 생각하기 쉽지만, 그렇게 생각하지 않도록 13절에서 이렇게 말합니다.

> 이는 혈통으로나 육정으로나 사람의 뜻으로 나지 아니하고 오직 하나님께로부터 난 자들이니라(요 1:13).

순교자의 자손이라고 해서(혈통), 내가 내 의지로 나를 포함한 누군가를 하나님의 자녀로 만들겠다고 해서(육정) 하나님의 자녀가 되는 것이 아닙니다. 구원은 오직 하나님의 은혜와 선물로 말미암는 것입니다(엡 2:8, 9). 이렇게 하나님의 뜻에 의해 이루어지는 구원을 사도는 "하나님께로부터 난 자들"이라고 표현하고 있습니다.

오직 하나님의 사랑만이 죄인을 하나님의 자녀로 바꿉니다. 하나님의 자녀가 되는 것은 우리의 수고가 아니라 하나님의 기쁘신 뜻과 은혜로만 가능합니다. 사도는 그 사실을 전하기 위해 우선 "보라"라는 말로 독자들의 주목을 끌고 있습니다. 성도들이 십자가와 하나님의 사랑이 어떠한지를 묵상하면서 그 사랑이 그들의 존재 깊숙이 스며들기를 바라고 있습니다. 우리가 세상을 살아가면서 이 사랑을 아는 것은 중요합니다.

이어서 사도가 말한 "어떠한 사랑을 우리에게 베푸사"라는 표현도 강조법입니다. 풍랑이 일어 배에 탄 사람들이 죽게 되었다는 말을 듣고 예수님께서 말 한마디로 풍랑을 잠재우시자 사람들은 이렇게 말했습니다. "이이가 어떠한 사람이기에 바람과 바다도 순종하는가"(마 8:27). 예수님을 보통 사람과는 차원이 다른 사람으로 인식한 것입니다. 여기서 사도 요한이 사용한 용법도 같습니다. '어떠한 사랑'은 우리가 흔히 아는 그 사랑이 아닌 차원이 완전히 다른 사랑이라는 의미입니다. 그 어떤 것과도 비교할 수 없는 사랑입니다. 무한 불변하시고 영원하신 하나님만이 하실 수 있는 진짜 완전한 사랑을 베푸셔서 죄인인 우리를 하나님의 자녀라 일컬음받는 자리에 오게 하신 것입니다.

이 세상에 완전한 사랑은 없습니다. 모든 사랑은 불완전하고 조건적입니다. 그러나 하나님께서 우리를 사랑하신 '어떠한 사랑'은 조건적이지 않습니다. 하나님께서 나를 사랑할 만한 조건을 발견하신 거라면, "어떠한 사랑을 우리에게 베푸사 하나님의 자녀라 일컬음을 받게 하셨는가"라고 말할 수 없습니다. 하나님께서 나를 사랑하실 만한 이유를 찾으셨다고 생각한다면, 그 사람은 하나님과 하나님의 사랑을 모르는 사람입니다. 하나님의 사랑을 깨달은 자는 어느 누구나 한결같이 자신이 티끌에 지나지 않은 존재라는 사실을 알기 때문입니다. 그런 우리에게 하나님께서는 완전하고 영원하며 무한한 사랑을 베풀어 주셨습니다. 이것이 죄인을 하나님의 자녀 되게 한 '어떠한 사랑'입니다.

이 사랑은 인간이 세상에서 사랑을 받지 못하고 누리지 못하여 받은 모든 상처를 치유하고 상쇄하고도 남을 만큼 완전하고 무한한 사랑입니다. 이 세상에서 사랑은커녕 상처만 받은 사람의 그 모든 아픔을 다 채우고도 남는 사랑, 우리를 넉넉히 온전케 하시는 그 사랑이 바로 사도 요한이 이야기하는 어떠한 사랑입니다. 그런데 그런 하나님을 알고 그 하나님의 사랑과 구원의 은혜를 입은 자녀라고 하면서도 여전히 사람들의 사랑을 갈구하고 과거에 받지 못한 사랑에 대한 상처와 한에 머무르고 있다면, 그 사람은 누군가를 만나 그 사랑으로 채움받을 것이 아니라 하나님의 은혜와 사랑을 더 깊이 알아야 합니다. 다른 사람의 사랑은 필요하지 않다는 말이 아닙니다. 하나님께서 아담과 하와를 공동체로 창조하셨듯 사람은 사람을 필요로 합니다. 처음부터 사람은 사람의 사랑이 필요한 존재로 창조되었습니다. 그러나 그 누구도 하나님이 사랑으로 채워 주셔야 할 부분을 채워 줄 수는 없습니다. 비록 사람에게 받는 사랑이 없어도 하나님의 사랑으로 채워진다면 그는 이렇게 말할 수 있습니다. "제게는 부족함이 없습니다." 이것이 성경이 말하는 하나님의 사랑입니다.

하나님의 자녀의 영광

조금 더 나아가서 사도는 하나님의 자녀의 영광과 소망에 대해 이야기합니다.

> 사랑하는 자들아 우리가 지금은 하나님의 자녀라 장래에 어떻게 될지는 아직 나타나지 아니하였으나 그가 나타나시면 우리가 그와 같을 줄을 아는 것은 그의 참모습 그대로 볼 것이기 때문이니 주를 향하여 이 소망을 가진 자마다 그의 깨끗하심과 같이 자기를 깨끗하게 하느니라(요일 3:2, 3).

사도 요한은 아직 우리의 장래가 펼쳐지지 않았지만, 예수 그리스도께서 재림하시면 그분의 참모습 그대로 볼 것이기 때문에 우리가 그와 같을 것을 안다고 말합니다. 그것이 우리가 주님을 향해 가진 소망입니다.

여기서 사도는 우선 하나님의 자녀라는 신분이 가진 영광스러움을 알아야 한다고 말합니다. 그리고 그와 관련하여 지금뿐 아니라 장래에 나타날 영광을 같이 이야기하고 있습니다.

하나님의 자녀에게도 현실의 삶에서는 문제와 어려움이 생깁니다. 그러나 우리의 참된 위로는 우리가 하나님의 자녀이기에 아버지 되신 하나님께서 그 어려움을 알고 계시다는 것, 그것을 알고 계심에도 허락하신 것은 비록 우리가 그 뜻을 다 이해하고 알 수는 없지만 그분의 선하신 뜻이 있기 때문이라는 것입니다. 하나님께서 우리를 버리신 것도, 돌보지 않으시는 것도 아닙니다. 그분은 우리에게 어떠한 사랑을 베푸신 분입니다. 자신이 하나님의 자녀라는 사실은 성도에게 엄청난 위로입니다. 그러하기에 삶이 어떤 상황에 처하든 우리가 하나님의 자녀라는 사실을 묵상하고 적용하며 살아가는 법을 배워야 합니다.

우리는 종종 상황에 압도되거나 지배당합니다. 상황이 점점 어려워지고 힘들어지면 그 상황에 잡아먹히기도 합니다. 그러나 그리스도인은 하나님의 약속의 말씀으로 그 상황을 이겨 내는 사람입니다. 우리는 늘 그 싸움 속에 던져집니다. 여러분, 이 사실을 놓치지 마십시오. 상황이 말씀을 이기는 것이 아니라, 말씀이 언제나 상황을 이깁니다. 이것이 하나님의 모든 자녀의 특권입니다. 이 싸움에서 이기는 것은 우리의 능력에 달려 있지 않습니다. 하나님이 우리의 아버지이시기에 이길 수 있는 것입니다.

하나님의 자녀는 지금도 그분의 자녀이지만, 장래에 주님께서 나타나실 때에는 그분의 참모습을 보게 될 것입니다(요일 3:2). 그분의 참모습을 본다는 말이 무슨 의미일까요?

> 예수를 너희가 보지 못하였으나 사랑하는도다 이제도 보지 못하나 믿고 말할 수 없는 영광스러운 즐거움으로 기뻐하니(벧전 1:8).

베드로가 보낸 편지를 읽고 있는 사람들 가운데에는 예수님을 육안으로 본 사람이 없었습니다. 그런데 그들이 예수님을 믿었고 보지 못한 예수님을 지금 사랑하고 있습니다. 지금도 보지 못하지만, 말할 수 없는 영광스러운 즐거움으로 기뻐하고 있습니다. 그런데 이들은 예수님을 믿는 것 때문에 많은 고난을 겪었습니다. 그럼에도 예수님을 믿고 사랑하고, 그들의 삶에 영광스러운 즐거움이 충만했습니다. 예수님을 보지 못했는데도 영광스러운 즐거움이 충만한데 '그의 참모습 그대로 볼' 때에는 어떠하겠느냐고 사도 요한은 이야기하는 것입니다.

성경은 인간이 누릴 수 있는 최고의 영광이 하나님을 보는 것이라고 말합니다. 이것을 지복직관(至福直觀)이라고 말합니다. 그것은 이 땅에서 성취되는 것이 아닙니다. 예수님께서 재림하실 때 우리는 그분의 참모습 그대로를 볼 것입니다. 바울은 이렇게 말합니다.

> 우리가 지금은 거울로 보는 것같이 희미하나 그때에는 얼굴과 얼굴을 대하여 볼 것이요 지금은 내가 부분적으로 아나 그때에는 주께서 나를 아신 것같이 내가 온전히 알리라(고전 13:12).

1세기에 사용되던 거울은 동으로 만든 것이어서 거울에 비친 모습이 희미하게 보였습니다. 우리가 지금 주님을 안다는 것은 그런 거울로 보는 것처럼 희미하고 부분적으로 아는 것이지만, 주님이 재림하실 때에는 주님이 나를 아시는 것처럼 내가 주님을 알 것이라고 바울은 말합니다. 그리고 사도 요한은 이것을 더 영광스럽게 표현합니다. "그가 나타나시면 우리가 그와 같을 줄을 아는 것은"(요일 3:2). 바울도 고린도후서에서 그 영광스러움을 이렇게 표현했습니다.

> 우리가 다 수건을 벗은 얼굴로 거울을 보는 것같이 주의 영광을 보매 그와 같은 형상으로 변화하여 영광에서 영광에 이르니 곧 주의 영으로 말미암음이니라(고후 3:18).

예수님을 믿고 거듭나서 하나님의 어떠한 사랑을 받아 하나님의 자녀가 된 사람은 변합니다. '주의 영광을 보매 그와 같은 형상으로 변화하는' 것입니다. 하나님의 말씀이 선포되는 것을 들을 때, 즉 설교를 들을 때 주의 영광을 보게 됩니다. 그것은 여전히 부분적입니다. 그러나 그렇게 희미하게 하나님을 뵈어도 우리는 영광스러운 즐거움으로 기뻐하며 은혜를 받습니다.

반면 말씀을 통해 하나님을 보고 은혜를 받지 못하면 교만해집니다. 그는 스스로 괜찮은 사람이라고 생각하고, 사람들 앞에서 자신을 증명하고 싶어 합니다. 예외가 없습니다. 그러나 하나님을 그 말씀 속에서 얼핏이라도 뵙게 되면, 그분 앞에 서게 되면, 즉각적으로 자신이 아무것도 아닌 존재임을 깨닫습니다. 하나님은 무한 광대하시고 영원 불변하시지만, 우리는 그 앞에서 티끌과 같은 존재임을 직감합니다. 하나님께서 우리를 사랑하실 이유가 전혀 없었음을 알게 됩니다. 그런데 그 하나님께서 어떠한 사랑으로 우리를 사랑하셔서 그 아들을 아끼지 않고 내어 주셨습니다. 그 사실에 감격합니다. 그 크신 하나님께서 아무것도 아닌 나를 받아 주시는 은혜를 경험합니다. 그리고 그 은혜를 경험할 때, 우리는 그와 같은 형상으로 변화합니다.

우리에게는 하나님을 보는 체험이 필요합니다. 이상한 신비 체험을 말하는 것이 아닙니다. 하나님의 말씀 속에서 그분을 보는 은혜의 경험이 우리 삶에 늘 있어야 합니다. 하나님의 말씀이 선포될 때 우리는 하나님의 영광을 볼 수 있고, 그때 우리는 변합니다. 하나님을 닮아 갑니다. 자식이 아버지를 보고 배우듯, 하나님 아버지를 보아야 하나님의 자녀가 하나님을 닮아 갈 수 있습니다.

비록 지금은 하나님을 부분적으로 보지만, 그때에는 '참모습 그대로' 볼 것입니다(요일 3:2). 주님을 참모습 그대로 볼 때 하나님께서는 우리를 죄를 짓지 않은 존재, 죄를 알지도 못하는 존재, 죄를 지을 가능성초자 없는 존재로 온전하게 변화시키실 것입니다. 우리의 구원이 완성되는 것입니다. 사도 요한은 하나님의 자녀가 이런 영광을 가진 사람이라고 말합니다. 사도 바울은 이것을 "하나님의 자녀들의 영광의 자유"(롬 8:21)라고 표현했습니다. 요한은 이것이 하나님의 자녀들의 소망이라고 말합니다(요일 3:3).

주님을 보는 것이 하나님의 자녀들의 소망입니다. 주님을 참모습 그대로 보는 것, 그래서 그때에 주님과 같은 형상으로 변화하는 것입니다. 여러분의 소망은 무엇입니까? 하나님의 자녀로 이 땅을 살아가면서 여러분이 품은 소망은 무엇입니까? 세상에서 대단한 무언가를 이루는 것입니까? 자녀가 잘되는 것입니까? 출세하는 것입니까? 성경은 그런 것이 하나님의 자녀들의 소망일 수는 없다고 이야기합니다. 하나님의 자녀가 갖는 견줄 수 없는 소망은 주님의 모습을 보는 것입니다. 하나님의 자녀에게 이보다 큰 소망은 없습니다.

세상이 우리를 알지 못함은

성령님의 역사로 거듭나서 하나님의 자녀가 되었고 예수님을 믿는 사람이라면, 그는 자신이 얼마나 영광스러운 존재인지 알아야만 한다고 사도 요한은 말해 왔습니다. 그러나 세상은 하나님의 자녀들이 얼마나 영광스러운 존재인지 모를 것이라고 그는 말합니다.

그러므로 세상이 우리를 알지 못함은 그를 알지 못함이라(요일 3:1b).

세상 사람들은 우리가 하나님의 자녀라는 사실을 알지 못합니다. 그들이 하나님을 모르기 때문입니다. 세상이 우리를 알지 못하는 것이 당연하기에, 그들이 우리를 몰라 준다고 해서 불행하다거나 비참하다고 느낄 필요는 없습니다. 주님께서는 이렇게 말씀하셨습니다.

세상이 너희를 미워하면 너희보다 먼저 나를 미워한 줄을 알라 너희가 세상에 속하였으면 세상이 자기의 것을 사랑할 것이나 너희는 세상에 속한 자가 아니요 도리어 내가 너희를 세상에서 택하였기 때문에 세상이 너희를 미워하느니라(요 15:18, 19).

세상은 하나님의 자녀를 알아보지 못할 것이고 존귀하게 여기기는커녕 도리어 미워할 것입니다. 그러나 이 사실이 하나님의 자녀들을 낙심하게 만들지 않도록 주님께서 미리 제자들에게 말씀해 주신 것입니다.

"세상이 우리를 알지 못함은 그를 알지 못함이라"라는 말씀을 뒤집으면, "하나님을 아는 사람은 우리를 알아본다"는 의미가 됩니다. 하나님을 아는 사람은 하나님을 아는 사람을 알아봅니다. '알아본다'는 말은 단순히 식별한다는 뜻이 아닙니다. 누군가가 하나님의 자녀라는 사실을 알게 되면 그 사람을 사랑하게 될 것이라는 말입니다. 이것은 하나님의 자녀에게 본능과도 같습니다. 하나님을 알고 사랑하며, 자신이 하나님에게 어떠한 사랑을 받아서 그분의 자녀라 일컬음받게 되었는지를 알고, 의를 행하며, 주님께서 행하신 길을 따라가는 사람은 그 길을 함께 가는 사람을 알아보고 사랑하게 됩니다.

이런 일이 어떻게 가능할까요? 그 사람이 거듭나는 순간을 본 것도 아닌데, 어떻게 하나님의 자녀를, 형제를 알아보고 사랑할 수 있을까요? 하나님의 자녀는 "우리에게 주신 성령으로 말미암아 하나님의 사랑이 우리 마음에 부은 바"(롬 5:5) 된 자이기 때문입니다. 우리는 자기밖에 모르고 자기만을 사랑하는 사람들입니다. 그런데 성령님으로 말미암아 하나님의 사랑이 우리 마음에 부어졌습니다. 여기에서 형제를 향한 사랑이 흘러나옵니다. 형제를 사랑하는 것은 그에게 사랑할 만한 조건이 있어서가 아닙니다. 형제라는 한 가지 이유만으로 우리는 그 사람을 사랑하게 됩니다. 그것만으로 그는 충분히 사랑할 대상이 되는 것입니다.

하나님의 자녀임을 기억하라

여러분은 자신이 누구인지 알고 있습니까? 자신이 하나님의 자녀라는 사실을 대충 알고 있지는 않습니까? 여러분은 의를 행하십니까? 여기서 의를 행한다는 것은 완벽한 행위를 한다는 의미가 아닙니다. 빛이신 하나님 안에서 살아간다는 말입니다. 하나님을 의식하며 사는 것입니다. 여러분은 그렇게 살고 있습니까? 여러분은 하나님의 계명을 순종하십니까? 여러분의 삶을 이끄는 힘이 무엇입니까? 세상과 세상에 있는 것에 대한 사랑, 출세와 성공과 부와 명예가 여러분의 삶을 이끌고 있지는 않습니까? 아니면, 하나님을 사랑해서 그분 앞에서 바른 삶을 살고, 그분을 영화롭게 하는 삶을 살고 싶은 열망이 여러분의 삶을 이끌고 있습니까? 이것은 매우 중요한 질문입니다.

하나님의 어떠한 사랑이 죄인인 나를 하나님의 자녀라는 영광스러운 신분으로 바꾸어 주었습니다. 이 사실을 안다면, 그 사랑을 묵상하는 데 시간을 들이십시오. 어떤 상황에서든 자신이 하나님의 자녀라는 사실과 장래에 누릴 영광을 기억하십시오. 그럴 때 우리는 하나님의 자녀라는 신분에 걸맞는 삶의 자태로 살아가도록 변화될 것입니다.

하나님의 은혜가 아니면 우리는 아무것도 아닙니다. 자신이 아직 하나님의 자녀가 아님을 깨닫고 솔직하게 인정하는 사람이 있다면, 그가 할 일은 하나뿐입니다. 자비하신 하나님께 그 기쁘신 뜻을 따라 자신을 낳아 달라고, 은혜를 달라고 구하는 것입니다. 자신의 의지와 힘으로 믿어 보겠다는 생각은 버리십시오. 그것이 가장 큰 장애물입니다. 우리를 하나님의 자녀로 만드는 것은 오직 하나님의 그 큰 사랑뿐입니다. 하나님의 자녀가 아님을 아는 자가 기도할 것은 그 사랑을 알게 해주셔서 자녀 됨의 영광에 이르는 복된 인생이 되게 해주시길 구하는 것뿐입니다.

주님께서 재림하시는 그때, 우리 중 한 사람도 예외 없이 주님의 참모습 그대로를 보고 그와 같이 온전한 형상으로 변화하는 것, 세상에서는 수도 없이 넘어지고 흔들렸지만 하나님의 은혜와 자비로 그날에 그 영광스러운 모습으로 함께 서는 것, 이것이야말로 우리가 함께 누리게 될 영광이 아닙니까? 이것을 구하십시오.

1 John
요한일서 2장 28절-3장 3절

2:28 자녀들아 이제 그의 안에 거하라 이는 주께서 나타내신 바 되면 그가 강림하실 때에 우리로 담대함을 얻어 그 앞에서 부끄럽지 않게 하려 함이라 29 너희가 그가 의로우신 줄을 알면 의를 행하는 자마다 그에게서 난 줄을 알리라 3:1 보라 아버지께서 어떠한 사랑을 우리에게 베푸사 하나님의 자녀라 일컬음을 받게 하셨는가, 우리가 그러하도다 그러므로 세상이 우리를 알지 못함은 그를 알지 못함이라 2 사랑하는 자들아 우리가 지금은 하나님의 자녀라 장래에 어떻게 될지는 아직 나타나지 아니하였으나 그가 나타나시면 우리가 그와 같을 줄을 아는 것은 그의 참모습 그대로 볼 것이기 때문이니 3 주를 향하여 이 소망을 가진 자마다 그의 깨끗하심과 같이 자기를 깨끗하게 하느니라

16

소망

 우리가 하나님 앞에 설 때 그분이 알아주실 것들을 세상은 가치 있게 여기지 않습니다. 이런 세상의 태도는 종종 하나님의 자녀들을 혼란스럽게 만듭니다. 그래서 어떤 그리스도인들은 이 세상의 가치와 방식대로 자신을 내세울 만한 명함을 또 하나 새겨서 살아갑니다. 신자가 자신에 대해 말할 때, 이 세상에서의 성공이나 명예, 지위로 설명한다면 비참한 일이 아닐 수 없습니다. 하나님의 자녀임에도 하나님의 자녀라는 사실에 담긴 의미와 영광을 알지 못하는 것이기 때문입니다. 성도가 자신이 하나님의 자녀라는 사실을 알고, 하나님의 자녀가 누리는 영광이 얼마나 놀라운지를 아는 것은 그의 삶을 좌우하는 중요한 문제입니다.

 이번 장에서는 지금 내가 하나님의 자녀라는 사실이 장래에도 여전히 유효한지를 살펴보고자 합니다. 성경은 하나님께서 자녀로 낳으신 이를 결코 버리지 않으신다고 말씀합니다. 하나님께서 그들을 예수 그리스도의 피로 구속하셨기 때문입니다. 하나님께서는 그 피를 헛되게 만들지 않으십니다. "지금 하나님의 자녀라면 영원히 하나님의 자녀다"라는 말씀은 하나님께서 우리를 어떻게 보호하고 지키시는지를 보여 줍니다.

파루시아와 파레시아

요한일서 2장 28절에서 주목해 보아야 할 두 단어가 있습니다.

> 자녀들아 이제 그의 안에 거하라 이는 주께서 나타내신 바 되면 그가 강림하실 때에 우리로 담대함을 얻어 그 앞에서 부끄럽지 않게 하려 함이라.

하나는 '강림'이라고 번역된 헬라어 '파루시아'(παρουσία)이고, 다른 하나는 '담대함'이라고 번역된 헬라어 '파레시아'(παρρησία)입니다. 여기서 사도 요한은 일부러 발음이 비슷한 단어들을 사용하고 있습니다. 발음이 비슷한 이 두 단어를 통해 사도는 우리에게 이렇게 도전합니다. "주님께서 재림하실 그때에 너희는 담대함으로 설 것인가, 부끄러움으로 설 것인가?" 이 도전은 어느 누구도 피할 수 없는 실존입니다.

주님께서 재림하시는 것은 역사의 어느 시점에 분명하게 일어날 일입니다. 과거 역사의 한 시점에 예수님께서 이 땅에 오셨을 때에도 사람들은 예수님이 오신다는 말씀을 분명하게 알고 있었습니다. 동방 박사들이 헤롯 대왕에게 예수님이 태어난 곳에 대해 묻자 대제사장과 서기관들이 성경을 찾아서 베들레헴이라고 정확하게 대답한 것에서 우리는 그것을 알 수 있습니다. 그러나 그들은 그 일이 실제로 일어났다고는 전혀 생각하지 않았던 것 같습니다.

오늘날에도 마찬가지입니다. 교회마다 예수님께서 재림하실 것을 알고 있습니다. 그러나 실제로는 예수님께서 오신다는 것을 믿는다기보다 그저 관념적으로만 생각하는 것처럼 보입니다. 우리가 예수님의 재림을 믿을 수 있는 것은 그분이 친히 다시 올 것이라고 말씀하셨기 때문입니다. 또한 성경을 통해 하나님께서 번번이 확증해 주셨고, 그 하나님께서 그 일을 신실하게 이루실 것을 알기 때문입니다.

사도 요한은 주님께서 재림하시는 바로 그때, 사람들이 두 부류로 나뉠 것이라고 말합니다. 부끄러움으로 숨을 사람들과 담대함으로 그 앞에 설 사람들입니다. 주님께서는 "나더러 주여 주여 하는 자마다 다 천국에 들어갈 것이 아니요"(마 7:21)라고 말씀하셨습니다. 최종적이고 영원한 하나님의 심판은 단순히 그 순간 부끄러움을 잠깐 당하고 마는 사건이 아니라 우리의 영원이 최종적으로 결정되는 사건이라는 점에서 굉장히 두려운 일이 될 것입니다.

'파루시아'의 원뜻은 '임재' 또는 '옆에 있다'입니다. 한글 성경은 이 단어를 '강림', '재림', '도래' 등으로 번역했는데, 성경 밖에서는 보통 왕이나 황제가 어떤 지방을 방문하거나 지나갈 때 '왕이 온다'는 의미로 많이 사용되었습니다. 마찬가지로 신약 성경에서 이 단어는 주로 주님께서 재림하시는 사건을 가리킵니다.

반면, '파레시아'는 '공중 앞에서 자유롭게 자신의 의견을 말할 수 있는 민주적 권리'를 가리키는 단어입니다. 현대적 의미의 언론의 자유와 비슷합니다. 다른 사람들 앞에서 자신의 의견을 분명하게 주장하고 말할 수 있으려면 용기가 필요합니다. 이러한 용기와 담대함이 '파레시아'입니다. 이것은 성향이나 기질과 무관하게 그가 어떠한 사람이든 주님이 강림(파루시아)하실 때 담대함(파레시아)으로 설 수 있다고 말하는 것입니다.

'파레시아'는 성경에서 '하나님을 향한 담대함'(딤전 3:13; 히 10:19) 또는 '사람들을 향한 담대함'(행 4:29; 고후 7:4)이라는 의미로 사용되었는데, 요한일서에서는 주로 '하나님을 향한 담대함'이라는 뜻으로 사용됩니다. 요한일서에 이 단어가 총 네 번 등장하는데, 두 번은 기도할 때(3:21; 5:14)이고, 다른 두 번은 마지막 심판대 앞에서(2:28; 4:17)입니다. 사도는 지금 하나님의 심판대 앞에서의 담대함에 대해 말하고 있는데, 이것은 단순히 겁이 없다는 뜻이 아닙니다. 하나님의 자녀는 그 심판대 앞에서 담대함을 갖는다는 의미입니다. 이 담대함은 하나님의 자녀의 표지이기 때문입니다.

"그의 안에 거하라"

사도 요한은 주님께서 강림하실 때 담대함을 얻기 위해 '그의 안에 거하라'고 권면합니다.

> 자녀들아 이제 그의 안에 거하라 이는 주께서 나타내신 바 되면 그가 강림하실 때에 우리로 담대함을 얻어 그 앞에서 부끄럽지 않게 하려 함이라 (요일 2:28).

이 말은 사도가 지금까지 한 말의 결론이기도 합니다. 계명을 지키고, 형제를 사랑하며, 세상을 사랑하지 말고, 예수님이 그리스도이심을 굳게 믿는 삶이 곧 그의 안에 거하는 삶입니다.

요한일서에서 '거하다'라는 단어는 매우 중요합니다. 이 단어는 성령님을 통해 그리스도 안에서 하나님과 누리는 사귐의 관계를 가리키는 말입니다. 유일하신 참 하나님과 그분이 보내신 예수 그리스도를 아는 것, 하나님과 예수 그리스도와 교제하는 삶입니다. 이 관계는 영구적이고 지속적입니다. 잠깐 사귀는 관계가 아니고 일방적이지도 않습니다. 서로가 서로를 아는 상호적인 관계입니다. 이러한 사귐이 있는 것을 사도 요한은 '거하다'

라는 단어로 표현하고 있습니다(요일 2:23; 요 15:4; 6:56).

주님께서 강림하실 때, 심판대 앞에 담대하게 설 수 있는 길은 그의 안에 거하는 것, 즉 주님과 사귐이 있는 삶을 살아가는 것입니다. 그러면 마지막 날, 우리는 하나님을 보고 무서움에 떠는 대신 담대할 수 있을 것입니다. 주님의 심판대 앞에서 우리 영혼을 결정하는 것은 얼마나 착하게 살았는가, 얼마나 열심히 주님을 섬겼는가가 아닙니다. 이 땅을 사는 동안 주님과 지속적인 사귐의 관계를 맺어 왔는가입니다. 주님께서는 마지막 날에 대해 이렇게 가르치셨습니다.

> 그날에 많은 사람이 나더러 이르되 주여 주여 우리가 주의 이름으로 선지자 노릇 하며 주의 이름으로 귀신을 쫓아내며 주의 이름으로 많은 권능을 행하지 아니하였나이까 하리니 그때에 내가 그들에게 밝히 말하되 내가 너희를 도무지 알지 못하니 불법을 행하는 자들아 내게서 떠나가라 하리라(마 7:22, 23).

주님께서는 이 사람들에게 "내가 너희를 도무지 알지 못한다"고 말씀하십니다. '너는 나와 아무 관계가 없다'는 말씀입니다.

신앙의 본질은 사역이 아니라 사귐입니다. 율법 준수가 아닙니다. 성도로 살아가는 우리 삶에 이 사귐이 있는지가 중요합니다. 그것이 마지막 심판의 날에도 여전히 유효할 것이기 때문입니다.

믿음에서 확신으로

여기서 우리는 신앙이 가지는 한 가지 특성을 보게 됩니다. 현재의 신앙이 장래의 신앙이 된다는 것입니다. 현재의 신앙이 장래의 신앙을 보장합니다. 이것은 다시 확신과 관련된 문제입니다. 기독교는 우리의 신앙이 현재 확실하다면, 마지막 날에도 확실할 것이라고 말합니다. 요한일서 2장 28절이 그 사실을 말해 주지만 3장 2절에서 사도는 조금 더 명확하게 부연합니다.

> 사랑하는 자들아 우리가 지금은 하나님의 자녀라 장래에 어떻게 될지는 아직 나타나지 아니하였으나 그가 나타나시면 우리가 그와 같을 줄을 아는 것은 그의 참모습 그대로 볼 것이기 때문이니.

이 말씀에는 모호한 것이 없습니다. 사도는 장래에 어떻게 될지 아직 나타나지 않았지만, 단 하나 분명한 사실이 있다고 말합니다. 지금 하나님의 자녀임을 확신한다면, 지금 그의 안에 거하고 있다면, 주님께서 나타나실 그때에도 여전히 하나님의 자녀일 것이라는 말입니다. 이것이 기독교 신앙의 특성이자, 불확실한 인생을 살아가는 우리에게 하나님이 주시는 확신이라는 큰 선물입니다. 이 확신과 관련해서 바울은 우리에게 이렇게 말하고 있습니다.

> 너희는 다시 무서워하는 종의 영을 받지 아니하고 양자의 영을 받았으므로 우리가 아빠 아버지라고 부르짖느니라 성령이 친히 우리의 영과 더불어 우리가 하나님의 자녀인 것을 증언하시나니(롬 8:15, 16).

바울은 성령님께서 우리 영과 더불어 우리가 하나님의 자녀인 것을 증언하신다고 말합니다. 바울은 하나님께서 우리에게 양자의 영을 주셨다고 하는데, 여기서 말하는 '양자'는 당시 사회적, 법적 맥락에서 볼 때 친자와 동일한 개념입니다. 로마 제국에서는 주로 귀족들이 아이나 성인을 입양하여 자신의 모든 재산과 지위를 승계하게 하는 경우가 많았습니다. 그런 차원에서 바울은 하나님께서 우리에게 양자의 영을 주셔서 그분의 모든 것을 상속받을 하나님의 자녀로 삼아 주셨다고 말하는 것입니다. 그뿐 아니라 우리가 아빠 아버지라고 부를 수 있게 만드셨습니다. 바로 이것이 신자가 세상을 살면서 누리는 큰 은혜이자 확신입니다.

우리는 이 확신이 어떤 맥락에서 주어졌는지를 잘 이해해야 합니다. 바울은 이어서 이토록 확신을 강조하는 이유를 설명합니다.

> 자녀이면 또한 상속자 곧 하나님의 상속자요 그리스도와 함께한 상속자니 우리가 그와 함께 영광을 받기 위하여 고난도 함께 받아야 할 것이니라 생각하건대 현재의 고난은 장차 우리에게 나타날 영광과 비교할 수 없도다(롬 8:17, 18).

이 확신은 성도가 이 땅을 살아가면서 피할 수 없이 겪게 되는 고난과 환난 속에서 주어졌습니다. 1세기에 로마에서 그리스도인으로 사는 것은 21세기에 한국에서 사는 것과는 비교가 되지 않는 일이었습니다. 당시 로마뿐 아니라 소아시아 전체에서 그리스도인들은 핍박과 박해를 받았기 때문입니다. 신자로 살아가는 하루하루가 위태로웠습니다. 언제 어디서 불이익이나 손해, 생명의 위협, 재산 강탈과 같은 일을 당할지 모르는 상황에서 살아야 했습니다. 그런 상황에서 어떻게 그들이 믿음을 부인하지 않고 여전히 신앙 안에 머물 수 있었을까요? 바로 이 확신 때문입니다. 성령님께서 하나님의 자녀인 것을 증언하시고 머지않아 그 영광을 상속받을 것을 상기시키시며 참고 견디라고 말씀해 주셨기 때문입니다. 이 확신이 그날까지 모든 고난으로부터 하나님의 자녀들을 넉넉히 견디게 하는 것입니다.

우리가 믿음으로 구원을 받았다고 할지라도 확신에 이르지 못하면 우리의 신앙생활은 늘 흔들릴 수밖에 없습니다. 눈앞에 어려운 일이 닥치면 그것을 뚫고 나갈 힘이 없습니다. 겨자씨만 한 믿음일지라도 끝까지 지킬 수는 있겠지만, 확신이 없다면 늘 불안할 수밖에 없습니다. 그래서 바울은 그리스도인의 확신을 매우 영광스럽게 묘사합니다.

> 누가 우리를 그리스도의 사랑에서 끊으리요 환난이나 곤고나 박해나 기근이나 적신이나 위험이나 칼이랴 기록된 바 우리가 종일 주를 위하여 죽임을 당하게 되며 도살당할 양같이 여김을 받았나이다 함과 같으니라 그러나 이 모든 일에 우리를 사랑하시는 이로 말미암아 우리가 넉넉히 이기느니라 내가 확신하노니 사망이나 생명이나 천사들이나 권세자들이나 현재 일이나 장래 일이나 능력이나 높음이나 깊음이나 다른 어떤 피조물이라도 우리를 우리 주 그리스도 예수 안에 있는 하나님의 사랑에서 끊을 수 없으리라(롬 8:35-39).

바울은 이사야서를 인용해서 우리가 이 세상에서 당하는 업신여김과 고난을 묘사합니다. "기록된 바 우리가 종일 주를 위하여 죽임을 당하게 되며 도살당할 양같이 여김을 받았나이다 함과 같으니라." 우리는 믿음 때문에 종일 고난을 당한다고 말합니다. 그러나 이 모든 일에 우리를 사랑하시는 이로 말미암아 우리가 넉넉히 이길 것입니다.

바울이 이렇게 말할 수 있는 것은 하나님의 자녀가 누구인지를 알았기 때문입니다. 바울은 고도의 경지에 이른 신앙을 말하는 것이 아닙니다. 하나님의 자녀가 이 세상에서 누리는 확신을 설명하는 것입니다. 인간적으로는 결코 감당할 수 없는 고통과 찌르는 아픔, 극복하기 어려운 고단함이 있을지라도 이 확신이 있으면 우리는 우리를 사랑하시는 이로 말미암아 넉넉히 이길 수 있습니다. 이것은 패배주의자나 냉소주의자, 세상을 전부 포기한 사람들이 하는 말이 아닙니다. 포기할 만한 상황인데도, 더는 웃을 수 없는 상황인데도 이렇게 고백할 수 있습니다. 이것이 하나님께서 자녀들에게 주시는 하나님의 자녀 됨의 확신입니다.

사도 요한은 장래에 어떻게 될지를 다 알고 있다고 말하지 않습니다. 다만 그가 확실하게 아는 한 가지는 그리스도께서 강림하신다는 사실입니다. 그때 우리는 그의 참모습 그대로를 볼 것입니다. 바울도 그때는 얼굴과 얼굴을 대하여 볼 것이라고 말한 바 있습니다(고전 13:12). 그리고 그분을 볼 때, 우리는 그분과 같은 모양으로 변화될 것입니다.

여러분, 신앙생활을 하면서 고린도후서 3장 18절을 늘 마음에 새겨 두십시오.

> 우리가 다 수건을 벗은 얼굴로 거울을 보는 것같이 주의 영광을 보매 그와 같은 형상으로 변화하여 영광에서 영광에 이르니 곧 주의 영으로 말미암음이니라.

예수님을 믿으면 예수님을 닮은 자로 변화해야 합니다. 그것은 율법을 지켜서 일어나는 일이 아닙니다. 주님의 영광을 볼 때 우리는 예수님과 같은 형상으로 변화합니다. 주님의 영광은 하나님의 말씀이 선포될 때, 그 말씀을 귀로 들으면서 영의 눈으로 보는 것입니다. 말씀을 통해 주님의 영광을 볼 때 우리는 은혜를 받고, 은혜를 받으면 사람은 변합니다. 말씀을 통해 은혜를 받는 일이 우리 삶에 지속적으로 일어나는 것이 우리가 변화되는 길입니다. 그것이 우리를 변화시키는 하나님의 방법입니다. 사도 요한은 그것을 "그의 안에 거하라"(요일 2:28)라고 표현한 것입니다. 그렇게 예수님의 형상을 본받게 하는 것이 우리를 구원하신 하나님의 목적입니다.

하나님이 미리 아신 자들을 또한 그 아들의 형상을 본받게 하기 위하여 미리 정하셨으니 이는 그로 많은 형제 중에서 맏아들이 되게 하려 하심이니라(롬 8:29).

그 아들과 같이 변하려면 그 아들의 영광을 보아야 합니다. 마지막 날 그가 나타나시면 그 아들의 참모습 그대로 볼 것이라는 사도의 말은 같은 의미입니다.

그가 나타나시면 우리가 그와 같을 줄을 아는 것은 그의 참모습 그대로 볼 것이기 때문이니(요일 3:2b).

여기서 사도가 "아는 것은"이라고 쓴 것은 확신을 표현하는 또 다른 방식입니다. '안다'는 말은 '믿는다'는 말보다 강한 표현입니다. 사도가 알 수 있는 것은 바로 현재의 신앙을 통해서입니다.

신앙은 내가 바라지도, 생각하지도, 가지고 있지도 않던 것이 먼 훗날 갑자기 생겨나는 것이 아닙니다. 지금 하나님의 자녀로서 하나님을 닮아 가길 원하고, 하나님의 말씀을 통해 은혜를 받아서 그분을 닮아 가는 삶이 내 안에서 일어나는 것입니다. 이미 내 안에 있는 것입니다. 그것이 그날에 완성될 것입니다. 지금 내가 하나님의 은혜를 받고 그 은혜 아래 살아간다는 것보다 우리의 영원한 삶을 보장하는 것은 없습니다.

믿음의 본질인 소망

믿음에서 확신에 이른 사람은 흔들림 없이 신앙생활을 할 수 있습니다. 그래서 우리는 확신의 자리로 나아가야 합니다. 그러나 확신은 믿음의 본질이 아닙니다. 믿음의 본질은 소망입니다. 그리고 이것이 기독교 신앙의 또 다른 놀라운 특성입니다. 믿는다고 하면서 소망이 없다면, 그 믿음은 온전한 참된 믿음이 아닙니다. 믿음이 있으나 확신이 없을 수는 있습니다. 그러나 믿음이 있는 사람에게는 소망도 분명히 있습니다. 히브리서 기자는 믿음을 이렇게 설명합니다.

> 믿음은 바라는 것들의 실상이요 보이지 않는 것들의 증거니(히 11:1).

믿음은 소망이 이루어질 것에 대한 증거입니다. 그래서 많은 믿음의 선진이 고난 속에서도 먼 장래에 이루어질 영광을 마치 지금 주어진 것처럼 여기며 신앙을 지킬 수 있었던 것입니다. 믿음이 있는데 왜 믿음을 따라 살지 못하는지 자신을 돌아보십시오. 믿음의 본질인 소망이 강해야 현실에서도 이 믿음이 강하게 작용할 수 있습니다.

믿음의 본질인 소망은 막연한 기대가 아닙니다. 성경이 말하는 소망은 확실한 소망입니다. 하나님께서 약속하신 말씀에 근거하기 때문입니다. 사도 바울은 소망의 확실성을 이렇게 표현했습니다.

> 소망이 우리를 부끄럽게 하지 아니함은 우리에게 주신 성령으로 말미암아 하나님의 사랑이 우리 마음에 부은 바 됨이니(롬 5:5).

이 소망은 우리를 부끄럽게 하거나 실망시키지 않습니다. 신실하신 하나님의 말씀에 근거한 소망이기 때문입니다. 이것은 요한이 "그 앞에서 부끄럽지 않게 하려 함이라"라고 말한 것과 같은 맥락입니다. 믿음의 본질인 소망이 그날에 우리로 주님 앞에서 담대함을 얻게 할 것입니다.

율법적 윤리 대 복음적 윤리_ 소망이 윤리를 낳는다

사도 요한은 조금 더 나아갑니다.

> 주를 향하여 이 소망을 가진 자마다 그의 깨끗하심과 같이 자기를 깨끗하게 하느니라(요일 3:3).

사도는 주님을 만날 때, 우리가 그와 같을 것이라는 소망을 가진 자마다 '그의 깨끗하심과 같이 자기를 깨끗하게' 할 것이라고 말합니다. 이 소망은 우리 삶을 변화시키는 힘이 됩니다. 세상의 죄에 자신을 더럽히지 않고, 불의에 타협하지 않으며, 거짓으로 이익을 얻으려 하지 않고, 믿음의 길을 온전하게 걸어가며 모든 더러움에서 자신을 깨끗하게 지킬 수 있는 것은 주를 향하여 가진 소망 때문입니다. 이것은 율법적 윤리가 아닙니다. 율법적 윤리는 자신을 깨끗하게 함으로 구원을 얻는다는 논리입니다. 그러나 사도는 정확하게 그 반대를 말하고 있습니다. 그것은 복음적 윤리입니다. 사도는 소망을 가진 자이니 깨끗하게 살라고 명령하는 것이 아닙니다. 자신을 깨끗하게 하여야 한다(ought)는 당위가 아니라, 자신을 깨끗하게 한다(do)는 설명입니다. 물론 성도는 피 흘리기까지 죄와 싸워야 합니다(히 12:4). 그러나 기독교 윤리는 소망을 가진 모든 사람마다 자신을 깨끗하게 한다는 것입니다. 참된 믿음으로부터 그리스도인의 윤리가 나오는 것입니다.

많은 사람이 한국 교회의 윤리 실종을 언급하면서 그 원인이 '오직 믿음'만 강조했기 때문이라고 말합니다. 그러니 이제 윤리와 삶을 더 강조해야 한다고 주장합니다. 그러나 성경은 그렇게 말하지 않습니다. 교회의 윤리 실종은 믿음에 결함이 있어서 생긴 문제입니다. 믿음과 행위는 본질적으로 분리되지 않습니다. 로마서에서 "믿음으로 말미암아 의롭다 함을 받는다"

고 말하는 것과 야고보서에서 "행함이 없는 믿음은 죽은 것이다"라고 말하는 것은 믿음과 행위가 분리되지 않는다는 개념을 보완적으로 설명해 줍니다. 믿음은 행위를 낳습니다. 열매는 뿌리에서 나옵니다. 우리는 구원을 얻기 위해 성결하게 사는 것이 아니라 구원을 얻은 자이기 때문에 성결하게 사는 것입니다.

영광을 받으신 그리스도를 참모습 그대로 보게 되리라는 소망과 확신은 그리스도인에게 윤리적 비전을 보여 주고 실천적 삶을 살게 합니다. 소망이 성도의 현재 삶에 영향을 끼친다는 사실을 베드로는 이렇게 말했습니다.

> 그러나 의를 위하여 고난을 받으면 복 있는 자니 그들이 두려워하는 것을 두려워하지 말며 근심하지 말고 너희 마음에 그리스도를 주로 삼아 거룩하게 하고 너희 속에 있는 소망에 관한 이유를 묻는 자에게는 대답할 것을 항상 준비하되 온유와 두려움으로 하고(벧전 3:14, 15).

1세기 사람들은 고난을 받으면서도 두려워하거나 근심하지 않는 그리스도인들을 보며 의아하게 여겼고, 도대체 무엇을 믿고 무엇을 바라기에 그럴 수 있느냐고 물었습니다. 그래서 베드로는 성도들에게 소망의 이유를 묻는 자에게 대답할 것을 준비하라고 명한 것입니다. 단순히 믿음에 대해 묻는 것이 아니라 '소망에 관한 이유'를, 장래에 무엇을 바라기에 현재 이렇게 사는지를 묻는다는 것입니다.

소망이 있는지 돌아보라

자신의 믿음을 점검해 보십시오. 여러분의 믿음에는 어떤 소망이 있습니까? 소망은 믿음의 본질입니다. 어떤 고난 속에서도 견디고 넉넉히 이기게 하는 힘입니다. 이 소망이 그리스도인들로 하여금 고난 속에서도 웃을 수 있게 합니다.

우리의 소망이 지금 삶에서 어떻게 일하는지를 살펴보십시오. 소망을 가진 자로서 깨끗하게 살고 있습니까? 우리 삶을 보며 소망의 이유를 묻는 자들이 있습니까? 사도는 "그의 안에 거하라"고 말합니다. 주님과 사귐의 삶 가운데 있는 사람은 소망이 점점 커질 것입니다. 그 소망이 우리 삶에서 역사하는 힘이 생길 것입니다. 두려워하던 것을 덜 두려워하게 될 것입니다. 힘겹던 것들이 덜 힘겨워질 겁니다. 이것은 하나님의 약속입니다.

마지막으로 하나님께서는 주님이 강림하실 때, 그 앞에서 부끄러움을 당하지 말고 담대함을 얻으라고 우리에게 도전하십니다. 오늘 나를 아시는 주님께서 그날에도 나를 안다고 말씀하실 것입니다. 지금 내가 주님과 사귐의 관계 속에서 살고 있다면, 그날에도 그 사귐의 관계 속에서 담대히 서게 될 것입니다. 심판의 날, 사람들은 담대함으로 설 자들과 부끄러움으로 숨을 자들로 나뉠 것입니다. 그날에 담대함으로 설 자들은 오늘도 담대히 은혜의 보좌 앞에 나아가는 사람들입니다.

> 그러므로 우리는 긍휼하심을 받고 때를 따라 돕는 은혜를 얻기 위하여 은혜의 보좌 앞에 담대히 나아갈 것이니라(히 4:16).

그러나 우리가 그 보좌 앞에 나아가는 것은 우리의 선행과 공로 때문이 아닙니다. 오직 우리 죄를 대신하여 그리스도께서 피를 흘리셨기 때문입니다.

> 그러므로 형제들아 우리가 예수의 피를 힘입어 성소에 들어갈 담력을 얻었나니(히 10:19).

반면 부끄러움을 당할 사람들의 모습을 성경은 이렇게 증언합니다.

> 땅의 임금들과 왕족들과 장군들과 부자들과 강한 자들과 모든 종과 자유인이 굴과 산들의 바위 틈에 숨어 산들과 바위에게 말하되 우리 위에 떨어져 보좌에 앉으신 이의 얼굴에서와 그 어린양의 진노에서 우리를 가리라 그들의 진노의 큰 날이 이르렀으니 누가 능히 서리요 하더라 (계 6:15-17).

세상에서 떵떵대던 사람들이 그날에 하나님의 진노를 두려워하며 차라리 바위가 떨어져 자신을 덮치길 바랄 것이라고 성경은 말씀합니다. 얼마나 비참한 모습입니까?

사도 요한은 주님께서 강림하실 그날, 우리가 담대함을 가지고 주 앞에 서길 바라는 마음에서 이 편지를 쓰고 있습니다. 오늘 우리가 받은 은혜, 오늘 그 안에 거하는 삶에 우리의 장래가 전부 드러나 있습니다. 그날 주님의 참모습 그대로 볼 것이라는 소망이 여러분의 삶에 역사하게 하십시오. 그 소망이 우리로 담대함을 얻게 할 것입니다.

1 John
요한일서 3장 4-10절

4 죄를 짓는 자마다 불법을 행하나니 죄는 불법이라 5 그가 우리 죄를 없애려고 나타나신 것을 너희가 아나니 그에게는 죄가 없느니라 6 그 안에 거하는 자마다 범죄하지 아니하나니 범죄하는 자마다 그를 보지도 못하였고 그를 알지도 못하였느니라 7 자녀들아 아무도 너희를 미혹하지 못하게 하라 의를 행하는 자는 그의 의로우심과 같이 의롭고 8 죄를 짓는 자는 마귀에게 속하나니 마귀는 처음부터 범죄함이라 하나님의 아들이 나타나신 것은 마귀의 일을 멸하려 하심이라 9 하나님께로부터 난 자마다 죄를 짓지 아니하나니 이는 하나님의 씨가 그의 속에 거함이요 그도 범죄하지 못하는 것은 하나님께로부터 났음이라 10 이러므로 하나님의 자녀들과 마귀의 자녀들이 드러나나니 무릇 의를 행하지 아니하는 자나 또는 그 형제를 사랑하지 아니하는 자는 하나님께 속하지 아니하니라

17

하나님의 자녀와 마귀의 자녀

앞서 사도 요한은 현재 하나님의 자녀는 장래에도 하나님의 자녀라고 말했습니다. 장래에 주님이 강림하실 때 하나님의 자녀는 담대함으로 설 것입니다. 또한 주님을 참모습 그대로 보고, 그와 같은 형상으로 변할 것입니다. 하나님의 자녀에게 있는 이 소망은 이 땅에서 자신을 더럽히거나 세속에 물들지 않으며 세상을 사랑하지 않고 경건하게 자신을 지키는 강력한 동기가 됩니다.

이제 사도는 우리 시선을 주님의 재림에서 주님의 초림으로 안내합니다. 요한일서 3장 4-10절은 주님께서 이 땅에 나타나신 목적을 보라고 말합니다. 이번 장에서는 주님께서 이 땅에 오신 목적을 아는 것과 우리가 이 땅에서 제대로 살아가는 것이 어떤 관계가 있는지를 살펴보려고 합니다.

두 종류의 사람

성경은 일관되게 사람을 두 부류로 나눕니다. 바로 하나님의 자녀와 마귀의 자녀입니다(요일 3:10). 이것도 아니고 저것도 아닌 사람은 없습니다. 아담이 범죄한 후에 태어난 가인과 아벨이 이 두 부류를 대변합니다. "가인 같이 하지 말라"(요일 3:12)는 말씀에서 알 수 있듯이 가인은 마귀의 자녀를 대표합니다. 아벨이 가인에게 살해당한 후에는 아담과 하와에게서 태어난 셋의 후예와 가인의 후예가 인간의 두 부류를 대표합니다. 시편 1편은 복 있는 사람과 의인을 악인과 죄인, 오만한 자와 구별합니다. 세상은 경건한 자와 불경건한 자로 나뉩니다. 본문 말씀은 그것을 하나님의 자녀와 마귀의 자녀로 표현합니다. 하나님의 자녀도 아니고 마귀의 자녀도 아닌 사람은 없습니다.

성경은 우리가 본질상 진노의 자녀였다고 말씀합니다(엡 2:3). 이 점에서 아담의 타락 이후, 모든 인류는 동일합니다. 그러나 하나님께서 긍휼하신 사랑으로 우리를 하나님의 자녀로 부르셨습니다. 우리를 향한 하나님의 자비한 초청입니다.

하나님의 자녀는 "하나님께로부터 난 자"(요일 3:9)이자 "하나님께 속한 자"(요일 3:10)입니다. 반면 마귀의 자녀는 "마귀에게 속한 자"(요일 3:8)입니다. 하나님의 자녀는 하나님을 닮아 "그의 의로우심과 같이 의롭[지만]"(요일 3:7), 마귀의 자녀는 처음부터 범죄한 마귀를 닮아 계속 범죄하는 삶을 살아갑니다(요일 3:8). 사도는 지극히 당연한 이 원리로 죄의 본질과 기원을 보여 줍니다. 그리고 주 예수 그리스도께서 이 땅에 오신 목적은 바로 이 죄와 관계가 있다고 이야기합니다.

하나님의 자녀들에게 등급은 없다

본문 말씀을 다루기 전에 우리가 짚고 가야 할 한 가지 오해가 있습니다. 신자에게 등급이 있다는 오해입니다. 어떤 사람들은 신자가 된 후에 제자가 되고, 제자가 된 후에는 제자 삼는 자가 되어야 한다고 말합니다. 마치 신자, 제자, 제자 삼는 자로 등급이 나뉘어 있는 것처럼 말입니다. 이것은 성경적인 구분이 아닙니다. 주님께서는 제자와 신자를 구분하지 않으셨습니다. 제자는 주님을 따르는 사람인데, 주님을 따르지 않는 신자가 어떻게 신자일 수 있습니까? 그것은 불가능합니다. 예수 그리스도를 구주로만 믿고 자기 인생의 주님으로 믿지 않을 수는 없습니다. 따라서 하나님의 자녀이면 신자요, 신자이면 제자입니다.

또 간혹 자신을 집사가 아닌 평신도라고 소개하는 사람들을 만납니다. 이분들에게서 교회의 직분을 신앙의 등급으로 오해한다는 느낌을 받습니다. 평신도라는 용어도 성경적인 말은 아닙니다. 평신도(layperson)는 '초보자', '비전문가', '문외한'이라는 뜻인데, 성경은 성도를 그렇게 표현하지 않습니다. 사도 요한이 "너희는 주께 받은 바 기름 부음이 너희 안에 거하나니"(요일 2:27)라고 말했듯이, 신자는 모두 기름 부음받은 자입니다. 왕 같은 제사장으로(벧전 2:9) 거룩하게 부름받은 성직자입니다. 구약 시대에는 왕과 제사장과 선지자에게만 기름을 부었지만, 이제는 성도들이 모두 하나님의 기름 부음을 받은 자라고 성경은 말합니다. 목사는 기름 부음받은 종이고 성도들은 기름 부음이 없는 사람이 아닌 것입니다.

요한일서가 쓰이던 당시, 영지주의자들에게도 비슷한 인식이 있었습니다. 그들은 깨달음을 얻은 자와 그렇지 않은 자로 신자를 구별했습니다. 하지만 사도 요한은 하나님의 자녀에게는 이런 구별이 없다는 것을 여러 번 암시합니다. 사도는 "주를 향하여 이 소망을 가진 자마다"(요일 3:3), "죄를 짓는 자마다"(요일 3:4), "그 안에 거하는 자마다"(요일 3:6), "범죄하는 자마다"(요일 3:6), "하나님께로서 난 자마다"(요일 3:9)라는 표현들을 통해서 이런 구분을 거부했습니다. "무릇 의를 행하지 아니하는 자나 또는 그 형제를 사랑하지 아니하는 자"(요일 3:10) 역시 정확히 번역하면 '……하는 자마다'라는 뜻입니다.

이 구절들의 공통점이 보이십니까? 사도는 지금 일반화하는 표현을 사용하고 있습니다. '……하는 자마다'라는 말은 '……한 사람은 예외 없이 누구나'라는 뜻입니다. 여기서 사도가 구분하는 것은 하나님의 자녀인지 아닌지뿐입니다. 다른 구분은 없습니다. 앞서 사도가 "자녀들아, 아비들아, 청년들아"라고 부른 것도 신자의 등급을 구분하기 위한 것이 아니었습니다. 신앙 성숙의 정도는 존재하지만, 그것이 하나님의 자녀의 등급은 아닙니다.

죄의 본질과 기원

> 죄를 짓는 자마다 불법을 행하나니 죄는 불법이라(요일 3:4).

사도 요한은 죄의 본질이 '불법'이라고 말합니다. 여기서 '불법'은 '법 없이 행하는 태도'라는 뜻으로, 정확하게는 '무법'(lawlessness)을 의미합니다. 죄를 짓는 자에게는 법이 없습니다. 자신이 법입니다. 이 태도는 '하나님의 법에 대한 도전적이고 반항적인 거부'입니다. 이것은 하나님의 법을 깨뜨리는 고의적인 행위이자 자기 확신을 가지고 하나님의 도덕적 기준을 업신여기고 위반하는 행위입니다. 데살로니가후서에서 바울은 예수님께서 재림하시기 전 적그리스도가 극성을 부리는 절정을 묘사하면서 같은 단어를 사용했습니다.

> 누가 어떻게 하여도 너희가 미혹되지 말라 먼저 배교하는 일이 있고 저 불법의 사람 곧 멸망의 아들이 나타나기 전에는 그날이 이르지 아니하리니 그는 대적하는 자라 신이라고 불리는 모든 것과 숭배함을 받는 것에 대항하여 그 위에 자기를 높이고 하나님의 성전에 앉아 자기를 하나님이라고 내세우느니라 …… 불법의 비밀이 이미 활동하였으나 지금은 그것을 막는 자가 있어 그중에서 옮겨질 때까지 하리라 그때에 불법한 자가 나타나리니 주 예수께서 그 입의 기운으로 그를 죽이시고 강림하여 나타나심으로 폐하시리라(살후 2:3, 4, 7, 8).

'불법의 사람', '불법의 비밀', '불법한 자' 모두 적그리스도를 묘사합니다. 하나님께 의도적으로 반항하고 반역하며, 하나님의 법은 아무것도 아닌 것으로 여기고 스스로 법이 되어 살아가는 죄의 본성을 잘 보여 주는 말씀입니다.

아담과 하와가 처음 범죄할 때도 마찬가지였습니다. 그들은 마치 하나님의 법이 존재하지 않는 것처럼 행동했습니다. 하나님께서 명하신 바를 알지만 무시했습니다. 이것은 하나님께 도전하고 반역한 행위입니다. 이처럼 죄는 어쩔 수 없는 상황에서 일어나는 것이 아니라 능동적인 반역입니다. 실수가 아닙니다.

죄는 하나님의 선하심을 악으로 바꾸고, 그 선하심을 욕되게 합니다. 그래서 선하신 하나님께 반역의 깃발을 드는 것입니다. 그런데 1세기 이단인 영지주의자들은 죄를 단순히 무지라고 가르쳤습니다. 그러나 바울은 모른다고 핑계하지 못한다고 이야기합니다(롬 1:18-20). 하나님께서 당신의 법을 사람의 양심에 새겨 놓으셨기 때문입니다. 성경은 죄는 무지가 아니라 불법이라고 말합니다. 하나님께 대한 반역이자 능동적인 거부입니다. 이러한 죄의 본질을 아는 것은 중요합니다. 여기서 참된 회개가 시작되고 거룩한 삶으로 나아가기 때문입니다.

더 나아가 사도 요한은 죄의 기원을 이야기합니다.

> 죄를 짓는 자는 마귀에게 속하나니 마귀는 처음부터 범죄함이라 하나님의 아들이 나타나신 것은 마귀의 일을 멸하려 하심이라(요일 3:8).

죄의 기원인 마귀는 처음부터 범죄한 자입니다. 여기서 '처음'이란 아담과 하와가 범죄하기 전, 태초를 가리킵니다. 즉 처음에 범죄한 존재는 아담과 하와가 아니라 마귀입니다. 그 마귀가 첫 사람 아담에게 범죄를 야기한 것입니다. 죄를 짓는 사람은 이 마귀에게 속한 자라고 사도는 말합니다. 요한복음에서 주님께서는 마귀에 대해 이렇게 말씀하셨습니다.

> 너희는 너희 아비 마귀에게서 났으니 너희 아비의 욕심대로 너희도 행하고자 하느니라 그는 처음부터 살인한 자요 진리가 그 속에 없으므로 진리에 서지 못하고 거짓을 말할 때마다 제 것으로 말하나니 이는 그가 거짓말쟁이요 거짓의 아비가 되었음이라(요 8:44).

마귀에게는 진리가 없습니다. 온통 거짓으로 채워진 존재, 거짓의 아비가 마귀입니다. 마귀가 하는 일은 거짓으로 사람들을 미혹하여 하나님의 선하심을 믿지 못하게 하고, 그 선하심을 왜곡하여 도리어 악한 것으로 만들어서 그분을 싫어하고 가까이 가지 못하게 하고 그분을 대적하게 하는 것입니다.

마귀의 미혹에 넘어가지 않으려면, 하나님의 말씀을 정확히 알고 확신에 거해야 합니다. 이것은 진리와 거짓의 싸움입니다. 뱀은 하와에게 접근할 때, 하나님의 말씀을 이용했습니다. 광야에서 사탄이 예수님을 시험할 때도 마찬가지였습니다. 이단들도 사람들에게 하나님의 말씀을 들이댑니다. 그러나 그들은 모두 하나님의 말씀을 왜곡함으로써 사람들을 미혹합니다.

예수님께서는 우리에게 기도를 가르치시면서 시험에 들지 않도록 기도하라고 말씀하셨습니다(마 6:13; 눅 11:4). 신앙생활을 하면서 우리가 넘어지는 것은 대부분 시험에 들어서입니다. 사탄은 우리를 거짓으로 확신에 이르게 합니다. 진리만이 우리를 확신으로 인도하는 것이 아닙니다. 거짓말도 확신에 이르게 합니다. 그 확신에 따라 범사에 지속적으로 불법을 행하는 사람이 그 아비인 마귀를 그대로 닮은 사람, 바로 마귀의 자녀입니다. 이 마귀가 죄의 기원인 것입니다.

주님께서 오신 목적

주님께서는 이 죄와 율법의 문제를 해결하기 위해 이 땅에 오셨습니다. 단순히 본을 보이시거나, 사람들을 가르치시려고 오신 것이 아닙니다. 사도는 죄의 본질과 기원과 관련하여 주님께서 오신 목적을 두 가지로 설명합니다.

> 그가 우리 죄를 없애려고 나타나신 것을 너희가 아나니 그에게는 죄가 없느니라(요일 3:5).

주님께서 이 땅에 오신 목적은 '죄를 없애기 위해서'입니다. 예수님께서 자기에게 나아오시는 것을 보고 세례 요한은 "보라 세상 죄를 지고 가는 하나님의 어린양이로다"(요 1:29)라고 말했는데, 이때 '지고 가다'라는 헬라어 단어가 바로 본문에서 사도 요한이 죄를 '없앤다'고 한 단어와 같습니다.

예수님께서는 우리 죄를 취해서 짊어지고 가기 위해 이 땅에 오셨습니다. 예수님께서는 자신의 죄 때문이 아니라 믿는 자들의 죄를 짊어지고 죽으셨습니다. 그렇게 하심으로 죄에 대한 율법의 형벌과 저주, 하나님의 진노를 다 받으셔서 우리의 죗값을 전부 치르신 것입니다. 죄를 없애려고 오신 것, 이것이 죄의 본질과 관련하여 주님께서 오신 목적입니다.

3장 8절은 죄의 기원을 이야기하면서, 그와 관련해서 주님께서 오신 또 다른 목적을 설명합니다.

> 죄를 짓는 자는 마귀에게 속하나니 마귀는 처음부터 범죄함이라 하나님의 아들이 나타나신 것은 마귀의 일을 멸하려 하심이라.

주님께서는 거짓을 통해 확신에 이르게 하고 하나님을 거역하여 자기 멋대로 살게 만드는 '마귀의 일을 멸하기 위해' 이 땅에 오셨습니다. 아담과 하와가 범죄한 후, 하나님께서 뱀을 저주하며 여자의 후손이 와서 뱀의 머리를 상하게 할 것이라고 약속하셨는데(창 3:15) 그 약속을 이루신 것입니다. 마귀는 거짓으로 사람들을 미혹하여 하나님의 선하심을 믿지 못하게 하지만, 주님께서는 십자가에 죽으심으로써 하나님의 선하심을 증명하셨고 이로써 마귀의 거짓말을 박살 내셨습니다. 십자가의 복음은 어떤 상황에서도 하나님의 자녀가 그분의 선하심을 신뢰하게 합니다.

> 자기 아들을 아끼지 아니하시고 우리 모든 사람을 위하여 내주신 이가 어찌 그 아들과 함께 모든 것을 우리에게 주시지 아니하겠느냐(롬 8:32).

하나님께서는 당신의 모든 자녀를 위해 자기 아들을 아끼지 않고 내어 주셨습니다. 이로써 하나님의 선하심을 증명하셨습니다.

아마 자기 인생에 일어난 일들을 돌아보면서 하나님은 선하시다고 고백할 수 있는 사람은 많지 않을 것입니다. 오히려 하나님이 선하시다면서 왜 이런 고난이 있는지, 왜 이런 어려움이 있는지 의심한 일이 적지 않을 것입니다. 그러나 성경은 그리스도께서 십자가에 죽으심으로 하나님이 우리에 대한 자기의 사랑을 확증하셨다고 말합니다(롬 5:8). 하나님께서 당신의 아들을 주신 것만큼 그분의 사랑과 선하심을 확증할 수 있는 것은 없습니다. 이것은 그분 자신을 온전히 우리에게 내어 주신 것이기 때문입니다.

하나님의 자녀는 범죄하지 않는다

사도는 여기서 매우 중요한 한 가지 명제를 서술합니다.

> 하나님께로부터 난 자마다 죄를 짓지 아니하나니 이는 하나님의 씨가 그의 속에 거함이요 그도 범죄하지 못하는 것은 하나님께로부터 났음이라 (요일 3:9).

3장 6절에서도 사도 요한은 "그 안에 거하는 자마다 범죄하지 아니하나니"라는 비슷한 명제를 언급했습니다. '그 안에 거하는 자', 즉 하나님의 자녀는 범죄하지 않는다는 것입니다. 이 명제는 수많은 오해를 불러일으켰습니다.

당시 영지주의자들은 영적 지식을 소유한 사람은 죄의 유혹을 받지 않기 때문에 더 이상 죄를 짓지 않는다고 가르쳤습니다. 그들은 영혼이 구원을 받았고 육신은 죽을 것이기 때문에 육신으로는 어떤 짓을 해도 죄가 되지 않는다는 논리를 내세우며 쾌락을 추구하는 삶을 정당화했습니다. 이런 상황에서 하나님의 자녀는 죄를 짓지 않는다는 사도의 말은 자칫 영지주의자들의 주장을 뒷받침하는 것처럼 들릴 수 있었습니다. 심지어 사도가 앞서 말한 내용들과도 상반되는 것처럼 보입니다.

만일 우리가 우리 죄를 자백하면 그는 미쁘시고 의로우사 우리 죄를 사하시며 우리를 모든 불의에서 깨끗하게 하실 것이요(요일 1:9).

나의 자녀들아 내가 이것을 너희에게 씀은 너희로 죄를 범하지 않게 하려 함이라 만일 누가 죄를 범하여도 아버지 앞에서 우리에게 대언자가 있으니 곧 의로우신 예수 그리스도시라(요일 2:1).

그렇다면 3장 6절과 9절에서 사도가 말하고자 하는 요지는 무엇일까요? 어떤 사람들은 이 말씀을 '하나님의 자녀는 살인과 같은 극악한 죄를 짓지 않는다'는 의미로 해석합니다. 그러나 참된 신자도 그런 추악한 죄를 지을 수 있습니다. 다윗이 그러하지 않았습니까? 또 어떤 사람들은 신자들이 궁극적으로 이르게 될 상태를 설명한 것이라고 해석합니다. 그러나 본문의 맥락은 그것을 지지하는 것으로 보이지 않습니다. 사도는 이 명제를 통해 신자가 죄 없는 완전한 상태에 이를 수 있다거나 전혀 죄를 짓지 않거나 어떤 죄도 지을 수 없다는 말을 하려는 것이 아닙니다.

많은 사람이 오해하는 두 구절, "범죄하지 아니하나니"(6절)와 "죄를 짓지 아니하나니"(9절)는 헬라어로는 현재 시제로 되어 있습니다. 헬라어에서 현재 시제는 '반복적으로 계속해서 습관처럼 이루어지는 일'을 의미합니다. 따라서 이 두 구절은 각각 '그 안에 거하는 자마다 계속해서 습관적으로 범죄하지 아니하나니', '하나님께로부터 난 자마다 계속해서 습관적으로 죄를 짓지 아니하나니'라는 뜻을 전달합니다. 여기서 '계속해서 습관적으로'라는 말은 죄의 본질인 불법과 관련됩니다. 마치 법이 없는 것처럼, 하나님의 말씀이 존재하지 않는 것처럼 자신이 원하는 대로 아무 거침 없이 살아가는 태도입니다. 이것은 마귀의 자녀가 보여 주는 태도입니다. 하나님의 자녀는 그렇게 살 수 없습니다.

3장 6절과 9절은 각각 4, 5절과 8절의 논리적 귀결입니다. 죄의 본질인 불법을 없애고, 죄의 기원인 마귀의 일을 멸하기 위해 주님께서 이 땅에 오셨다는 것을 안다면, 계속해서 습관적으로 범죄하는 삶을 살 수 없습니다. 그런 삶은 주님께서 오신 목적과 충돌하기 때문입니다. 그것은 처음부터 범죄한 마귀에게 속한 삶의 특징입니다.

사도 요한은 하나님의 자녀가 계속해서 습관적으로 범죄하지 않을 수 있는 근거를 명시합니다. 그것은 바로 '하나님의 씨가 그의 속에 거하기' 때문입니다. 많은 신학자가 '하나님의 씨'에 대해 다양하게 설명하는데, 요한일서 전체 맥락으로 볼 때 이 은유는 '성령과 말씀'을 의미한다고 이해하는 것이 가장 적절합니다. 앞서 사도는 "주께 받은 바 기름 부음이 너희 안에 거[한다]"(요일 2:27)고 말하면서 성령과 말씀이 뗄 수 없는 관계임을 설명했습니다. 성령이 충만해지는 것과 말씀이 충만해지는 것은 분리되지 않습니다. 진리의 말씀과 진리의 영이신 성령님께서 우리로 하여금 마귀의 거짓말에 미혹되지 않고 진리의 길을 걸어갈 수 있게 하십니다. 그 성령님과 주님의 말씀이 바로 '하나님의 씨'입니다. 그 씨가 하나님의 자녀로 하여금 계속해서 습관적으로 범죄하는 삶을 살지 않게 하는 것입니다. 이것이 하나님께 속한 자, 하나님의 자녀가 지닌 특성입니다.

여러분은 누구에게 속하셨습니까? 여러분은 하나님의 자녀입니까, 마귀의 자녀입니까? 인생에 이보다 중요한 질문은 없습니다. 우리가 누구에게 속했는지는 삶의 열매로 알 수 있습니다. 주님께서는 본래 마귀에게 속했던 우리가 하나님께 나아가도록 이런 도전을 주셨습니다. 하나님의 은혜와 긍휼하심으로 하나님의 자녀가 되도록 우리를 부르시는 하나님의 자비한 초청입니다.

하나님께 속한 자가 맺는 열매

본문 말씀을 통해 우리는 신학과 윤리가 분리되지 않는다는 사실을 알 수 있습니다. 하나님을 아는 바른 지식(신학)은 바른 삶(윤리)을 살게 합니다. 삶에서 의의 열매를 전혀 맺지 못하고 계속해서 습관적으로 범죄하는 삶을 살아가는 것은 그리스도를 보지도 못했고 알지도 못한다는 것을 방증합니다.

믿음으로 의롭다 함의 은혜를 입은 사람은 그 은혜를 더한다는 명목으로 죄를 짓는 삶을 살 수 없습니다(롬 6:1, 2). 그런 삶은 자신이 칭의의 은혜를 입지 않았음을 방증할 뿐입니다. 유일하신 참 하나님과 그의 보내신 자 예수 그리스도를 아는 자는 이미 하나님의 생명을 누리며 살아가는 사람입니다. 그런 사람은 법 없는 사람처럼 하나님을 무시하고 반역하며 살지 않습니다.

또한 우리는 죄에 대해 경각심을 가져야 합니다. 하나님의 자녀도 넘어지고 범죄합니다. 그러나 그것이 하나님의 자녀의 삶의 기조는 아닙니다. 절대로 그것이 하나님의 자녀의 습관, 습성이 되지는 않습니다.

주님께서 오신 목적을 기억하십시오. 그분은 죄를 없애고 마귀의 일을 멸하기 위해 하늘의 영광을 버리고 육신을 입으셔서 십자가에 달려 죽으셨습니다. 하나님의 아들이 당하신 그 낮아지심은 인간의 어떤 말로도 표현할 수 없습니다. 그 은혜를 입은 신자들에게는 거짓이 통하지 않습니다. 마귀의 일이 신자에게서 힘을 잃어버렸기 때문입니다. 그럼에도 사도는 "자녀들아 아무도 너희를 미혹하지 못하게 하라"(요일 3:7)고 권면합니다. 주님께서도 시험에 들지 않도록 기도하라고 말씀하셨습니다. 죄를 가볍게 여기지 말라는 것입니다. 우리는 죄를 두려워해야 합니다. 죄는 약점이 아닙니다. 실수도 아닙니다. 죄는 하나님의 영광을 적극적으로 훼손하는 것입니다. 하나님과의 관계를 깨뜨리고 하나님의 마음을 상하게 하는 것입니다.

주님께서는 단지 죄를 없애실 뿐 아니라 우리를 거룩하게 하시려고 이 땅에 오셨습니다. 예수님은 우리에게 지혜와 의로움과 거룩함과 구원함이 되셨습니다(고전 1:30). 마귀의 자녀가 하나님의 자녀로 변하여 살아간다는 것, 우리 신분이 변하는 것은 인간의 힘으로는 불가능한 일입니다. 죄를 짓지 않겠다는 인간의 결심이나 예수님께서 보이신 본과 가르침으로 구원받을 수 있다면, 우리 죄는 별것 아닐 것입니다. 예수님께서 십자가에 달려 죽으시기 위해 이 땅에 오셨다는 것은 우리 죄의 본성이 얼마나 무시운지를 보여 주는 것입니다.

우리가 받은 은혜가 정말 놀랍지 않습니까? 번번이 넘어지고 실패해도 인생의 방향이 바뀌지 않고 주님을 향하여 하나님의 뜻을 따라 살고자 한다는 것이 얼마나 큰 은혜인지 모릅니다. 우리는 그 은혜를 더 알아 가야 합니다. 설명할 수 없는 하나님의 사랑과 자비, 긍휼과 선하심을 더 알아 가야 합니다. 그것이 이 땅에서 범죄하지 않고 주를 향하여 온전하게 자신을 지키며 살아갈 수 있는 힘입니다.

1 John
요한일서 3장 10-18절

10 이러므로 하나님의 자녀들과 마귀의 자녀들이 드러나나니 무릇 의를 행하지 아니하는 자나 또는 그 형제를 사랑하지 아니하는 자는 하나님께 속하지 아니하니라 11 우리는 서로 사랑할지니 이는 너희가 처음부터 들은 소식이라 12 가인같이 하지 말라 그는 악한 자에게 속하여 그 아우를 죽였으니 어떤 이유로 죽였느냐 자기의 행위는 악하고 그의 아우의 행위는 의로움이라 13 형제들아 세상이 너희를 미워하여도 이상히 여기지 말라 14 우리는 형제를 사랑함으로 사망에서 옮겨 생명으로 들어간 줄을 알거니와 사랑하지 아니하는 자는 사망에 머물러 있느니라 15 그 형제를 미워하는 자마다 살인하는 자니 살인하는 자마다 영생이 그 속에 거하지 아니하는 것을 너희가 아는 바라 16 그가 우리를 위하여 목숨을 버리셨으니 우리가 이로써 사랑을 알고 우리도 형제들을 위하여 목숨을 버리는 것이 마땅하니라 17 누가 이 세상의 재물을 가지고 형제의 궁핍함을 보고도 도와 줄 마음을 닫으면 하나님의 사랑이 어찌 그 속에 거하겠느냐 18 자녀들아 우리가 말과 혀로만 사랑하지 말고 행함과 진실함으로 하자

18

믿는 것은 사랑하는 것

많은 사람이 예수님을 믿는 것과 사랑하는 것은 별개라고 생각합니다. 믿음은 필수지만, 사랑은 선택이라고 여기는 것 같습니다. 그래서인지 우리는 예수님을 믿는다고 말하지만 여전히 옛 사람의 본성을 따라 이기적으로 살아가는 사람들을 봅니다. 자신의 영적 상태를 향상시키기 위해서는 애쓰고 수고하면서 형제를 사랑하는 일에는 인색한 사람들이 있습니다. 이런 사람을 가리켜 '이기적인 그리스도인'이라고 부를 수 있는데, 이것은 존재론적으로도 모순입니다. 이런 그리스도인은 존재하지 않습니다. 요한일서 3장 10-18절은 바로 이런 사람을 다루고 있습니다.

이애칭의(以愛稱義)_ 오직 사랑으로 의롭다 함을 받는다?

소위 이런 '이기적인 그리스도인'이 많다 보니 예수님을 믿는다고 말하는 사람을 보면 오히려 예수님을 믿기가 싫어진다는 사람들도 있습니다. 그래서 진짜와 가짜를 구별하는 것은 중요합니다. 거듭나지 않은 교인, 회심하지 않은 교인이 가득한 교회는 정상적인 기능을 할 수 없습니다. 안타깝게도 우리나라에는 이런 교회가 적지 않습니다. 이런 시대에 우리가 읽은 본문은 충격적입니다.

> 이러므로 하나님의 자녀들과 마귀의 자녀들이 드러나나니 무릇 의를 행하지 아니하는 자나 또는 그 형제를 사랑하지 아니하는 자는 하나님께 속하지 아니하니라(요일 3:10).

사도 요한은 '하나님의 자녀들과 마귀의 자녀들이 드러난다'고 하면서, 그 둘을 구분하는 특징이 의를 행하는 것과 형제를 사랑하는 것이라고 말합니다. 14절은 이것을 더 노골적으로 이야기합니다.

> 우리는 형제를 사랑함으로 사망에서 옮겨 생명으로 들어간 줄을 알거니와 사랑하지 아니하는 자는 사망에 머물러 있느니라.

형제를 사랑함으로 사망에서 옮겨 생명으로 들어갔다는 것은 형제를 사랑함으로 구원받았다는 말입니다. 우리는 '믿음으로 의롭다 함을 받는다'는 '이신칭의'의 교리에 익숙한데, 사도가 지금 하는 말은 마치 '사랑으로 의롭다 함을 받는다'(이애칭의)는 말로 들립니다. 심지어 14절 하반절과 15절은 형제를 사랑하지 아니하는 자는 사망에 머물러 있고, 그 형제를 미워하는 자는 살인하는 자라고 말합니다. 사망에 머물러 있는 자, 살인하는 자는 불신자를 가리킵니다. 그렇다면 어떻게 이 둘, 이신칭의와 이애칭의를 조화시킬 수 있을까요? 사랑으로 구원받는다는 것은 행위로 구원받는다는 말이 아닌가요? 성경은 지금 모순적인 이야기를 하는 것일까요?

하나님의 사랑과 형제 사랑은 분리되지 않는다

본문 말씀의 전제는 형제를 사랑하는 것이 하나님의 자녀의 특성이라는 것입니다. 하나님의 자녀는 하나님을 사랑하게 마련입니다. 그리고 하나님을 사랑하는 사람은 형제를 사랑합니다. 하나님을 사랑하는 것과 형제를 사랑하는 것은 연결되어 있습니다. 형제를 사랑하는 것은 하나님을 사랑하는 것의 열매이기 때문입니다. 마태복음에서 주님이 요약하신 율법은 이것을 잘 보여 줍니다.

> 예수께서 이르시되 네 마음을 다하고 목숨을 다하고 뜻을 다하여 주 너의 하나님을 사랑하라 하셨으니 이것이 크고 첫째 되는 계명이요 둘째도 그와 같으니 네 이웃을 네 자신같이 사랑하라 하셨으니 이 두 계명이 온 율법과 선지자의 강령이니라(마 22:37-40).

'둘째도 그와 같으니'라는 말씀에서 보듯 이 둘은 분리될 수 없습니다. 첫째 계명에 순종하면 둘째 계명이 따라오게 되어 있습니다. 이것을 사도 요한은 이렇게 쓰고 있습니다.

> 누구든지 하나님을 사랑하노라 하고 그 형제를 미워하면 이는 거짓말하는 자니 보는 바 그 형제를 사랑하지 아니하는 자는 보지 못하는 바 하나님을 사랑할 수 없느니라(요일 4:20).

하나님을 사랑한다고 하면서 형제를 미워한다면, 하나님을 사랑한다는 말은 거짓말인 것입니다. 하나님 사랑과 형제 사랑은 분리되지 않는다는 것, 사도는 이것을 전제로 이야기합니다.

하나님 사랑과 형제 사랑이 분리될 수 없다는 사실을 사도가 어떻게 이야기하고 있는지 살펴보는 것도 중요합니다.

> 우리는 서로 사랑할지니 이는 너희가 처음부터 들은 소식이라(요일 3:11).

사도 요한은 형제 사랑을 '처음부터 들은 소식'이라고 말합니다. 이것은 예수님을 믿으라는 복음을 들었을 때 그 복음과 함께 들은 것이 형제 사랑이라는 말입니다. 다시 말해, 형제 사랑은 예수님을 믿으면 구원받는다는 그 복음과 별개로 떨어져 있는 것이 아니었습니다. 사도는 요한일서에서 자주 이런 방식으로 언급했습니다.

> 사랑하는 자들아 내가 새 계명을 너희에게 쓰는 것이 아니라 너희가 처음부터 가진 옛 계명이니 이 옛 계명은 너희가 들은 바 말씀이거니와(요일 2:7).

> 그의 계명은 이것이니 곧 그 아들 예수 그리스도의 이름을 믿고 그가 우리에게 주신 계명대로 서로 사랑할 것이니라(요일 3:23).

오늘날에도 마찬가지지만, 당시 이단인 영지주의자들이 사람들을 미혹할 때 늘 하던 말은 새로운 것을 깨달았다는 말이었습니다. 그들은 은밀하고 특별한 지식을 깨달아 구원을 받고 영적인 사람이 되었다고 주장했습니다. 그러나 사도는 '처음부터 가진 옛 계명', '처음부터 들은 소식'이 있다고 말합니다. 이처럼 기독교는 언제나 오래된 복음을 강조합니다. 아브

라함이 판 우물에서 이삭이 돌을 걷어 내고 다시 그 우물을 판 것처럼(창 26:18), 우리는 그 옛날 우리의 선지자들과 사도들, 믿음의 선배들이 알고 전한 그 복음을 여전히 더 알아야 하고, 믿고 전해야 합니다.

본문 말씀은 모든 인류를 사랑하는 것을 말하는 것이 아닙니다. 진짜 하나님의 자녀라면, 자신과 같은 하나님의 자녀를 사랑한다는 것입니다. 물론 그리스도인은 형제를 사랑하고 이웃을 사랑하고 심지어 원수도 사랑해야 합니다. 그것이 그리스도인의 부르심입니다. 그러나 본문은 형제를 사랑하는 영적 본능에 대해 이야기하고 있습니다. 신자는 본능적으로 예수님을 믿는 사람을 보면 사랑하게 된다는 것입니다.

형제를 사랑하는 것은 신자의 선택 사항이 아닙니다. 사도는 형제 사랑이 거듭남의 시금석이라고 말합니다(요일 4:7, 8). 그리스도인은 형제를 사랑하는 사람입니다. 복음 안에 나타난 하나님의 사랑을 아는 자, 그 은혜를 입은 그리스도인에게는 형제 사랑이 마땅한 반응이자 증거입니다.

> 그리스도 예수 안에서는 할례나 무할례나 효력이 없으되 사랑으로써 역사하는 믿음뿐이니라(갈 5:6).

유대인들에게 할례 여부는 구원을 결정짓는 중요한 문제였습니다. 유대인의 할례나 무할례처럼 오늘날 우리에게 중요한 것이 무엇입니까? 율법주의에 경도된 사람들에게는 십일조를 하는지, 주일을 지키는지, 술을 마시는지, 담배를 피우는지가 중요한 문제일 것입니다. 그러나 바울은 진짜 중요한 것은 바로 "사랑으로써 역사하는 믿음뿐"이라고 말합니다. 참된 믿음은 사랑으로 표현된다는 것입니다. 사랑으로 표현되지 않는 믿음은 가짜 믿음이라는 말입니다. 그리스도 안에서 믿음과 사랑은 언제나 함께 갑니다.

사도 요한은 그리스도인이 형제를 사랑하는 원천은 바로 그리스도라고 말합니다.

> 그가 우리를 위하여 목숨을 버리셨으니 우리가 이로써 사랑을 알고 우리도 형제들을 위하여 목숨을 버리는 것이 마땅하니라(요일 3:16).

그리스도께서 우리를 위해 목숨을 버리신 것으로 우리가 사랑을 알았으니, 우리도 형제들을 위해 목숨을 버리는 것이 '마땅하다'고 말합니다. 이것은 명령이 아닙니다. 신자가 어떤 존재인지를 설명하는 말입니다. 사도는 이것을 4장에서 또 한 번 언급합니다.

> 우리가 사랑함은 그가 먼저 우리를 사랑하셨음이라(요일 4:19).

교회 안에서 형제가 된 사람들은 피로 맺어진 형제보다 의미 있는 관계입니다. 그리스도의 피로 한 형제가 되었기 때문입니다. 우리가 형제를 사랑하는 것은 그리스도께서 십자가에서 목숨을 버리신 그 사랑에서 비롯됩니다. 하지만 "신자는 형제를 사랑하는 것이 마땅하다. 그리스도께서 그렇게 우리를 사랑하셨기 때문이다"라는 설명만으로는 무언가 좀 부족합니다.

존재가 행위를 결정한다

성경은 우리에게 명령이나 윤리를 말하기 전에 우리가 어떤 존재인지를 말합니다. 이것이 복음입니다. 복음이 율법보다 먼저이고, 직설법이 명령법보다 우선합니다.

그리스도인이 신앙생활에서 실패하는 것은 대부분 자신이 누구인지 모르기 때문입니다. 그러므로 그리스도인이 누구인지를 아는 것은 매우 중요합니다. 복음은 우리에게 그것을 가르쳐 줍니다. 또한 성경은 우리가 누구인지뿐만 아니라, 얼마나 영광스러운 존재인지도 알려 줍니다.

마틴 로이드존스는 그리스도인이란 "그리스도로만 설명될 수 있는 사람"이라고 말합니다. 우리의 정체성은 다양하지만 우리 자신을 설명할 가장 중요한 정체성은 바로 우리가 '그리스도인', 하나님의 자녀라는 것입니다. 이 정체성은 다른 모든 것을 사소하고 아무것도 아닌 것으로 여기게 할 만큼이나 중요합니다.

이런 관점에서 보면 형제 사랑이 왜 참된 신앙의 증거인지를 확인할 수 있습니다. 사도 요한이 강조하는 형제 사랑은 '형제이기 때문에' 사랑한다는 것입니다. 형제의 공통점은 아버지가 같다는 것입니다. 그리고 아버지가 같다는 그 공통의 근거는 서로를 사랑하게 합니다.

그리스도인은 그리스도로만 설명될 수 있는 사람이라는 공통점이 바로 형제가 서로 사랑하게 되는 근거가 됩니다. 하나님 아버지를 닮은 거룩한 성향이 그 사람 안에 있는 것을 볼 때 신자는 그를 더 기뻐하고 사랑하게 됩니다. 나와 한 가족임을, 천로역정을 나와 동행하는 순례자임을 알게 되는 것입니다. 그가 나와 국적이 다르거나, 직업이 다르거나, 취향이 달라도 상관없습니다. 그 사람과 나는 같은 (신적) 본성, 같은 인생관, 같은 거룩한 소원과 축복된 소망을 품었기 때문입니다. 내 안에서 역사하시는 성령님께서 저 형제 안에서도 역사하신다는 사실을 보면서 기뻐하고 그를 사랑하게 됩니다. 그리고 그 사랑이 느껴질 때, 우리는 자신이 진짜 그리스도인임을 느낍니다. 이런 방식으로 형제 사랑은 우리 신앙이 참됨을 확증해 줍니다.

사도 요한에 의하면, 형제 사랑은 그리스도인의 영적 본능입니다. 그리스도라는 공통분모가 매우 크기 때문에 그 안에서 서로를 바라보고 용납하며 함께 나누고 사랑하는 것입니다. 교회는 바로 이런 형제 사랑을 경험하는 하나님의 가족입니다. 이런 면에서 오늘날 한국 사회를 분열시키고 있는 지방, 세대, 정치색에 따른 갈등이나 '끼리끼리' 문화는 그리스도 안에서, 그리고 교회에서 무너져야 마땅한 장벽들입니다. 그런데도 교회 역시 이런 갈등으로 분열되는 것이 오늘날 한국 교회의 현실입니다. 이것은 교회가 스스로 교회 됨의 영광스러움을 저버리는 태도입니다. 자신이 선진영의 논리, 자신의 출신지 등이 그리스도보다 중요하다고 말하는 것입니다. 1세기의 교회는 문제가 종종 벌어지기는 했지만, 주인과 노예가 같은 상에서 밥을 먹고 주님의 살과 피를 나누는 일이 가능한 공동체였습니다. 하지만 오늘날 교회는 이런 공동체의 모습을 잃어버렸습니다.

다윗을 생각해 보십시오. 다윗은 한 나라의 왕이었지만, 그를 지배하는 정체성은 하나님의 종이었습니다. 그는 궁궐에 사는 왕으로서 "내 하나님의 성전 문지기로 있는 것이 좋사오니"라고 고백한 고라 자손의 시편을 가슴으로 고백할 수 있는 사람이었습니다(시 84:10). 그에게는 하나님의 종이라는 정체성이 중요했습니다. 하나님과의 관계에서 자신을 인식하는 것은 다윗에게 절대적으로 중요했습니다. 이처럼 자신을 설명하는 데 하나님과의 관계, 즉 그리스도보다 중요한 요소가 있다면, 그 사람은 자신이 참된 그리스도인인지를 의심해야 마땅합니다.

지금까지 읽으면서 마음속으로 '나는 형제를 사랑하는 것이 힘든데, 그렇다면 나는 하나님의 자녀가 아닌 걸까?'라는 의문을 품는 분이 계십니까? 지금 사도가 말하는 형제 사랑은 자연적인 감정이나 본능을 넘어서는 것입니다. 이 사랑은 영적인 것입니다.

사람은 누구나 자신만의 기호나 취향, 기질 등을 가지고 있고, 그런 기호나 취향, 기질은 사람마다 다르게 마련입니다. 그렇기 때문에 우리는 자연적으로 좋아하기 힘든 사람이 있습니다. 여기서 사도는 성향이나 기질의 요소를 무시하는 것이 아닙니다. 그럼에도 하나님의 자녀는 자연적으로 좋아할 수 없는 주 안의 형제를 향해 연민의 정을 느끼고, 그를 위해 기도하고 싶은 마음을 품게 된다는 것입니다. 하나님의 무한한 은혜로 용서받았다는 사실을 아는 자는 그 마음에 형제를 향한 하나님의 사랑을 품게 되고, 그 사랑은 어떤 모습으로든 드러나게 됩니다.

여러분, 여기서 우리는 사랑하는 것과 좋아하는 것을 구분해야 합니다. 좋아하는 것은 말하자면 동물적 본능에 속한 것입니다. 집에서 기르는 개도 누가 자기를 좋아하는지 알고 그를 더 좋아합니다. 이것은 이성적인 것이 아닙니다. 그러나 사랑은 이성적이고 깊이 생각하는 것이며 이해를 수반하는 것입니다. 사도 요한은 우리에게 형제를 좋아하라고 말하는 것이 아닙니다. 좋아하지 않아도 사랑할 수 있습니다. 그 사람이 주님의 자녀이기 때문에 우리는 사랑할 수 있습니다. 이것이 형제 사랑에 대한 사도 요한의 논지입니다.

사랑의 본질은 자기 희생

사도 요한은 형제를 사랑하는 것이 그리스도인 됨을 알아보는 시금석이라고 말하는 데서 그치지 않습니다. 그는 이것이 또한 명령이라고 말합니다. 형제 사랑은 참된 신자의 본능이고 마땅한 바일 뿐 아니라 명령으로도 주어진 것입니다. 사도는 진정한 사랑을 행하라고 호소합니다. 형제 사랑이라는 영적 본능을 따라 힘쓰고 애써서 살라고 권하는 것입니다.

이 점에서 성경이 말하는 사랑은 감정이 아니라 실천입니다. 주님의 사랑이 그러했습니다. 그래서 사도는 주님의 사랑이 형제 사랑의 원천이라는 사실과 더불어, 그 사랑은 우리를 위해 목숨을 버림으로 드러났다고 말합니다.

그가 우리를 위하여 목숨을 버리셨으니 우리가 이로써 사랑을 알고 우리도 형제들을 위하여 목숨을 버리는 것이 마땅하니라(요일 3:16).

사도 요한이 말하는 형제 사랑은 이러한 그리스도의 사랑과 조금도 다르지 않습니다. 나아가 사도는 형제를 사랑하는 일을 매우 실제적으로 묘사합니다.

> 누가 이 세상의 재물을 가지고 형제의 궁핍함을 보고도 도와줄 마음을 닫으면 하나님의 사랑이 어찌 그 속에 거하겠느냐 자녀들아 우리가 말과 혀로만 사랑하지 말고 행함과 진실함으로 하자(요일 3:17, 18).

사도 요한은 주님이 우리를 위해 목숨을 버리셨으니 우리도 형제를 위하여 그리하는 것이 마땅하다고 말하고 나서, "그러니까 형제를 위해 돈을 써라"라고 이야기하는 것입니다. 형제가 궁핍하다는 사실을 알고 있는 나에게 그 형제를 도와줄 돈이 있는데 그 형제를 도와주고 싶지 않고 도와주지 않는다면 내 안에 하나님의 사랑이 없는 것입니다. "하나님의 사랑이 어찌 그 속에 거하겠느냐"라는 구절은 하나님께서 그를 사랑하지 않는다는 것이 아니라 그가 하나님을 사랑하지 않는다는 의미입니다. 아무리 경건의 모양을 갖추고 신앙이 좋아 보여도 궁핍한 형제를 보면서 도와주지 않는다면, 그는 믿음이 없는 사람, 하나님을 사랑하지 않는 사람입니다. 그 사람은 전적으로 이기적이고 자기중심적인 본성을 따라 행동하고 있기 때문입니다.

사도가 말하는 형제 사랑의 특징은 '자기 희생'입니다. 그것이 그리스도께서 보여 주신 사랑입니다(요일 3:16). 자기 희생은 재물을 희생하는 것입니다. 우리는 형제를 위해 목숨을 버리겠다고 말하는 대신 재물을 허비하는 사랑을 해야 합니다. 사랑은 감정이나 말이 아니라 행동입니다. 자기 희생입니다.

18세기 영국에 부흥이 일어나던 시기에 존 웨슬리(John Wesley)는 신앙의 참됨을 구별하는 중요한 한 가지가 '주머니가 회개하는 것'이라고 말했습니다. 「자본론」을 써서 공산주의 체제의 이념적 기초를 제공한 카를 마르크스(Karl Marx)도 돈의 힘을 간파하여, 사람의 마음이 주머니에 있는 돈의 사정에 지배된다는 주장을 했습니다. 그리고 주님께서도 그것을 아셨습니다.

> 한 사람이 두 주인을 섬기지 못할 것이니 혹 이를 미워하고 저를 사랑하거나 혹 이를 중히 여기고 저를 경히 여김이라 너희가 하나님과 재물을 겸하여 섬기지 못하느니라(마 6:24).

작고 사소한 것들, 재물을 형제를 위해 사용하는 것이 목숨을 버리겠다고 말하는 것보다 중요합니다.

사도 요한은 요한일서 3장 16절에서 "우리도 형제들을 위해 목숨을 버리는 것이 마땅하니라"라며 '형제들'이라고 하고, 17절에서는 "누가 이 세상의 재물을 가지고 형제의 궁핍함을 보고도"라며 '형제'라고 표현합니다. 16절에서는 복수로, 17절에서는 단수로 표현한 것입니다. 사도는 "이 작은 자 중 하나에게 냉수 한 그릇이라도 주는 자"(마 10:42)가 되라고 하신 주님의 말씀처럼 '한 형제'에게 재물을 쓰라고 말하는 것입니다. 형제를 위해 냉수 한 그릇을 주는 자는 구원받는다는 말이 아닙니다. 구원받은 하나님의 자녀는 그렇게 살아간다는 말입니다. 이런 사랑은 사람들 앞에 드러나지 않을 수 있지만 하나님께서는 아십니다.

야고보는 행함과 진실함이 없이 말과 혀로만 사랑하는 모습을 매우 실감나게 표현했습니다.

> 만일 형제나 자매가 헐벗고 일용할 양식이 없는데 너희 중에 누구든지 그에게 이르되 평안히 가라, 덥게 하라, 배부르게 하라 하며 그 몸에 쓸 것을 주지 아니하면 무슨 유익이 있으리요 이와 같이 행함이 없는 믿음은 그 자체가 죽은 것이라(약 2:15-17).

이런 일들이 1세기 교회에서 일어났습니다. 21세기 교회도 마찬가지입니다. 우리는 그 형제가 그렇게 힘든 줄 몰랐다고 변명할 수 있습니다. 그러나 성경은 사랑한다는 것은 그 사람에게 관심을 갖는 것이라고 말합니다. 요한과 야고보는 이러한 자기 기만이나 피상적인 사랑에 머무르지 말라고 경고합니다.

세상에 드러낼 수 있는 교회 됨의 증거, 형제 사랑

교회는 세상 속에 존재하지만 본질적으로 세상에 속한 것은 아닙니다. 세상은 교회를 미워합니다. 가인이 아벨을 미워해서 살인을 저질렀듯, 이 미움은 살인의 열매를 맺습니다. 가인이 살인을 저지른 것은 자기 행위는 악하고 아벨의 행위는 의로웠기 때문입니다. 아벨이 도덕적으로 의로웠다고 말하는 것이 아닙니다. 세상이 교회를 미워하는 것은 교회가 도덕적으로 의로워서가 아닙니다. 물론 교회는 도덕적으로 의로워야 하고 세상보다 나아야 합니다. 교회가 도덕적으로 의로워도 세상은 교회를 미워하게 되어 있습니다. 이것은 영적인 문제입니다.

교회는 세상에 인정받기 위해 존재하는 것이 아닙니다. 그렇더라도 우리는 세상이 교회 안에서 우리가 맺고 나누는 관계를 통해서 우리의 메시지가 진실인지를 판단한다는 사실을 반드시 기억해야 합니다. 교회가 형제 사랑으로 깊이 결속되고, 궁핍한 형제를 재물로 돕고, 심지어 목숨까지 내어 주더라도 세상은 교회를 미워할 것입니다. 그러나 동시에 세상은 교회를 두려워할 것입니다. 오늘날 세상이 교회를 향해 보이는 멸시 같은 것을 받지는 않을 것입니다.

성령이 부어진 오순절 이후, 예루살렘에 세워진 교회에서는 성도들이 한마음과 한뜻이 되어 모든 물건을 통용하는 형제 사랑의 모습을 보여 주었습니다(행 2:44, 45; 4:32-35). 성경은 이것을 우리가 따라야 할 어떤 원칙으로 설명하지 않습니다. 하나님의 은혜가 부어지자 사람들이 그렇게 했다고 말합니다. 이것은 성령이 부어짐에 따라 교회가 일시적으로 경험한 특별한 은혜였습니다. 분명한 사실은 형제가 형제를 사랑하면 물질로 사랑하게 된다는 것입니다. 이런 모습이 세상을 놀라게 했습니다. 이 모습이 우리의 메시지가 참되다는 것을 증언하는 힘이 된 것입니다.

교회는 보이는 복음입니다. 아시시의 프란치스코(Francesco d'Assisi)는 이렇게 말했습니다. "항상 복음을 전하라. 필요하다면 말도 사용하라." 물론 말로 복음을 전하는 것은 중요합니다. 그래야 선명한 복음을 전할 수 있습니다. 그러나 프란치스코는 우리의 삶, 교회의 삶이 세상에 복음을 보여 줄 수 있어야 한다는 것을 가르치고자 했습니다. 세상은 우리의 삶으로 우리의 메시지를 판단합니다. 형제 사랑은 우리가 세상에 드러낼 수 있는 교회 됨의 증거입니다.

사도 요한이 말하는 사랑은 자기 희생입니다. 그리고 자기 희생은 목숨 이전에 재물을 희생하는 것입니다. 때로는 형제를 위해 우리의 소중한 시간을 사용해야 합니다. 때로는 사생활도 내려놔야 할 때가 있습니다. 주님께서도 그러셨습니다. 쉬고 싶으실 때도 자신을 따르는 많은 무리를 섬기셨습니다. 주님께서는 늘 방해받을 준비가 되어 있으셨습니다. 주님께서는 우리를 위해 하나님으로서 자신의 모든 영광과 권리를 포기하시고 자신의 목숨을 버리셨습니다.

여러분이 중요하게 여기는 것이 무엇입니까? 돈입니까? 시간입니까? 누구도 침범하지 못할 사생활입니까? 자신의 기질입니까? 성경은 형제를 사랑하기 위해 그것을 손해 보라고 말씀합니다. 그것을 양보하라고 말합니다. 그렇게 사랑하라는 것입니다. 교회는 그리스도께서 우리를 위하여 목숨을 버리신 것을 통해 사랑을 배운 사람들입니다. 그리고 그 그리스도의 사랑으로 형제 사랑을 배운 사람들입니다.

말과 혀로만 사랑하지 말고 행함과 진실함으로 하십시오. 호텔 객실 문에 걸려 있는 "방해하지 마시오"(Do Not Disturb)라는 표시는 그리스도인의 삶에는 어울리지 않는 말입니다. 그리스도인은 이렇게 말해야 합니다. "형제여, 내 삶은 형제를 위해 언제나 열려 있습니다." 이것이 그리스도인이 주 안의 형제들을 향해 가져야 할 바른 태도입니다. 형제를 위해 불편을 감수하는 삶을 기쁘게 여기는 것, 형제를 위해 자신이 소중하게 여기는 재물과 시간, 그리고 그 무엇을 기쁘게 허비하는 것, 이것이 바로 교회라는 새로운 가족입니다. 잊지 마십시오. 예수님을 믿는 것은 형제를 사랑하는 것입니다.

1 John
요한일서 3장 19-21절

19 이로써 우리가 진리에 속한 줄을 알고 또 우리 마음을 주 앞에서 굳세게 하리니 20 이는 우리 마음이 혹 우리를 책망할 일이 있어도 하나님은 우리 마음보다 크시고 모든 것을 아시기 때문이라 21 사랑하는 자들아 만일 우리 마음이 우리를 책망할 것이 없으면 하나님 앞에서 담대함을 얻고

19

마음이 우리를 책망할 때

요한일서 3장 19-24절이 한 본문이지만, 이번 장과 다음 장에서 나누어 다루려고 합니다. 이 본문 말씀에서 사도 요한이 말하고자 하는 전체적인 내용은 "예수님을 믿는 것은 형제를 사랑하는 것으로 증명되며, 형제를 사랑하는 것은 예수님을 믿는 삶의 질을 보장한다"는 것입니다. 예수님을 믿는데 기도도 잘 되지 않고 그 삶이 좋은지도 모르겠고 영적인 즐거움이 없는 이유는 형제 사랑과 관련이 있다는 것입니다.

사도 요한은 형제를 사랑하지 않으면 기도의 삶이 막힌다고 말합니다. 우리는 보통 그렇게 생각하지 않습니다. 형제 사랑을 하나의 선택지로 여깁니다. 형제 사랑쯤이야 하면 좋지만, 하지 않아도 신앙생활에 큰 문제가 없다고 생각합니다. 개인주의가 교회와 우리의 생각 속에 깊이 들어와 있기 때문입니다. 오늘날에는 많은 사람이 신앙생활은 혼자 하는 것이라고 생각하지만 성경은 어디에서도 그렇게 말하지 않습니다.

진리에 속한 자

이러한 전체 맥락을 염두에 두고, 우선 3장 19절 상반절을 살펴보겠습니다.

이로써 우리가 진리에 속한 줄을 알고.

'이로써'라는 말로 사도 요한은 앞 구절인 18절 내용을 연결합니다. 18절에서 사도는 "말과 혀로만 사랑하지 말고 행함과 진실함으로 하자"고 권합니다. 세상을 대표하는 가인의 특징은 미워하고 살인하는 것이고, 교회를 대표하는 그리스도께서는 형제를 위해 목숨을 주신 것처럼 형제를 사랑하는 자기 희생을 드러내십니다. 그러나 사도는 목숨을 내어 주라고 하지 않습니다. 그보다 실제적인 것, 우리의 시간과 물질을 사용하고 불편을 감수하라고 말합니다. 그것이 자기를 희생하는 형제 사랑, 행함과 진실함으로 하는 형제 사랑입니다. 그리고 이러한 자기 희생이 있는 형제 사랑으로 우리가 진리에 속한 줄을 안다는 것입니다.

이때 '행함과 진실함'은 같은 의미를 반복해서 강조하는 표현입니다. '진실함'으로 번역된 헬라어는 '진리 안에서' 또는 '참됨 안에서'(in truth)라는 뜻을 지니고 있습니다. 이것은 옳든 그르든 마음으로 진실하면 된다는 뜻이 아니라, 정확하게 진리에 토대를 둔 옳은 행동, 마음에서 나온 정직한 행동을 말합니다. 하나님께서 보시는 진실함은 진리에 부합하는 것, 진리에서 나오는 것, 진리를 살아가는 것입니다.

또한 '진리에 속했다'는 말은 참된 진리이신 그리스도께 속했다는 말입니다. 주님께서는 "내가 곧 길이요 진리요 생명"(요 14:6)이라고 말씀하셨습니다. 빌라도가 예수님께 "네가 왕이 아니냐"고 물었을 때, 예수님께서는 이렇게 대답하셨습니다.

> 네 말과 같이 내가 왕이니라 내가 이를 위하여 태어났으며 이를 위하여 세상에 왔나니 곧 진리에 대하여 증언하려 함이로라 무릇 진리에 속한 자는 내 음성을 듣느니라(요 18:37).

예수님을 믿는 자는 진리에 속한 자이기 때문에 그분이 하시는 말을 알아듣는다고 주님께서는 말씀하십니다. 행함과 진실함으로 사랑하는 것은 진리 안에서 사랑하는 것입니다.

우리는 사랑과 진리를 대척점에 놓는 경향이 있습니다. 진리를 강조하는 사람에게는 사랑이 없고, 사랑을 강조하는 사람에게는 진리가 없다고 여깁니다. 그러나 성경에서 이 둘은 대립되는 것이 아닙니다. 사랑은 진리와 함께 기뻐하는 것이고(고전 13:6), 하나님의 성품이 사랑과 진리이며, 예수 그리스도께서는 은혜와 진리가 충만하셨습니다(요 1:14). 성경이 말하는 형제 사랑은 진리 안에서 사랑하는 것입니다. 그런 의미에서 19절 상반절은 "행함과 진실함, 즉 진리 안에서 사랑하는 것을 통해 우리가 진리에 속한 사람인 줄을 안다"고 말하는 것입니다. 그러나 사도는 형제 사랑으로 우리가 그리스도인인지 아닌지를 분별할 수 있게 되었다는 데서 끝내지 않습니다.

격려인가, 경고인가, 책망인가

> 이는 우리 마음이 혹 우리를 책망할 일이 있어도 하나님은 우리 마음보다 크시고 모든 것을 아시기 때문이라(요일 3:20).

3장 20절에서 사도 요한은 "이는 우리 마음이 혹 우리를 책망할 일이 있어도"라고 말합니다. '우리 마음이 책망할 일이 있다'는 것은 양심이 우리를 정죄한다는 것입니다. 흔히 '양심의 가책'이라고 말하는데, 이 양심은 하나님께서 우리 내면에 주신 재판관입니다. 우리의 말이나 행동을 보고 사람들이 평가하는 것보다 중요한 것은 내면에서 흘러나오는 양심의 소리입니다. 그것이 더 정직한 평가입니다. 문제는 내면의 재판관인 이 양심이 비교적 솔직하고 정직하지만, 마음의 사정과 상황에 좌우되는 불완전한 재판관이라는 것입니다. 심지어 양심은 사탄의 종이 되어 우리를 부당하게 정죄할 수도 있습니다. 따라서 양심이 중요하긴 하지만 절대적인 기준이 될 수는 없습니다. 우리는 이 점을 유의해서 본문 말씀을 살펴야 합니다.

"형제 사랑으로 믿음을 입증한다"는 말을 들으면 신자들은 다양하게 반응할 것입니다. 생각해 보십시오. 형제 사랑으로 신앙을 입증해야 한다면, 여러분 마음에 확신이 생기겠습니까? 아니면 낙심이 되겠습니까? 쉽지 않은 문제입니다. 양심은 절대적 기준으로 완전하게 의로운 판단을 하는 최종 재판관이 아니기 때문입니다. 양심의 기준은 사람마다 다르기 때문에 그 반응 또한 사람마다 다를 수 있습니다.

어떤 사람은 이렇게 반응할 것입니다. '나는 형제를 사랑하기는 하지만 행함과 진실함으로 하라는 말씀 앞에서는 부끄럽기만 하다. 이제까지 나 자신을 희생하면서 형제를 사랑했는지를 묻는다면 자신 있게 대답할 수가 없다. 그렇다면 나는 하나님의 자녀가 아닌가?' 이렇게 생각하는, 심령이 예민한 사람들이 있습니다. 이런 예민함은 기질적인 면도 있지만, 마음의 상태나 실패와 같은 일시적인 상황 때문에 나타나기도 합니다. 즉 누구나 심령이 예민한 상태가 될 수 있습니다. 이들은 "형제 사랑으로 당신의 믿음을 증명하십시오. 이것이 진짜 믿음입니다"라는 말을 들으면 매우 낙심하고 확신을 잃어버리는 연약한 신자입니다. 사도는 이런 사람들을 '격려'하고 싶었을 것입니다. 요한일서 전체가 '격려'라는 분위기를 담고 있습니다. 3장 19, 20절도 그들을 격려하는 마음으로 썼을 것입니다. 그래서 많은 사람이 이 구절들을 격려라는 관점에서 해석합니다.

또 이렇게 반응하는 사람도 있을 것입니다. '형제 사랑으로 신앙을 입증한다면, 내가 100점은 아니어도 어느 정도는 잘하고 있는 것 같다. 우리 교회에서 그래도 상위 10퍼센트에는 들지 않을까?' 그래서 이들은 결론적으로 자신이 하나님의 자녀가 맞다고 판단합니다. 그러나 이런 판단도 전적으로 신뢰하기 어렵습니다. 인간은 자기 자신을 기만할 만큼 부패했기 때문입니다. 우리는 얼마든지 자기기만에 우리의 양심을 사용할 수 있습니다. 거짓 확신은 매우 위험합니다. 아마 사도는 이런 사람들에게는 '경고'하고 싶었을 것입니다.

마지막으로 가장 많은 사람이 보이는 보편적인 반응은 이런 태도일 것입니다. 형제 사랑으로 믿음을 입증하라는 말을 들으면, 그러지 못한 일이 마음에 떠오르는 것입니다. 도움이 필요한 형제를 위해 자신의 시간과 물질을 내어 주지 못하고 주저하던 상황이 생각납니다. 이런 일은 많이 일어납니다. 이런 이유, 저런 핑계를 대면서 행함과 진실함으로 자신을 희생하기보다는 불편함 때문에 형제 사랑을 유보하는 것입니다. 이런 사람들에게 필요한 것은 '책망'입니다.

지금까지 형제 사랑으로 믿음을 입증하라는 말에 대하여 보일 법한 세 가지 반응을 소개했습니다. 여러분도 한번 생각해 보십시오. "형제 사랑으로 믿음을 증명한다"는 말을 들으면, 여러분은 어떻게 반응할 것 같습니까? 형제 사랑은 교회에서 반갑게 인사하는 것을 말하는 것이 아닙니다. 그 사람의 사정에 관심을 가지고 그를 돌보며, 그를 위해 기도하고 찾아가 만나는 것입니다. 형제 사랑은 자기 희생입니다.

마음을 굳세게 하라

이 문제를 풀기 위해 우리가 주목할 단어가 있습니다.

또 우리 마음을 주 앞에서 굳세게 하리니(요일 3:19b).

우리는 이 구절에서 '굳세게 하다'라는 단어를 잘 이해해야 합니다. 사도 요한은 '우리 마음을 굳세게 하기 위해' 이어지는 말씀을 전하고 있습니다. 여기서 '굳세게 하다'로 번역된 헬라어는 신약 성경에서 주로 '설득하다', '확신시키다'라는 의미로 사용되었습니다. 그리고 아주 드물게 '안심시키다'라는 뜻으로 사용되었습니다. 그렇다면 사도는 여기서 어떤 의미로 이 단어를 쓴 것일까요?

첫 번째 반응을 보이는 사람들에게는 그들을 '안심시키려' 한다는 의미를 전하기 위해 이 단어를 썼을 것입니다. 두 번째 반응을 보이는 사람들에게는 쉽게 믿음을 확신하는 그들을 '설득하여 경고하고자' 했을 것입니다. 또한 세 번째 반응을 보이는 사람들처럼 형제를 사랑하는 데 자기를 희생하는 것을 미루는 이들에게는 그들을 '설득하여 책망하고자' 했을 것입니다. 이처럼 사도는 하나의 문장, 하나의 동사를 통해 신자들의 다양한 반응에 답하려고 한 것 같습니다.

격려

개역개정 성경은 격려 차원에서 사도가 성도들을 안심시키려 한다는 의미를 전달하고 있습니다.

이는 우리 마음이 혹 우리를 책망할 일이 있어도 하나님은 우리 마음보다 크시고 모든 것을 아시기 때문이라(요일 3:20).

심령이 예민하고 연약한 사람들은 자신이 아무리 형제를 사랑해도 부족하다고 느낄 것입니다. 그들의 양심(마음)이 그것으로 그들을 책망할 때, 사도는 하나님이 우리 마음보다 크시고 모든 것을 아신다는 것을 기억하라고 말합니다. 하나님이 우리 마음보다 크시다는 것은 나를 책망하는 우리 양심보다 하나님이 크신 분이라는 의미입니다. 하나님의 은혜와 자비, 긍휼하심과 안아 주심이 우리를 판단하는 양심보다 훨씬 크다는 것입니다. 그분의 은혜는 우리의 모든 약함과 죄악을 덮고도 남습니다. 신자는 여기서 위로와 격려를 얻어야 합니다.

또한 하나님의 다른 속성들과 마찬가지로 모든 것을 아신다는 하나님의 전지하심은 하나님의 자녀에게 말할 수 없는 위로입니다. 하나님께서 내 삶의 과거와 현재와 미래, 외적인 것과 내적인 것, 내 중심과 모든 것을 아신다는 것은 우리에게 큰 위로입니다. 예수님을 배반하고 저주한 베드로에게 부활하신 주님께서 "네가 나를 사랑하느냐"라고 물으셨을 때 베드로는 대답합니다. "주께서 아시나이다." 베드로의 이 대답에서 우리는 하나님이 모든 것을 아시는 분이라는 사실이 주는 위로를 느낄 수 있습니다.

양심이 나를 책망할 때, 나를 죄책감으로 몰아갈 때, 신자는 지식에 기초해서 믿음을 세워 가야 합니다. 그 지식은 복음 안에 나타난 하나님의 속성을 아는 지식입니다. 주관적인 감정에 의존하는 신앙은 건강하지도 성숙하지도 않은 신앙입니다. 많은 사람이 자신의 감정에 이끌려 신앙생활을 하지만, 신앙은 감정에 이끌리는 것이 아닙니다. 바른 신앙은 자기 감정을 복음의 사실, 하나님을 아는 지식 아래 복종시키는 것입니다.

자신에 대해 의심이 일어날 때는 자기의 실패를 돌아볼 것이 아니라 복음 안에 나타난 하나님의 사랑을 바라보아야 합니다. 의심의 감정에 몰입되는 대신 객관적인 복음을 기억해야 합니다. 2천 년 전, 예수 그리스도께서 우리를 위해 십자가에서 죽으시고, 우리의 옛사람이 그와 함께 십자가에 못 박혀 죽은 사실을 기억하고(롬 6:6) 그것을 증거로 삼아야 합니다. 우리 마음을 신뢰하는 대신 하나님의 사면 판결을 믿어야 합니다. 존 스토트(John Stott)가 말한 것처럼 "지식에 의해 우리 마음의 의심은 침묵당해야 합니다."

경고

신앙생활에서 우리는 종종 경솔한 자기만족에 빠집니다. '나는 형제를 사랑하니까 진리에 속한 사람이지. 나 정도면 충분하지 않은가?'라고 생각하는 것입니다. 이런 사람들에게 20절은 경고를 전하는 말씀으로 볼 수 있습니다. 우리 양심도 우리를 판단하거늘, 하물며 하나님은 어떠하시겠느냐는 것입니다. 경솔한 자기만족에 빠진 신자에게 이 말씀은 모든 것을 아시고 판단하시는 하나님께서 우리 양심과는 비교할 수 없을 만큼 완전하게 판단하시므로 그 판단을 피할 수 없다는 경고가 됩니다.

뒤에서 살펴보겠지만, 사도 요한은 분명 형제 사랑을 참된 신앙의 표지로 말하면서도 그리스도인의 확신이 단순히 그 수준에 머무는 것을 경계합니다. 그리스도인에게는 더 높고 영광스럽고 신비한 차원의 확신이 있습니다. 형제 사랑을 통해 내가 누구인지를 확인하는 데서 더 나아가라는 것입니다. 그래서 사도는 쉽게 만족하는 것을 경고합니다. 행위에서 오는 확신은 언제나 조심스럽기 때문입니다.

책망

가장 보편적일 것이라고 말한 세 번째 부류에게 이 말씀은 책망을 전할 수 있습니다. 형제 사랑은 말로 하는 것이 아니라 행함과 진실함으로 하는 것이며 자기 희생으로 드러난다고 할 때, 자신 있게 형제를 사랑한다고 대답하지 못하는 사람들입니다. 형제를 위해 자신의 필요를 포기한 적도, 불편을 감수한 적도, 사생활을 양보한 적도, 자신의 성향을 내려놓은 적도 없는 사람들입니다.

사도 요한이 말하는 형제 사랑은 참된 신자의 영적 본능입니다. 그 본능을 따라 힘을 다해 수고하고 형제를 사랑하는 일에 자신을 드리는 것입니다. 그것이 행함과 진실함으로 형제를 사랑하라는 사도의 의도입니다. 그런데 우리 안에는 죄의 잔재가 남아 있습니다. 신앙생활은 이 둘의 싸움입니다. 하나님의 자녀가 영적 본능을 따르지 않고 인색함이나 이기적인 정욕을 따르기로 마음을 먹고 형제를 사랑하지 않는다면, 가장 먼저 우리 양심이 우리를 책망할 것입니다. 그러면 그는 하나님이 우리 마음보다 크고 모든 것을 아신다는 사실을 기억하고 자신을 설득하여 행함과 진실함으로 형제를 사랑하는 자리로 나아가야 합니다. 예수님을 믿는 삶은 결코 저절로 살아지는 삶이 아닙니다.

우리에게는 자기밖에 모르는 비열한 마음이 있지만, 하나님께는 그런 마음이 없습니다. 하나님의 관대하심과 긍휼하심은 우리가 가진 마음과 비교할 수 없을 만큼 크고 위대합니다. 하나님이 이런 분임을 안다면, 우리는 마음 속 비열함을 극복하고 그분의 성품을 닮아 가는 일에 더욱 자신을 드리게 될 것입니다. 하나님께서 모든 것을 아신다는 것은 우리가 비열한 마음을 따라 행하는 사소한 일도 모두 알고 계시다는 뜻입니다. 구약에서 하나님은 이스라엘 백성에게 이렇게 요구하셨습니다.

> 네 하나님 여호와께서 네게 주신 땅 어느 성읍에서든지 가난한 형제가 너와 함께 거주하거든 그 가난한 형제에게 네 마음을 완악하게 하지 말며 네 손을 움켜 쥐지 말고 반드시 네 손을 그에게 펴서 그에게 필요한 대로 쓸 것을 넉넉히 꾸어 주라 삼가 너는 마음에 악한 생각을 품지 말라 곧 이

르기를 일곱째 해 면제년이 가까이 왔다 하고 네 궁핍한 형제를 악한 눈으로 바라보며 아무것도 주지 아니하면 그가 너를 여호와께 호소하리니 그것이 네게 죄가 되리라(신 15:7-9).

일곱째 해마다 오는 면제년을 염두에 두고 궁핍한 형제를 도와주지 않으려는 생각을 품지 말고, 필요한 대로 손을 펴서 넉넉히 꾸어 주라는 것입니다.

이 율법은 오늘날 우리에게 하나님의 기뻐하시는 뜻을 보여 줍니다. 자신이 가진 것을 움켜 쥐는 것이 인간의 본성입니다. 그러나 성경은 예수님을 믿는 자들이 하나님을 기쁘시게 하는 것이 무엇인지를 다르게 이야기합니다. 인색하지 말고, 관대하신 하나님처럼 넉넉히 주라는 것입니다. 신자는 그런 비열한 마음이 일어날 때마다 자신을 설득해야 합니다. 양심이 우리를 책망할 때마다 하나님의 임재 앞에서 우리 마음을 설득해서 형제를 사랑하는 자리로 나아가야 합니다.

하나님 앞에서 가지는 담대함

본문 말씀은 신앙생활에서 매우 중요한 문제를 다루고 있습니다. 양심이 우리를 책망한다면, 우리는 결코 정상적인 신앙생활 안에 있는 영적 기쁨과 평안을 누릴 수 없습니다. 하나님과의 사귐에서 오는 영광스러운 즐거움을 알 수 없고, 기도의 만족을 모르기에 기도가 힘들어집니다. 그러나 3장 21절은 이렇게 말합니다.

사랑하는 자들아 만일 우리 마음이 우리를 책망할 것이 없으면 하나님 앞에서 담대함을 얻고.

"사랑하는 자들아"라고 부르는 말에서 우리는 사도 요한이 성도들을 격려하고 경고하며 책망하면서도 얼마나 사랑하는지를 보게 됩니다. 우리 마음이 우리를 책망할 것이 없다면, 단순히 가벼운 자기만족 수준이 아니라 참으로 우리 마음이 하나님 앞에서 깨끗하다면, 우리는 하나님 앞에서 담대함을 얻을 것입니다. 여기서 말하는 '담대함'은 앞서 2장 28절에서 언급한 담대함과는 다릅니다. 헬라어로는 같은 단어이지만, 앞서 말한 '담대함'은 심판자 앞에서의 담대함이라면, 여기서 말하는 '담대함'은 자녀가 아버지 앞에서 지니는 담대함입니다. 즉 이 담대함은 기도할 때의 담대함입니다. 그래서 사도는 이어서 기도 생활에서 누리는 확신과 즐거움을 이야기합니다(다음 장에서 신앙의 진수인 기도의 자리와 형제 사랑이 깊이 연결되어 있다는 것을 다룰 것입니다).

바울은 "그러므로 이제 그리스도 예수 안에 있는 자에게는 결코 정죄함이 없나니"(롬 8:1)라고 말합니다. 이 '정죄함'은 양심의 정죄함이 아닙니다. 우리 마음보다 크신 하나님께서 우리를 정죄하지 않으신다는 것입니다. 하나님께서는 왜 우리가 처음 믿을 때 우리를 의롭다 하심으로 예수 안에 있는 우리에게서 정죄함을 거두어 가시는 것일까요? 마음에 정죄함이 있는 사람은 결코 하나님을 제대로 섬길 수 없고, 형제들과의 사귐에서도 기쁨을 누릴 수 없기 때문입니다.

하나님께서는 우리에게서 정죄함을 거두어 가시고 자유를 주셨습니다. 우리는 이 자유 안에서 하나님의 은혜를 받아 즐거움과 감사함으로 그분을 섬깁니다. 이 섬김은 하나님께만 기쁨과 영광이 되는 것이 아닙니다. 섬기는 우리 자신에게도 말할 수 없는 영광스러운 즐거움이 됩니다. 이것이 신앙생활을 결정하는 열쇠입니다. 연약한 신자든, 쉽게 자기만족에 이르는 자든, 우리는 모두 하나님께서 우리를 위해 행하신 일에 근거하여 마음이 우리를 책망할 것이 없는 건강하고 성숙한 신자로 살아가야 합니다.

1 John
요한일서 3장 19-24절

19 이로써 우리가 진리에 속한 줄을 알고 또 우리 마음을 주 앞에서 굳세게 하리니 20 이는 우리 마음이 혹 우리를 책망할 일이 있어도 하나님은 우리 마음보다 크시고 모든 것을 아시기 때문이라 21 사랑하는 자들아 만일 우리 마음이 우리를 책망할 것이 없으면 하나님 앞에서 담대함을 얻고 22 무엇이든지 구하는 바를 그에게서 받나니 이는 우리가 그의 계명을 지키고 그 앞에서 기뻐하시는 것을 행함이라 23 그의 계명은 이것이니 곧 그 아들 예수 그리스도의 이름을 믿고 그가 우리에게 주신 계명대로 서로 사랑할 것이니라 24 그의 계명을 지키는 자는 주 안에 거하고 주는 그의 안에 거하시나니 우리에게 주신 성령으로 말미암아 그가 우리 안에 거하시는 줄을 우리가 아느니라

20

형제 사랑과 기도

앞서 우리는 "자기를 희생하는 형제 사랑이 우리의 믿음을 증명한다"는 것과, 그러한 사랑을 하면 "우리 마음이 우리 자신을 책망하지 않으므로 하나님 앞에서 우리가 담대함을 얻는다"는 것을 살펴보았습니다. 이것으로 하나님의 자녀는 자신이 하나님께 속한 자라는 것을 확인하게 됩니다. 하나님의 자녀에게 형제 사랑은 선택지가 아닙니다.

개인주의에 지나치게 매몰되어 교회의 교회 됨과 공동체성, 그리고 서로를 사랑하는 것이 실종된 오늘날 교회에 이 말씀은 매우 중요합니다. 이 시대 신자들의 신앙생활은 성경에서 가르치는 모습과 매우 동떨어져 있기 때문입니다. 교회에 다니지만 공동체와 상관이 없습니다. 교회에서도 혼자입니다. 예배당에 다같이 모여 예배를 드리는 것이나 집에서 온라인으로 예배를 드리는 것이나 다르지 않습니다. 이것은 심각한 문제입니다. 이런 신앙생활은 하나님의 말씀에서 벗어나 있습니다.

우리 마음이 우리를 책망하지 않는 것은 중요합니다. 양심에 걸리는 것이 많으면 범사가 힘들어집니다. 양심에 걸리는 것이 있으면 다른 사람 눈도 쳐다보지 못하고, 기도한다고 앉아 있어도 제대로 기도하지 못합니다. 예배를 드리려고 예배당에 와도 우리 마음보다 크신 하나님에게 편안하게 예배드릴 수가 없습니다. 양심이 나를 고발하기 때문입니다. 양심은 우리 신앙을 담는 그릇입니다.

성경은 형제 사랑과 신앙이 하나로 연결되어 있다고 말합니다. 하나님을 믿는다고 하면서 형제를 사랑하지 않고 미워하는 자는 가인 계열에 속한 자입니다. 형제 사랑에 문제가 있는 사람의 신앙생활은 무너지게 마련입니다. 형제 사랑은 소극적 명령이 아닙니다. 자신을 희생해야 하는 매우 적극적인 명령입니다.

여러분도 형제 사랑이 이렇게까지 중요하다고 생각하셨습니까? 이것이 우리 신앙을 서고 넘어지게 하는 문제라고 생각하셨나요? 아마 그러지 않으셨을 것입니다. 그러나 성경은 형제를 적극적으로 사랑하는 것이 우리 신앙과 분리될 수 없다고 말합니다. 그렇다면 하나님을 사랑하고 믿음이 좋아 '보이는' 사람들 가운데 형제들을 비판하고 판단하며 사랑하기보다는 멸시하는 사람들을 우리는 어떻게 이해해야 할까요? 성경에 따르면 그들은 사실 신앙이 없는 것입니다. '믿음은 사랑으로 역사한다'(갈 5:6)고 말하고 있기 때문입니다. 참된 믿음은 사랑으로 표현됩니다. 예수님께서도 자신을 의롭다고 여기고 다른 사람을 멸시하는 사람들을 향해 바리새인과 세리의 기도를 비유로 말씀하셨습니다(눅 18:9-14). 이처럼 신앙생활이 잘못될 수 있음을 경고하신 것입니다.

요한일서 3장 19-24절은 신앙생활 가운데 우리의 기도가 형제 사랑과 절대적으로 연결되어 있다고 가르칩니다. 형제 사랑과 믿음이 하나이듯 형제 사랑과 기도도 하나입니다. 둘 중 하나가 무너지면 다른 것도 함께 무너지게 됩니다.

경외함과 담대함

앞서 우리는 요한일서 3장 21절에서 말하는 '담대함'과 2장 28절의 '담대함'이 조금 다르다는 것을 살펴봤습니다. 2장 28절의 담대함은 주님께서 재림하실 때 심판대 앞에서 신자가 가지는 담대함이라면, 본문 말씀의 '담대함'은 하나님의 자녀가 그분 존전에 나아가 기도할 때 가지는 담대함입니다. 사람들 앞에서 자기 의견을 이야기하는 것이 담대함이라면, 하나님 앞에서 이야기한다는 점에서 기도에도 담대함이 필요합니다. 그런데 오늘날에는 많은 사람이 이 '담대함'을 잘못 이해하고 있습니다.

하나님이 거룩하시고 엄위하시다는 개념이 없는 이 시대에는 본문이 의미하는 담대함이 잘 이해되지 않을 수 있습니다. 여러분은 기도드릴 때, 하나님 앞에 선다는 경외감을 느끼십니까? 이 경외감은 하나님 앞에 설 때 피조물이 갖게 되는 지극히 정상적인 느낌입니다. 우리는 우리가 기도하고 예배드리는 하나님이 천지를 창조하신 창조주이시자 만물을 심판하실 심판주이신 분, 거룩하실 뿐 아니라 공의로우신 분임을 인식해야 합니다. 이것이 경외감입니다. 그러나 이 시대에는 이런 경외감이 사라졌습니다. 일상에서도 경외감을 경험하는 일이 거의 없고, 경외감을 느끼게 만드는 대상도 없습니다.

우리는 경외감, 존경심이 사라진 시대를 살고 있습니다. 저는 이것이 우리의 영적인 삶에까지 영향을 끼칠까 봐 두렵습니다. 어린아이들이 신앙을 배울 때 가장 먼저 배워야 할 것도 경외감입니다. 우리는 그 경외감을 예배 가운데에서 배울 수 있습니다. 그렇기 때문에 우리가 어린 자녀들과 함께 예배드리는 것은 중요합니다.

하나님을 경외한다는 것은 모세가 불붙은 떨기나무 앞에서 들은 음성의 의미를 아는 것입니다.

> 하나님이 이르시되 이리로 가까이 오지 말라 네가 선 곳은 거룩한 땅이니 네 발에서 신을 벗으라(출 3:5).

하나님을 경외한다는 것은 하나님의 소명을 받던 날, 천사들의 찬송에 이사야 선지자가 대답한 의미를 아는 것입니다.

> 서로 불러 이르되 거룩하다 거룩하다 거룩하다 만군의 여호와여 그의 영광이 온 땅에 충만하도다 하더라 …… 그때에 내가 말하되 화로다 나여 망하게 되었도다 나는 입술이 부정한 사람이요 나는 입술이 부정한 백성 중에 거주하면서 만군의 여호와이신 왕을 뵈었음이로다 하였더라(사 6:3, 5).

본문 말씀은 '담대함'을 말하고 있는데, 제가 경외감에 대해 말하는 것은 경외감 없이 담대함을 경험할 수 없고, 오늘날 교회가 이런 경외감을 잃어버렸기 때문입니다. 강단에서 말씀을 전하는 설교자와 그 설교도 경외감을 잃어버렸습니다. 그리스도인들의 교제 속에서, 신자들의 모든 삶에서 경외감이 사라졌습니다. 하나님 앞에 나아가는 것이 일상적이고 친구를 만나는 것처럼 대수롭지 않으며, 대단히 준비해야 할 만한 일이 아닌 것이 되어 버린 시대를 살고 있습니다. 경외감이 있어야 할 곳에 천박함이 자리합니다. 경외감이 없는 신앙이 과연 신앙일 수 있을까요? 경외감이 없는 기도가 기도일 수 있을까요? "여호와를 경외하는 것이 지식의 근본"(잠 1:7)이라면, 경외감이 없다는 것은 신앙의 모든 것을 잃어버린 것과 같다고 해도 지나친 말이 아닙니다.

본문 말씀에서 말하는 담대함은 경외감과 항상 함께합니다. 경외감과 담대함은 하나님 앞에 설 때 공존하게 마련입니다. 그런데 이 둘이 어떻게 동시에 존재할 수 있을까요? 어떻게 두려운 동시에 담대할 수 있을까요? 여기에 신앙의 신비가 있습니다. 시편 기자는 이렇게 묘사합니다.

> 여호와를 경외함으로 섬기고 떨며 즐거워할지어다(시 2:11).

떨며 즐거워하는 것이 가능합니까? 하나님 앞에 서는 사람들은 단순히 왕 앞에 서는 자처럼, 혹은 재판장이나 검사 앞에 서는 피고인처럼 두려워하는 것이 아닙니다. 근본적으로 그런 두려움이 있을지라도, 우리는 즐거워하며 하나님 앞에 서는 것입니다. 그리스도께서 우리를 대신하셨고 그리스도 안에 있는 자에게는 결코 정죄함이 없다는 사실을 알기 때문입니다(롬 8:1). 두려움과 담대함이 함께하는 것은 은혜의 신비입니다. 하나님께서 자신의 자녀에게 주시는 신비한 은혜입니다. 또한 이렇게 묘사합니다.

> 여호와의 친밀하심이 그를 경외하는 자들에게 있음이여 그의 언약을 그들에게 보이시리로다(시 25:14).

시편 기자는 하나님을 친밀하게 여기는 사람에게 하나님의 친밀하심이 있다고 말하지 않습니다. 하나님께서는 그분을 경외하는 자들을 친밀하게 대하십니다. 그 친밀함이 은혜입니다.

이것을 가장 잘 표현한 사람이 바로 C. S. 루이스(Lewis)입니다. 「나니아 연대기」에서 비버 부부가 루시에게 아슬란을 소개하는 장면입니다. 아슬란은 사자인데, 예수님을 나타냅니다.

"그, 그는 사람이죠?" 하고 루시가 물었다.

"아슬란이 사람이라! 분명히 아니지. 그가 숲속의 왕이며 저 바다 너머의 위대한 왕의 아들이라고 말했잖니. 누가 동물의 왕인지 모르겠니? 아슬란은 사자란다. 사자, 위대한 사자란 말이다"라고 비버 씨가 엄하게 말했다.

"우와! 나는 그가 사람이라고 생각했어요. 그는 위험하지 않은가요? 난 사자를 만나면 좀 무서워요"라고 수잔이 말했다.

"애야, 아마 넌 분명히 그럴거다. 그리고 아슬란 앞에 무릎을 덜덜 떨지 않고 나타날 수 있는 사람이 있다면 아마 그 사람은 가장 용감한 사람이거나 아니면 단지 바보일 거다" 하고 비버 부인이 말했다.

"그러면 그는 위험한가요?"라고 루시가 물었다.

"위험? 넌 비버 부인의 말을 듣지 못했니? 누가 위험에 대해서 이야기하든? 물론 그는 위험하단다. 그렇지만 그는 선하단다. 그는 왕이란 말이야"라고 비버씨가 말했다(도널드 W. 맥컬로우, 「하찮아진 하나님」[대한기독교서회, 1996], 90쪽에서 재인용).

이 일화에는 하나님께 대한 경외함과 하나님 앞에서 신자가 가질 수 있는 담대함이 잘 묘사되어 있습니다. 아슬란은 무서운 사자이지만, 인자한 왕이기도 합니다. 사도 요한이 말하는 담대함, 하나님 앞에서 우리가 가지는 담대함도 바로 이런 것입니다. 자기를 희생하며 형제를 사랑할 때, 그래서 우리 마음이 우리를 책망할 것이 없을 때 우리는 하나님 앞에서 담대함을 가질 수 있습니다. 그리고 이것은 우리의 기도 생활과 연결됩니다. 결국 형제 사랑이 우리의 기도 생활과 직접 연결되는 것입니다.

마음에 자책이 있으면 하나님 앞에서 담대할 수 없고, 기도가 상달되거나 응답된다고 생각할 수 없을 것입니다. 주님께서는 이렇게 말씀하셨습니다.

> 그러므로 예물을 제단에 드리려다가 거기서 네 형제에게 원망 들을 만한 일이 있는 것이 생각나거든 예물을 제단 앞에 두고 먼저 가서 형제와 화목하고 그 후에 와서 예물을 드리라(마 5:23, 24).

율법 가운데 특별히 시민법은 자신 때문에 억울한 사람이 없어야 한다는 것을 강조합니다. 공평하고 의로우신 하나님께서는 억울한 사람을 만들지 않으십니다. 따라서 하나님의 자녀는 자신의 이익 때문에 억울한 일을 당하는 사람이 생기게 해서는 안 됩니다. 자신이 손해를 볼지언정, 그런 사람은 없어야 합니다. 그래서 주님께서는 예배를 드리다가도 원망 들을 만한 일이 생각나면 먼저 가서 그 형제와 화목하라고 말씀하셨습니다. 이것은 사도 요한이 한 말과 정확히 같은 의미입니다.

확신 안에서 드리는 기도

사도는 담대함이 기도 응답의 확신이라고 말합니다.

> 무엇이든지 구하는 바를 그에게서 받나니 이는 우리가 그의 계명을 지키고 그 앞에서 기뻐하시는 것을 행함이라(요일 3:22).

이 구절은 오해하기 쉽습니다. 마치 계명을 지키고 하나님께서 기뻐하시는 것을 행한다는 조건이 충족되면 기도가 응답된다는 식으로 이해하기 쉽기 때문입니다. 기도 응답이 행위에 근거한다고 오해하기 쉬운 구절이지만, 사도의 의도는 그런 것이 아닙니다. 사도는 형제 사랑의 계명을 지키고 하나님께서 기뻐하시는 뜻을 행하는 것이 응답받는 기도의 토대라고 말하는 것입니다.

계명을 지켜서 형제를 사랑하고 하나님이 기뻐하시는 일을 행하고자 하는 사람은 하나님께서 바라시는 것을 원하고, 하나님께 순종하기를 간구할 것입니다. 하나님께서 우리에게 '어떠한 사랑'을 베푸셔서 그분의 자녀로 삼아 주셨는지, 그 은혜를 아는 사람은 마음으로 형제를 사랑하게 마련입니다. 그 사람 안에 있는 믿음이 거짓 없이 형제를 사랑하는 것으로 표현되는 것입니다. 그런 사람은 기도할 때 형제를 더 사랑할 수 있기를, 주님의 계명을 따라 살기를, 더 순종하는 삶을 살기를 간구합니다. 이것이 하나님께서 원하시는 것을 구하는 기도입니다. 결국 계명을 지키고 하나님께서 기뻐하시는 바를 행하는 것은 주님께서 "내 이름으로 구하라"고 하신 말씀과 같은 의미입니다.

> 그날에는 너희가 아무것도 내게 묻지 아니하리라 내가 진실로 진실로 너희에게 이르노니 너희가 무엇이든지 아버지께 구하는 것을 내 이름으로 주시리라 지금까지는 너희가 내 이름으로 아무것도 구하지 아니하였으나 구하라 그리하면 받으리니 너희 기쁨이 충만하리라(요 16:23, 24).

주님의 이 말씀도 의미가 다르지 않습니다. 이 말씀은 예수님의 이름으로 기도하기만 하면 우리가 원하는 모든 것을 들어주신다는 의미가 아닙니다. 주님의 이름으로 구한다는 것은 주님께서 기뻐하시는 뜻과 일치된 것을 구한다는 의미입니다. 지금까지는 그러지 않았지만, 이제 복음의 은혜를 아는 사람으로 하나님 앞에 나아갈 때에는 하나님 뜻대로 살고자 하는 욕구를 구하게 됩니다. 기도하는 자가 하나님의 뜻에 자기 뜻을 예속시킨다는 전제가 있는 것입니다. 사도 요한도 요한일서 마지막 부분에서 이 점을 언급합니다.

> 그를 향하여 우리가 가진 바 담대함이 이것이니 그의 뜻대로 무엇을 구하면 들으심이라(요일 5:14).

여기서도 사도는 기도에서의 담대함을 말합니다. 우리 마음이 우리를 책망할 것이 없으면, 형제를 사랑하라는 계명을 따라 살고 하나님께서 기뻐하시는 바를 행하는 믿음의 자리에 있다면, 우리 기도는 힘이 있습니다.

믿는 것과 사랑하는 것

요한일서 3장 23절은 22절 말씀을 좀 더 정확하게 설명해 줍니다.

> 그의 계명은 이것이니 곧 그 아들 예수 그리스도의 이름을 믿고 그가 우리에게 주신 계명대로 서로 사랑할 것이니라.

이 구절이 없었다면, 우리는 22절에서 말한 계명이 단순히 '형제 사랑'이라고만 이해했을 것입니다. 그런데 23절에서 사도는 지켜야 할 계명으로 두 가지를 언급합니다. 하나는 '그 아들 예수 그리스도의 이름을 믿는 것'이고, 다른 하나는 '그가 우리에게 주신 계명대로 서로 사랑하는 것'입니다. 믿는 것과 사랑하는 것, 이 둘은 3장 10절부터 이야기해 온 것입니다. 그리고 요한일서 3장 24절까지 이르는 전체 내용의 결론은 이것입니다. "믿는 것과 사랑하는 것은 하나다."

명심하십시오. 우리의 신앙생활에서 믿음과 형제 사랑은 별개가 아닙니다. 이것은 '믿음은 필수, 사랑은 선택'이라는 잘못된 오해를 바로잡게 합니다. 누구도 예수님을 믿으면서 형제를 사랑하지 않는 삶을 정당화할 수 없습니다. 믿는 것이 사랑하는 것이고, 참된 믿음은 사랑으로 표현됩니다

(갈 5:6). 믿음과 사랑은 그리스도인의 삶의 진정한 토대입니다.

여기서 우리가 주목해야 할 것이 하나 있습니다. 23절에서 사도 요한이 계명에 대하여 사용한 두 동사 '믿다'와 '사랑하다'의 시제가 다르다는 것입니다. 한글 성경에도 각각 "믿고", "사랑할 것"이라고 번역되어 있습니다. 헬라어로 '믿다'는 부정 과거형이고, '사랑하다'는 현재형입니다. 헬라어에서 부정 과거형은 결정적인 단 한 번의 행위를, 현재형은 반복적이고 지속적인 태도를 강조합니다. 즉 사랑하고, 사랑하고, 사랑하고, 계속해서 사랑하라는 것입니다. 형제 사랑은 평생 계속해야 하는 것입니다. 믿음의 삶을 살아가는 한, 형제 사랑을 중단할 수는 없습니다.

성령의 확신

성경은 우리에게 두 가지 확신을 이야기합니다. 하나는 하나님 말씀대로 순종할 때 얻는 확신입니다. 아브라함이 롯과 헤어질 때, 선택권을 롯에게 준 것은 하나님께서 기업을 주겠다고 하신 약속을 믿었기 때문입니다. 그리고 롯이 "여호와의 동산 같은" 소돔과 고모라를 선택하여 떠났을 때, 하나님께서는 눈에 보이는 동서남북 모든 땅을 주겠다고 다시 약속하십니다(창 13:1-18). 이것은 순종에 따라 주어지는 확신이라고 할 수 있습니다. 특별히 어려운 상황에서 순종했을 때 하나님께서 주시는 위로와 확신을 더 분명하게 경험하기도 합니다. 그러나 순종의 행위에서 오는 이러한 확신은 유익하지만 한편으로 조심해야 합니다. 자신의 행위에 기초한 확신은 자기 공로를 의지하게 만들 위험이 있기 때문입니다.

성경은 이런 확신과 다른 또 하나의 확신을 이야기합니다.

그의 계명을 지키는 자는 주 안에 거하고 주는 그의 안에 거하시나니 우

> 리에게 주신 성령으로 말미암아 그가 우리 안에 거하시는 줄을 우리가 아
> 느니라(요일 3:24).

사도 요한이 24절에서 말하는 확신도 형제 사랑의 계명에 대한 순종과 상관없는 확신은 아닙니다. "그의 계명을 지키는 자"라고 말하기 때문입니다. 이를 통해 사도는 사랑의 계명에 순종하지 않고도 하나님 안에 거한다고 주장하는 이단들을 논박하고 있습니다. 계명에 순종하는 것과 하나님 안에 거하는 것은 나뉠 수 없습니다. 그러면서 사도 요한은 순종의 행위와는 조금 다른, 성령님께서 하나님의 자녀에게 직접 주시는 확신을 이야기합니다.

모든 하나님의 자녀는 성령을 선물로 받은 사람입니다. 하나님께서 그분의 자녀에게 선물로 주신 성령님이 우리 안에 계셔서 우리로 하나님의 자녀라는 사실을 증거하십니다. 바울이 "나도 내 속에서 역사하시는 이의 역사를 따라 힘을 다하여 수고하노라"(골 1:29)라고 고백할 수 있었던 것도 그 안에 역사하시는 분이 계시다는 것을 성령님께서 증거해 주셨기 때문입니다.

사도 요한은 우리가 주님 안에 거하고 주님께서 우리 안에 거하시는 것, 즉 우리가 하나님 안에 사는 하나님의 자녀임을 '성령으로 말미암아' 안다고 말하고 있습니다. 바울도 고린도 교회 성도들에게 이렇게 이야기합니다.

> 우리가 세상의 영을 받지 아니하고 오직 하나님으로부터 온 영을 받았으니 이는 우리로 하여금 하나님께서 우리에게 은혜로 주신 것들을 알게 하려 하심이라(고전 2:12).

이것이 우리 지식의 궁극적 원천이신 성령님께서 주시는 신비한 확신입니다. 바울은 이 확신에 대해 이렇게 말합니다.

> 너희는 다시 무서워하는 종의 영을 받지 아니하고 양자의 영을 받았으므로 우리가 아빠 아버지라고 부르짖느니라 성령이 친히 우리의 영과 더불어 우리가 하나님의 자녀인 것을 증언하시나니(롬 8:15, 16).

하나님께서는 우리에게 양자의 영을 주셨을 뿐 아니라 성령님이 우리 영과 더불어 우리가 하나님의 자녀인 것을 증언하십니다. 과거 믿음의 선배들이 순교의 자리를 피하지 않을 수 있었던 것은 바로 이런 성령님의 증언 때문이었습니다. 주님을 믿는 것으로 인해 크든 작든 불이익을 당하더라도 우리는 성령님께서 주시는 확신으로 믿음의 길을 걸어갈 수 있습니다. 모든 사람이 애통할 수밖에 없는 상황에서도 성령님께서 알게 하시는 확신이 우리로 하나님의 은혜에 감격하게 합니다. 예수님을 보지 못했으나 믿고, 그 믿음으로 고난당하나 견디며 말할 수 없는 영광스러운 즐거움으로 기뻐할 수 있는 것도 성령님이 주시는 확신 때문입니다.

온전하고 아름다운 그리스도인을 향하여

하나님의 형상으로 창조된 인간은 완벽한 균형을 갖춘 인간이었습니다. 그러나 탁월한 지적 능력과 풍부한 감수성의 균형은 타락으로 깨어지고 말았습니다. 하나님의 구원은 그 균형을 회복합니다. 따라서 그리스도인의 삶은 하나님의 온전한 형상이 드러나는 균형 있는 삶으로 변화되어 갑니다. 인간이 전부인 줄 알던 사람이 하나님을 사랑하고 인간을 사랑하며, 하나님께서 창조하신 세계를 사랑할 줄 알게 됩니다. 참된 그리스도인의 삶은 가장 아름다운 삶이며, 성화는 하나님의 아름다우심을 닮아 가도록 성령님께서 우리를 빚어 가시는 과정입니다.

예수님을 믿는 사람들에게 가장 매력적인 것은 균형 잡힌 경건입니다.

교회에만 머무르는 것이 아니라 하나님과 사람 앞에서 균형을 가지고 살아가는 것입니다. 기도하고 성경만 읽는 것이 아니라 자기를 희생하며 형제를 사랑하는 것입니다. 형제를 미워한다면 우리는 확신을 잃어버리고 기도 또한 막힐 것입니다. 형제를 사랑함으로 우리는 잃어버린 균형을 회복할 수 있습니다.

사도 요한은 형제 사랑을 강조합니다. 형제를 사랑함으로 우리가 사망에서 생명으로 옮겨졌다고 말합니다(요일 3:14). 이것은 형제 사랑으로 구원받았다는 의미입니다. 형제 사랑은 우리 믿음의 표현입니다. 자기를 희생해서 형제를 사랑하는 것으로 우리 신앙이 드러난다는 것을 잊지 마십시오. 그렇게 우리 신앙이 드러날 때 교회는 그 무엇과도 비교할 수 없을 만큼 따뜻하고 사랑스럽고 아름다운 그리스도의 몸이 될 것입니다. 또한 그리스도의 몸의 지체인 우리는 확신을 가지고 기도하게 될 것입니다. 형제 사랑은 하나님께 나아가는 길을 열어 줍니다.

> 나를 보내신 이가 나와 함께 하시도다 나는 항상 그가 기뻐하시는 일을 행하므로 나를 혼자 두지 아니하셨느니라(요 8:29).

1 John
요한일서 3장 24절

24 그의 계명을 지키는 자는 주 안에 거하고 주는 그의 안에 거하시나니 우리에게 주신 성령으로 말미암아 그가 우리 안에 거하시는 줄을 우리가 아느니라

21

확신을 구하라

요한일서 서론의 제목은 "그리스도인의 확신"이었습니다. 요한일서는 흔들리는 그리스도인들에게 확신을 주기 위해 쓴 편지입니다. 이 편지는 오고 오는 모든 세대의 그리스도인들 가운데 흔들리는 그리스도인들에게 확신을 심어 주기 위해 성령님께서 사도 요한을 감동하셔서 기록하게 하신 것입니다.

앞서 우리는 형제 사랑으로 우리 믿음을 확증할 뿐 아니라 확신을 얻게 된다는 것을 살펴 보았습니다. 우리가 하나님의 자녀이며, 하나님께서 우리가 구하는 것을 들으실 것이라는 확신은 우리의 형제 사랑과 관련됩니다. 그러나 오해하지 마십시오. 형제 사랑이 하나님께 기도 응답을 받는 조건이라는 말은 아닙니다.

우리가 하나님 말씀에 순종하고 형제를 사랑하면 분명 확신을 얻습니다. 아무리 성경을 많이 읽고 성경 공부를 열심히 해도 삶에서 손익이 갈리는 순간 그 말씀대로 순종해 보지 않은 사람은 확신을 경험하지 못합니다. 형제 사랑이라는 계명에 순종할 때 확신을 얻는 것입니다.

그러나 요한일서 3장 24절은 앞에서 언급했듯이 다른 차원의 확신을 설명합니다.

> 그의 계명을 지키는 자는 주 안에 거하고 주는 그의 안에 거하시나니 우리에게 주신 성령으로 말미암아 그가 우리 안에 거하시는 줄을 우리가 아느니라.

사도 요한은 예수 그리스도를 믿고 서로 사랑하라는 계명을 지키는 자는 주님 안에 거하고 주님께서 그 안에 거하시는 사람이라고 말합니다. 우리는 그것을 우리에게 주신 성령으로 말미암아 알 수 있습니다. 다시 말해, '순종했더니 알 수 있었다'고 하는 차원에서 더 나아가 우리 안에 계시는 성령님께서 우리가 하나님의 자녀라는 것을, 하나님께서 우리 안에 계시고 우리가 하나님 안에 거한다는 것을 친히 알게 하십니다. 이것이 바로 성령의 확신입니다.

확신이 필요하다

우리는 "구원의 확신이 있으십니까?"라는 질문을 받으면 습관적으로 "예!"라고 대답합니다. 이것은 교회에서 길들여진 훈련의 결과입니다. 그러나 사도 요한은 하나님께서 우리에게 주신 성령님으로 말미암은 확신을 말합니다. 삶의 자리에서 혼자 있을 때든, 무리 가운데 있을 때든 일상을 살아가는 동안 하나님께서 우리 안에 거하시고 우리가 하나님 안에 거한다는 것, 하나님의 자녀라는 것을 성령님께서 증거하시는 확신을 알고 있느냐는 것입니다.

오늘날 많은 그리스도인이 확신을 알지 못합니다. 그래서 쉽게 무너집니다. 일생일대의 중요한 문제 앞에서만이 아니라 아주 작고 사소한 문제 앞에서도 믿음이 무너집니다. 이것은 확신과 관련된 문제입니다.

우리는 믿음으로 구원받으며, 의인은 믿음으로 살아갑니다. 그러나 믿음으로 살아가는 데 장애물과 유혹이 적지 않습니다. 하루를 믿음으로 살아낸다는 것이 얼마나 큰 싸움인지 모릅니다. 특히 교리적인 면에서 다양한 이단과 사이비, 심지어 주류 교단에 속한 교회들의 설교도 분별해야만 하는 시대를 살고 있습니다.

요한일서가 쓰인 당시에도 이단들이 발흥하기 시작했는데, 그들의 서식지는 다름 아닌 교회였습니다. 진리가 선명하지 않을 때 교회는 이단들이 자라기 좋은 서식지가 됩니다. 그래서 사도 요한은 이런 환경에 처한 참된 신자들에게 '거듭난 사람에게는 성령님의 기름 부음이 있어서 성령님께서 진리에서 벗어나지 않도록 붙잡아 주신다'(요일 2:20, 27)는 확신을 전해 주고자 했습니다.

오늘날 한국 교회에 만연한 또 다른 문제는 자기기만과 자기만족입니다. 자신은 구원받은 자이니 더는 다른 것을 요구하지 말라고 말합니다. 이대로 천국에 갈 수 있으니 그냥 내버려두라고 합니다. 그런데 이것이 진정한 확신일까요? 성경이 말하는 확신은 이런 것이 아닙니다. 그리고 확신이 없는 사람도 신앙생활로 규정된 것들을 적당히 따라 행하면서 적당한 확신으로 살아갈 수 있습니다. 하지만 주님께서는 주의 이름으로 선지자 노릇을 하며 귀신을 쫓아 내며 많은 권능을 행한 자들에게도 "내가 너희를 도무지 알지 못한다"고 하실 것이라고 경고하십니다(마 7:22, 23). 우리의 확신을 보증하는 것은 그런 행위들이 아닙니다. 이런 것들은 자기기만에서 흘러나온 자기만족일 뿐입니다.

생각해 보십시오. 평생 교회에서 예배드리고 말씀 듣고 성경을 읽으면서 열심히 신앙생활을 했다고 생각했는데, 주님 앞에 서는 날 주님께서 우리를 모른다고 하신다면 얼마나 비참하겠습니까? 반면, 이 땅을 살아가는 동안 신앙생활에서 갈등하고 넘어지며 연약한 모습으로 산전수전을 겪으면서 주님께 마음과 목숨을 바쳐 본 경험도 별로 없는 것 같은데, 그날 주님 앞에 영광 가운데 설 수 있다면 그보다 훌륭하고 멋지고 영광스러운 일이 무엇이겠습니까? 가장 비참하고 무섭고 슬픈 사실은 신앙생활을 한다고 생각했지만, 그것이 철저한 자기기만일 수 있다는 것입니다. 우리 마음은 부패하고 기만적이어서 얼마든지 그럴 수 있습니다.

피상적이거나 자기기만 수준에서 하는 신앙생활은 진리의 말씀을 통해 깨져야 합니다. 그렇게 되지 않고 자칫 자기기만에 강한 확신이 더해진다면 재앙이 아닐 수 없습니다. 하나님 앞에 설 때 우리는 벌거벗은 것처럼 우리의 민낯이 그대로 드러나게 됩니다(히 4:13). 그렇게 주님의 심판대 앞에 설 것이기 때문에 확신은 매우 중요합니다.

신앙을 지적인 동의로 여기는 태도도 자기기만이라고 할 수 있습니다. 우리는 이런 태도를 성경뿐 아니라 역사 속에서도 발견합니다. 우리는 하나님이 계시다는 것, 하나님께서 천지를 창조하신 것, 독생자를 보내셨다는 것, 나를 위해 죽으셨다는 것을 믿는다고 말합니다. 그러나 이때 '믿는다'는 말은 그저 그것에 '지적으로 동의한다'는 것이 아닙니다. 성경이 말하는 믿음은 단순히 지적 동의가 아닙니다. 교회사에서도 지적 동의를 믿음으로 여기고 구원받았다고 여긴 일들이 있었습니다. 하지만 성경이 말하는 믿음은 단지 지적 동의에 그치지 않습니다.

지적인 동의를 믿음으로 착각하면, 우리 삶에서 기독교 신앙은 살아 있는 실재가 아니라 관념에 지나지 않게 됩니다. 스스로 예수님을 믿는다고 생각하지만, 그것이 삶에 어떤 영향도 주지 않는 것입니다. 예수님을 믿는다 는 것이 가치관이나 선택, 계획과 같은 일에 아무런 영향을 끼치지 않습니다. 그것은 거짓 신앙입니다. 기독교 신앙에는 우리 삶을 완전히 바꾸는 힘이 있습니다.

확신은 단지 '나는 예수님을 믿는다'고 하는 것이 아니라 '나는 내가 예수님을 믿는다는 것을 안다'고 말하는 것입니다. 자신이 예수님을 믿는 사람이고 하나님의 자녀임을 아는 것입니다. 그래서 사도 요한은 "그가 우리 안에 거하시는 줄을 우리가 아느니라"라고 말합니다. '안다'는 말로 사도는 확신을 표현한 것입니다.

우리가 확신을 가지고 신앙생활을 한다면 어떻게 될까요? 확신을 가진 사람은 하나님과의 교제를 열망합니다. 다른 사람이 독려하지 않아도 기도하고 싶은 마음이 일어납니다. 인생의 목적이 오직 하나님의 영광을 위한 것임을 분명하게 인식하고 흔들림 없이 그 길을 걸어갑니다. 이 땅에 목을 매고 미련을 가지던 이전과 달리 하늘을 소망하며 살아갑니다. 하나님 말씀을 사랑하고, 그 말씀 안에서 위로와 평안을 얻습니다. 이런 것들이 바로 확신을 가지고 살아가는 그리스도인의 모습입니다. 하나님을 향해 열심을 품게 되는 것입니다. 성도들이 성령님께서 주시는 확신을 가지고 살아갈 때 교회는 진정 교회다운 모습으로 변할 것입니다.

주님께서 가르치신 팔복은 바로 그러한 하나님 백성의 특성을 보여 주는 말씀입니다. 하나님의 백성은 심령이 가난하고, 애통하고, 온유하며, 의에 주리고 목마른 사람들입니다. 긍휼히 여기고, 마음이 청결하고, 화평케 하며, 의로 인하여 핍박받는 사람들입니다. 성령님께서 신자들 안에 주시는 확신은 이런 성향을 만들어 냅니다.

확신에 관한 몇 가지 기본 원리

확신이라는 주제를 다루기 전에 오해를 줄이기 위한 몇 가지 기본 원리를 설명하고자 합니다.

첫째, 믿음은 있지만 확신이 없을 수 있습니다. 우리는 믿음으로 구원받는 것이지, 확신으로 구원받는 것이 아닙니다. 그렇기 때문에 믿음으로 구원받았지만, 확신이 없는 신자가 있을 수 있습니다. 심지어 죽을 때까지 확신을 누리지 못할 수도 있습니다. 슬프고 안타까운 일입니다. 존 번연(John Bunyan)의 「천로역정」에 등장하는 두 인물이 이 경우를 잘 보여 줍니다. '두려움 씨'(Mr. Fearing)와 '소신 씨'(Little-faith, 작은 믿음)입니다.

두려움 씨는 하나님의 은혜를 받았지만 하나님의 거룩하심과 자신의 부족함을 잘 알기에 믿음으로 하나님께 나아가지 못하는 사람의 연약함을 보여 줍니다. 복음을 듣고 은혜를 사모해서 자신이 예전 삶으로 돌아갈 수 없다는 것을 잘 알지만 믿음의 결단으로 하나님 앞에 나아가질 못합니다. 천국을 향해 가는 순례길을 걷고 있지만, 늘 불안하고 두렵습니다. 이처럼 구원의 확신이 없는 신자는 절망과 낙심과 두려움의 포로가 되기 쉽고, 별것 아닌 말과 행동에 상처받고 낙심합니다.

소신 씨는 순례길을 가는 도중에 강도를 만나 가진 것을 거의 다 빼앗깁니다. 그러나 다행히도 천국에 들어갈 때 문 앞에서 제시해야 하는 증명서와, 보배로운 믿음(벧후 1:1)을 상징하는 보석은 빼앗기지 않았습니다. 신자는 인생을 살면서 가진 것을 다 잃어버리더라도 믿음만은 잃지 않습니다. 하나님께서 그렇게 허용하지 않으시기 때문입니다. 참된 믿음을 가진 자라면 아무리 연약하고 작은 믿음일지라도 성령님께서 복음을 지키게 해주시며(딤후 1:14) 시험에서 건지십니다(벧후 2:9). 그런데 문제는 소신 씨가 그 보석을 거의 사용하지 않는다는 것입니다. 보석이 있다는 것을 자꾸 잊어버리기 때문입니다. 가끔 보석이 있다는 생각에 위안을 받지만 그럴 때에도 강도한테 빼앗긴 돈 생각에 억울해합니다. 그는 남은 길을 가는 동안 내내 슬퍼하면서 만나는 사람마다 강도에게 재산을 빼앗긴 일만 이야기합니다.

사도 바울은 에베소 교회에 마음의 눈을 밝혀 주셔서 하나님께서 우리를 얼마나 영광스러운 소망 가운데 부르셨는지, 우리를 위해 예비하신 기업의 영광이 얼마나 풍성한지를 보게 해달라고 기도하라고 가르칩니다. 소신 씨는 자신에게 있는 천국 소망을 믿음으로 보지 못하고 이 세상에서 잃어버린 것만 생각했습니다. 이것은 복음과 믿음의 능력을 사용하지 않고 자신이 받은 은혜와 복락을 누리지 못하며 살아가는 신자를 묘사합니다. 두려움 씨와 소신 씨처럼 참된 신자가 믿음을 가졌을지라도 확신을 누리지 못한 채 살아갈 수 있습니다. 이것은 참 슬픈 일입니다.

둘째, 예수님을 믿는 사람은 사탄의 집요한 공격으로 확신을 잃어버릴 수 있습니다. 그럼에도 사탄이 우리에게서 빼앗을 수 없는 것이 있습니다. 그것은 믿음입니다. 하지만 확신은 빼앗길 수 있습니다. 확신을 빼앗긴 신자는 회심 이전의 모습으로 돌아갈 수 있고, 심지어 더 나쁜 상태가 될 수도 있습니다. 이것은 종종 죄에 빠지는 경우와 관련이 있습니다. 그러나 완전히 타락하여 배교하는 경우와는 달리, 확신을 빼앗긴 사람은 비록 영적으로 처참해질지라도 하나님 말씀으로 회복될 수 있습니다. 하지만 이것은 매우 힘든 싸움입니다.

셋째, 기질상의 이유로 확신을 잃어버릴 수 있습니다. 기질상 낙천적인 사람이 있고, 우울질인 사람이 있습니다. 또는 우울증으로 진단을 받을 수도 있습니다. 우울질인 사람이나 우울증에 시달리는 사람들은 종종 확신을 잃어버릴 수 있습니다:

18세기에 미국 뉴잉글랜드에 거주하던 아메리카 원주민들의 선교사인 데이비드 브레이너드도 우울질이 강한 사람이었습니다. 그의 일기에는 "낙심과 싸워야 한다"는 표현이 많이 등장합니다. 뿐만 아니라 〈귀하신 주님 계신 곳〉(새찬송가 207장), 〈샘물과 같은 보혈은〉(새찬송가 258장) 등 주옥 같은 찬송시를 쓴 윌리엄 카우퍼(William Cowper)도 믿음의 사람이었지만, 평생 감당하기 힘든 우울증과 싸워야 했습니다. 실제로 그는 몇 차례 자살을 기도하기도 했습니다. 그 와중에도 하나님 말씀으로 회복될 때마다 찬송시를 써 내려갔습니다. 하나님께서는 우울증에 시달릴 때마다 확신을 모두 잃어버리는 연약한 질그릇 같은 사람을 통해서 주옥같은 찬송시들을 쓰게 하셨습니다.

넷째, 낮은 수준의 거룩에 머물러 살아가면서 높은 수준의 확신을 누릴 수는 없습니다. 여러분은 어떠십니까? 하나님이 거룩하시니 우리도 거룩해야 한다는 성경 말씀처럼 하나님의 거룩하심을 추구하며 살아가십니까? 그리스도를 닮은 자가 되라는 말씀을 따르고 계십니까? 거룩한 삶을 살지 않는 사람은 성령의 확신을 누릴 수 없습니다. 자기 마음대로 원하는 삶을 살아가는 자가 어떻게 성령의 확신을 구할 수 있겠습니까? 우리 삶을 거룩한 삶으로 인도하지 않는 확신은 거짓 확신입니다.

성령님께서 증언하시는 확신

바울은 예수님을 믿는 사람이 누리는 확신의 영광스러운 차원을 이렇게 설명합니다.

> 성령이 친히 우리의 영과 더불어 우리가 하나님의 자녀인 것을 증언하시나니(롬 8:16).

성령님께서 친히 우리가 하나님의 자녀인 것을 증언하십니다. 성령님께서 이런 음성을 들려주시면 어떤 고난 속에서도 두려울 것이 없습니다. 다윗도 하나님께 친히 말씀해 주시길 간구했습니다.

> 여호와여 나와 다투는 자와 다투시고 나와 싸우는 자와 싸우소서 방패와 손 방패를 잡으시고 일어나 나를 도우소서 창을 빼사 나를 쫓는 자의 길을 막으시고 또 내 영혼에게 나는 네 구원이라 이르소서(시 35:1-3).

다윗은 많은 전쟁을 치른 사람이었습니다. 그는 전쟁터에서 싸울 때마다 두려움을 느꼈을 것입니다. 종종 자기보다 강한 상대를 맞닥뜨려야 할 때도 있었을 것입니다. 그럴 때 그는 하나님께 자신의 대적과 싸워 주시길 간구했습니다. 그리고 이렇게 기도했습니다. "내 영혼에게 나는 네 구원이라 이르소서"(시 35:3). 다른 사람이 아닌 하나님께서 직접 말씀해 달라고 구했습니다. 그 말씀을 들으면 두려워하지 않고 싸울 수 있었기 때문입니다.

좌절과 실패, 두려움과 난관 가운데 처해 있을 때 우리에게는 "나는 네 구원이라"라는 하나님의 말씀이 필요합니다. 이런 확신은 우리 안에 큰 기쁨과 하나님에 대한 사랑을 경험하게 합니다. 단순히 구원받았다는 차원이 아니라, 하나님께서 우리 인생에 주신 소명을 확신하게 하는 것입니다. 사람들이 우리 삶을 업신여기고 실패했다고 말할지라도 성령님께서 친히 우리에게 증언하신다면 우리는 삶의 목적을 알고 붙들 수 있습니다.

대학생 선교 운동의 아버지로 불리는 영국의 찰스 시므온(Charles Simeon)은 확신의 체험을 가리켜서 "이 체험이야말로 전생을 드려서 거룩하게 되려 하고 의에 주리고 목말라 하던 자들에게 오는 가장 높고 더 바랄 것이 없는 체험"이라고 말했습니다. 영국 청교도 신학자인 토마스 굿윈(Thomas Goodwin)은 "천국을 제외하고는 이것을 능가할 체험이 없다"고 말할 만큼 성령님께서 친히 증언하시는 확신을 놀라운 것으로 여겼습니다. 하나님께서는 그분의 자녀들이 이 땅을 살아가는 동안 이 은혜를 부어 주십니다.

교회 역사상 가장 탁월한 신학자 가운데 한 사람인 조나단 에드워즈의 부인인 사라 에드워즈(Sarah Edwards)는 자신의 체험을 일기에 이렇게 기록했습니다.

> 하나님의 임재가 너무나 가깝고 현실적으로 느껴진 나머지 나는 다른 아무것도 의식할 수 없을 정도였다. …… 나는 그런 상태가 계속되던 매분마다 느끼는 것이 내가 생애 전체를 통해서 누렸던 외부의 위안과 즐거움보다 더 가치 있었다고 생각한다.

이런 확신은 하나님의 사랑이 부어지는 것을 느끼고 지금 자신이 처한 모든 것을 잊어버리게 할 만큼 영광스럽고 강력합니다. 종종 이런 확신은 감정을 동반합니다. 그래서 19세기 웨일즈의 설교자인 크리스마스 에반스(Christmas Evans)는 이런 말을 했습니다.

> 나는 내 마음 전체가 어떤 큰 굴레에서 벗어나는 것같이 느꼈고 눈물이 쏟아져 나왔고, 하나님이 은혜롭게 찾아오심에 대해서 소리 내어 울 수밖에 없었다. 내 영혼에 그의 구원의 즐거움을 회복시켜 주신 은혜를 감격하여 울었다.

여러분에게는 지금 하나님께서 구원하신 그 구원의 감격이 있습니까? 하나님께서 찾아오셔서 그 은혜의 감격을 회복하게 하시고, 구원받았을 때 누린 은혜와는 비교할 수 없을 만큼 큰 은혜로 우리를 새롭게 하신다는 사실을 아십니까? 우리에게는 이러한 확신을 경험하는 은혜가 필요합니다.

성령의 확신을 구하라

하나님께서는 언제든 성령의 확신을 주실 수 있습니다. 어떤 신자는 그런 체험 없이 살다가 죽기도 합니다. 또는 그런 체험이 주어져도 그것이 남은 생애 내내 머무는 것은 아닙니다. 우리는 하나님께서 성령의 확신을 주시는 때를 특정하여 말할 수 없습니다. 그러나 일반적인 두 경우는 말할 수 있습니다.

한 경우는 우리가 고난이나 어려움을 겪기 전에 이런 확신을 주시는 것입니다. 우리가 앞으로 어떤 고난을 겪을지 모르지만, 하나님께서 그전에 그분의 자녀들이 그 고난을 잘 감당할 수 있도록 확신을 주십니다. 이것은 개인뿐 아니라 공동체 차원에서도 마찬가지입니다. 1907년 평양 장대현교회에서 일어난 대부흥이 그러합니다. 성령이 부어지자 술주정뱅이가 교회를 찾아옵니다. 너나 할 것 없이 회개하는 역사가 일어났습니다. 그후 1910년, 우리나라는 일제에 강점당했습니다. 하나님께서 부흥의 은혜를 통해 고난을 준비하게 하신 경우라고 할 수 있습니다.

다른 경우는 임종 전에 성령의 확신을 주시는 것입니다. 죽음의 자리에서 마귀가 신자를 깊은 두려움으로 몰아가려 할 때, 성령의 확신을 얻으면 모든 두려움을 이기고 영광스럽게 요단강을 건너게 됩니다. 임종할 때, 성령님께서 충만한 확신과 그리스도의 영광을 보여 주신다면 우리는 얼마나 복되고 영광스러운 임종을 맞이하겠습니까?

그러나 하나님께서는 우리가 고난을 당하기 전이나 임종할 때만이 아니라 우리 일생을 통해서 성령의 확신을 주십니다. 우리는 성경과 믿음의 선배들의 삶에서 그 확신을 봅니다. 때로는 우리 가운데에서도 그런 확신을 체험한 사람이 있습니다. 그렇다면 우리는 이 확신에 대해 어떤 태도를 취해야 할까요? 하나님께서 주시면 좋고, 안 주시면 할 수 없다는 태도를 취하는 것이 합당할까요? 성경은 이 확신을 구하라고 명령합니다.

> 그러므로 형제들아 더욱 힘써 너희 부르심과 택하심을 굳게 하라 너희가 이것을 행한즉 언제든지 실족하지 아니하리라(벧후 1:10).

> 너희는 믿음 안에 있는가 너희 자신을 시험하고 너희 자신을 확증하라 예수 그리스도께서 너희 안에 계신 줄을 너희가 스스로 알지 못하느냐 그렇지 않으면 너희는 버림받은 자니라(고후 13:5).

여러분, 이런 말씀들을 가볍게 여기지 마십시오. 체험 자체를 추구하라는 말이 아닙니다. 하나님과 우리 주 예수 그리스도를 가슴으로 더 깊이 알기를 추구하십시오. 하나님 말씀이 아니면 알 수 없습니다. 하나님 말씀을 알되, 머리의 지식이 아니라 친밀하고 경험적인 방식으로 알기를 구하십시오. 성령님께서 친히 우리에게 증언하시는 확신을 누릴 수 있기를 구하십시오. 찰스 스펄전은 이렇게 설교했습니다.

> 믿음을 구하십시오. 그리스도께서 여러분에게 믿음을 주실 때 확신을 구하십시오. 여러분이 이 확신을 얻을 때, 더 충만한 확신을 위해 간구하십시오. 또 충만한 확신을 얻게 될 때, 그 즐거움을 알게 해달라고 하나님 앞에 구하십시오. 즐거움을 얻게 될 때, 영광 자체를 달라고 하나님 앞에 기도하십시오. 그분은 분명히 그분이 정하신 때에 그것을 여러분에게 주실 것입니다.

살아오는 동안 큰 은혜를 경험한 사람도 있을 것입니다. 이런 은혜를 다시 받을 수 있을까 싶을 만큼 큰 은혜를 하나님께서 우리에게 주실 때가 있습니다. 그러나 그보다 큰 은혜를 하나님 앞에 구하십시오. 하나님께서는 그보다 더 큰 은혜를 얼마든지 주실 수 있습니다.

18세기 위대한 설교자인 조지 휫필드(George Whitefield)는 신자들에게 이렇게 경고했습니다.

> 확신의 교리를 부정하는 것은 무서운 실수다. 그것이 초대 교회 시대나 박해 시대에만 국한되었다고 생각하는 것도 무서운 실수다. 확신의 결과인 성령 안에서의 의와 화평과 기쁨은 우리 속에 있는 하나님 니리의 필수적인 부분이다. 비록 즉각적인 확신을 가지지 않은 모든 사람이 정죄받는 건 아니지만, 모든 사람은 그것을 추구하려고 애써야 한다. 나는 실로 그렇게 많은 사람이 한평생 신음하며 보내는 큰 이유 중 하나가 자기들이 누려야 할 그리스도인의 특권을 모르는 것이라고 믿는다.

신자임에도 세상에 치이고 눌리면서 살아가는 것은 하나님께서 우리를 위해 예비하신 그리스도인의 특권을 모르기 때문이라는 것입니다. 그는 계속해서 이렇게 말합니다.

> 그들은 그것을 간구하지 않기 때문에 얻지 못한다. 그들은 그것이 마지막 시대에 그리스도인에게 속한 것이 아니라고 가르침받았기 때문에, 초대 교회에나 있는 것이라고 가르침받았기 때문에 구하지 않는다. 반면에 나는 마치 태양 광선으로 그 마음에 기록한 것 같은 체험을 가진 사람들을 알고 있다. 그들은 자기들의 구주이신 하나님을 즐거워하고, 사람들과 마귀들에게 할 수만 있으면 "너희가 내 주님 예수 그리스도 안에 있는 하나님의 사랑에서 나를 한번 끊어 보라"고 도전할 수 있는 사람들이다. "사랑하는 구주여, 당신의 제자들의 마음을 밝히사 그 특권을 알게 해주시고

> 당신께서 그들을 축복하사 그들이 영원한 구원을 확신하기까지 당신과 씨름하는 일을 멈추지 말게 하소서."

횟필드의 말을 들을 때 여러분 안에 성령의 확신을 구하고 싶은 마음이 일어나지 않습니까? 하나님께서 내 안에 이런 확신과 은혜를 주시기를 구하는 마음이 생기지 않습니까? 이 체험, 이 은혜, 이 확신을 구하십시오.

은혜와 확신을 흘려보내는 삶

과거와 비교해 볼 때 오늘날 교회는 매우 많은 것을 갖추고 있습니다. 지금 우리나라에 있는 교회 건물들만 보더라도 한국 교회 역사의 어느 시대와도 비교할 수 없습니다. 그런데 능력이 없습니다. 온갖 외양과 형식을 갖추고, 많은 프로그램과 지식이 넘쳐나지만, 성령님께서 주시는 확신에서 흘러나오는 힘은 없습니다.

19세기에 스펄전이 자신의 교회 성도들에게 던진 도전은 오늘 우리에게도 유효합니다.

> 스스로 충만한 신자가 되는 것뿐 아니라 남들에게도 넘치도록 나눠 주는 유용한 신자로 만들어 달라고 간구하십시오.

하나님께서 우리에게 주시는 은혜가 얼마나 큰지 감히 상상할 수 없고, 형언할 수 없습니다. 그 은혜와 확신이 우리 자신에게만 머무는 것이 아니라 우리를 통해 다른 사람들에게도 흘러가게 하는 신자가 되도록 하나님 앞에 간구하십시오.

1 John
요한일서 4장 1-6절

1 사랑하는 자들아 영을 다 믿지 말고 오직 영들이 하나님께 속하였나 분별하라 많은 거짓 선지자가 세상에 나왔음이라 2 이로써 너희가 하나님의 영을 알지니 곧 예수 그리스도께서 육체로 오신 것을 시인하는 영마다 하나님께 속한 것이요 3 예수를 시인하지 아니하는 영마다 하나님께 속한 것이 아니니 이것이 곧 적그리스도의 영이니라 오리라 한 말을 너희가 들었거니와 지금 벌써 세상에 있느니라 4 자녀들아 너희는 하나님께 속하였고 또 그들을 이기었나니 이는 너희 안에 계신 이가 세상에 있는 자보다 크심이라 5 그들은 세상에 속한 고로 세상에 속한 말을 하매 세상이 그들의 말을 듣느니라 6 우리는 하나님께 속하였으니 하나님을 아는 자는 우리의 말을 듣고 하나님께 속하지 아니한 자는 우리의 말을 듣지 아니하나니 진리의 영과 미혹의 영을 이로써 아느니라

22

영을 분별하라

　사도 요한은 형제를 사랑함으로 우리가 사망에서 옮겨 생명으로 들어갔으며 이 형제 사랑이 참된 믿음을 증명한다고 말합니다(요일 3:10-24). 그리고 더 나아가 하나님께서 그분의 자녀들에게 주신 성령님을 통해 우리가 하나님 안에 있고 우리 안에 하나님께서 거하신다는 것을 알게 되는데, 이 확신은 우리가 살아가는 동안에 겪게 되는 어떤 고난이나 어려움도 능히 감당할 수 있게 한다고 말합니다. 그러나 형제를 사랑한다고 말하고 하나님의 자녀라고 확신한다지만 실제로는 그렇지 않은 사람들이 있었습니다. 심지어 하나님 말씀을 가르치는 교회 지도자 가운데에서도 그런 사람들이 있었습니다. 그래서 사도는 하나님의 자녀가 어떤 사람인지, 특별히 성도들이 참된 하나님의 자녀를 어떻게 분별할 수 있는지를 설명해야 했습니다. 그것이 영들을 분별하라는 명령으로 나타납니다(요일 4:1).

분별의 문제

사도 바울은 영을 분별하는 것을 성령님께서 주시는 은사 가운데 하나로 언급한 바 있습니다(고전 12:10). 그래서인지 우리는 보통 "영들을 분별하라"라는 말을 들으면 사람 속에 있는 무언가를 꿰뚫어 보는 것이라고 생각합니다. 그러나 성령의 은사는 그렇게 주어지는 것이 아닙니다. 또한 요한일서 4장 1-6절에서 사도 요한은 성령의 은사로서의 '영들 분별함'을 말하는 것이 아니라 모든 그리스도인에게 영을 분별하라고 명령하고 있습니다.

1절에서 사도 요한은 부정적인 명령("사랑하는 자들아 영을 다 믿지 말고")과 긍정적인 명령("오직 영들이 하나님께 속하였나 분별하라")을 함께 말합니다. 사도는 그 영이 어디서 비롯되었는지를 분별해야 한다고 말합니다. 영들을 분별하라는 사도의 명령은 구체적으로 말하자면 그 영이 하나님에게서 온 것인지, 마귀에게서 온 것인지를 분별하라는 것입니다.

사람들은 영적인 것이라고 말하거나 성령 사역이라고 하면 쉽게 빠져드는 경향이 있습니다. 초자연적인 현상이나 능력, 기적이나 치유처럼 설명할 수 없는 일들을 자신이 직접 보거나 경험했다는 이유로 쉽게 믿습니다. 그러나 초자연적인 것과 신적인 것을 동일시하는 것은 위험한 태도입니다. 눈으로 본 것은 전부 옳은 것일까요? 보고 경험한 것은 다 믿을 수 있는 것입니까? 영적인 존재인 마귀가 그런 일들을 일으킬 수 있다는 것은 생각하지 않습니까?

신앙생활을 하면서 분별이라는 책무에서 자유로울 수 있는 신자는 없습니다. 분별은 모든 시대, 모든 신자에게 요구되는 본질적인 의무입니다. 분별의 문제는 에덴동산에서 시작되었습니다. 뱀이 말을 걸었을 때, 하와는 그 말이 어디서 나온 것인지 분별해야 했습니다. 그렇다면 하와에게 분별할 능력이 없어서 미혹당한 것일까요? 그렇지 않습니다. 야고보는 "오직 각 사람이 시험을 받는 것은 자기 욕심에 끌려 미혹됨"(약 1:14)이라고 말합니다. 자신이 추구하는 바에 이끌리는 것입니다. 진리가 아니라 체험이나 신비를 추구하는 사람이 넘어지는 것은 시간 문제입니다. 마귀에게 그런 사람을 미혹하는 일은 매우 쉽기 때문입니다. 그러므로 영을 분별하는 것은 결국 진리 분별의 문제입니다.

아합 왕의 시대

우리는 구약 성경에서도 이런 경우를 많이 봅니다. 열왕기상 22장에는 북왕국 이스라엘을 다스리던 아합 왕이 아람과 전쟁을 일으킬 준비를 하는 장면이 나옵니다. 아합 왕은 남왕국 유다의 여호사밧 왕과 동맹하여 길르앗 라못을 치고 싶었습니다. 길르앗 라못은 옛 이스라엘 영토였기 때문입니다. 그런데 전쟁에 나가기 전, 여호사밧이 아합에게 "여호와의 말씀이 어떠하신지" 물어 보자고 제안합니다. 제안을 받아들인 아합은 선지자를 400명이나 불러 모읍니다. 이들은 바알 선지자나 아세라 선지자가 아닙니다. 여호와 하나님을 섬긴다는 선지자들입니다. 아합은 선지자들에게 묻습니다. "내가 길르앗 라못에 가서 싸우랴 말랴." 그러자 그들이 이구동성으로 대답합니다. "올라가소서 주께서 그 성읍을 왕의 손에 넘기시리이다." 한목소리로 답하는 선지자들의 대답이 여호사밧은 어쩐지 찜찜했던 모양입니다. 그는 아합에게 다른 선지자가 없는지 묻습니다. 그러자 아합이 솔직하게 대답합니다. "아직도 이믈라의 아들 미가야 한 사람이 있으니 그로 말미암아 여호와께 물을 수 있으나 그는 내게 대하여 길한 일은 예언하지 아니하고 흉한 일만 예언하기로 내가 그를 미워하나이다." 다시 말해 한 사람 있긴 한데, 그 선지자는 원치 않는 대답만 하는 사람이어서 부르지 않는다고 대답한 것입니다. 그러나 여호사밧의 설득으로 아합은 결국 미가야 선지자를 불러 오게 합니다.

미가야 선지자를 기다리는 동안, 선지자 400명 중 시드기야라는 선지자가 철로 뿔들을 만들고는 왕이 그 뿔들로 아람 사람을 찔러 진멸할 것을 여호와께서 말씀하셨다고 예언합니다. 그리고 다른 선지자들도 "길르앗 라못으로 올라가 승리를 얻으소서 여호와께서 그 성읍을 왕의 손에 넘기시리이다"라며 같은 예언을 합니다. 게다가 미가야 선지자를 부르러 간 사신은 미가야에게 다른 선지자들처럼 왕에게 길한 말을 해달라고 요청합니다. 그러나 미가야는 "여호와께서 살아 계심을 두고 맹세하노니 여호와께서 내게 말씀하시는 것 곧 그것을 내가 말하리라" 하고 왕들이 있는 자리로 향합니다.

미가야가 도착하자 아합이 길르앗 라못으로 싸우러 갈지 말지를 묻습니다. 그러자 미가야가 대답합니다. "올라가서 승리를 얻으소서 여호와께서 그 성읍을 왕의 손에 넘기시리이다." 아합은 미가야의 말을 믿지 않습니다. 미가야가 진실을 말한 것이 아님을 알고 있는 것입니다. 아합은 미가야에게 진실을 말하라고 다그칩니다. 그제야 미가야가 예언합니다.

> 내가 보니 온 이스라엘이 목자 없는 양같이 산에 흩어졌는데 여호와의 말씀이 이 무리에게 주인이 없으니 각각 평안히 자기의 집으로 돌아갈 것이니라 하셨나이다(왕상 22:17).

미가야의 예언은 아합 왕이 죽을 것이라는 말입니다. 결국 아합은 어떻게 되었습니까? 여호사밧과 함께 전쟁에 나갔고, 아합은 결국 전사하고 말았습니다.

아합에게 분별할 능력이 없었던 것이 아닙니다. 심지어 그는 미가야가 처음에 한 예언이 가짜라는 것을 알았습니다. 그런데도 여호와의 말씀에 순종하지 않고 자기 욕심대로 행동했습니다. 문제는 분별할 능력이 있는지가 아닙니다. 우리가 미혹되는 것은 자기 욕심에 이끌리기 때문입니다(약 1:14).

유다 말기

이번에는 예레미야 선지자가 활동하던 유다 말기를 살펴보겠습니다. 당시 선지자들은 하나같이 백성의 영적 상태를 가볍게 여기면서 "평강하다 평강하다"라고 말했습니다(렘 6:14). 하지만 예레미야 선지자는 그러지 않았습니다. 그는 유다가 바벨론에게 패망할 것이라고 예언했습니다. 그러므로 바벨론에 항복하고 순순히 포로로 잡혀가 그곳에서 사는 것이 하나님의 뜻이라고 말입니다.

하나님께서 예레미야에게 주신 예언의 말씀은 유다 백성이 듣고 싶어 하는 말이 아니었습니다. 하나님께서는 때로 예레미야에게 주신 예언과 같은 말씀을 들려주실 수 있습니다. 하나님의 뜻은 우리 생각과 다를 수 있습니다. 그렇기 때문에 영적으로 분별하는 것이 중요합니다. 평강하다고 말하는 그 많은 선지자는 "가장 작은 자로부터 큰 자까지 다 탐욕을 부리며 선지자로부터 제사장까지 다 거짓을 행[하는]"(렘 6:13) 자들이었습니다. 하나님을 경외하지 않고 그저 사람들이 원하는 말을 들려주는 거짓 선지자들이었습니다. 하나님께서는 이렇게 말씀하십니다.

> 여호와께서 내게 이르시되 선지자들이 내 이름으로 거짓 예언을 하도다 나는 그들을 보내지 아니하였고 그들에게 명령하거나 이르지 아니하였거늘 그들이 거짓 계시와 점술과 헛된 것과 자기 마음의 거짓으로 너희에게 예언하는도다 그러므로 내가 보내지 아니하였어도 내 이름으로 예언하여 이르기를 칼과 기근이 이 땅에 이르지 아니하리라 하는 선지자들에 대하

> 여 여호와께서 이와 같이 말씀하셨노라 그 선지자들은 칼과 기근에 멸망할 것이요 그들의 예언을 받은 백성은 기근과 칼로 말미암아 예루살렘 거리에 던짐을 당할 것인즉 그들을 장사할 자가 없을 것이요 그들의 아내와 아들과 딸이 그렇게 되리니 이는 내가 그들의 악을 그 위에 부음이니라(렘 14:14-16).

그들은 하나님께서 보내신 자들이 아니었습니다. 그런데도 그들은 하나님의 말씀이라면서 평안이 올 것이라고, 전쟁은 없을 것이라고 예언했습니다. 하나님께서는 그 선지자들을 심판하실 것이며, 그들의 예언을 받은 백성도 그 선지자들과 같이 망할 것이라고 말씀하십니다. 거짓 예언을 하는 자들뿐 아니라 그 예언을 분별하지 않고 듣기 좋은 말을 그대로 따른 자들도 함께 멸망합니다. 무서운 이야기입니다. 그래서 하나님께서는 이런 거짓 선지자를 분별하는 기준을 제시하십니다.

> 평화를 예언하는 선지자는 그 예언자의 말이 응한 후에야 그가 진실로 여호와께서 보내신 선지자로 인정받게 되리라(렘 28:9).

결국 예루살렘은 망했습니다. 성전은 무너지고 불탔습니다. 예레미야 선지자를 통해서 주신 예언의 말씀대로 이루어진 것입니다. 하나님께서는 예언하는 자의 말이 성취되는지를 보고 그가 진정 하나님이 보내신 선지자인지, 거짓 선지자인지를 분별하라고 말씀하십니다. 모세가 받은 하나님의 율법에도 비슷한 말씀이 있습니다.

> 만일 선지자가 있어 여호와의 이름으로 말한 일에 증험도 없고 성취함도 없으면 이는 여호와께서 말씀하신 것이 아니요 그 선지자가 제 마음대로

한 말이니 너는 그를 두려워하지 말지니라(신 18:22).

그렇습니다. 거짓 선지자의 예언은 성취되지 않습니다. 그런데 간혹 거짓 선지자가 말한 대로 이루어지는 경우도 있습니다. 이런 상황은 어떻게 해석하고 분별해야 합니까? 이런 상황을 아시는 하나님께서는 우리에게 분별 기준을 더 상세하게 명하십니다.

> 너희 중에 선지자나 꿈꾸는 자가 일어나서 이적과 기사를 네게 보이고 그가 네게 말한 그 이적과 기사가 이루어지고 너희가 알지 못하던 다른 신들을 우리가 따라 섬기자고 말할지라도 너는 그 선지자나 꿈꾸는 자의 말을 청종하지 말라 이는 너희의 하나님 여호와께서 너희가 마음을 다하고 뜻을 다하여 너희의 하나님 여호와를 사랑하는 여부를 알려 하사 너희를 시험하심이니라(신 13:1-3).

이적과 기사를 보이고 그가 말한 대로 이루어진다 할지라도 그가 하나님을 영화롭게 하지 않고 하나님이 아닌 다른 것에 우리 관심을 모은다면, 그는 가짜라는 것입니다. 종교적으로 채색되어 영적으로 보이지만, 하나님이 아닌 자기 자신에게 집중하게 하는 일이 비일비재합니다. 하나님이 아니라 사람을 높이는 것은 우상 숭배입니다. 하나님께서는 당신이 받으셔야 할 것을 사람이 가로채는 것을 허용하지 않으십니다.

이 시대의 무서운 현상 중 하나는 목회자들이 연예인화되는 것입니다. 이런 현상은 결코 합당한 것이 아닙니다. 어느 누가 명예와 인기, 탐욕이 채워지는 가운데 교만하지 않을 수 있겠습니까? 쉽지 않습니다. 가지지 않았을 때, 아니 어느 정도 누리고 있을 때는 우리가 그것에 얼마나 연약한지 모릅니다. 그러나 넘치도록 가지게 되거나, 특히 가지고 있던 것이 갑자기 사라지면, 감당하지 못합니다. 결국 하나님께 초점을 맞추고 그분을 사랑하고 그분만 바라보게 하는 것이 아니라면 위험한 것입니다. 모든 이적과 기사는 하나님만 영화롭게 해야 한다는 것이 율법에 나타난 중요한 분별 기준입니다.

예수님

예수님께서도 제자들에게 분별하라고 말씀하셨습니다.

> 거짓 선지자들을 삼가라 양의 옷을 입고 너희에게 나아오나 속에는 노략질하는 이리라 그들의 열매로 그들을 알지니 가시나무에서 포도를, 또는 엉겅퀴에서 무화과를 따겠느냐 이와 같이 좋은 나무마다 아름다운 열매를 맺고 못된 나무가 나쁜 열매를 맺나니 좋은 나무가 나쁜 열매를 맺을 수 없고 못된 나무가 아름다운 열매를 맺을 수 없느니라 아름다운 열매를 맺지 아니하는 나무마다 찍혀 불에 던져지느니라 이러므로 그들의 열매로 그들을 알리라(마 7:15-20).

예수님께서는 열매로 거짓 선지자를 분별할 수 있다고 말씀하셨습니다. 여기서 열매는 능력 있는 설교나 병을 치유하는 기도, 성공 같은 것들이 아닙니다.

> 나더러 주여 주여 하는 자마다 다 천국에 들어갈 것이 아니요 다만 하늘에 계신 내 아버지의 뜻대로 행하는 자라야 들어가리라 그날에 많은 사람이 나더러 이르되 주여 주여 우리가 주의 이름으로 선지자 노릇 하며 주의 이름으로 귀신을 쫓아내며 주의 이름으로 많은 권능을 행하지 아니하

였나이까 하리니 그때에 내가 그들에게 밝히 말하되 내가 너희를 도무지 알지 못하니 불법을 행하는 자들아 내게서 떠나가라 하리라(마 7:21-23).

주님께서 말씀하신 열매는 사람들 앞에서 드러나는 종교적인 행위가 아닙니다. "하늘에 계신 내 아버지 뜻대로 행하는" 것입니다. 하나님 말씀을 듣고, 그 말씀에 순종하는 것입니다. 주님께서는 그런 사람을 "그 집을 반석 위에 지은 지혜로운 사람"같다고 말씀하십니다(마 7:24). 하나님 말씀을 듣고도 자신이 원하는 대로 행한 자들은 마지막 날 하나님의 심판대 앞에서 그 결과를 보게 될 것입니다.

사도들

사도들 역시 분별의 문제를 이야기했습니다. 사도 바울은 데살로니가 성도들에게 "범사에 헤아려 좋은 것을 취하[라]"(살전 5:21)고 강하게 권면합니다. 다수의 영어 성경은 "범사에 헤아려"라는 말을 'test everything', 즉 '모든 것을 시험하라'라고 번역합니다. 바울은 "예언을 멸시하지 말고"라는 말씀에 이어(살전 5:20) 이 권면을 합니다. 하나님의 말씀을 예언하는 것은 굉장한 권위를 가지는 것이지만 바울은 그것 역시 시험해 보아야 한다고 말합니다. 사도 베드로는 이렇게 경고합니다.

> 그러나 백성 가운데 또한 거짓 선지자들이 일어났었나니 이와 같이 너희 중에도 거짓 선생들이 있으리라 그들은 멸망하게 할 이단을 가만히 끌어들여 자기들을 사신 주를 부인하고 임박한 멸망을 스스로 취하는 자들이라(벧후 2:1).

거짓 선생, 거짓 선지자의 특기는 '가만히 끌어들이는 것'입니다. 그들은 자신의 본색을 노골적으로 드러내지 않습니다. 그렇기 때문에 베드로는 우리가 이들을 조심하고 분별해야 한다고 말합니다.

유다도 비슷하게 권면합니다.

> 사랑하는 자들아 우리가 일반으로 받은 구원에 관하여 내가 너희에게 편지하려는 생각이 간절하던 차에 성도에게 단번에 주신 믿음의 도를 위하여 힘써 싸우라는 편지로 너희를 권하여야 할 필요를 느꼈노니 이는 가만히 들어온 사람 몇이 있음이라 그들은 옛적부터 이 판결을 받기로 미리 기록된 자니 경건하지 아니하여 우리 하나님의 은혜를 도리어 방탕한 것으로 바꾸고 홀로 하나이신 주재 곧 우리 주 예수 그리스도를 부인하는 자니라(유 1:3, 4).

유다는 교회 안에 '가만히 들어온 사람'이 있다고 말합니다. 이들의 특징은 경건한 삶이 없다는 것입니다.

사도들의 권면뿐 아니라 서신서들의 내용 또한 초대 교회가 많은 거짓 교사로 인해 얼마나 혼란을 겪었는지를 보여 줍니다. 초대 교회만이 아니라, 2천 년의 교회 역사는 이단들의 역사라 해도 지나치지 않을 만큼 수많은 이단이 발흥하고 사라져 갔습니다. 하지만 늘 새로운 이단 사상이 새 옷을 입고 출현했고, 한국 교회의 짧은 역사도 예외가 아닙니다. 모든 시대, 모든 신자가 분별의 싸움을 해야 했습니다. 이런 의미에서 우리는 "영을 다 믿지 말고 오직 영들이 하나님께 속하였나 분별하라"고 한 사도 요한의 말을 들어야 합니다.

분별의 기준

본문 말씀에서 사도 요한은 분별의 기준을 명확하게 제시합니다. "이로써 너희가 하나님의 영을 알지니"(2절)라고 말하면서 우리가 '하나님의 영', 즉 하나님에게서 온 영을 분별할 수 있다고 이야기합니다. 그 반대의 경우는 "적그리스도의 영"(3절), "세상에 속한 [영]"(5절), "미혹의 영"(6절)으로 다양하게 표현되어 있습니다. 이어서 사도는 하나님께 속한 영을 어떻게 분별하는지를 설명합니다.

> 곧 예수 그리스도께서 육체로 오신 것을 시인하는 영마다 하나님께 속한 것이요(요일 4:2).

영을 분별함에 있어서 중요한 것은 어떤 현상과 능력을 나타내느냐가 아닙니다. 그가 예수 그리스도를 어떻게 이야기하느냐입니다. 예수 그리스도가 열쇠입니다. 빌립보 가이사랴에서 예수님께서 제자들에게 물으신 것도 그 질문이었습니다. "사람들이 인자를 누구라 하느냐 …… 너희는 나를 누구라 하느냐"(마 16:13, 15). 결국 우리가 던져야 하는 질문은 '그리스도가 누구신가'입니다. 예수 그리스도의 성육신을 고백하지 않는 영은 하나님에게서 온 영이 아닙니다.

이 편지를 읽을 성도들은 거짓 교사들 때문에 교회가 흔들리는 큰 어려움을 겪었습니다. 그 거짓 교사들은 영지주의라는 이단의 영향을 받아 가현설을 주장하는 자들이었습니다. 그들은 "예수라는 사람이 세례를 받기 위해 세례 요한에게 나아갔을 때 그리스도의 영이 그에게 들어가서 그 사람을 통해 일하시다가 십자가에 달려 고난받기 전에 그 영이 떠났다"고 설명했습니다. 다시 말해 잠시 사람의 육체를 사용하였을 뿐, 실제로 육신이 되신 것은 아니라는 것입니다. 이것이 가현설입니다. 그리고 이들은 교회에 이런 가르침을 퍼뜨리다가 자신들을 따르는 자들과 함께 교회를 떠났습니다. 사도 요한은 교회를 흔들고 떠난 사람들을 단지 교리적 차이가 있는 사람들이라고 말하지 않습니다. 그들은 적그리스도라고 말합니다.

우리는 모두 좋은 사람이 되기를 원합니다. 그러나 때로는 좋은 사람이 되는 것과 주님을 따르는 사람이 되는 것이 충돌할 때가 있습니다. 주님을 따르려고 하면 사람이 원하는 것을 만족시켜 주지 못할 수 있습니다. 그래서 적지 않은 사람이 좋은 사람이 되는 편을 택합니다. 그저 여지를 주면서 "우리와는 교리가 조금 다르시네요"라는 식으로 이야기합니다. 그러나 우리는 교리가 다른 것인지, 아니면 적그리스도의 영인지를 분별할 수 있어야 합니다.

이른바 '성령 사역'이라는 사역들도 예수님께서 하신 말씀 안에서 분별할 수 있어야 합니다. 예수님께서는 친히 보혜사 성령님에 대해 이렇게 말씀하셨습니다(요 14-16장).

> 내가 아버지께로부터 너희에게 보낼 보혜사 곧 아버지께로부터 나오시는 진리의 성령이 오실 때에 그가 나를 증언하실 것이요 …… 그가 내 영광을 나타내리니 내 것을 가지고 너희에게 알리시겠음이라(요 15:26; 16:14).

성령님께서 오셔서 하실 가장 중요한 사역은 치유나 예언, 초자연적인 현상을 일으키는 것이 아닙니다. 예수님께서는 성령님이 오실 때에 주님을 증언하시고, 주님의 인격과 말씀으로 그분의 영광을 나타내실 것이라고 말씀하셨습니다. 이것이 보혜사 성령님께서 하실 가장 중요한 사역입니다. 그렇기 때문에 우리는 성령님의 조명하심을 구해야 합니다. 그분의 조명하심이 없다면 말씀을 읽고 설교를 들어도 나에게 아무런 일이 일어나지 않을 것입니다. 성령님께서 진리를 드러내시고, 그 진리 가운데 하나님의 영광을 보게 하시기 때문입니다. 그래서 사도 바울은 이렇게 말했습니다.

> 그러므로 내가 너희에게 알리노니 하나님의 영으로 말하는 자는 누구든지 예수를 저주할 자라 하지 아니하고 또 성령으로 아니하고는 누구든지 예수를 주시라 할 수 없느니라(고전 12:3).

많은 사람이 이 구절의 의미를 오해합니다. 입으로 예수를 주시라 시인하기만 하면 구원받은 자라는 의미로 이해하는 사람이 많습니다. 그러나 이 구절은 그런 뜻이 아닙니다. 이 구절을 이해하려면 바울의 편지를 받은 고린도 교회의 시대 상황을 알아야 합니다. 황제 숭배가 시작된 그 당시에는 황제가 아닌 그리스도를 주님이라고 고백하면 큰 불이익과 손해는 물론, 죽음까지 감수해야 했습니다. 그런 상황임에도 굽히지 않고 "나의 주는 그리스도밖에 없습니다"라고 고백하는 것은 성령님이 아니고는 불가능하다는 뜻입니다.

성령님께서 내 속에 그리스도를 증거하시고 확신을 주십니다. 성령님께서 내 마음에 부은 바 되어서 생생하게 그리스도를 보게 하십니다. 이것은 부인할 수 없는 성령의 역사입니다. 그러나 모든 성령 사역이 하나님에게서 온 것은 아닙니다. 우리는 이것을 분별해야 합니다. 그 사역이 주 예수 그리스도의 인격을 성경 말씀대로 선명하게 드러내고 높이는지를 살펴야 합니다.

1세기 그리스도인들은 적그리스도가 온다는 말을 귀가 따갑게 들었습니다. 그리고 사도 요한은 "아들을 부인하는 자에게는 또한 아버지가 없으되 아들을 시인하는 자에게는 아버지도 있느니라"(요일 2:23)라는 말로 이미 적그리스도의 분별 기준을 제시한 바 있습니다. 그리고 4장 3절에서 이렇게 덧붙입니다.

> 예수를 시인하지 아니하는 영마다 하나님께 속한 것이 아니니 이것이 곧 적그리스도의 영이니라 오리라 한 말을 너희가 들었거니와 지금 벌써 세상에 있느니라.

성령님께서 우리 안에 계시다면, 우리는 예수 그리스도를 시인할 것입니다. 반대로 예수 그리스도를 부인하는 자에게는 아버지도, 성령님도 계시지 않은 것입니다.

염려하지 말고 그 말씀만을 따르라

이제 사도는 성도들을 "자녀들아"라고 부르며 위로하기 시작합니다. 분별하라는 사도의 명령이 자칫 성도들로 하여금 두렵게 할까 염려되었기 때문입니다.

> 자녀들아 너희는 하나님께 속하였고 또 그들을 이기었나니 이는 너희 안에 계신 이가 세상에 있는 자보다 크심이라(요일 4:4).

사도는 성도들이 하나님께 속하였고 적그리스도를 이긴 자들이라고 말합니다. '이기었나니'라는 완료형 시제는 결정적 승리가 이미 성취되었고, 지금까지 그 효과가 지속되고 있다는 것을 보여 줍니다. 그런데 이 싸움은 사실 하나님의 자녀가 아니라, '너희 안에 계신' 예수 그리스도께서 대신하여 싸우신 싸움입니다. 십자가를 지시기 전, 주님께서는 제자들에게 이렇게 말씀하셨습니다.

> 이것을 너희에게 이르는 것은 너희로 내 안에서 평안을 누리게 하려 함이라 세상에서는 너희가 환난을 당하나 담대하라 내가 세상을 이기었노라 (요 16:33).

우리 삶은 주님께서 세상을 이기신 승리 안에 있습니다. 주님께서는 십자가에 죽으심으로 죄의 마지막 원수인 죽음을 죽이셨습니다. 그렇기 때문에 예수님을 믿는 자는 죽음을 두려워하지 않습니다. 물론 많은 사람이 죽음이 닥치면 두려워합니다. 그러나 두려움을 느낀다고 해서 자신이 참된 신자가 아니라고 단정해서는 안 됩니다. 확신이 없을 때 두려움을 경험할 수 있기 때문입니다. 우리가 죽음을 두려워하지 않는다는 말은 예수님께서 우리 대신 죽음의 자리로 가셔서 그 죽음을 죽이셨다는 것입니다. 그래서 바울은 고린도전서에서 이렇게 외쳤습니다.

> 사망아 너의 승리가 어디 있느냐 사망아 네가 쏘는 것이 어디 있느냐 사망이 쏘는 것은 죄요 죄의 권능은 율법이라 우리 주 예수 그리스도로 말미암아 우리에게 승리를 주시는 하나님께 감사하노니(고전 15:55-57).

우리가 더 이상 죽음을 두려워하지 않는 것은 우리 주 예수님이 강하시고 세상에 있는 자, 적그리스도의 영, 마귀를 이기셨기 때문입니다. 우리가 강하기 때문이 아닙니다.

그리스도인들은 하나님의 강하심 안에서 살아가는 법을 배워야 합니다. 우리가 얼마나 강하고 괜찮은 사람인지를 사람들 앞에서 증명하면서 하나님께서 도와주신 것이라고 말하는 것이 아닙니다. 여전히 연약하고 보잘것없는 사람이지만 그럼에도 하나님의 은혜가 매우 크다고 말하는 것입니다. 여전히 문제가 있고 고통스럽지만, 하나님의 은혜가 우리를 인도했다고 말하는 것입니다. 그리고 계속 그분과 함께 갈 것이라고 말하는 것입니다. 이것이 신앙입니다.

요한일서 4장 4-6절을 보면 주어로 쓰인 인칭대명사가 변하는 것을 알 수 있습니다. 4절은 "자녀들아 **너희**는 하나님께 속하였고"라고 말하고, 5절에서는 "**그들은** 세상에 속한 고로"라고 말합니다. 그리고 6절은 "**우리는** 하나님께 속하였으니"라고 말합니다.

4절에서 말하는 '너희'는 모든 그리스도인입니다. 일차적으로 이 편지를 받을 그리스도인들을 말합니다. '하나님께 속하였고'라는 표현에서 주어인 '너희'가 그리스도인이라는 것을 알 수 있습니다. 5절에 나오는 '그들'은 4절에서 말하는 '너희'가 아닙니다. '그들'은 세상에 속한 자들입니다. 하나님께 속한 말이 아닌 세상에 속한 말을 하고, 세상도 그들의 말을 듣습니다. '그들'은 거짓 교사들, 그리고 그 거짓 교사들을 따라간 사람들입니다. 6절에서 말하는 '우리'는 사도와, 사도의 가르침을 받아 복음을 전하는, 온전하고 참된 교사들을 가리킵니다.

여기에 하나님의 자녀와 마귀의 자녀를 명백하게 가르는 분별의 선이 있습니다. 바로 '우리'의 말을 듣는가 듣지 않는가입니다.

> 우리는 하나님께 속하였으니 하나님을 아는 자는 우리의 말을 듣고 하나님께 속하지 아니한 자는 우리의 말을 듣지 아니하나니 진리의 영과 미혹의 영을 이로써 아느니라(요일 4:6).

누구의 말을 듣느냐가 어디에 속해 있는지를 증명합니다. 회색지대는 없습니다. 그 사람들이 교회를 나간 것은 거짓 교사의 말을 들었기 때문입니다. 세상은 '그들'의 말을 들음으로써 자기 정체를 드러냅니다(요일 4:5). 여기서 말하는 세상은 요한일서 2장 15-17절에서 사랑하지 말라고 명했던 그 세상입니다. 하나님을 대적하는 세상의 모든 정신과 모든 체계, 모든 힘입니다. 하나님의 자녀는 오직 하나님의 말씀에만 반응하는 사람들입니다. 이것이 사도가 "진리의 영과 미혹의 영을 이로써 아느니라"라고 한 말의 의미입니다.

유다 말기에 예레미야 선지자가 활동할 때에도 거짓 선지자를 따라간 사람들이 있었습니다. 그들은 자신이 듣고 싶어 하고 원하는 말을 해주는 사람을 따랐습니다. 예레미야 선지자는 거짓 선지자들뿐 아니라 그 선지자들을 따라간 자들도 망할 것이라고 분명하게 경고합니다(렘 14:16).

여러분은 누구의 말을 듣고 누구의 말에 반응하십니까? 세상에 속한 영의 말입니까, 진리의 말씀입니까? 여러분은 하나님에게서 온 영과 적그리스도의 영을 분별하십니까? 무엇이 진리의 영이고, 무엇이 미혹의 영인지 분별하십니까? 오늘날 한국 교회 성도들 가운데에는 정통 교단에 속한 교회에 다니지만 하나님의 말씀인 복음을 분별하지 못하고 거짓 교사를 따르는 자들과 다를 바 없는 사람들이 적지 않습니다. 얼마나 슬픈 일입니까? 자신이 참된 교사의 말을 듣고 하나님께 속해 있는지를 돌아보십시오.

분별은 모든 신자의 의무다

바울은 영들 분별함을 성령의 은사로 소개하지만(고전 12:10) 본문 말씀에서 요한은 모든 신자가 영을 분별해야 한다고 말합니다. "영을 다 믿지 말고 오직 영들이 하나님께 속하였나 분별하라"는 명령은 모든 신자에게 요구되는 책무입니다. 누구도 피할 수 없는 책무입니다. 종교 개혁자들이 주장한 대로 아무리 연약하고 비천한 신자도 참과 거짓을 분별할 권리를 가지고 있습니다.

하나님께서는 영을 분별하기 위해 우리에게 까다롭고 의심 많은 사람이 되라고 하시는 것이 아닙니다. 우리는 신실하고 따뜻한 성도로 분별하는 삶을 살 수 있습니다.

> 베뢰아에 있는 사람들은 데살로니가에 있는 사람들보다 더 너그러워서 간절한 마음으로 말씀을 받고 이것이 그러한가 하여 날마다 성경을 상고하므로(행 17:11).

'상고하다'라는 말은 '조사하다', '샅샅이 살피다'라는 뜻입니다. 베뢰아에 있는 사람들은 분별하되 너그러웠습니다. '너그럽다'라는 단어는 고상하고 신사적이고 귀족적이라는 의미도 가지는데, 일부 영어 성경은 이 말을 'open-minded', 즉 '열린 마음'이라고 번역했습니다. 한글 공동번역성경은 '트인 마음'으로 번역했습니다. 베뢰아 사람들은 열린 마음으로 하나님의 말씀을 들었습니다.

또한 베뢰아 사람들은 '간절한 마음으로' 말씀을 받았습니다. 시편에서 시냇물을 찾기에 갈급한 사슴처럼(시 42:1) 은혜를 사모하는 마음으로 하나님의 말씀을 받은 것입니다. 그렇게 하고도 그들은 "이것이 그러한가 하여 날마다 성경을 상고"했습니다. 이처럼 베뢰아 사람들은 사도가 전하는 말씀을 사람의 말이 아닌 하나님 말씀으로 들었습니다. 그리고 하나님 말씀인 성경의 권위 아래 모든 것을 살피고자 연구하고 공부했습니다. 이 과정이 분별입니다. 우리에게도 베뢰아 사람들과 같은 자세가 필요합니다. 우리의 지식이 하나님 말씀에 근거해서 자라다 보면, 우리는 자연스럽게 참된 것과 거짓된 것, 진리의 영과 미혹의 영을 분별할 수 있게 됩니다.

하나님 말씀을 통해 분별하는 것은 은사나 신유, 또는 체험적이고 초자연적인 현상을 무턱대고 믿어 버리는 잘못에서 우리를 보호해 줍니다.

> 악한 자의 나타남은 사탄의 활동을 따라 모든 능력과 표적과 거짓 기적과 불의의 모든 속임으로 멸망하는 자들에게 있으리니 이는 그들이 진리의 사랑을 받지 아니하여 구원함을 받지 못함이라(살후 2:9, 10).

사탄도 능력, 표적, 거짓 기적을 베풉니다. 이러한 사탄의 활동을 따라간 사람들은 구원을 받지 못한다고 바울은 말합니다. 그들이 미혹당한 것은 '진리의 사랑을 받지 아니했기' 때문입니다. 진리가 기준입니다. '진리의 사랑을 받지 않았다'는 말은 '진리를 사랑하기를 거절했다'는 뜻입니다.

> 이러므로 하나님이 미혹의 역사를 그들에게 보내사 거짓 것을 믿게 하심은 진리를 믿지 않고 불의를 좋아하는 모든 자들로 하여금 심판을 받게 하려 하심이라(살후 2:11, 12).

이들이 믿는 것은 진리가 아닙니다. 이들은 불의를 좋아합니다. 진리의 말씀에 관심이 없고 열심히 배우기를 거절하는 것이 얼마나 무서운 일인지 모릅니다. 신앙생활을 잘한다는 것은 하나님 말씀에 붙어 있는 것입니다. 얼마나 열정적인지는 분별의 기준이 아닙니다. 얼마나 진실한지도 기준이 될 수 없습니다. 기준은 언제나 진리입니다. 마귀도 열정적으로 진실하게 우리에게 찾아올 수 있습니다. 그러나 진리를 사랑하고 그 말씀에 반응하는 사람만이 거짓 기적과 표적, 거짓 능력이 나타나도 현혹되지 않습니다.

오직 진리에만 반응하라!

신학과 교리에 관심이 없으면 위험합니다. 하나님 말씀을 배워야 하지만 오늘날 우리는 교리도, 신학도 실종된 시대를 살아가고 있습니다. 우리는 하나님 말씀에 관심을 갖고 진리를 찾는 사람이 되어야 합니다. 하나님을 더 알고 싶어 해야 합니다. 이것은 하나님의 자녀의 본능입니다. 성령님이 가르치시면 진리가 우리로 하여금 하나님을 경외하고 순종하게 만듭니다. 성령님께서 조명해 주시면 복음의 말씀이 우리로 하나님의 영광을 드러내도록 인도합니다. 성령님께서 사용하시는 진리의 말씀을 통해 우리는 이 세상에 있는 이런저런 것들에서 주 예수님께로 우리 관심을 집중하게 됩니다. 하나님께서 성령님을 통해 우리 삶에서 그 일을 하십니다.

진리에만 반응하십시오. 영을 분별하고 말씀을 따라 순종하는 길로 행하십시오. 그리하면 "이 사람들은 여자와 더불어 더럽히지 아니하고 순결한 자라 어린양이 어디로 인도하든지 따라가는 자며 사람 가운데에서 속량함을 받아 처음 익은 열매로 하나님과 어린양에게 속한 자들"(계 14:4)이라 불리는 복을 누릴 것입니다.

1 John
요한일서 4장 7, 8절

7 사랑하는 자들아 우리가 서로 사랑하자 사랑은 하나님께 속한 것이니 사랑하는 자마다 하나님으로부터 나서 하나님을 알고 8 사랑하지 아니하는 자는 하나님을 알지 못하나니 이는 하나님은 사랑이심이라

23

형제 사랑의 토대(1)

사도 요한은 이 편지에서 참된 하나님의 자녀의 특성을 세 가지 테스트로 제시했습니다. 첫째는 순종이라는 도덕적 테스트였습니다. 예수님을 믿고 하나님 아버지를 안다고 하고 하나님과 사귐이 있다고 말하면서, 실제로는 어둠 가운데 거하고 자신이 주관하는 삶을 살아가는 사람은 참된 그리스도인이 아닐 뿐더러 그가 하는 말은 거짓이라는 것입니다. 둘째는 형제 사랑이라는 사회적 테스트였습니다. 하나님을 믿게 된 자들은 교회라는 하나님 백성의 공동체에서 형제들과 더불어 살아가게 됩니다. 이때, 참된 하나님의 자녀들을 향해 어떤 태도를 가지는지를 살피는 것입니다. 사도는 참된 하나님의 자녀는 예수님을 믿는 순간, 하나님을 사랑할 뿐만 아니라 형제를 사랑하게 되는 것이 본능이라고 말합니다. 진정으로 주님을 사랑하는 사람은 참된 하나님의 자녀를 만나면 그 사람을 사랑하게 됩니다. 사도는 형제에게 사랑으로 반응하지 않고 무관심이나 적대감으로 반응하며 이

기적 자기중심성으로 살아간다면 그는 하나님의 자녀가 아니라고 단정합니다. 셋째는 성육신하신 그리스도 예수를 믿는가 하는 교리적 테스트였습니다. 아무리 도덕적이고 사랑이 많은 듯 보여도 사도들이 전한 그리스도를 고백하지 않는다면 그는 하나님의 자녀가 아니며 적그리스도의 영이라고 말합니다. 사도는 서신 전체를 통해 이 내용을 효과적으로 전하고 있습니다.

형제 사랑은 하나님의 자녀의 특성이다

앞서 사도 요한은 영적인 현상이라고 해서 그것들이 모두 하나님에게서 온 것으로 믿지 말라고 하면서(요일 4:1) 그것을 어떻게 분별하는지에 대한 교리 테스트를 제시했습니다. 그러고서는 요한일서 4장 7-21절에서 '서로 사랑하라'는 사회적 테스트를 다시 말하기 시작합니다. 특히 4장 21절은 요한일서 전체의 절정입니다. 사도는 '영을 분별하라'고 이야기한 뒤 이어서 형제를 사랑하라고 말합니다.

서두에 언급했듯이 요한일서의 구조는 나선형 계단을 오르는 것과 같습니다. 우리는 앞에서도 사도가 형제 사랑을 이야기하는 것을 보았습니다. 그리고 지금 또 형제 사랑을 이야기하는데, 이것은 앞서 전한 내용을 반복하는 것처럼 보이지만, 사실은 그보다 더 진전된 내용입니다. 예를 들어 사도는 2장 7-11절에서 형제 사랑이라는 테스트를 제시하면서 참빛과 관련하여 설명했습니다.

> 사랑하는 자들아 내가 새 계명을 너희에게 쓰는 것이 아니라 너희가 처음부터 가진 옛 계명이니 이 옛 계명은 너희가 들은 바 말씀이거니와 다시 내가 너희에게 새 계명을 쓰노니 그에게와 너희에게도 참된 것이라 이는

어둠이 지나가고 참빛이 벌써 비침이니라 빛 가운데 있다 하면서 그 형제를 미워하는 자는 지금까지 어둠에 있는 자요 그의 형제를 사랑하는 자는 빛 가운데 거하여 자기 속에 거리낌이 없으나 그의 형제를 미워하는 자는 어둠에 있고 또 어둠에 행하며 갈 곳을 알지 못하나니 이는 그 어둠이 그의 눈을 멀게 하였음이라.

빛 가운데 있다 하면서 형제를 미워하는 자는 어둠 가운데 있는 자라는 것입니다. 그리고 사도 요한은 요한일서 3장에서도 서로 사랑하라고 계속 이야기했습니다.

우리는 서로 사랑할지니 이는 너희가 처음부터 들은 소식이라 가인같이 하지 말라 그는 악한 자에게 속하여 그 아우를 죽였으니 어떤 이유로 죽였느냐 자기의 행위는 악하고 그의 아우의 행위는 의로움이라 형제들아 세상이 너희를 미워하여도 이상히 여기지 말라 우리는 형제를 사랑함으로 사망에서 옮겨 생명으로 들어간 줄을 알거니와 사랑하지 아니하는 자는 사망에 머물러 있느니라 그 형제를 미워하는 자마다 살인하는 자니 살인하는 자마다 영생이 그 속에 거하지 아니하는 것을 너희가 아는 바라 그가 우리를 위하여 목숨을 버리셨으니 우리가 이로써 사랑을 알고 우리도 형제들을 위하여 목숨을 버리는 것이 마땅하니라 누가 이 세상의 재물을 가지고 형제의 궁핍함을 보고도 도와줄 마음을 닫으면 하나님의 사랑이 어찌 그 속에 거하겠느냐 자녀들아 우리가 말과 혀로만 사랑하지 말고 행함과 진실함으로 하자(요일 3:11-18).

여기서 핵심은 우리가 형제를 사랑함으로 사망에서 옮겨 생명으로 들어갔다는 것입니다. 사도는 형제를 사랑함으로 구원받았다고 말합니다. 형제 사랑은 그리스도인들에게 선택 사항이 아닙니다. 그것은 그리스도인의 본질입니다. 그리고 본문 말씀에서 사도는 형제 사랑을 하나님의 본성과 관련시킵니다.

> 사랑하는 자들아 우리가 서로 사랑하자 사랑은 하나님께 속한 것이니 사랑하는 자마다 하나님으로부터 나서 하나님을 알고 사랑하지 아니하는 자는 하나님을 알지 못하나니 이는 하나님은 사랑이심이라(요일 4:7, 8).

"이는 하나님은 사랑이심이라." 여러분, 이 말보다 큰 말이 있을까요? 이보다 포괄적인 표현이 있을까요? '하나님은 사랑이심이라'라는 표현에는 하나님의 본질과 존재, 본성, 그리고 모든 성품이 함축되어 있습니다.

앞의 두 본문(2장 7-11절과 3장 11-18절)은 사도가 지금 말하고자 하는 것의 준비 단계였다고 볼 수 있습니다. 또한 이 본문에서 사도가 말하는 것은 형제 사랑이라는 테스트만을 제시하는 것이 아니라 요한일서 전체의 요점이자 절정입니다.

성경학자인 데이비드 잭맨(David Jackman)은 요한일서의 나선형 구조를 이렇게 설명했습니다.

> 앞에서 살펴본 몇 단락에 대한 연구는 마치 거대한 궁전에 있는 보좌로 통하는 작은 방들을 하나씩 하나씩 통과하는 것 같은 느낌을 준다. 작은 방들을 지나서 보좌가 있는 중앙으로 가까이 다가갈수록 심장이 점점 강하게 뛰는 것을 느낄 수 있다. 그러나 이제 보좌가 있는 방의 문들이 활짝 열리고 영광의 그분 앞으로 우리가 인도를 받으면 그 장엄함이 우리를 압도하게 된다. 이 모든 일을 주관해 오신 영광의 그분이 바로 사랑이신 하나님이시다.

궁전 중앙에 있는 보좌로 가는 길에 지나는 작은 방들은 거추장스럽게 느껴지기도 하지만, 그 방들을 지나 마침내 왕의 보좌에 이르면 사랑이신 하나님의 장엄함에 압도당하게 됩니다. 데이비드 잭맨이 이 본문을 설명하는 이 비유는 매우 적절합니다.

사도 요한은 형제를 사랑하는 것은 생명이 있음을 증명하는 중요한 문제라는 데서 더 나아갑니다. 지금 사도는 하나님의 자녀라면 사랑이라는 하나님의 특성과 본성을 지니고 살아간다고 말하는 것입니다. 하나님을 아는 자라면 형제를 사랑할 것입니다. '사랑하는 자마다 하나님으로부터 나서 하나님을 안다'는 것은 사랑하는 사람은 거듭난 사람이며, 하나님을 아는 사람이라는 의미입니다. 또한 '사랑하지 아니하는 자는 하나님을 알지 못한다'는 것은 하나님을 안다는 말보다 형제 사랑으로써 자신이 어떤 자리에 있는지를 확인하라는 것입니다. 그리고 참된 하나님의 자녀임을 확인했다면, 그 확신을 가지고 형제들과 풍성한 사귐을 누리라는 것입니다. 이것이 사도가 반복해서 참된 하나님의 자녀들의 특성을 말하는 이유입니다.

균형 잡힌 신앙, 치우지지 않는 신앙

본문 말씀은 이렇게 시작합니다.

> 사랑하는 자들아 우리가 서로 사랑하자(요일 4:7a).

이 구절을 헬라어로 읽어 보면 "아가페토이, 아가포멘 알렐루스"(Ἀγαπητοί, ἀγαπῶμεν ἀλλήλους)입니다. '아가페토이'는 '사랑하는 자들'을 복수로 부르는 표현입니다. '아가포멘'은 '우리가 사랑하자', '알렐루스'는 '서로'라는 의미입니다. 즉 '사랑하는 자들아 우리가 사랑하자 서로서로'라는 말입니다. 헬라어 단어들이 모두 '아' 발음으로 시작하는데, 사도는 이것을 강조하기 위해 의도적으로 음운을 맞추고 있습니다. '사랑하는 자들아'라고 부르면서 자신 역시 지금 전하고자 하는 메시지대로 사랑하고 있음을 표현합니다. 그러면서 우리가 사랑할 수 있는 토대를 이야기하고자 하는 것입니다.

여기서 '사랑하자'라는 단어는 헬라어로 현재형 가정법입니다. 이 현재형은 한 번 사랑하고 끝나는 것이 아니라 지속적으로 사랑하는 삶을 살 것을 강조합니다. 우리가 선택할 수 있는 것은 사랑밖에 없습니다. 하나님께서 그분의 자녀들로 답 없는 이 세상을 살아가게 하신 방식이 바로 사랑을 선택하는 것입니다.

모두 그런 것은 아니지만, 대체로 사람들은 극단적인 것에 더 끌리는 경향이 있습니다. 균형 잡힌 것은 매력적이지 않습니다. 밋밋합니다. 그러나 극단적인 표현이나 구호에는 사람들의 마음을 끄는 힘이 있습니다. 정치가들이 극단적 표현이나 구호를 사용하는 것도 그 때문입니다. 극단적인 것에는 힘이 있습니다. 신앙에서도 예외가 아닙니다. 우리는 어떤 종교적인 사람들을 가리켜 '광신자'라고 표현합니다. 이 표현은 대체로 부정적인 의미를 전달합니다. 전체가 아닌 어느 한 부분에 미쳐서 다른 것들이 전혀 보이지 않고, 다른 세계를 전혀 인정하지 않으며, 그 한 부분에 전부를 쏟아붓는 것입니다. 이것은 결코 건강한 신앙이 아닙니다.

아마 여러분 중에는 고(故) 옥한흠 목사님이 주장하신 '광인론'을 들어보신 분이 계실 것입니다. 복음에 미치고 제자 훈련에 미치지 않으면 주를 따르는 참된 제자일 수 없다는 의미에서 하신 말씀입니다. 그리스도 예수와 온전한 복음에 미치는 것이라면 이의를 달 수 없습니다. 예수님께 관심을 갖는 정도로는 그분을 따라갈 수 없습니다. 예수님께 호감을 갖는 정도로는 그분을 믿는다고 말할 수 없습니다. 예수님을 믿는다는 것은 예수님께 미치는 것입니다. 복음을 믿는다는 것은 복음에 미치는 것이고, 그 미친 복음 때문에 자신의 생명도 내놓을 수 있는 것입니다.

그렇습니다. 우리는 광인이어야 합니다. 그러나 그것이 자신이 주관적으로 이해한 그리스도 예수, 오해된 복음이라면 문제는 심각해집니다. 오해된 복음은 형제 간의 화합을 깨뜨리는 요소가 됩니다. 고집 세고 배우려 하지 않으며 자기 주장이 강한 사람과는 대화하기가 어렵습니다. 그 사람에게 맞추지 않는 한 평화로운 관계를 맺기가 힘듭니다. 그런 광인이 되어서는 곤란합니다. 우리는 그런 의미에서 미치는 것이 아닙니다. 우리의 본성은 극단적으로 치우치는 경향이 있기 때문에 이것을 잘 이해해야 합니다. 신앙생활에서도 어느 한 부분이 전부라고 생각하고 몰두하는 사람은 교회를 허물고 깨뜨리게 됩니다. 올바른 '미침'은 다른 모든 것을 거부하거나 과소평가하거나 경시하는 방식으로 나타나지 않습니다.

신앙에서 균형을 이루는 것은 매우 중요합니다. 우리에게 치우치는 경향이 있음을 아시는 하나님께서는 "우로나 좌로나 치우치지 말라"(수 1:7; 23:6)고 말씀하십니다. 그리스도인은 좌로도 우로도 치우치지 않고 그리스도를 따라가는 사람입니다. 그리스도인들은 어떤 것으로도 나뉘지 않습니다. 사도는 "영을 다 믿지 말고 분별하라"고 명령하면서도 그 명령을 위해 형제를 의심하라는 의미가 아님을, 서로 사랑해야 함을 말하고 있습니다. 진리의 싸움을 하다 보면 자칫 사랑을 잃어버릴 수 있기 때문입니다. 우리는 요한계시록에 나오는 에베소 교회에서 이 모습을 봅니다.

주님께서는 에베소 교회를 향해 "너의 처음 사랑을 버렸다"라고 책망하셨습니다(계 2:4). 에베소 교회는 바울이 개척하여 3년 가까이 목회했고, 디모데가 목회했으며, 요한까지 목회한 대단한 교회였습니다. 에베소 교회는 훈련된 진리의 말씀으로 이단들을 분별하여 교회에서 내쫓았으며, 타협하지 않는 교회였습니다. 그런데 이 좋은 것 때문에 다른 문제가 생겼습니다. 처음 사랑을 버린 것입니다. 이것은 그들이 진리의 싸움에 매진하면서 경험하게 된 일종의 부작용이었습니다. 그래서 주님께서는 에베소 교회에 따뜻함이 없고, 주님에 대한 처음 사랑이 사라진 것을 책망하십니다. 에베소 교회에 주신 말씀은 오고 오는 세대의 모든 교회를 위한 하나의 경고입니다.

우리는 어느 하나를 잘하면 다른 하나를 놓치기 쉽습니다. 특히 진리와 사랑의 문제에서 그러합니다. 사도는 4장 1-6절에 진리의 문제를 이야기하고, 4장 7-21절에 사랑의 문제를 이야기합니다. 균형을 잡는 것이 쉽지 않기 때문입니다. 진리와 사랑의 문제만이 아닙니다. 우리는 모든 면에서 신앙의 균형을 추구해야 합니다. 그럴 때 교회가 평안한 가운데 내적으로 견고해지고 형제 사랑이 풍성해질 수 있습니다. 결국 세상에 끼치는 복음의 영향도 커질 것입니다. 깨어진 균형과 극단적으로 치우친 성향은 형제 사랑을 가로막습니다.

형제 사랑은 하나님의 본성에 근거한다

사도 요한이 지금 다루고자 하는 주제는 "하나님의 자녀에게 형제 사랑의 의무는 어떤 토대에 놓여 있는가"입니다. 형제 사랑은 참으로 하나님을 믿는 것과 동일한 무게를 지닌 중요한 문제입니다. 하나님을 믿는 것이 선택이 아닌 것처럼 형제를 사랑하는 것 역시 선택이 아닙니다. 이것은 신자에게 요구되는 책임입니다.

형제 사랑의 토대가 기독교 신앙의 주변적 가치에 근거한다면 형제 사랑 역시 주변적인 가치 정도이겠지만, 그것이 기독교 신앙의 본질이자 중추적인 핵심에 기초한다면 우리의 신앙생활에서 결코 무시할 수 없는 가장 중요한 요소가 될 것입니다. 그렇다면 사도 요한이 말하는 형제 사랑의 토대는 무엇입니까? 바로 "하나님은 사랑이심이라"는 것입니다. 형제 사랑의 토대는 하나님의 본성입니다. 그리스도인에게 형제 사랑은 그의 존재와 본성에 직결되는 가치입니다. 형제 사랑은 하나님의 자녀의 본성적 특징입니다.

> 사랑하는 자들아 우리가 서로 사랑하자 사랑은 하나님께 속한 것이니(요일 4:7a).

사도는 형제 사랑이 하나님의 본성에 뿌리내리고 있다고 말합니다. "사랑은 하나님께 속한 것"이라는 말은 사랑의 기원과 출처가 하나님 자신이라는 것입니다. 모든 사랑은 하나님에게서 나옵니다. 그것을 요한은 "하나님은 사랑이심이라"(8절)라고 표현합니다. 하나님의 영원한 성품에서 무한히 흘러나오는 것이 형제 사랑인 것입니다.

사도는 하나님께서 어떻게 우리를 사랑하셨는지(요일 4:9, 10)를 말합니다. 그런데 사도가 말하는 형제 사랑의 토대는 하나님께서 사랑하신 행위가 아닙니다. 하나님의 존재, 그분의 성품입니다. 그것이 "하나님은 사랑이심이라"라는 말로 사도가 의미하고자 하는 것입니다. 하나님이 사랑이시라는 것은 하나님의 많은 행위 가운데 하나가 사랑이라는 의미가 아닙니다. 하나님께서 행하시는 모든 것이 근본적으로 사랑이라는 의미입니다. 이런 관점에서 하나님께서 행하시는 심판도 사랑입니다.

사도 요한은 하나님은 빛이시라고 말했습니다(요일 1:5). 히브리서는 하나님은 소멸하는 불이라고 표현하는데(히 12:29), 이것은 심판을 가리키는 표현입니다. 그리고 동시에 하나님은 사랑이십니다. 빛과 사랑, 소멸하는 불과 사랑이 어떻게 조화를 이룰 수 있습니까? 하나님께서는 빛이 어둠을 드러내듯이 우리 죄를 드러내시는 것으로 사랑하십니다. 또한 하나님께서는 그 드러난 죄를 불로 태우듯 소멸하는 것으로 사랑하십니다. 빛이신 하나님께서 우리를 사랑하시는 방식은 우리 죄를 드러내시는 것이고, 소멸하는 불이신 하나님께서 우리를 사랑하시는 방식은 그 죄를 소멸하시되 죄인은 파멸시키지 않고 구원하시는 것입니다. 모세에게 여호와의 사자가 나타났을 때, 떨기나무에 불이 붙었는데도 사라지지 않은 것과 같습니다(출 3:2). 하나님께서 우리를 소멸하셔야 마땅함에도 우리는 그대로 두시고 우리 죄를 소멸하시는 것입니다.

이런 면에서 하나님에게 정의와 사랑은 대립되는 개념이 아닙니다. 하나님께서는 사랑이시면서 정의를 시행하실 수 있고, 정의를 시행하시면서도 사랑이실 수 있습니다. 사람들이 종종 "하나님은 사랑이시라면서 왜 심판하십니까?", "하나님이 사랑이시라면 왜 사람들을 지옥에 보내십니까?"라고 묻는 것은 하나님의 이러한 특성을 이해하지 못하기 때문입니다. 하나님이 사랑이시라는 말은 우리 생각을 훨씬 뛰어넘습니다. 이 말의 의미는 어마어마합니다. 하나님의 사랑은 단순히 누군가에게 잘해 주는 태도가 아닙니다. 오히려 교회는 형제를 사랑하기 때문에 권징을 행합니다. 이 사랑은 형제가 범죄하는 것을 알면서도 괜찮다고 말하지 않습니다. 형제의 잘못을 지적하고, 그것을 깨달아 돌이키도록 그를 위해 기도하고 애쓰는 것입니다. 이것이 사랑이신 하나님의 속성을 반영하는 형제 사랑입니다.

사랑은 하나님께 속한다는 사도 요한의 말은 자연스럽게 이렇게 연결됩니다. "사랑하는 자마다 하나님으로부터 나서"(요일 4:7). 사도는 형제 사랑을 거듭남과 연결시킵니다. 하나님의 자녀들의 형제 사랑이 하나님에게서 기원한 것이라면, 사랑하는 사람 또한 하나님에게서 난 자, 즉 거듭난 사람이라는 것입니다. 거듭난 하나님의 자녀의 진정성은 교회 출석이나 열심 있는 봉사가 아닌 형제 사랑으로 증명됩니다.

하나님께서 낳은 하나님의 자녀는 당연히 아버지인 하나님의 DNA를 가지고 있습니다. 그리고 그 하나님의 DNA는 바로 사랑입니다. 따라서 하나님의 자녀는 누구나 사랑이라는 특성을 공유하게 되는 것입니다. 예수님을 믿는 하나님의 자녀는 본질적으로 하나님을 닮게 되어 있습니다. 평생 하나님을 닮아 가는 성화의 과정을 이루어 가는 것입니다. 반면 형제를 사랑하지 않으며, 항상 불친절하고 비판적이며, 형제의 흠을 찾아내는 데 혈안이 되어 있고, 그 흠을 퍼뜨리는 데 열심이며, 때로는 소극적으로 어떤 형제에 대해 비판하거나 비방하는 말을 듣는 것을 즐긴다면, 그 사람은 하나님의 자녀가 아닌 것입니다. 이것은 굉장히 명확합니다. 생각해 보십시오. 누군가 여러분의 배우자나 형제를 비방하는 말을 하는데, 그 말을 듣고 여러분의 기분이 좋을 수 있습니까?

혈육간에도 형제 사랑이 있습니다. 기질이 달라도 형제이기 때문에 갖는 애정이 있습니다. 영적으로도 마찬가지입니다. 그리스도 안에서 하나님의 한 가족이 된 형제를 사랑하는 개념도 같습니다. 비록 이런저런 이유로 마음에 들지 않아도 그 사람을 불쌍히 여기고 축복하며 기도해 주고 싶은 마음이 든다면, 하나님의 자녀인 것입니다. 하나님의 자녀의 본성은 사랑이기 때문입니다.

본문 말씀은 이렇게 이어집니다.

> (사랑하는 자마다) 하나님을 알고 사랑하지 아니하는 자는 하나님을 알지 못하나니 (요일 4:7, 8).

사도 요한은 사랑하는 자는 하나님을 알고, 사랑하지 않는 자는 하나님을 알지 못한다고 말합니다. 형제를 사랑한다는 것은 그가 하나님을 아는 사람, 즉 영적 지식이 있는 사람임을 증명합니다. 여기서 제가 말하는 영적 지식은 단순히 성경 지식이나 신학 지식, 교리가 아닙니다. 아무리 성경을 많이 알고 신학을 공부했어도 형제를 사랑하지 않는다면, 하나님을 아는 영적 지식은 없는 것입니다.

헬라어로 보면 이 구절에서 흥미로운 점을 찾을 수 있습니다. "하나님을 알고"(7b절)에서 '알다'는 현재 시제로, "사랑하지 아니하는 자는 하나님을 알지 못하나니"(8a절)에서 '알지 못하다'는 부정 과거 시제로 쓰인 것입니다. 보통 이어지는 문장에서 같은 동사를 쓸 때에는 시제가 같은데, 여기서 사도는 시제를 다르게 사용했습니다. 그 이유가 무엇일까요?

7절에서 '하나님을 알다'라는 동사를 현재 시제로 쓴 것은 그 시제가 지닌 지속적이고 계속적인 의미를 전하기 위해서입니다. 형제를 사랑하는 사람은 하나님과의 실제적인 관계를 지속적으로 갖는 것, 즉 하나님을 아는 지식에서 지속적으로 성장해 간다는 것을 강조하는 것입니다. 반면 8절에서 '하나님을 알지 못하다'라는 동사가 부정 과거 시제인 것은 하나님을 한 번도 안 적이 없음을 강조합니다. 형제를 사랑하지 않는 사람은 하나님에 대한 지식을 한 번도 경험해 본 적이 없는 사람입니다. 형제를 사랑하지 않는 사람은 하나님을 한 번도 안 적이 없는 사람이라는 의미입니다. 때로 우리는 상황이나 감정에 따라 형제를 대하는 것이 뜨거워지기도 하고 차가워지기도 합니다. 그럼에도 신자의 근본에 있는 형제 사랑의 정서는 사라지지 않습니다. 형제 사랑은 부인할 수 없는 하나님의 자녀의 특성입니다.

우리가 하나님을 알게 되면 하나님께 대하여 정서적 변화를 경험하게 됩니다. 하나님을 사랑하게 되는 것입니다. 하나님을 사랑하게 되면 하나님을 즐거워하게 됩니다. 그리고 동시에 형제들에 대한 마음이 달라집니다. 형제를 향한 마음이 더 깊어지고, 더 애틋해지고, 더 세심해지고, 더 배려하려 합니다. 이처럼 영적으로 하나님을 점점 알아 갈수록 형제 사랑도 점점 커지고 깊어지게 됩니다.

그러므로 우리는 하나님을 아는 지식에서 자라 가야 합니다. 하나님의 말씀인 성경의 계시를 통해 우리는 하나님을 아는 지식을 얻습니다. 또한 이 성경의 계시에 근거하여, 인생이라는 시간을 살아가면서 하나님께서 허락하신 사건들을 통해 하나님을 아는 경험적 지식을 얻게 됩니다. 우리가 하나님을 아는 지식에서 제대로 자라 간다면, 형제를 사랑하고 섬기는 일이 더 깊어지고 열심을 더하게 될 것입니다.

하나님의 사랑을 추구하라

당시 영지주의자들은 영적 씨앗이 심겨져서 비밀스러운 지식을 갖게 된 소수의 사람들만 구원을 얻는다고 주장했습니다. 그러나 사도는 형제를 사랑하는 사람은 누구나 하나님께 속한 하나님의 자녀이자 하나님에게서 난 자, 하나님을 아는 사람이라고 말합니다. 영적인 거듭남과 하나님을 아는 지식은 특정한 지식을 가진 사람들의 전유물이 아니라, 형제를 사랑하는 모든 평범한 사람들의 몫이라는 것입니다. 하나님의 교회에 속한 거듭난 하나님의 자녀들은 한 사람도 이 말씀에서 예외일 수 없습니다.

여러분, 형제를 사랑하십니까? 그렇다면 여러분은 하나님의 자녀이고 하나님을 아는 사람입니다. 그 확신을 누리십시오. 그 사랑 가운데 풍성함을 누리십시오. 그렇지 않으시다면 은혜를 구하십시오. 형제 사랑은 우리 인생에서 잠시 지나가는 문제가 아니라 우리 영혼을 결정하는 문제이기 때문입니다.

하나님은 사랑이십니다. 그 하나님을 깊이 만나고 경험하기를 추구하십시오. 하나님을 알면 그 하나님을 사랑하게 되고, 하나님을 사랑하면 그 하나님을 즐거워하게 됩니다. 하나님을 아는 지식이 관건입니다. 하나님을 알게 될 때 우리는 형제를 사랑하게 됩니다. 그러므로 우리의 일상 속에서 하나님을 깊이 알고 깊이 만나고, 그 은혜와 사랑에 깊이 적셔져야 합니다.

우리 힘으로는 형제를 사랑할 수 없습니다. 그러므로 하나님의 사랑을 깊이 알기를 사모하십시오. 그런 은혜를 구하십시오. 하나님의 말씀을 읽을 때 시간을 들여 하나님의 사랑을 묵상하십시오. 그 사랑이 우리 마음을 채울 때, 형제를 사랑하는 큰 힘이 우리 안에서 일어나는 것을 볼 것입니다. 누구에게도 사랑받을 것 같지 않은 까다로운 사람이라도 그리스도 안에서 형제가 될 때 우리는 그를 형제로 사랑할 수 있는 힘을 경험하게 됩니다.

또한 하나님의 사랑의 성품을 추구하십시오. 하나님의 성품을 닮는 것은 하나님의 자녀에게 부과되는 의무가 아닌 최고의 영예이자 특권입니다. 이 영예로운 특권을 누리는 일에 시간과 물질과 마음을 드리십시오. 형제 사랑은 행위 이전에 하나님의 자녀가 가지는 영광스러운 성품입니다. 하나님의 자녀가 형제를 향해 가지는 정서와 태도는 형제 사랑 외에 다른 선택이 없습니다. 복수하고 되갚아 주는 것은 하나님의 자녀가 택할 수 있는 선택지가 아닙니다. 형제 사랑은 단순히 하나님의 자녀들에게 부과되는 의무가 아닙니다. 하나님은 이런 부르심으로 교회와 우리를 부르셔서 이 세상으로 하여금 그리스도의 몸의 영광을 보게 하십시오. 성령님께서 요한을 통해 우리에게 주시는 말씀을 들으십시오. "사랑하는 자들아 우리가 서로 사랑하자."

1 John
요한일서 4장 9-11절

9 하나님의 사랑이 우리에게 이렇게 나타난 바 되었으니 하나님이 자기의 독생자를 세상에 보내심은 그로 말미암아 우리를 살리려 하심이라 10 사랑은 여기 있으니 우리가 하나님을 사랑한 것이 아니요 하나님이 우리를 사랑하사 우리 죄를 속하기 위하여 화목 제물로 그 아들을 보내셨음이라 11 사랑하는 자들아 하나님이 이같이 우리를 사랑하셨은즉 우리도 서로 사랑하는 것이 마땅하도다

24

형제 사랑의 토대(2)

사도 요한은 "하나님은 사랑이심이라"(요일 4:8b)라고 말하면서 하나님의 본성이 사랑이기 때문에 하나님에게서 난 자, 거듭난 하나님의 자녀는 아버지인 하나님을 닮아 형제를 사랑하는 본성을 지닌다고 설명합니다. 사랑이신 하나님의 본성이 형제 사랑의 토대라는 것입니다. 또한 사도는 형제를 사랑하는 사람은 하나님에게서 난 자이고 하나님을 아는 자라고 말합니다(요일 4:7). 여기서 사도는 거듭남("하나님으로부터 나서")과 하나님을 아는 지식("하나님을 알고")을 강조합니다. 형제를 사랑하는 사람은 이 두 가지가 확실한 사람입니다.

사도 요한이 말하는 형제 사랑은 그리스도인에게 선택 사항이나 권장 사항이 아닙니다. 형제 사랑은 참된 그리스도인지 아닌지를 결정하는 시금석입니다. 이것은 과장이 아니라 하나님의 말씀입니다. 형제 사랑으로 우리는 우리가 구원받은 하나님의 자녀임을 드러냅니다.

이제 사도는 형제 사랑의 토대가 되는 사랑이신 하나님이 어떤 방식으로 그 사랑을 나타내셨는가를 주목합니다. 그 사랑이 나타난 방식으로 우리도 형제를 사랑해야 하며, 그 사랑이 나타난 것을 경험한 사람은 마땅히 형제를 사랑하게 된다는 것입니다.

나타난 사랑

형제 사랑의 첫 번째 토대가 사랑이신 하나님 자신이라면(요일 4:7, 8), 두 번째 토대는 일과 행위로 구체화된 하나님의 사랑입니다(요일 4:9-11). 하나님께서 사랑하신 일과 행위입니다. 하나님이 사랑이시라는 것을 우리가 알 수 있으려면 그 사랑이 표현되어야 합니다.

> 하나님의 사랑이 우리에게 이렇게 나타난 바 되었으니(요일 4:9a).

하나님의 사랑이 나타났습니다. 앞에서 사도는 그리스도인의 형제 사랑은 목숨을 주는 사랑이며, 구체적으로 자기 재물과 시간을 허비하는 사랑이라고 말하면서 말과 혀로만 사랑하지 말고 행함과 진실함으로 사랑하자고 권면했습니다(요일 3:16-18).

당시 영지주의 이단들은 특정인들만이 하나님의 사랑을 느끼고 알고 경험할 수 있다고 주장했습니다. 그런데 사도는 지금 그들의 가르침과 주장을 반박합니다. 여기서 '나타났다'는 표현은 누구나 알 수 있고, 볼 수 있고, 느낄 수 있도록, 그래서 어느 누구도 부인할 수 없도록 역사 속에 객관적인 사건으로 하나님의 사랑이 나타났다는 의미입니다. 하나님께서는 형제를 사랑하라는 계명을 추상적인 개념으로 강요하지 않으셨습니다. 친히 그 아들을 세상에 보내심으로써 사랑하셨다는, 분명한 역사적 사건과 사실에 기반하여 사랑하라고 말씀하셨습니다.

> 하나님의 사랑이 우리에게 이렇게 나타난 바 되었으니 하나님이 자기의 독생자를 세상에 보내심은 그로 말미암아 우리를 살리려 하심이라(요일 4:9).

'나타나다'라고 번역된 헬라어는 본래 감춰진 것들을 드러낸다는 의미인데, 신약 성경에서 매우 독특하게 사용되었습니다. 예수님께서 이 땅에 오셨을 때(요일 1:2; 3:5, 8), 예수님께서 부활하신 후 제자들에게 나타나셨을 때(요 21:1, 14), 그리고 예수님께서 재림하실 때 우리에게 나타나신다는 것을 표현할 때(요일 2:28) 이 단어가 사용되었습니다. 예수님과 관련해서 굉장히 많이 쓰인 단어입니다. 즉 사도가 "하나님의 사랑이 우리에게 이렇게 나타난 바 되었으니"라고 하는 말도 그리스도의 나타나심과 깊이 연관되어 있습니다. 즉 이것은 일차적으로 '하나님께서 자기의 독생자를 세상에 보내심', 바로 성육신 사건을 가리킵니다.

하나님의 사랑이 누구에게 나타났습니까? '우리에게' 나타났습니다. 어둡고 둔하고 무지하고 깨닫지 못하고 느끼지 못하는 우리 같은 사람들에게 하나님께서는 아주 선명하고 감동적이고 세상 어떤 것으로도 표현되지 않을 방식으로 그분의 사랑을 나타내셨습니다. 모든 인류가 부인할 수 없도록 나타난 그 하나님의 사랑이 특별히 우리인 교회를 향하고 있습니다. 하나님께서 택하셔서 그 아들에게 주신 백성에게 나타나셨습니다. 예수님의 오심을 통해 나타난 하나님의 사랑은 성도들과 교회에 내주하셔서 하나님과 성도, 하나님과 교회가 지속적인 사랑의 관계를 만들어 가는 토대가 되는 것입니다. 이렇게 하나님의 구원 계획을 시작하게 한 것이 바로 하나님의 사랑입니다.

하나님의 사랑은 영원하고 지속적이며 한순간도 그침 없이 부어지는 사랑입니다. 이 사랑은 반복될 수 없는 역사적인 한 사건을 통해 우리에게 나타났습니다. 바로 '자기의 독생자를 세상에 보내신' 사건입니다. 그침 없는 영원한 하나님의 사랑이, 제한되고 역사적이며 반복되지 않는 한 사건, 성육신에서 십자가로 이어지는 그 사건을 통해 시공간 속에 나타났습니다.

한글 성경에는 정확하게 드러나지 않지만, 헬라어로 보면 사도 요한은 '사랑하사'(요일 4:10)와 '보내심'(요일 4:9)이라는 단어의 시제를 통해 '지속적이고 영원한' 하나님의 사랑이 '단 한 번의 역사적인' 사건과 행위 안에서 나타났다는 의미를 전하고 있습니다. '하나님의 사랑'이나 '하나님은 사랑이심이라'라고 할 때, 하나님께서 우리를 사랑하시는 것은 '지속적인' 의미를 담고 있습니다. 반면 '보내심'은 역사적으로 '반복될 수 없는 단 한 번의' 사건으로 설명됩니다. 그래서 9절은 요한일서 3장 16절에 대한 부연 설명이라고 볼 수 있습니다.

> 그가 우리를 위하여 목숨을 버리셨으니 우리가 이로써 사랑을 알고 우리도 형제들을 위하여 목숨을 버리는 것이 마땅하니라.

하나님께서 우리를 살리실 목적으로 독생자를 세상에 보내셨는데, 그 사랑이 가장 극적으로 드러난 사건이 바로 '그가 우리를 위하여 목숨을 버리신' 십자가 사건이라는 것입니다. 바울도 그것을 말합니다.

> 우리가 아직 죄인 되었을 때에 그리스도께서 우리를 위하여 죽으심으로 하나님께서 우리에 대한 자기의 사랑을 확증하셨느니라(롬 5:8).

십자가에서 나타난 하나님의 사랑을 깨달을 때, 하나님을 아는 지식은 하나님을 향한 사랑과 만나게 되고, 우리는 온전한 믿음으로 자라 가게 됩니다. 그러므로 우리는 하나님께서 계시다는 것과 하나님께서 날 사랑하신다는 것을 막연하게 아는 것이 아니라 그 사랑이 어떻게 나타났는지를 통해서 하나님을 만나야 합니다. 이것을 우리는 십자가 은혜를 경험한다고 말합니다. 사도는 이것을 이렇게 설명합니다.

> 사랑은 여기 있으니 우리가 하나님을 사랑한 것이 아니요 하나님이 우리를 사랑하사 우리 죄를 속하기 위하여 화목 제물로 그 아들을 보내셨음이라(요일 4:10).

9절에서 사도 요한은 하나님께서 독생자를 세상에 보내신 사건을 이야기했는데, 10절에서는 더 구체적으로 우리 죄를 속하기 위해 화목 제물로 그 아들을 보내셨다고 말합니다. 여기에 사용된 '화목 제물'이라는 헬라어는 신약 성경 전체에서 오직 요한일서에만 두 번 등장합니다. 한 번은 지금 살피고 있는 4장 10절이고 다른 한 번은 2장 2절입니다.

6장에서 이미 살펴본 대로, 화목 제물은 예수님께서 단순히 죗값을 치르기 위해서만이 아니라, 내 죄에 대한 하나님의 진노를 풀기 위해서 죽으셨다는 것을 보여 주는 개념입니다. 그러나 이 구절에서 특별히 중요한 점은 하나님께서 친히 화목 제물을 준비하셨다는 것입니다.

고대 이교도들은 자신들이 믿는 신의 진노를 풀기 위해 자식을 번제로 드리거나 상상할 수 없는 엄청난 제물을 바쳐야 했습니다. 그러나 하나님의 진노를 풀기 위해 드려진 제물은 하나님께서 친히 준비하신 제물이었습니다.

인류가 범죄함으로 초래한 하나님의 진노는 인간이 자기 힘으로는 풀 수 없습니다. 전 인류의 죽음과 영원한 지옥 형벌 외에 하나님의 진노를 풀 수 있는 제물은 없습니다. 모든 인류는 아담 안에서 범죄했기 때문입니다. 그런데 단번에 하나님의 진노를 풀 수 있는 완벽하고 무한한 가치를 지니신 제물을 하나님께서 우리에게 베푸셨습니다. 우리를 살리기 위해 자신의 독생자를 이 땅에 화목 제물로 보내신 것입니다. 죄인이 제공해야 할 제물을 하나님께서 친히 제공하셔서 문제를 해결하셨습니다. 바로 이것이 사도가 "사랑은 여기 있으니"라고 담대하게 선언할 수 있는 이유입니다.

형제 사랑으로 나타나는 사랑

하나님께서는 자기 백성을 살리기 위해 시공간 속에 독생자를 보내시고 십자가에 달려 화목 제물로 죽게 하시는 반복될 수 없는 사건을 통해서 영원하고 지속적이며 그침이 없는 사랑을 나타내셨습니다. 하나님께서 나타내신 이 사랑은 이제 다른 차원으로 역사 속에서 지속적으로 나타나게 됩니다. 그것이 바로 교회입니다.

> 사랑하는 자들아 하나님이 이같이 우리를 사랑하셨은즉 우리도 서로 사랑하는 것이 마땅하도다(요일 4:11).

교회 안에서 경험되는 성도들의 형제 사랑 안에서 하나님의 사랑이 지속적으로 경험되고 나타납니다. 형제 사랑은 명령이나 바람이 아닙니다. 사도가 "우리도 서로 사랑하는 것이 마땅하도다"라고 말했듯이 당연한 것입니다.

형제 사랑으로 성도는 자신이 하나님의 사랑을 받은 존재임을 증명합니다. 하나님의 사랑과 은혜를 경험하고 누리고 있다는 것을 말로만 고백하는 것이 아니라 형제 사랑을 통해 나타내는 것입니다. 사랑이신 하나님과 참된 관계를 맺은 사람은 반드시 변화되게 마련입니다. 하나님의 자녀는 하나님 아버지의 DNA를 가지고 있기 때문입니다. 그 변화는 거듭날 때 근본적인 뿌리가 바뀌는 변화이지만, 점진적으로 성장합니다.

우리는 각자의 인생을 살아갑니다. 삶에서 겪는 경험도 다 다릅니다. 그러나 하나님의 사랑을 경험하는 것은 너무나 초월적인 것이어서 우리가 인생에서 겪게 되는 그 모든 경험을 압도합니다. "사랑받아 본 사람이 사랑할 줄 안다"고 말합니다. 하나님의 사랑을 맛보아 알게 된 사람은 비록 자기 평생에 한 번도 사랑받지 못했고 학대만 받았다고 할지라도 사랑할 줄 아는 사람으로 변화됩니다. 자기중심적이고 이기적인 삶을 살아가던 사람도 하나님의 사랑을 경험하면, 형제를 사랑하는 데 자신의 재물을 쓰고 자신의 목숨까지 내어 주게 됩니다. 하나님의 자녀에게는 예외가 없습니다. 하나님의 사랑이 그렇게 만들기 때문입니다.

교회는 이 세상 가운데 존재하면서 세상 사람들이 이해할 수 없는 기이하고 놀라운 방식으로 형제를 사랑하는 것을 자신의 특징으로 세상 앞에 보여 주는 공동체입니다. 이것이 교회의 부르심입니다. 이런 의미에서 프랜시스 쉐퍼(Francis A. Schaeffer)는 교회가 기독교의 최후 변증이라고 말했습니다. 그러나 안타깝게도 오늘날 한국 교회는 더 이상 말로 세상을 설득할 수 없는 지경에 이르렀습니다. 교회의 도덕성은 세상의 도덕성과 거의 차이가 없습니다. 20세기 말, 프랜시스 쉐퍼가 본 유럽의 교회와 거의 비슷한 상황에 처해 있습니다. 교회는 형제 사랑을 통해 우리 안에 있는 모든 이기심과 자기중심성이 십자가에 못 박혀 죽었음을 세상 앞에 보여 줄 수 있어야 합니다. 인간의 시공간의 역사 속에 독생자를 보내신 하나님의 일을 통해 하나님의 영원한 사랑이 나타났듯이, 교회의 형제 사랑을 통해 그 하나님의 사랑이 다시 지속적으로 나타나야 합니다. 이것이 교회의 당연한 본질이자 속성입니다. 하나님이 사랑이시듯이 교회도 사랑인 것입니다.

우리는 교회입니까?

우리는 교회입니까? 우리는 성도입니까? 독생자를 보내셔서 화목 제물로 죽게 하신 하나님의 사랑을 경험했습니까? 나타난 바 된 그 사랑을 알고 받고 누리고 경험하며 살고 있습니까? 그리스도의 죽으심 안에서 하나님의 사랑을 보았습니까? 바울이 말한 것처럼 "우리에게 주신 성령으로 말미암아 하나님의 사랑이 우리 마음에 부은 바 [된]"(롬 5:5) 것을 알고 경험하셨습니까? 이것은 성령님께서 우리 안에 오셔서 행하시는 가장 뛰어난 사역입니다. 우리는 우리에게 주신 성령을 통해 하나님의 사랑을 알고 경험합니다. 우리가 하나님을 사랑하기도 전에, 심지어 하나님을 미워하고 있을 때, 하나님께서 먼저 우리를 사랑하셨고, 우리 죄를 속하기 위해 그 아들을 화목 제물로 보내신 것을 아십니까?

다시 한 번 묻고 싶습니다. 우리는 정말 교회입니까? 세상의 단체와 조직으로 인정된 법인으로서의 교회를 말하는 것이 아닙니다. 하나님의 독생자를 통하여 나타난 바 된 그분의 사랑을 형제 사랑으로 나타내는 교회인가를 묻는 것입니다. 말이 아니라 행함과 진실함으로 형제를 사랑함으로 우리가 교회인 것을 증거하고 있습니까? 하나님의 은혜와 사랑 앞에서 이기심과 자기중심성을 매일 십자가에 못 박으며 살아가고 있습니까? 주님께서는 당신을 따르려면, 자기를 부인하고 따라오라고 말씀하십니다(마 16:24). 자기를 부인할 수 있을 만큼 우리를 삼키는 압도적인 하나님의 사랑을 아십니까? 자기를 추구하고 자기만족을 채우며 자기 의를 쌓아 가고 자기 이름의 영광을 추구하는 삶에서 여러분은 자유하십니까? 십자가의 은혜와 하나님의 사랑이 자아와 세상과 마귀에게 포로 되어 살아가는 여러분을 해방시킨 일이 있습니까?

주님께서 우리에게 나타내신 그 영원한 사랑을 더 깊이, 더 풍성히 알게 해달라고 간절히 구하십시오. 우리가 살아가는 동안 그 사랑을 경험하여서, 우리를 사로잡고 있는 이기심과 자기중심성이라는 죄악을 벗어 버리고 형제를 사랑하는 복되고 영광스러운 기쁨으로 살아가고 싶다고 고백하십시오. 이 은혜로 우리를 부르시는 하나님의 부르심 앞에 기꺼이 감사함으로 나아가 하나님의 교회를 교회 되게 하십시오. 그것을 통해서 우리는 세상을 향해 "하나님의 사랑이 여기에 있으니"라고 말할 수 있도록 말입니다.

1 John
요한일서 4장 11, 12절

11 사랑하는 자들아 하나님이 이같이 우리를 사랑하셨은즉 우리도 서로 사랑하는 것이 마땅하도다 12 어느 때나 하나님을 본 사람이 없으되 만일 우리가 서로 사랑하면 하나님이 우리 안에 거하시고 그의 사랑이 우리 안에 온전히 이루어지느니라

형제 사랑의 토대(3)

우리는 앞의 두 장에서 거듭난 하나님의 자녀의 특성인 형제 사랑의 토대와 근거 두 가지를 각각 살펴보았습니다. 첫 번째는 하나님의 본성인 사랑이고, 두 번째는 예수 그리스도를 보내심으로 나타내 보여진 하나님의 사랑의 행위입니다. 이제 사도 요한은 하나님의 자녀들이 서로 사랑해야 할 근거이자 토대를 한 가지 더 이야기합니다.

> 어느 때나 하나님을 본 사람이 없으되 만일 우리가 서로 사랑하면 하나님이 우리 안에 거하시고 그의 사랑이 우리 안에 온전히 이루어지느니라(요일 4:12).

거듭난 하나님의 자녀들이 형제를 사랑할 세 번째 토대와 근거는 하나님께서 우리 안에 거하시고 그분의 사랑이 우리 안에 온전히 이루어지기 때문입니다. 우리의 형제 사랑을 통해서 하나님의 사랑이 성취되고 완성된다는 말입니다.

사도는 우리가 형제를 사랑하면 하나님께서 우리 안에 거하신다는 것을 확인할 수 있다고 말합니다. 형제를 미워하고 형제와 어려운 관계에 있으면서 하나님께서 우리 안에 계시다는 것을 확인할 수는 없습니다. 자신과 직접적으로는 별 상관 없는 형제를 사랑하고, 이전이라면 관심조차 갖지 않았을 형제에게 관심을 보이는 자신의 모습에서 하나님께서 우리 안에 계시다는 것을 알 수 있습니다.

성 삼위 하나님께서 하신 일

형제 사랑의 세 가지 토대를 설명하는 요한일서 4장 7-12절에서 우리가 주목할 것이 있는데, 사도 요한이 이 짧은 문맥에서 성 삼위 하나님을 언급한다는 사실입니다. 먼저 사도는 7, 8절에서 '성부 하나님'을 언급합니다. "하나님은 사랑이심이라"라고 할 때, 이 하나님은 성 삼위 하나님을 모두 가리킬 수 있지만, "자기의 독생자를 세상에 보내[셨다]"는 9절에 비추어 볼 때 사랑이신 하나님은 성부 하나님을 가리킨다고 볼 수 있습니다.

그 하나님의 사랑은 '성자 하나님'이신 독생자를 통해 이 세상에 나타났습니다(9-11절). 사도 요한은 요한복음에서도 이렇게 말합니다.

> 본래 하나님을 본 사람이 없으되 아버지 품 속에 있는 독생하신 하나님이 나타내셨느니라(요 1:18).

하나님은 영이시기 때문에 하나님을 본 사람은 없습니다. 그러나 세상의 역사 속에 육신을 입고 이 땅에 오신 독생 성자 하나님 안에서 우리는 성부 하나님의 사랑을 알고 경험하게 되었습니다.

마지막으로 사도는 하나님의 사랑이 형제 사랑 안에서 다시 한 번 나타날 때, 그 사랑이 우리 안에서 그 목적을 이루고, 우리가 보이지 아니하시는 하나님 안에 있고 하나님께서 우리 안에 거하신다는 것을 알고 경험하게 된다고 말합니다.

> 어느 때나 하나님을 본 사람이 없으되 만일 우리가 서로 사랑하면 하나님이 우리 안에 거하시고 그의 사랑이 우리 안에 온전히 이루어지느니라 그의 성령을 우리에게 주시므로 우리가 그 안에 거하고 그가 우리 안에 거하시는 줄을 아느니라(요일 4:12, 13).

우리 안에 하나님께서 살아 역사하신다는 것을 알 수 있는 것은 하나님께서 우리에게 주신 '성령 하나님' 때문입니다. 성령님께서 내 안에 거하시면, 예전의 나답지 않게 행동하고 반응하게 됩니다. 주님을 알지 못할 때 반응하던 나의 방식이 아닌 것입니다. 성령 하나님께서는 하나님의 자녀들 안에 오셔서 거하시면서 우리가 하나님 안에, 하나님께서 우리 안에 거하심을 알고 확신하게 하십니다. 이것이 성령께서 하나님의 자녀들 안에서 행하시는 일입니다.

우리는 우리가 하나님의 아들과 딸이라는 것을 당연하게 받아들이는 경향이 있습니다. 당연하지 않은 일에 어느새 익숙해진 것입니다. 하지만 하나님께서는 이런 우리에게 하나님의 자녀가 되었다는 사실이 얼마나 큰 은혜인지를 느끼게 하시고, 우리가 하나님의 자녀라는 영광스러움을 깨닫게 하실 때가 있습니다. 그리스도인의 삶에서 자신이 하나님의 자녀라는 사실과 바꿀 만한 영광스러운 순간이 또 있을까요? 그보다 귀한 영광스럽고 은혜스러운 순간은 없습니다. 하나님께서 우리에게 그런 확신을 주실 때, 우리에게서는 두려움이 사라집니다. 아버지께서 나를 사랑하시는데 무엇을 두려워하겠습니까? 시편 기자가 말한 것처럼 천만인이 나를 둘러치려 하여도 두렵지 않습니다(시 3:6). 하나님의 자녀는 자신이 하나님의 자녀라는 사실과 바꿀 만한 것이 세상에 존재하지 않는다는 것을 알고 있습니다.

성부 하나님께서는 성자 하나님을 보내셔서 친히 나타내신 그 사랑을 보지 못하고 깨닫지 못하는 우리에게 성령 하나님을 보내셔서 그 사랑을 알고 경험하며 확신하게 하십니다. '그의 사랑이 우리 안에 온전히 이루어지게' 하기 위함입니다.

예수님을 믿으면 우리가 그동안 붙들고 있던 인생의 목적이 바뀌게 됩니다. 바울은 이렇게 고백했습니다.

> 그러나 무엇이든지 내게 유익하던 것을 내가 그리스도를 위하여 다 해로 여길 뿐더러 또한 모든 것을 해로 여김은 내 주 그리스도 예수를 아는 지식이 가장 고상하기 때문이라 내가 그를 위하여 모든 것을 잃어버리고 배설물로 여김은 그리스도를 얻고(빌 3:7, 8).

하나님의 사랑이 우리 안에 온전히 이루어진다는 것은 우리가 삶에서 견지하던 기존의 자기 중심적 목적이 하나님의 목적으로 향하게 된다는 뜻입니다. 하나님의 목적이 나의 목적이 되는 것입니다.

사도 요한은 하나님의 자녀는 형제를 사랑하는 자라는 논증을 계속 이어 갑니다. 그리고 이 모든 일은 전적으로 성 삼위 하나님의 역사라고 말합니다. 사랑이신 성부 하나님께서 독생 성자를 보내셔서 그 사랑을 나타내 보이셨고, 그 나타난 사랑은 신자들에게 주신 성령님으로 말미암아 형제 사랑이라는 형태로 다시 교회 안에 나타나고 경험되는 것입니다. 이것으로 신자들은 하나님께서 그들 안에 거하시고 그들이 하나님 안에 거함을 알고 경험하며 확신하는 은혜를 누립니다.

형제 사랑은 감정인가, 의지인가

사도 요한은 "우리도 서로 사랑하는 것이 마땅하도다"(요일 4:11b)라고 말합니다. 여기서 '마땅하다'는 말은 형제 사랑이 당위적 의무라는 것만을 표현하는 것이 아닙니다. 성도가 형제를 사랑하는 내적 동기에 대해서도 말하고 있습니다. 그리스도인이라면 형제 사랑은 당연한 의무일 뿐 아니라, 형제를 사랑하고픈 욕구가 일어난다는 것입니다.

'마땅하다'는 말을 들을 때, 우리는 이런 질문을 할 수 있습니다. "그리스도인이 형제를 사랑한다는 것은 의지를 가지고 순종해야 한다는 뜻인가, 아니면 그런 감정이 일어난다는 뜻인가?" 다시 말해, 그리스도인에게 형제 사랑은 의지의 문제인지, 감정의 문제인지를 묻는 것입니다. 사도는 이 질문에 어떻게 대답하고 있습니까? 이와 관련하여 먼저 다른 구절을 한번 살펴보는 것이 도움이 됩니다.

> 항상 기뻐하라 쉬지 말고 기도하라 범사에 감사하라 이것이 그리스도 예수 안에서 너희를 향하신 하나님의 뜻이니라(살전 5:16-18).

바울은 항상 기뻐하는 것이 우리를 향하신 하나님의 뜻이라고 말합니다. 그렇다면 이것은 의지의 문제입니까, 감정의 문제입니까? 슬프거나 낙심될 때에도 기뻐하기로 결심하라는 말입니까, 아니면 그런 상황에서도 기뻐하는 감정이 일어난다는 말입니까? 또한 바울은 "범사에 감사하라"고 말합니다. 이것은 어떻습니까? 감사할 수 없는 상황에서도 의지로 감사하기로 결정하는 것을 말합니까, 아니면 그런 상황에서도 우리 안에 감사하는 마음이 밀려올 수 있다는 것입니까? 이것을 본문 말씀에 적용해 보십시오. '형제를 사랑하는 것이 마땅하다'는 말은 도무지 형제를 사랑할 수 없을 때에도 그리하기로 결심하면서 사랑하라는 것입니까, 아니면 사랑하는 감정이 일어날 때 사랑하라는 것입니까?

어떤 분들은 "이 말씀은 명령이므로 의지로 순종하기로 매 순간 결단해야 한다"고 가르칩니다. 기뻐하기로 결단하고, 감사하기로 결단하고, 사랑하기로 결단하라는 것입니다. 여기에 감정은 어디 있습니까? 기쁨이나 감사, 그리고 사랑은 사실 감정과 깊이 연관된 것들이지 않습니까? 의지로만 기뻐하고, 감사하고, 사랑할 수 있습니까? 이것은 그리스도인의 삶과 신앙을 오해하게 만드는 매우 위험한 발상입니다.

인간에게는 지정의, 즉 지성과 감정과 의지가 있습니다. 그리고 우리는 흔히 이것들을 나누어 생각합니다. 그러나 지정의의 기능들은 인간 자아의 통일성 안에 유기적으로 서로 깊이 연결되어 있습니다. 두부 자르듯 선명하게 나눌 수 있는 것이 아닙니다. 이것은 의지의 문제이거나 감정의 문제가 아니라 전인적인 문제입니다. 조나단 에드워즈의 설명이 이 문제를 이해하는 데 도움이 됩니다.

조나단 에드워즈는 하나님이 인간 영혼에게 두 가지 기능을 주셨다고 말합니다. 하나는 '지성'(mind)입니다. 지성은 어떤 대상을 인식하고 지각하는 능력으로, 그 대상이 무언지를 알고 인식하는 것입니다. 다른 하나는 지성을 통해 인식한 대상을 향하여 끌리거나 거부하는 호불호(好不好)의 반응으로, 조나단 에드워즈는 이것을 '성향'(inclination)이라고 불렀습니다. 성향은 그것을 취할지 버릴지를 결정하는 행동과 연결되기 때문에 '의지'(will)라고 부를 수 있습니다. 그래서 조나단 에드워즈는 성향과 의지는 분리되지 않는다고 말합니다. 이처럼 사람에게는 사물을 인식하고 지각하는 지성이 있고, 인식한 대상을 좋아할지 싫어할지에 대한 판단을 동반하는 성향 혹은 의지가 있습니다.

그렇다면 '감정'은 무엇입니까? 감정은 '성향이 지성을 통하여 표현된 것'입니다. 성향은 지성과 무관하지 않습니다. 지성으로 파악한 내용에 끌리거나 끌리지 않는 경향성이 성향이기 때문입니다. 신앙생활에서 복음을 바르게 이해하고 교리를 온전하게 배우는 것이 중요한 이유가 여기에 있습니다. 하나님께서 우리에게 주신 지성이라는 기능을 통해서 기독교가 무엇인지, 복음이 무엇인지, 성 삼위 하나님이 어떠한 분인지, 예수 그리스도의 십자가가 무엇을 말하는지, 화목 제물이 무슨 뜻인지, 예수 그리스도의 부활이 우리에게 어떤 의미가 있는지, 예수 그리스도께서 재림하신다는 것이 무슨 관계가 있는지 등 성경이 말하는 바를 제대로 깊게 알아 가는 것은 절대적으로 중요합니다. 참된 감정은 이런 지성의 활동의 결과에 의존하여 반응하고, 그것이 다시 의지에 영향을 끼치기 때문입니다.

신앙은 참된 감정과 깊이 연관되어 있습니다. 신앙은 단지 머릿속에서만 이루어질 수도, 피상적인 느낌에만 머물 수도 없습니다. 신앙은 지성이나 감정과는 동떨어진 의지의 행위로 축소될 수도 없습니다. 이처럼 참된 감정에 연결될 때, 신앙은 전인격적이고 삶의 모든 영역에 이르는 전인적 변화를 만들어 냅니다. 사도는 하나님이 어떤 분인지, 그분이 우리를 어떻게 사랑하셨는지를 더 깊이 알라고 말합니다. 그 하나님을 아는 지성이 우리 안에 기능하면, 그 기능을 통해 하나님이 얼마나 좋으신 분인지 알게 될 것이고, 우리 감정이 그분에게 끌릴 것이기 때문입니다. 우리는 이런 관점에서 이 본문을 이해해야 합니다.

사도 요한은 하나님께서 어떻게 우리를 사랑하셨는지, 그 복음의 진리를 거듭 설명합니다. 이 진리를 분명하게 이해하는 것이 우리 성향에 영향을 끼치고, 이 성향이 의지를 발동시켜 형제 사랑이라는 행동으로 나타나는 것입니다. 성향이 지성을 통하여 표현되는 감정은 지성과 동떨어진 것으로 존재하지 않으며, 의지와도 무관하지 않습니다. 지성이 감정에 영향을 미치고, 감정은 다시 의지에 영향을 미칩니다. 기뻐하기로 결단하면 기뻐하게 되는 것이 아닙니다. 의지가 감정에 영향을 끼치는 것이 아니라, 먼저 지성이 기능하고 그 지성이 우리의 성향을 움직입니다. 우리가 복음을 듣고 그 복음의 진리를 이해할 때, 우리의 성향이 발동하여 그 복음 안에서 인식한 하나님의 아름다우심에 끌리게 됩니다. 그리고 그 끌림은 당연히 하나님께 더 가까이 나아가도록 우리의 의지를 발동시킵니다.

자, 다시 묻겠습니다. "기뻐하라, 감사하라, 사랑하라"는 명령은 의지의 문제입니까, 감정의 문제입니까? 사실, 이 질문은 우문입니다. 사도 요한은 복음의 내용을 아는 것에 근거하여 우리가 서로 사랑하는 것이 마땅하다고 권면합니다. 그렇다면 우리의 순종은 단지 의지의 영역에만 머물 수 없습니다. 우리의 순종은 지성과 감정, 의지 모두가 전인적으로 발동하는 것이어야 합니다. 이것이 온전한 순종입니다.

형제 사랑의 작동 원리

형제 사랑은 기질적으로나 본성적으로 자신과 맞는 사람하고 친하게 지내라는 말이 아닙니다. 그런 사람들에게 끌리고 그들을 사랑하는 것은 어렵지 않습니다. 그것은 본성적이고 본능적인 사랑입니다. 그러나 사도는 그런 것을 말하지 않습니다. 하나님께서 죄인인 우리를 사랑하셨다고 말한 이유가 그것입니다. 하나님께서는 우리가 본성적 또는 본능적 끌림 때문에 좋아서 사랑하신 것이 아닙니다. 그 사랑은 죄인의 죄를 속하기 위해 독생자를 화목 제물로 보내신 사랑이었습니다.

우리는 하나님께서 죄인을 사랑하신 러브 스토리, 이 복음을 듣고 압니다. 이 사랑의 메시지를 들은 우리는 그 복음의 진리와 우리를 사랑하신 하나님 아버지를 사랑하게 되고, 우리를 대속하신 구주 예수 그리스도의 아름다우심에 마음이 끌리게 됩니다. 베드로도 비슷한 이야기를 전합니다.

> 예수를 너희가 보지 못하였으나 사랑하는도다 이제도 보지 못하나 믿고 말할 수 없는 영광스러운 즐거움으로 기뻐하니(벧전 1:8).

베드로의 편지를 받은 소아시아의 성도들 가운데에는 예수님을 본 사람이 아무도 없었습니다. 그런데도 그들은 예수님을 사랑한다고 말합니다. 이제도 주님을 보지 못하지만 믿고 말할 수 없는 영광스러운 즐거움, 형언할 수 없는 즐거움으로 주님을 사랑합니다. 그들이 복음의 도를 배우고 깨달아 주님을 인식하고, 그 주님을 사랑하게 되는 전인적 감정이 일어난 것입니다. 그래서 주님 때문에 고난을 받으면서도 기쁘고 영광스럽다고 여기는 자리까지 이르는 것입니다.

우리가 깨달은 복음의 진리는 이런 방식으로 살아 내야 할 힘 있는 진리가 됩니다. 이제 본성적으로는 자신과 별로 맞지 않는 형제들에게도 이 진리를 적용해야 합니다. 그 복음의 진리를 깊이 깨달을 때, 그것은 우리 안에 우리와 잘 맞지 않는 형제들을 사랑하는 감정을 일으켜 줍니다. 신자는 날마다 이 복음의 진리를 자신에게 적용하며 살아가는 사람들입니다. 사랑하기로 결심하는 것이 아니라, 이 진리를 되새기고 더 깊이 알아 가기를 결심하는 것입니다. 하나님을 아는 지성은 필연적으로 하나님에게 끌리는 마음을 만들어 내고, 하나님께 끌리는 마음은 형제 사랑이라는 의지의 행동으로 나타납니다. 이것이 사도가 "사랑하는 자들아 하나님이 이같이 우리를 사랑하셨은즉 우리도 서로 사랑하는 것이 마땅하도다"(요일 4:11)라고 말한 의미입니다.

인간은 사랑이신 하나님과 참된 관계를 맺게 되면 필연적으로 사랑하는 사람으로 변합니다! 하나님께서 우리를 이렇게 사랑하셨다는 복음의 진리가 자기중심적인 삶을 살아가는 우리를 어떻게 전적으로 변화시켜 형제를 사랑하게 하는지를 조금 다른 관점에서 살펴보겠습니다.

독생자를 아끼지 않고 내어 주신 하나님 아버지의 사랑은 모든 것을 보장하는 사랑입니다. 이것은 하나님의 자녀들로 하여금 이 사랑을 잃어버리면 어쩌나 하는 두려움이나 불안함에서 자유롭게 합니다. 그 어떤 것으로도 끊어 낼 수 없고, 잃어버릴 수 없는 확실히 보장된 사랑이기 때문입니다 (롬 8:35-39).

> 사랑 안에 두려움이 없고 온전한 사랑이 두려움을 내쫓나니 두려움에는 형벌이 있음이라 (요일 4:18).

하나님께서 우리를 사랑하셔서 우리 인생을 돌보시고 살피시며 채워 주시고 책임지실 것을 알기 때문에 우리는 나 자신을 위해서가 아니라 다른 사람을 사랑하는 일에 모든 힘과 시간, 돈을 쏟아부을 수 있습니다. 이것이 하나님의 자녀들이 이기심을 넘어 마음 놓고 자유롭게 형제를 사랑할 수 있는 원리입니다.

하나님의 사랑이 이루어지는 자리

사도 요한은 "어느 때나 하나님을 본 사람이 없[다]"고 말합니다(요일 4:12). 이것은 단순한 사실을 진술한 것이 아닙니다. 영이신 하나님께서는 보이지 않으시며 그분을 본 사람이 없지만, 그런 하나님을 감지하고 경험하며 알 수 있는 방식이 있다는 말을 하려는 것입니다. 그 방식은 바로 형제 사랑입니다. 아무도 본 적 없는 하나님이 이제 하나님의 자녀들의 형제 사랑을 통해 나타나십니다. 존 스토트는 이렇게 말합니다.

> 그리스도인의 서로 사랑은 아들 안에서 당신을 계시하신 보이지 않으시는 하나님께서 당신의 백성들이 서로 사랑할 때 자기 백성 가운데 나타나신다는 사실을 보여 준다.

보이지 않으시는 하나님께서 먼저 복음 안에서 자신을 나타내셨습니다(요일 4:9). 그리고 하나님의 자녀들의 형제 사랑 안에서 그 사랑을 나티내십니다(요일 4:12).

> 어느 때나 하나님을 본 사람이 없으되 만일 우리가 서로 사랑하면 하나님이 우리 안에 거하시고 그의 사랑이 우리 안에 온전히 이루어지느니라(요일 4:12).

보이지 않으시는 하나님께서 교회 안에서 형제 사랑을 통해 나타나십니다. "우리가 서로 사랑하면 하나님이 우리 안에 거하시고"라는 말은 우리가 서로 사랑할 때 하나님께서 우리 안에 거하시기 시작한다는 말이 아닙니다. 하나님께서 거하시기 때문에 우리가 서로 사랑한다는 뜻입니다. 또한 사도는 "그의 사랑이 우리 안에 온전히 이루어지느니라"라는 말로 우리가 서로 사랑할 때 하나님의 사랑이 그 의도된 목적을 성취한다고 말합니다. 하나님께서 우리를 사랑하사 독생자를 보내셨을 때 의도하신 목적은 우리가 하나님의 나라를 이루는 것입니다. 구속받은 하나님의 자녀들이 서로 사랑함으로 하나님의 통치를 구현하는 것입니다. 형제 사랑은 하나님의 사랑의 의도가 성취된다는 증거입니다. 결국 12절은 하나님께서 우리 안에 거하심과 하나님의 사랑이 우리 안에서 이루어짐을 증명하는 것이 서로 사랑, 형제 사랑이라고 말합니다.

하나님의 나라는 서로 사랑하는 것입니다. 이것이 이 땅에서는 교회에서 경험됩니다. 교회는 하나님의 사랑이 이루어지는 자리입니다. 하나님의 사랑이 형제 사랑을 통해 온 세상 앞에 증거되는 자리입니다. 이런 점에서 교회는 보이지 않으시는 하나님을 세상에 보여 주는 전시관입니다. 세상은 교회를 통해 하나님을 봅니다.

성공하고 출세하는 것으로 하나님의 살아 계심을 전하고 하나님께 영광을 돌리겠다고 생각하는 사람들이 있습니다. 천만의 말씀입니다. 하나님께서 가장 영광을 받으시고 그 영광이 드러나는 방식이 여기 있습니다. 하나님께서 살아 계시다는 것, 우리 안에 거하신다는 것, 하나님의 사랑이 우리 안에서 온전히 성취되고 있다는 것을 세상 앞에 보여 줄 수 있는 방법은 형제 사랑입니다.

우리는 이 세상에서 패자일 수 있고, 실패하고 좌절할 수 있습니다. 그러나 서로 사랑함으로써 우리는 이 세상 속에 교회로 존재합니다. 혼자가 아니라 더불어 함께 존재합니다. 주님께서 새 계명을 말씀하실 때 의도하셨던 것은, 교회는 오직 서로 사랑으로 하나님께서 그 안에 계심을 증명할 수 있다는 것이었습니다(요 13:34, 35). 하나님의 자녀는 자기 사랑, 자기중심성, 자기 추구, 자기 만족의 족쇄에서 자유로워진 사람들입니다. 이 족쇄가 풀리고 형제를 사랑할 자유를 누리고 이웃을 사랑하는 방향으로 끌리는 삶을 살아가는 사람들입니다.

형제 사랑 안에 나타난 하나님의 사랑은 세상 사람들로 하여금 하나님을 인식하게 합니다.

> 너희가 서로 사랑하면 이로써 모든 사람이 너희가 내 제자인 줄 알리라 (요 13:35).

이런 교회가 필요합니다. 하나님에 대해 말만 하는 교회가 아니라 하나님을 보여 주는 교회 말입니다. 건물 크기나 화려함, 편의 시설이나 사회적으로 성공한 구성원으로 하나님께서 우리 안에 계심을 증명할 수는 없습니다. 교회는 서로 사랑함으로 하나님께서 그 안에 계시고 그의 사랑이 온전히 이루어지는 것을 보여 주어야 합니다. 다른 조건은 없습니다.

교회, 하나님을 보여 주다

> 나는 성경을 공부해서 그리스도께 인도함을 받은 것이 아니다. 그리스도인들의 삶을 보고, 그들을 그런 방식으로 살게 하는 그것을 나도 갖고 싶은 마음에서 그리스도께 인도함을 받았다.

2세기와 3세기 초에 살았던 초대 교부 테르툴리아누스(Tertullianus)가 한 말입니다. 그는 그리스도인들이 서로 사랑하는 것을 보았습니다. 하나님이 사랑이시기 때문에, 하나님의 사랑이 독생자를 우리에게 보내심으로 나타났기 때문에, 그리고 하나님께서 우리 안에 거하시고 그분의 사랑이 우리 안에 온전히 이루어지는 일이 일어나기 때문에 우리는 서로 사랑해야 합니다.

우리는 모두 삐걱거리는 인생을 살아갑니다. 그렇지 않은 인생은 없습니다. 하나님의 인도하심을 받아 서로 사랑할 때, 이 삐걱거리는 인생들이 하나하나 합쳐져 기가 막힌 교향곡이 됩니다. 그 교향곡이 세상을 향해 울려 퍼질 때, 주의 택하심을 받은 사람들이 우리 안에 거하시는 하나님께 나아오게 될 것입니다. 테르툴리아누스가 그랬듯이 말입니다.

1 John
요한일서 4장 13-16절

13 그의 성령을 우리에게 주시므로 우리가 그 안에 거하고 그가 우리 안에 거하시는 줄을 아느니라 14 아버지가 아들을 세상의 구주로 보내신 것을 우리가 보았고 또 증언하노니 15 누구든지 예수를 하나님의 아들이라 시인하면 하나님이 그의 안에 거하시고 그도 하나님 안에 거하느니라 16 하나님이 우리를 사랑하시는 사랑을 우리가 알고 믿었노니 하나님은 사랑이시라 사랑 안에 거하는 자는 하나님 안에 거하고 하나님도 그의 안에 거하시느니라

26

성령의 증거

우리가 성경을 읽을 때, 성경 저자의 논리를 따라가는 것은 매우 중요합니다. 성경은 연결되지도 않는 신탁 따위를 주워 모아 놓은 책이 아닙니다. 성령님께서 성경 기자들에게 영감을 주어 성경을 쓰게 하셨을 때에는 하나님의 형상으로 창조된 사람이 이성으로 잘 깨달을 수 있도록 말씀하신 것입니다. 다른 책을 읽을 때와 마찬가지로 성경을 읽을 때에도 늘 문맥을 살피고 논리를 따라가는 것이 중요합니다. 어느 한 구절에서 통찰을 얻는 것도 중요하지만, 그보다는 성경 전체를 통해서 하나님이 무슨 말씀을 하시는지를 살펴야 합니다.

문맥을 살피지 않은 채 어떤 구절을 읽는다면, 그 구절의 의미를 절반 이상을 놓치게 될 것입니다. 문맥은 그만큼 중요합니다. 누군가의 말을 인용할 때에도 문맥 안에서 이해하지 않으면 그 의미가 왜곡되기 쉽습니다. 문맥을 살피는 것은 자신이 느끼고 싶은 대로, 읽고 싶은 대로 읽고 해석하지 않고, 본래 의미를 이해하도록 지켜 주는 안전책입니다. 화자이신 하나님께서 어떤 맥락에서 어떤 말씀을 하고자 하시는지에 집중하여 성경을 읽고 말씀을 듣는 것이 중요합니다. 말씀하시는 분의 의도를 이해하면서 들을 때 우리는 그 말씀 안에서 제대로 은혜받고 성장하며 성숙할 수 있습니다.

우리가 더 나아가기 전에 앞에서 살펴본 요한일서 4장 1-12절의 맥락을 다시 한 번 살피는 것이 유익하겠습니다. 사도 요한은 4장 1-12절에서 크게 두 가지를 이야기했습니다. 먼저 1-6절에서는 "영을 다 믿지 말라"라고 말하며 믿음의 테스트를 참된 신자의 증거로 제시했는데, 이것은 단순히 이단만을 문제 삼는 것이 아닙니다. 사도는 "영을 다 믿지 말고 오직 영들이 하나님께 속하였나 분별하라"고 말합니다. 신앙은 분별하는 것입니다. 분별하지 않는 신앙은 신앙이 아닙니다. 신앙생활은 말씀을 받고 그러한가 하여 날마다 성경을 상고한 베뢰아 사람들처럼(행 17:11) 말씀을 분별하는 것입니다. 그런 의미에서 참된 신자는 오직 진리의 말씀에 "아멘" 하고 목자장이신 주 예수 그리스도의 음성에만 반응하는 사람입니다.

사도 요한은 특별히 당시 이단인 영지주의와 관련해서 "영을 분별하라"고 권면했습니다. 예수님께서 육체로 오신 것을 부인하는 사람은 그리스도인이 아니며, 참된 그리스도인은 예수 그리스도에 대한 바른 진리를 분명하게 믿는 사람이라고 말했습니다(요일 4:2). 그리스도에 대한 바른 고백은 그 사람이 그리스도의 영을 가졌는지, 미혹의 영을 가졌는지를 가늠하게 해줍니다. 참된 그리스도인의 첫 번째 증거는 그리스도에 관한 참된 진리를 믿고 고백한다는 것입니다.

이어서 7-12절에서 사도는 참된 그리스도인의 두 번째 증거로 형제 사랑을 이야기했습니다. 우리가 바로 앞 장들에서 살펴본 내용입니다. 이처럼 참된 그리스도인은 믿음과 사랑에서 확실한 증거를 드러냅니다.

믿음과 사랑

사도 요한은 참된 그리스도인의 증거로 바른 믿음과 형제 사랑을 이야기 했는데, 믿음과 사랑은 기독교 신앙에서 서로 분리될 수 없는 본질입니다. 어떤 사람은 믿음이 좋고, 어떤 사람은 사랑이 많은 것이 아닙니다. 믿음은 사랑으로 역사하기 때문입니다.

> 그리스도 예수 안에서는 할례나 무할례나 효력이 없으되 사랑으로써 역사하는 믿음뿐이니라(갈 5:6).

갈라디아 교회에서는 거짓 교사들의 가르침 때문에 할례와 구원의 관계에 대한 논쟁이 있었습니다. 그 문제로 교회가 위기에 처하게 되었을 때, 바울은 중요한 것은 할례의 여부가 아니라 우리의 참된 믿음이 사랑을 통해 표현되는 것이라고 강조했습니다. 요한일서에서 요한의 말도 다르지 않습니다. 보이지 않는 믿음이 표현된 것이 사랑, 곧 형제 사랑이라는 것입니다.

우리는 본래 믿음과 사랑을 만들어 낼 능력이 없는 사람들입니다. 믿고 사랑하는 능력은 모두 성령님께 속한 것입니다. 성경에 따르면 거듭나지 않은 자연인은 믿을 능력이 없습니다. 하나님을 믿을 능력이 없는 소경이자, 다른 사람을 사랑할 능력이 없는 이기적인 존재입니다. 우리가 흔히 사랑이라고 말하는 것은 자신에게 잘해 주는 사람에 대한 본능적 반응일 뿐입니다. 자신이 원하는 것에 끌리는 것입니다. 본능적으로 행하는 이러한 인간의 사랑은 자기중심적입니다. 그러나 진리의 영이시고 그 첫 열매가 사랑이신 성령님께서 은혜로 말미암아 우리로 그리스도를 믿게 하시고 또 서로 사랑하게 만드셨습니다.

구원은 처음부터 끝까지 성 삼위 하나님의 은혜로운 역사로 이루어진 일입니다. 우리가 기여하는 것이 아닙니다. 사도는 하나님이 사랑이시며, 예수 그리스도를 이 땅에 보내심으로 그 사랑이 나타났다고 말합니다(요일 4:8, 9). 그리고 우리에게 주신 성령님으로 말미암아 그리스도를 통해 나타난 사랑을 알게 하십니다. 이처럼 구원은 전적으로 성부와 성자와 성령, 삼위 하나님께서 우리 안에서 이루신 일입니다. 이처럼 믿음과 사랑은 참된 그리스도인의 열매의 양면입니다.

하나님의 내주하심

본문 말씀에는 앞 구절인 12절에서 언급한 바, '하나님의 내주하심'이라는 개념이 세 번 반복해서 나옵니다. 이 세 번의 언급은 모두 상호적인 거함, 즉 우리가 하나님 안에 거하고 하나님께서 우리 안에 거하신다는 내용입니다. 이 개념은 우리가 얻은 구원의 영광스러움과 풍성함의 실재를 놀랍게 보여 줍니다.

> 어느 때나 하나님을 본 사람이 없으되 만일 우리가 서로 사랑하면 하나님이 우리 안에 거하시고 그의 사랑이 우리 안에 온전히 이루어지느니라(요일 4:12).

사도는 '하나님을 본 사람이 없으되'라는 말로 시작해서 지금은 '하나님을 볼 수 있다'고 말하려는 것이 아닙니다. 눈으로 본다는 것이 아닙니다. 우리가 서로 사랑할 때 하나님께서 우리 안에 계십니다. 우리는 우리 안에 계신 하나님을 느낄 수 있고, 경험할 수 있으며, 믿음의 눈으로 볼 수 있습니다. 그리고 13절은 '그의 성령을 우리에게 주시므로' 우리 안에 하나님께서 거하시는 것을 알 수 있다고 부연합니다.

그의 성령을 우리에게 주시므로 우리가 그 안에 거하고 그가 우리 안에 거하시는 줄을 아느니라.

사도는 12절에서 '하나님이 우리 안에 거하신다'고만 말했는데, 13절에서는 '우리가 그 안에 거하고 하나님이 우리 안에 거하신다는 것을 안다'고 말합니다. '안다'는 것은 확신한다는 말입니다. 우리가 그것을 알 수 있는 것은 성부 하나님께서 믿는 우리에게 성령님을 주셨기 때문입니다.

요한일서 2장에서는 하나님께서 우리에게 성령을 주신 것을 성령의 기름 부음이라고 표현했고, 그로 인해 분별할 수 있다고 말했습니다(20, 27절). 여기서는 우리에게 주신 성령님을 통하여 하나님께서 우리 안에 거하시는 것을 알 수 있다고 말합니다. 당시 영지주의자들이 주장하듯 특별한 지식을 얻은 소수의 사람만이 하나님을 느낄 수 있는 것이 아닙니다. 사도는 하나님께서 성령을 주신 모든 그리스도인은 하나님께서 우리 안에 거하시는 것을 안다고 말합니다. 이것은 하나님의 자녀가 갖는 보편적 지식입니다. 성령님께서 그것을 친히 증거하시기 때문입니다.

이렇게 하나님께서 우리 안에 거하시게 되면 신자는 두 가지 열매를 맺게 됩니다. 첫째로 예수님을 하나님의 아들이라고 시인하는 것, 즉 참된 진리를 믿는 것이고(요일 4:15), 둘째로 사랑 안에 거하는 삶, 즉 형제를 사랑하는 삶입니다(요일 4:16). 15절은 예수 그리스도에 대한 참되고 바른 믿음, 16절은 형제를 사랑하는 삶, 즉 믿음과 사랑을 다시 말한 셈입니다. 이 논리를 놓치지 않는 것이 본문을 이해하는 데 중요합니다.

사도 요한은 앞서 4장 1-6절에서 영들을 분별하라는 권면과 함께 예수 그리스도께서 육체로 오신 것을 시인하는 영마다 하나님께 속했다고 말했는데, 15절에서는 '예수를 하나님의 아들이라 시인하면' 하나님께서 그의 안에 거하시고 그도 하나님 안에 거한다고 말합니다.

> 누구든지 예수를 하나님의 아들이라 시인하면 하나님이 그의 안에 거하시고 그도 하나님 안에 거하느니라.

또한 7-12절에서는 하나님의 사랑에서 비롯되는 형제 사랑을 말하고, 16절에서 사도는 이렇게 말합니다.

> 하나님이 우리를 사랑하시는 사랑을 우리가 알고 믿었노니 하나님은 사랑이시라 사랑 안에 거하는 자는 하나님 안에 거하고 하나님도 그의 안에 거하시느니라.

여기서도 사도는 '하나님 안에 거하고 하나님도 그의 안에 거하신다'고 말합니다. 그런데 15절과 달리 '사랑 안에 거하는 자'가 하나님 안에 거하고 하나님도 그의 안에 거한다고 말합니다.

15절과 16절에서 강조하는 것은 '하나님이 내 안에 거하시고 내가 하나님 안에 거한다'는 것입니다. 이것은 12절과 13절에서도 반복되었습니다. 13절에서는 성령님을 주셔서 우리가 그것을 안다고 말했습니다. 그리고 15절과 16절은 그것이 두 가지 양상으로 나타나는 것을 보여 주고 있습니다. 바로 예수 그리스도께서 누구신지에 대한 신앙 고백인 '참된 믿음'(15절)과 '서로 사랑'(16절)입니다. 여기서도 사도는 믿음과 사랑이 분리되지 않는다는 것을 보여 줍니다. 이처럼 15절과 16절은 믿음과 사랑을 다시 이야기하고 있습니다. 본문 말씀을 이해하기 위해서는 이 논리를 놓치지 않는 것이 중요합니다.

믿음_ 예수님을 하나님의 아들이라고 시인함

사도 요한은 이제 하나님께서 우리에게 성령님을 주셨다는 진리에서(요일 4:13) 하나님께서 그 아들을 주셨다는 사실로 옮겨 갑니다.

> 아버지가 아들을 세상의 구주로 보내신 것을 우리가 보았고 또 증언하노니(요일 4:14).

우리에게 증인으로 성령님을 주신 분도, 아들을 세상에 보내신 분도 하나님이십니다. 성부 하나님께서 사랑하는 당신의 자녀에게 주시는 최고의 선물은 성공이나 부, 명예가 아니라 성령님과 그 아들을 주시는 것입니다. 갈라디아서는 이것을 놀랍게 표현하고 있습니다.

> 때가 차매 하나님이 그 아들을 보내사 여자에게서 나게 하시고 율법 아래에 나게 하신 것은 율법 아래에 있는 자들을 속량하시고 우리로 아들의 명분을 얻게 하려 하심이라 너희가 아들이므로 하나님이 그 아들의 영을 우리 마음 가운데 보내사 아빠 아버지라 부르게 하셨느니라(갈 4:4-6).

바울은 우리가 아들이므로 하나님께서 '그 아들의 영', 즉 성령님을 보내셨다고 말합니다. 하나님께서는 마치 익명의 독지가처럼 숨어서 우리를 돕는 분이 아니십니다. 누가 우리를 구원했는지 몰라 헤매게 하지 않으십니다. 우리 구원의 확실성(구원의 사실)을 보장해 주시고 우리를 확신(구원받았다는 것을 확실하게 아는 것)에 이르게 하기 위해 우리에게 성령님을 보내셔서 증거하십니다.

구원의 확실성은 성자이신 예수 그리스도의 구원 사명 완수와 성령님의 증거를 통해 주어졌습니다. 예수님의 십자가 사건은 객관적이고 역사적인 사실입니다. 그리스도의 죽으심은 모든 하나님의 자녀가 받을 율법의 저주와 형벌, 그리고 하나님의 진노를 대신 받으신 죽음이었습니다. 사도가 그리스도를 '세상의 구주'라고 묘사한 것은 영지주의자들이 말하듯 구원이 단순히 무지로부터의 구원이 아니라 친히 죽으심으로 죄에서 구원하신 구주가 되셨음을 분명하게 말하는 것입니다. 이렇게 하나님께서 택하신 백성은 한 사람도 예외 없이 그리스도의 구속 사역 안에서 의롭다 함을 얻고 하나님의 자녀이자 상속자가 됩니다. 또한 하나님께서는 우리가 이 사실을 확실하게 알 수 있도록 성령님을 주셨습니다. 성령님의 증거는 주관적이고 경험적으로 우리에게 주어집니다. 즉, 하나님께서는 객관적이고 역사적인 그리스도의 구속 사역 위에, 주관적이고 경험적인 성령님의 역사를 믿는 자에게 더하심으로 구원의 확실성을 알고 확신에 이르게 하시는 것입니다.

사도 요한이 "아들을 세상의 구주로 보내셨다"고 할 때, 여기서 '보내다'라는 동사의 시제는 완료형입니다. 이것은 하나님께서 아들을 세상의 구주로 보내신 사건이 단순한 역사적 사실로 끝나는 것이 아니라, 세상의 구원이라는 목적과 결과를 만들어 낸다는 것을 강조합니다.

복음주의 신학자인 존 스토트는 14절 한 구절에 성부, 성자, 성령 하나님께서 우리에게 주시는 그리스도인의 세 가지 시금석이 있다고 말합니다.

> 여기에는 세 가지 그리스도인의 시금석이 있다. 첫째, 예수님은 아버지께서 보내신 아들이라는 '교리적 시금석'이다. 둘째, 하나님의 사랑이 그 아들을 보내심 안에서 나타났다는 '사랑의 시금석'이다. 셋째, 그리스도께서 우리를 죄로부터 구원하시는 구주가 되셨다면 우리는 죄를 버려야 하며 하나님의 명령에 순종하여 살아야 한다는 '윤리적 시금석'이다. 우리가 14절의 진리를 붙잡는다면, 우리는 아버지께서 그 아들을 세상의 구주로

보내신 것을 믿을 것이고(믿음), 그리스도의 명령에 순종할 것이며(윤리), 서로 사랑할 것이다(사랑).

요한일서 전체에서 이야기하는 교리와 윤리와 사랑의 시금석이 4장 14절에 압축되어 있습니다.

4장 12절에서는 하나님을 본 사람이 없다고 말했고 우리가 서로 사랑함으로 우리 안에 거하시는 하나님을 느끼고 알 수 있다고 말했습니다. 이제 사도는 좀 더 나아가 아버지께서 아들을 보내신 그 사랑의 행위를 우리는 보았을 뿐 아니라 증언한다고 확언합니다. 그것은 하나님께서 내주하시기 때문에 경험되는 것이며, 이 하나님의 내주하심은 모든 그리스도인에게 주어진 특권이고, 그리스도인은 성령님을 통해 그것을 안다는 말입니다. 이것을 정리한 것이 15절입니다.

> 누구든지 예수를 하나님의 아들이라 시인하면 하나님이 그의 안에 거하시고 그도 하나님 안에 거하느니라.

아버지가 아들을 세상의 구주로 보내신 것을 보고 증언하는 사람들은 예수님을 하나님의 아들이라고 분명히 공개적으로 시인하고 고백할 것입니다. 이런 사람이 신자입니다. 그리고 이런 사람 안에 하나님께서 거하시고 그도 하나님 안에 거한다고 단언합니다. 예수 그리스도에 대한 참된 믿음을 가진 사람 안에 하나님께서 거하시고 그도 하나님 안에 거하는 것입니다. 참되고 온전한 믿음은 참된 신자의 증거입니다.

사랑_ 그 안에 거함

> 하나님이 우리를 사랑하시는 사랑을 우리가 알고 믿었노니 하나님은 사랑이시라 사랑 안에 거하는 자는 하나님 안에 거하고 하나님도 그의 안에 거하시느니라(요일 4:16).

사도 요한은 하나님께서 우리를 사랑하시는 사랑을 우리가 알고 믿었다고 말합니다. 여러분도 이렇게 고백하십니까? 하나님께서는 그 아들을 보내셔서 자신의 사랑을 나타내셨습니다. 그러나 눈먼 소경과 같은 우리가 그 사랑을 보지 못하기 때문에 하나님께서 친히 성령님을 주셨습니다. 그 성령님으로 우리는 하나님의 사랑을 보기 시작합니다. 그리고 이제 이 세상의 것들에 끌리지 않고, 나를 향하신 하나님의 사랑을 알고 믿어 그 사랑의 아름다움, 하나님의 아름다우심에 끌리는 삶을 살아갑니다. 그것이 신앙입니다.

4장 16절에 있는 두 동사 '알다'와 '믿다'는 모두 그 행동이 끼치는 영향과 결과를 강조하는 완료형 시제입니다. 즉, '참된 신자는 하나님의 사랑의 실재성을 확신할 수 있으며, 지금도 그것을 의지할 수 있다'는 것입니다. 이 하나님의 사랑은 소수의 특정인만 경험하는 것이 아닙니다. 모든 신자는 '하나님이 우리를 사랑하시는 사랑'을 알고 믿은 사람입니다. 그것이 참된 신자가 보이는 하나의 증거라면, 사랑과 관련해서 간과할 수 없는 또 다른 증거는 '사랑 안에 거하는 것'입니다. 다시 말해 사랑 안에서 살아가는 것입니다.

사도는 지금까지 그리스도인의 형제 사랑이라는 주제를 다루면서 계속 이것을 말해 왔습니다. "사랑 안에 거하지 않는다면, 어찌 사랑이신 하나님께서 그 사람 안에 거하시며 그 사람이 하나님 안에 거하는 사람이라고 말할 수 있는가? 사랑 안에 거하지 않는다면, 어찌 그를 신자라고 말할 수 있는가?" 하나님 안에 거하고 하나님께서 그 안에 거하는 사람은 사랑 안에 거하고 형제 사랑 안에서 살아가는 사람입니다.

당신은 신자입니까?

신자는 어떤 사람입니까? 성경은 교회에 다니는지, 얼마나 많은 헌금을 내는지, 어떤 내용으로 기도하는지로 신자를 정의하지 않습니다. 신자는 하나님께서 그 안에 거하시고 하나님 안에 거하는 사람입니다. 예수님을 하나님의 아들이라고 시인하는 사람이고(요일 4:15), 사랑 안에 거하는 사람입니다(요일 4:16). 그리스도에 대한 참되고 바른 믿음과 형제 사랑의 실천, 즉 믿음과 사랑입니다. 이 둘은 떼어 놓을 수 없습니다. 참되고 바른 믿음과 고백, 그리고 형제를 사랑하는 삶은 그가 참된 신자임을 증거합니다.

하나님께서는 참된 신자 안에 거하시고 그는 하나님 안에 거합니다. 신자는 하나님께서 주신 성령님의 증거로 그것을 알 수 있습니다. 하나님께서는 아들을 세상의 구주로 보내시고 우리에게 알아서 믿고 경험하라고 하지 않으셨습니다. 하나님의 택하신 자녀들에게 성령님을 주심으로 그 구속의 사실을 믿게 하셨고, 그 안에 나타난 하나님의 사랑을 경험하고 누리게 하셨으며, 나아가 본질상 이기적이고 자기중심적인 우리가 형제를 사랑하도록 변화시키셨습니다. 믿는 것과 사랑하는 것은 모두 성령님께서 우리 안에서 역사하고 계시다는 사실을 증거합니다. 또한 그 성령님을 통해 우리는 하나님께서 우리 안에 거하시는 것을 알게 됩니다.

오해하지 마십시오. 본문 말씀은 하나님께서 우리 안에 거하시는 것을 조건으로 말하는 것이 아닙니다. 하나님께서 우리 안에 거하시는지를 아는 시금석을 제시하고 있는 것입니다. '이로써 우리가 하나님 안에 거한다'는 것이 아니라, '이로써 우리가 하나님 안에 거하는 줄 안다'는 것입니다. 성령님으로 말미암아 예수 그리스도를 하나님의 아들이라 시인하고, 형제를 사랑하게 됨으로 우리 안에 하나님께서 거하시는 것을 아는 것입니다.

기독교 신앙은 추상적이거나 모호하지 않습니다. 역사적이고 객관적입니다. 하나님께서 세상의 구주로 보내신 예수 그리스도께서 역사의 한 시간에 십자가에서 죽으심으로 하나님의 택하신 백성에게 주어질 율법의 저주와 형벌과 하나님의 모든 진노를 대신 받으신 일 안에 일어난 구원 사건입니다. 이뿐 아니라 택하신 백성에게 성령님을 주셔서 복음을 믿게 하시고 구원의 확실성을 알게 하시며 구원을 확신하게 하십니다. 하나님께서 내 안에 거하시고 내가 하나님 안에 거함을 알고 확신하며 누리게 하십니다. 이런 사람이 신자입니다.

바른 교리와 가르침을 배우고 믿는다고 하면서 형제를 사랑하지 않는다면, 하나님께서 자신 안에 거하신다는 영광스러운 사실을 경험하거나 확신하는 자리에 이를 수 없습니다. 우리 믿음이 형제 사랑으로 표현되고 경험될 때, 하나님께서 우리 안에 거하신다는 것을 알기 때문입니다. 교회가 중요한 이유가 여기에 있습니다. 우리는 하나님께서 세워 놓으신 교회라는 울타리 안에서 형제를 사랑하라고 부름받았기 때문입니다.

> 우리가 보고 들은 바를 너희에게도 전함은 너희로 우리와 사귐이 있게 하려 함이니 우리의 사귐은 아버지와 그의 아들 예수 그리스도와 더불어 누림이라 우리가 이것을 씀은 우리의 기쁨이 충만하게 하려 함이라(요일 1:3, 4).

사도가 말하는 참된 믿음은 혼자 믿는 믿음이 아닙니다. '나 홀로' 신앙은 불가능합니다. 믿음은 함께하는 삶에서 이루어집니다. 그 믿음이 교회 안에서 형제 사랑으로 표현되는 것입니다.

하나님께서 우리를 사랑하시는 사랑을 알고 믿는 사람이 어떻게 그 사랑 안에 거하지 않을 수 있겠습니까? 어떻게 그 사랑 안으로 끌려들어 가지 않을 수 있겠습니까? 하나님께서 우리를 사랑하신 사랑을 알고 믿고 증거하는 사람은 자기중심적일 수 없습니다. 하나님께서 주신 성령으로 그 놀라운 사랑을 묵상하고 생각할 때, 우리는 마음이 뜨거워지지 않을 수 없고, 형제를 사랑하지 않을 수 없고, 하나님께서 주신 물질과 시간, 힘과 은사, 그 모든 것을 오직 나 자신만을 위해 쓸 수 없습니다. 아들을 주시고 성령을 주심으로써 우리의 구원을 온전하게 이루어 가시는 삼위 하나님의 은혜를 알 때, 우리는 하나님 앞에 감사와 찬송과 영광과 존귀밖에 드릴 것이 없습니다. 하나님께서는 지금도 우리 속에서 그 일을 이루어 가십니다. 우리는 말씀을 통해 하나님의 뜻을 보며 그 뜻에 순종하여 우리 자신을 드리고, 하나님의 교회를 영광스럽게 세워 가는 것입니다. 하나님께서 우리를 그렇게 부르셨습니다.

1 John
요한일서 4장 17, 18절

17 이로써 사랑이 우리에게 온전히 이루어진 것은 우리로 심판 날에 담대함을 가지게 하려 함이니 주께서 그러하심과 같이 우리도 이 세상에서 그러하니라 18 사랑 안에 두려움이 없고 온전한 사랑이 두려움을 내쫓나니 두려움에는 형벌이 있음이라 두려워하는 자는 사랑 안에서 온전히 이루지 못하였느니라

27

사랑은 소망을 낳고

요한일서 전체에는 하나님의 자녀가 확신을 누리며 살아가길 바라는 사도 요한의 마음이 흐르고 있습니다. 그리스도인에게 확신은 아무리 강조해도 지나치지 않습니다. 확신 없이 길을 가다 보면 끊임없이 고민하게 됩니다. '이 길이 맞을까?' '여기서 돌아서야 하나?' '조금만 더 가 볼까?' 그러다 보니 목적지가 굉장히 멀어 보입니다. 신앙의 확신 없이 인생을 살아가는 것도 마찬가지입니다. 그러나 확신이 있는 신자는 깊은 평안을 누리고, 교회는 더 깊은 성령의 교제를 경험하고 큰 기쁨을 누릴 것입니다.

오늘날 교회가 보편적으로 가지는 큰 숙제는 잃어버린 그리스도인의 참된 교제를 회복하는 것입니다. 사도행전에는 참된 그리스도인의 교제가 묘사되어 있습니다(행 2:42, 44-47). 그들은 성령이 충만하고 하나님의 말씀을 받으며 은혜를 입고, 함께 떡을 떼며 식사하고 함께 사랑을 나누고 기도하는 가운데 기쁨이 충만했습니다. 여러분은 지금까지 교회 생활을 하면서 그런 경험을 맛보신 적이 있습니까? 사도 요한도 이렇게 말했습니다.

> 우리가 보고 들은 바를 너희에게도 전함은 너희로 우리와 사귐이 있게 하려 함이니 우리의 사귐은 아버지와 그의 아들 예수 그리스도와 더불어 누림이라 우리가 이것을 씀은 우리의 기쁨이 충만하게 하려 함이라(요일 1:3, 4).

사도는 성도의 사귐은 성부와 성자와 성령, 성 삼위 하나님과 함께하는 사귐이라고 말합니다. 이 사귐은 기쁨과 굉장히 깊은 관계가 있습니다. 지치고 힘들고 낙심되고 어려움 가운데 있다가도 하나님의 백성과 함께 예배하고 하나님 앞에서 교제할 때, 우리는 하나님의 회복시키시는 은혜와 기쁨을 경험하기 때문입니다.

교회는 성령의 교제가 일어나는 곳입니다. 교회는 이 세상에 있는 어떤 단체나 조직이나 기관이 흉내 낼 수 없는, 아주 독특한 곳입니다. 하나님께서 우리 안에 거하시기 때문입니다. 교회에서만 누릴 수 있는 사귐의 기쁨이 있습니다. 그 사귐을 회복하는 것이 오늘날 교회가 감당해야 할 가장 큰 숙제입니다.

요한일서 4장 1-6절에서 사도 요한은 참된 그리스도인의 증거로 예수 그리스도께서 육체를 입고 이 땅에 오셨다고 고백하는 바른 믿음을, 7-12절에서는 또 다른 증거로 형제 사랑을 제시했습니다. 그리스도인에게 믿음과 사랑은 별개로 분리될 수 있는 것이 아닙니다. 믿음은 사랑으로 표현된다는 것이 사도가 하는 이야기이자 성경 전체에 흐르는 논지입니다. 그런데 여기서 끝나지 않습니다.

어느 때나 하나님을 본 사람이 없으되 만일 우리가 서로 사랑하면 하나님

> 이 우리 안에 거하시고 그의 사랑이 우리 안에 온전히 이루어지느니라(요일 4:12).

4장 13-21절은 이 구절을 두 가지로 설명했습니다. 우선 13-16절은 '하나님이 우리 안에 거하신다'는 것에 대한 설명입니다. 사도는 하나님을 본 사람이 없지만, 하나님을 볼 수 있다고 말합니다. 우리가 서로 사랑하면 하나님께서 우리 안에 거하시고, 우리에게 주신 성령님으로 말미암아 하나님께서 우리 안에 계시다는 것을 알 수 있다고 말했습니다. 그것이 13-16절에서 '하나님이 우리 안에 거하신다'는 것을 설명하는 내용입니다. 그리고 17-21절은 '그의 사랑이 우리 안에 온전히 이루어진다'는 것을 설명합니다. 그의 사랑이 이루어진다는 것은 그 목적을 성취했다는 의미입니다. 사랑은 그 자체로 소중하지만, 이루어야 하는 목적이 있습니다.

하나님의 사랑이 우리 안에 온전히 이루어지면 무슨 일이 일어날까요? 사도는 그 대답을 17-21절에서 주고 있습니다. 우리는 그것을 그 열매로 확인할 수 있습니다. 그리고 본문 말씀인 17절과 18절은 그것을 설명하고 있습니다.

사랑은 심판 날에 담대하게 한다

> 이로써 사랑이 우리에게 온전히 이루어진 것은 우리로 심판 날에 담대함을 가지게 하려 함이니(요일 4:17a).

하나님의 사랑이 우리 안에 온전히 이루어진 첫 번째 증거는 심판 날에 두려움이 아닌 담대함을 갖게 된다는 것입니다. 바로 확신을 말하는 것입니다.

성경은 우리 모두 하나님의 심판대 앞에 설 것이라고 말합니다. 예외가 없습니다. 하나님께서는 우리 행위뿐 아니라 마음과 동기까지 꿰뚫어 보시는 분입니다. 또한 우리 인생 가운데 일정 시기만이 아니라 우리 삶 전체를 심판하십니다.

한번 생각해 보십시오. 지금까지 살아오면서 부끄러운 일을 한 적이 있지 않습니까? 그런 일들이 드러난다면, 어떻게 두렵지 않을 수 있겠습니까? 그런데 사도는 하나님의 사랑이 우리에게 온전하게 이루어지면 심판 날에도 우리가 담대하게 설 수 있을 것이라고 이야기합니다. 그렇다면 하나님의 사랑이 온전히 이루어지는 것은 언제입니까?

> 어느 때나 하나님을 본 사람이 없으되 만일 우리가 서로 사랑하면 하나님이 우리 안에 거하시고 그의 사랑이 우리 안에 온전히 이루어지느니라(요일 4:12).

사도 요한은 우리가 서로 사랑할 때, 하나님의 사랑이 우리 안에서 온전히 이루어진다고 말합니다. 하나님의 사랑은 하나님과 나와의 관계에서만 이루어지는 것이 아닙니다. 하나님의 사랑은 훨씬 입체적이고 다면적입니다. 하나님의 사랑은 삼각형으로 설명될 수 있습니다. 하나님께서 나를 사랑하시고, 하나님께서 저 사람을 사랑하시고, 저 사람과 나 사이에 사랑의 관계가 형성되는 것입니다. 다른 사람들과의 관계 속에서 그리스도인은 늘 삼자 관계인 것을 인식해야 합니다. 내가 누군가를 미워하는 것은 그 사람과 나의 관계에만 국한된 문제가 아닙니다. 나와 하나님의 관계도 영향을 받게 마련입니다. 그렇기 때문에 내가 어떤 형제와 관계가 틀어지면, 하나님을 온전히 사랑하고 예배할 수 없습니다. 하나님의 사랑은 서로 사랑을 통해 우리 안에 온전히 이루어집니다. 하나님께서 우리를 사랑하시는 사랑이 씨앗처럼 내 안에 심겨지면, 그 사랑은 형제 사랑이라는 열매로 나타남으로써 하나님의 사랑의 목적을 성취합니다.

> 누구든지 하나님을 사랑하노라 하고 그 형제를 미워하면 이는 거짓말하는 자니 보는 바 그 형제를 사랑하지 아니하는 자는 보지 못하는 바 하나님을 사랑할 수 없느니라(요일 4:20).

형제 사랑은 우리가 하나님을 사랑하는 증거입니다. 하나님을 사랑하는 것과 형제를 사랑하는 것은 분리되지 않습니다. 교회에 열심히 나와서 봉사하고, 기도를 많이 하고, 헌금을 많이 내는 것도 하나님을 사랑하는 증거일 수 있습니다. 그러나 성경이 우리에게 제시하는 확실한 증거는 그런 것이 아닙니다. 바리새인들도 굉장히 열심 있는 사람들이었지만, 하나님께서는 그들의 신앙을 인정하지 않으셨습니다. 성경은 일관되게 형제 사랑을 통해 하나님을 사랑하는 것이 분명하게 드러난다고 이야기합니다. 형제 사랑이 하나님 사랑의 척도입니다. 형제 사랑으로 하나님을 사랑하는 것을 드러낼 때, 하나님께서 우리를 사랑하신 사랑이 궁극적 열매를 맺게 됩니다. 이것이 '사랑이 우리 안에 온전히 이루어졌다'는 의미입니다. 그리고 우리에게 온전히 이루어진 사랑은 심판 날에 우리를 담대하게 만듭니다.

앞서 우리는 믿음과 사랑이 분리되지 않는다는 것을 확인했습니다. 그런데 순종과 사랑도 별개가 아니라는 것을 알 수 있습니다.

> 누구든지 그의 말씀을 지키는 자는 하나님의 사랑이 참으로 그 속에서 온전하게 되었나니 이로써 우리가 그의 안에 있는 줄을 아노라(요일 2:5).

요한일서 2장 5절은 '그의 말씀을 지키는 자'에게 하나님의 사랑이 온전하게 된다고 말씀했고, 본문 17절은 형제 사랑으로써 하나님의 사랑이 온전하게 이루어진다고 했습니다. 그렇다면 사도가 보여 주고 싶은 것은, 순종과 사랑도 별개로 존재할 수 없다는 것입니다. 바른 교리에 대한 믿음, 그 말씀과 계명에 대한 순종, 그리고 형제를 사랑하는 것, 이 모두가 사도 요한이 이 서신을 통해서 말하고자 하는 그리스도인 됨의 시금석인 것입니다. 이 세 가지, 즉 믿음, 순종, 사랑은 신자가 마지막 심판 날에 담대함을 가지게 할 것입니다. 이것들은 신자의 소망의 근거입니다.

하나님의 자녀가 담대함으로 소망하는 그날

> 주께서 그러하심과 같이 우리도 이 세상에서 그러하니라(요일 4:17b).

이 구절에서 '주께서 그러하시다'는 것은 무슨 의미일까요? 문맥상 이 말은 4장 8절의 "하나님은 사랑이심이라"라는 말을 이어 가는 것입니다. 하나님의 자녀라면 하나님의 DNA인 사랑이 본성 안에 있어야 합니다. 그렇다면 하나님이 사랑이심과 같이 하나님의 자녀들도 이 세상에서 사랑이어야 합니다. 그러므로 결국 서로 사랑하는 것은 우리가 하나님을 닮은 자, 그분의 자녀라는 것을 증명한다는 말입니다. 그렇다면 이 말을 요한일서 3장 2, 3절과 비교해 봅시다.

> 사랑하는 자들아 우리가 지금은 하나님의 자녀라 장래에 어떻게 될지는 아직 나타나지 아니하였으나 그가 나타나시면 우리가 그와 같을 줄을 아는 것은 그의 참모습 그대로 볼 것이기 때문이니 주를 향하여 이 소망을 가진 자마다 그의 깨끗하심과 같이 자기를 깨끗하게 하느니라.

여기서 사도는 '그가 나타나시면' 우리가 그와 같을 줄을 안다고 했습니다. 그런데 17절은 '지금' 우리가 '주께서 그러하심과 같이 이 세상에서 그러하다'고 말합니다. 이 구절들은 상충되는 것일까요? 그렇지 않습니다. 우리가 형제를 사랑함으로 이미 하나님의 사랑이 우리 안에 이루어지고 있지만, 그날에 완성될 것이라는 뜻입니다. 지금은 하나님의 사랑이 이기적이고 자기중심적인 우리의 죄성과 섞여 있지만 그때에는 완전하게 이루어질 것입니다. 마치 하나님의 나라가 예수님과 함께 왔지만, 지금도 오고 있고, 또 마지막 날에 완성될 것과 같은 의미입니다. 하나님의 사랑이 우리 안에 나타났기 때문에 교회가 이 세상에 존재하는 것입니다. 그러나 여전히 교회에는 문제가 많습니다. 사도들이 세운 교회들에도 다툼과 원망이 일어났습니다. 그러나 그때에 완성될 하나님의 교회는 완전할 것입니다.

심판 날은 하나님께서 우리를 사랑하신 사랑이 우리 안에서 완성되는 날입니다. "그가 강림하실 때"(요일 2:28)가 우리에게는 소망의 날입니다(요일 3:3). 형제를 사랑하는 사람들은 담대함을 가지고 소망으로 그날을 바라봅니다. 그렇기 때문에 신자는 베드로의 권면대로 "하나님의 날이 임하기를 바라보고 간절히 사모[할]"(벧후 3:12) 수 있습니다. 어떤 이에게는 그날이 두려움의 날이지만, 사랑이신 하나님을 닮은 신자들에게는 소망과 기대의 날입니다.

사도 요한은 18절에서 17절의 요지를 뒤집어서 설명합니다.

> 사랑 안에 두려움이 없고 온전한 사랑이 두려움을 내쫓나니 두려움에는 형벌이 있음이라 두려워하는 자는 사랑 안에서 온전히 이루지 못하였느니라.

담대함의 반대 개념은 두려움입니다. 사랑이 온전히 이루어진 사람들이 심판 날에 두려움이 아닌 담대함으로 소망하게 되는 이유에 대한 대답이 18절입니다. 사랑은 두려움과 공존할 수 없으며 두려움을 내쫓기 때문입니다. 사랑이 온전히 이루어지면, 그 안에 두려움이 자리 잡을 수 없습니다.

죄는 두려움을 낳지만 사랑은 담대함을 낳습니다. 여기서 말하는 두려움은 경외하는 마음과는 다른 것입니다. 하나님의 인격과 거룩하심에 대한 경외심이 아닙니다. 하나님의 심판과 형벌에 대한 두려움, 죽음과 지옥에 대한 두려움입니다. 하나님의 사랑 안에 거하는 것은 궁극적으로 이런 두려움을 제거합니다.

사도 요한은 이런 의미에서 "두려워하는 자는 사랑 안에서 온전히 이루지 못하였느니라"라고 말하고 있습니다. 하나님의 심판과 형벌, 죽음과 지옥에 대한 두려움을 가지고 있다면, 하나님의 사랑이 우리 안에 온전히 이루어지지 않았다는 이야기입니다. 하나님의 사랑이 우리 안에 온전히 이루어지지 않았다는 것은 주님의 계명에 순종하지 않으며(요일 2:5), 형제를 사랑하지도 않고(요일 4:12), 그로써 하나님도 사랑하지 않는다는 말입니다. 이 말은 곧 하나님의 자녀가 아니라는 것입니다. 계명에 순종하고 형제를 사랑하는 것이 참된 그리스도인의 표지이자 증거요, 시금석이기 때문입니다.

때로는 믿음이 연약하고 믿음의 도리, 즉 말씀에 무지해서 두려움에 빠질 수 있습니다. 그렇기 때문에 성도는 말씀에 따라 믿음의 도리를 바르고 깊게 지속적으로 알아 가야 합니다. 또한 교회는 그 믿음의 도리를 부지런히 가르쳐야 합니다. 우리 믿음이 자라게 되면 하나님을 사랑하게 되고, 그 사랑이 우리 안에서 형제 사랑으로 온전히 이루어지기 때문입니다. 그리고 그 사랑은 두려움을 내쫓고 심판 날에 담대함을 갖게 할 것입니다.

사랑은 소망을 낳고

하나님의 심판은 반드시 옵니다. 그날 여러분은 심판대 앞에 어떤 모습으로 서실 것 같습니까? 사도는 우리가 심판 날에 담대함을 가질 수 있다고 말합니다. 이 담대함은 확신입니다. 심판대 앞에 선 날, 우리는 경박하거나 무례하지 않게, 그러나 확신과 애정과 경외의 눈으로 재판장이신 하나님의 얼굴을 볼 수 있을 것입니다. 그러나 반대 경우도 있습니다.

> 하늘은 두루마리가 말리는 것같이 떠나가고 각 산과 섬이 제자리에서 옮겨지매 땅의 임금들과 왕족들과 장군들과 부자들과 강한 자들과 모든 종과 자유인이 굴과 산들의 바위 틈에 숨어 산들과 바위에게 말하되 우리 위에 떨어져 보좌에 앉으신 이의 얼굴에서와 그 어린양의 진노에서 우리를 가리라 그들의 진노의 큰 날이 이르렀으니 누가 능히 서리요 하더라 (계 6:14-17).

얼마나 무서운 광경입니까? 하나님의 얼굴과 어린양의 진노를 보지 않도록 우리 위에 떨어져 달라고 산과 바위에게 부탁할 정도입니다. 종과 자유인뿐 아니라 이 세상에 사는 동안 떵떵거리던 임금들, 왕족들, 장군들, 부자들, 강한 자들도 마찬가지입니다.

심판 날의 우리를 결정하는 것은 하나님께서 우리를 사랑하신 사랑이 우리 안에 온전하게 이루어졌는가의 여부입니다. 형제 사랑으로써 말입니다. 마틴 로이드존스는 이렇게 말합니다.

> 형제 사랑에 관심을 갖지 않고 내가 사랑 안에 거하는지의 여부에 관심을 갖지 않는 것은 구원의 목적 전체를 곡해하는 것입니다. 그것은 하나님의

사랑을 우롱하는 것입니다. 만일 이것이 내 삶에서 가장 큰 관심사가 아니라면 나는 단지 그리스도인의 삶에 있어 초보자에 불과합니다. …… 성도임을 검증해 주는 것은 자신의 삶에서 사랑이라는 요소에 지대하고도 점진적 관심을 갖는지의 여부입니다. 그들은 더 이상 행위에 비추어 생각하지 않으며 하나님과 닮았는지만 생각합니다. 그것이 바로 그들의 으뜸이 되는 야망입니다.

단지 서로 사랑하자는 격려가 아닙니다. 사랑하자고 다짐하는 것도 아닙니다. 그런 격려와 다짐은 어느 단체나 조직이든 할 수 있습니다. 교회는 하나님의 사랑을 받은 하나님의 자녀들이, 자신과 마찬가지로 하나님의 사랑을 받아 하나님에게서 난 자들과 함께 서로 사랑하면서 세워져 갑니다. 교회는 하나님의 사랑을 입은 하나님의 자녀들이 본색을 드러내는 자리입니다.

> 어느 때나 하나님을 본 사람이 없으되 만일 우리가 서로 사랑하면 하나님이 우리 안에 거하시고 그의 사랑이 우리 안에 온전히 이루어지느니라(요일 4:12).

하나님께서 우리 안에 거하신다는 것은 성령님을 통해 하나님의 임재와 영향력을 늘 의식하고 살아간다는 것입니다. 그때 우리는 우리 안에 형제를 사랑하는 마음이 일어나는 것을 경험하게 됩니다. 그렇게 하나님의 사랑이 우리 안에 온전히 이루어집니다.

초대 교회는 '마라나타'라고 서로 인사를 주고받았다고 합니다(고전 16:22). 이 말은 아람어로, "주님께서 오십니다" 혹은 "주님, 오시옵소서" 하는 의미입니다. 초대 교회 성도들은 그날이 오기를 간절히 사모했습니다

(벧후 3:12). 그날에 대한 담대함이 있었기 때문입니다. 이 시대를 살아가는 우리 모두 초대 교회 성도들이 가졌던 것과 같은 담대함을 갖게 되길 바랍니다. 심판 날을 담대함과 소망으로 기다릴 수 있기를 바랍니다. 서로 사랑함으로써 말입니다.

1 John
요한일서 4장 19-21절

19 우리가 사랑함은 그가 먼저 우리를 사랑하셨음이라 20 누구든지 하나님을 사랑하노라 하고 그 형제를 미워하면 이는 거짓말하는 자니 보는 바 그 형제를 사랑하지 아니하는 자는 보지 못하는 바 하나님을 사랑할 수 없느니라 21 우리가 이 계명을 주께 받았나니 하나님을 사랑하는 자는 또한 그 형제를 사랑할지니라

28

성숙한 신자의 특성

우리는 지금 여러 장에 걸쳐 요한일서 4장을 비교적 소상하게 살피고 있는데, 그중에서 12절은 특히 중요합니다.

> 어느 때나 하나님을 본 사람이 없으되 만일 우리가 서로 사랑하면 하나님이 우리 안에 거하시고 그의 사랑이 우리 안에 온전히 이루어지느니라.

사도 요한은 하나님을 본 사람이 없지만 우리가 서로 사랑하면 하나님을 보고 느끼고 경험할 수 있다고 말했습니다.

우리가 서로 사랑하면 하나님께서 우리 안에 거하십니다. 이 말은 '사랑한다'는 조건을 충족시키면 하나님께서 우리 안에 거하신다는 말이 아닙니다. 우리가 사랑한다는 것은 사실상 하나님께서 이미 우리 안에 거하신다는 증거이고, (13절과 이어서 살펴보면) 성도는 성령님을 통해 그 사실을 알게 된다는 뜻입니다.

또한 우리가 서로 사랑하는 것은 하나님의 사랑이 우리 안에 온전히 이루어졌다는 증거입니다. 하나님의 사랑이 목적을 성취하는 것입니다. 하나님께서는 우리를 사랑하사 독생자를 화목 제물로 보내 주셨습니다. 이 사랑은 죄인인 나와 하나님과의 관계만 회복시키는 것이 아닙니다. 다른 죄인들과 하나님과의 관계가 회복되고, 나와 다른 죄인들의 관계도 회복됩니다. 그리고 화목하게 된 사람들 사이에 이루어지는 관계로 교회가 형성됩니다. 오늘날 우리는 이 사실을 놓치고 있습니다.

> 그러므로 이제부터 너희는 외인도 아니요 나그네도 아니요 오직 성도들과 동일한 시민이요 하나님의 권속이라(엡 2:19).

이방인이던 우리가 이제 하나님의 권속, 즉 하나님 안에서 새로운 가족이 되었습니다. 예수님도 어머니와 형제들이 찾으러 왔을 때 사람들에게 이렇게 말씀하셨습니다.

> 손을 내밀어 제자들을 가리켜 이르시되 나의 어머니와 나의 동생들을 보라 누구든지 하늘에 계신 내 아버지의 뜻대로 하는 자가 내 형제요 자매요 어머니이니라 하시더라(마 12:49, 50).

우리는 흔히 피보다 진한 것은 없다고 말합니다. 그런데 주님은 피보다 진한 것이 있다고 말씀하십니다. 바로 그리스도의 피로 맺어진 관계입니다. 하나님의 사랑이 우리 안에서 온전히 이루어질 때, 원수였던 사이가 사랑하는 관계가 되고, 전혀 모르던 사람을 사랑하게 됩니다. 이처럼 하나님의 사랑이 완성되는 곳이 교회입니다. 그런 의미에서 교회는 중요합니다.

우리는 이런 사실에 기초해서 교회를 이해해야 합니다.

이뿐만이 아닙니다. 우리가 서로 사랑하면 우리로 심판 날에 담대함을 갖게 합니다(17절). 예수님을 믿는 사람들 안에 있는 사랑은 심판과 형벌, 죽음과 지옥에 대한 두려움을 내어 쫓고, 심판하시는 하나님을 자비하신 아버지로 볼 수 있게 합니다. 서로 사랑하는 것은 인간의 실존이 피할 수 없는 두려움에서 우리를 해방시킵니다. 그렇기 때문에 형제 사랑은 어떤 행위이기 이전에 그리스도인 자신이 하나님의 자녀임을 확신하고 장래에 소망을 갖게 합니다.

사랑이 시작된 것은

4장 19절에서 사도 요한은 사랑의 기원을 이야기합니다.

> 우리가 사랑함은 그가 먼저 우리를 사랑하셨음이라.

사랑은 하나님에게서 시작되었습니다. 우리가 형제를 사랑하는 것은 우리의 본성에서 나온 것이 아닙니다. 하나님입니다. 우리가 형제를 사랑한다는 것은 하나님께서 우리를 사랑하셨고, 우리가 그 사랑을 받아 누리고 있다는 것을 증명합니다. 죄인의 본성에서 나오는 것은 이기적 성향과 자기중심성이지, 사랑이 아닙니다. 하나님의 사랑이 우리의 형제 사랑을 통해 열매를 맺는다는 말, 하나님의 사랑이 우리에게 온전히 이루어졌다는 것을 사도 요한은 "그가 먼저 우리를 사랑하셨음이라"(19절)라고 설명했습니다. 앞서 사도는 이렇게 진술하기도 했습니다.

> 사랑은 여기 있으니 우리가 하나님을 사랑한 것이 아니요 하나님이 우리

를 사랑하사(요일 4:10).

형제 사랑만이 아닙니다. 우리가 하나님을 사랑하는 것 또한 하나님이 먼저 우리를 사랑하셨기 때문입니다. 이 점은 기독교가 다른 종교와 구별되는 다른 점입니다. 우리가 하나님께 무언가를 드려서 우리를 사랑하게끔 한 것이 아닙니다. 우리가 하나님께 먼저 드려서 하나님께서 갚으시게 할 수 없습니다(롬 11:35). 하나님께서 우리를 먼저 사랑하셨고, 우리는 그저 그 사랑에 반응할 뿐입니다. 이것이 기독교입니다.

하나님의 사랑은 우리의 죄성을 이깁니다. 하나님의 사랑을 경험하면, 사랑하는 사람으로 변합니다. 하나님을 닮기 때문입니다. 사랑은 단순히 머리로 알고 소화하는 개념이 아닙니다. 더딜지라도 변화가 일어납니다. 하나님이 우리를 사랑하셨다는 증거로 나타나는 우리의 하나님 사랑은 형제 사랑을 통해 증명됩니다. 하나님을 사랑하는 것은 보이지 않지만 형제를 사랑하는 것은 눈으로 볼 수 있습니다.

> 그가 우리를 위하여 목숨을 버리셨으니 우리가 이로써 사랑을 알고 우리도 형제들을 위하여 목숨을 버리는 것이 마땅하니라 누가 이 세상의 재물을 가지고 형제의 궁핍함을 보고도 도와줄 마음을 닫으면 하나님의 사랑이 어찌 그 속에 거하겠느냐 자녀들아 우리가 말과 혀로만 사랑하지 말고 행함과 진실함으로 하자(요일 3:16-18).

형제 사랑은 나를 희생하고 내 물질과 시간을 쓰는 것으로 나타납니다.

성경은 믿음을 관계로 설명합니다. 참된 믿음은 단순히 내가 하나님을 믿는다고 일방적으로 생각하고 말하는 것이 아닙니다. 믿음은 내가 하나님을 믿는 것이기도 하지만, 하나님께서 나를 당신의 자녀로 믿어 주시는 것이기도 합니다. 하나님께서 욥의 믿음을 믿어 주신 것처럼 말입니다. 참된 믿음은 쌍방적인 관계입니다. 하나님께서 우리를 아시고 내가 하나님을 아는 것입니다.

사랑도 마찬가지입니다. 이루어지는 사랑, 성사되는 사랑은 일방적일 수 없고 쌍방적입니다. 참된 믿음은 내가 하나님을 사랑하기 전에 하나님께서 먼저 나를 사랑하셨다는 사실을 아는 것이고, 참된 사랑은 서로 사랑하는 것입니다. 이런 점에서 우리가 장래에 소망을 가지고 심판 날에 담대할 수 있는 근거는 하나님을 향한 우리의 사랑 때문이 아니라, 우리를 향하신 하나님의 사랑 때문이라고 할 수 있습니다.

참된 믿음은 '나는 평생 교회에 다녔으니 당연히 천국에 들어갈 것이다'라고 생각하는 것이 아닙니다. 내가 하나님을 믿고 확신할 뿐 아니라 하나님께서 나를 아시고 믿어 주시는 것입니다. 이것이 확신입니다. '나는 예수 그리스도를 믿는다'에서 한 걸음 더 나아가 '나는 내가 예수 그리스도를 믿는다는 것을 안다'는 것이 확신입니다. 이것은 곧 하나님께서 나를 구원하심을 안다는 뜻입니다.

하나님께서 먼저 우리를 사랑하셨다는 사실에 우리 신앙과 사랑과 담대함의 근거가 있습니다. 그러므로 우리가 하나님을 사랑하든, 형제나 이웃, 심지어 원수를 사랑하든, 그 사랑의 기원은 오직 하나님입니다. 하나님께서 먼저 우리를 사랑하셨다는 변개할 수 없는 사실입니다. 단순히 "내가 하나님을 사랑한다"가 아니라 "보라, 내가 형제를 사랑하지 않는가? 이것은 하나님께서 먼저 나를 사랑하셨다는 사실을 증거하지 않는가?"라고 말하는 것입니다

하나님 사랑과 형제 사랑

하나님을 사랑하는 것이 쉽습니까, 형제를 사랑하는 것이 쉽습니까? 형제를 사랑하는 일은 쉽지 않습니다. 부모조차 자기 자식을 사랑하기 어려울 때가 있습니다. 심지어 내가 나를 사랑하기도 힘듭니다. 반면 일반적으로 우리는 하나님을 사랑하는 일은 형제를 사랑하는 것보다는 쉽다고 생각할 수 있습니다. 하나님은 사랑이시며, 아름답고 완전하고 선한 분이니까요. 우리 인생에 감당하기 힘든 고난이 찾아오기 전까지는 그렇습니다. 그런데 형제를 사랑하기보다 하나님을 사랑하기가 쉽다는 생각은 우리를 신앙의 치명적인 맹점으로 인도합니다. 형제를 사랑하지 않으면서도 자신이 하나님을 뜨겁게 사랑하고 있다고 착각하게 만드는 것입니다. 그래서 사도는 이런 모든 위험한 착각과 시도를 무너뜨리는 말을 하고 있습니다.

> 누구든지 하나님을 사랑하노라 하고 그 형제를 미워하면 이는 거짓말하는 자니 보는 바 그 형제를 사랑하지 아니하는 자는 보지 못하는 바 하나님을 사랑할 수 없느니라(요일 4:20).

이뿐만이 아닙니다. 보이지 않으시는 하나님을 사랑한다는 것은 자칫 하나의 관념이 되기 쉽습니다. 인도네시아 선교사로 부르심을 받기 전까지 저는 인도네시아에 별 관심이 없었습니다. 그런데 하나님께서 선교사라는 소명을 주시고 인도네시아 선교사로 부르신 뒤에는 인도네시아 사람들을 향한 긍휼한 마음이 제 안에 차고 넘치기 시작했습니다. 인도네시아에 가기 전, 선교사 훈련을 받은 1년 반 동안 많은 눈물을 쏟으며 기도했습니다. 인도네시아 사람들을 추수해 달라고, 인도네시아 사람들에게 복음을 전할 사람들을 보내 달라고 말이지요. 그리고 드디어 인도네시아 땅에 도착했습니다. 그런데 언어를 배우고 문화에 적응해 가면서 하루하루 지내는 동안, 제 눈에 눈물이 마르기 시작했습니다. 인도네시아 사람들을 이해하기가 힘들고, 때로는 그들을 향해 화를 내는 저 자신을 보게 되었습니다. 그들을 무시하는 투로 말하는 저 자신을 보게 되었습니다. 인도네시아 사람들을 보기 전에는 사랑할 수 있었습니다. 그런데 그들과 같이 살기 시작하면서는 사랑하는 것이 쉽지 않았습니다.

여러분, 그러면 제가 그들을 보기 전에 그들을 위해 기도하면서 품은 사랑은 거짓 사랑이었습니까? 저는 그 사랑이 거짓이었다고는 생각하지 않습니다. 그러나 진정한 실력을 갖춘 사랑은 아니었습니다. 저 역시 얼마든지 착각할 수 있었습니다. 복음을 전하러 간 인도네시아에서 현지인들과 좌충우돌하면서도 스스로 하나님을 사랑해서 내 젊음을 인도네시아에 바치고 있다고, 하나님을 사랑해서 선교사가 되었다고 말입니다. 우리는 자신의 행위나 교회 직분, 헌신, 사역 여부 등으로 자신이 하나님을 사랑함을 증명할 수 있다고 착각합니다. 그러나 하나님은 그렇게 말씀하시지 않습니다. 하나님을 사랑하는 것은 형제 사랑으로 증명될 뿐이라고 말씀하십니다.

사도 요한은 하나님을 사랑한다고 말하지만 형제를 미워하는 사람은 '거짓말'하는 자라고 진단합니다. 거짓말하는 자라고 지적하는 것은 매우 강력한 비난이자 모욕입니다. 사도는 이미 두 번이나 이런 표현으로 도덕적 오류를 지적한 바 있습니다.

> 만일 우리가 하나님과 사귐이 있다 하고 어둠에 행하면 거짓말을 하고 진리를 행하지 아니함이거니와(요일 1:6).

> 그를 아노라 하고 그의 계명을 지키지 아니하는 자는 거짓말하는 자요 진리가 그 속에 있지 아니하되(요일 2:4).

그리고 이번에는 형제를 사랑하지 않는 사람은 거짓말하는 사람, 그 신앙이 거짓인 사람이라고 말하는 것입니다. 칼뱅은 사도 요한의 말을 이렇게 설명합니다.

> 하나님을 사랑한다고 말하면서 자기 눈앞에 있는 하나님의 형상을 무시한다면 그것은 거짓된 자기 자랑일 뿐이다.

하나님께서 빛 가운데 계시므로 그리스도인도 빛 가운데 행해야 하는 것처럼(요일 1:7), 하나님이 사랑이시므로(요일 4:8) 그리스도인도 사랑 안에 거하는 사람이어야 합니다(요일 4:16). 그것으로 우리는 하나님의 자녀임을 입증합니다.

오직 하나의 계명

> 우리가 이 계명을 주께 받았나니 하나님을 사랑하는 자는 또한 그 형제를 사랑할지니라(요일 4:21).

사도 요한은 하나님 사랑과 형제 사랑을 말하면서 '계명'이라고 말합니다. 이때 그가 '계명들'이라고 하지 않고 '계명'이라고 말한다는 점이 중요합니다. 하나님을 사랑하는 것과 형제를 사랑하는 것, 이 두 가지를 하나의 계명으로 이해하고 있는 것입니다. 이것은 주님께 받은 하나의 계명인 것입니다.

예수께서 이르시되 네 마음을 다하고 목숨을 다하고 뜻을 다하여 주 너의 하나님을 사랑하라 하셨으니 이것이 크고 첫째 되는 계명이요 둘째도 그와 같으니 네 이웃을 네 자신같이 사랑하라 하셨으니 이 두 계명이 온 율법과 선지자의 강령이니라(마 22:37-40).

주님께서는 하나님 사랑과 이웃 사랑을 명하시면서 '두 계명'이라고 말씀하셨지만, 첫째 계명에 이어 둘째 계명을 언급하시면서 "둘째도 그와 같으니"라고 설명하셨습니다. 두 계명의 본질이 같다는 의미입니다. 말하자면, 두 계명은 결국 하나라는 것입니다. 사도가 말하는 바도 같은 이치입니다.

하나님을 사랑하라는 계명을 지키면서 형제를 사랑하라는 계명을 지키지 못할 수는 없습니다. 그 반대도 마찬가지입니다. 하나님 사랑과 형제 사랑은 하나의 계명입니다. 이 둘은 구분하여 생각할 수 있을지 몰라도 분리되지는 않습니다.

일관성, 성숙한 신자의 특성

사도 요한이 말하는 논지에서 우리가 놓치지 말아야 할 성숙한 신앙의 중요한 특성이 있습니다. 그것은 균형입니다. 다른 말로 일관성(consistency)이라고 표현할 수도 있습니다.

오늘날 한국 교회에는 칭의와 성화를 분리시키고, 믿음과 행위를 분리시키고, 하나님 사랑과 이웃 사랑을 분리시키고, 영과 육, 그리고 성(聖)과 속(俗)을 분리시키는 잘못된 가르침들이 적잖이 퍼져 있습니다. 성경의 진리를 왜곡시키는 이원론적 가르침들입니다. 이런 잘못된 가르침들은 신앙에서 일관성을 세워 갈 수 없게 합니다.

그러나 일관성은 성숙한 신자의 특성입니다. 참된 신앙은 늘 일관성을 가지기 때문입니다. 사도는 요한일서 전체를 통해 신자의 삶에서 보이는 몇 가지 일관성을 보여 줍니다. 믿음과 사랑의 일관성입니다. 우리 주 예수 그리스도에 대한 바른 신앙 고백은 언제나 형제에 대한 사랑과 일관성 있게 나타납니다. 또한 교리와 실천의 일관성입니다. 성경의 교리를 착실히 배워서 하나님을 안다고 하면서 계명에 순종하지 않거나 형제를 사랑하지 않는 것은 모순이자 불일치이며, 위선이자 거짓입니다. 본문 말씀에서 사도가 말하는 일관성은 하나님을 사랑하는 것과 형제를 사랑하는 것 사이의 일관성입니다. 하나님을 사랑하는 사람은 형제를 사랑합니다. 하나님께서 먼저 그를 사랑하셨기 때문입니다.

자신을 한번 돌아보십시오. 여러분의 신앙생활은 어떠합니까? 치우쳐 있지는 않습니까? 하나님을 사랑한다고 하지만 형제를 사랑하는 데는 현저히 약하지 않습니까? 여러분은 바른 신학, 바른 교리, 바른 복음을 믿으십니까? 그렇다면 그 믿음이 사랑으로 드러나고 표현되고 있습니까? 형제 사랑으로 역사하는 믿음입니까?

일관성은 성숙한 신자의 중요한 특성입니다. 이 성숙한 믿음의 특성이 우리 안에서 점점 풍성하게 드러나야 합니다.

1 John
요한일서 5장 1-5절

1 예수께서 그리스도이심을 믿는 자마다 하나님께로부터 난 자니 또한 낳으신 이를 사랑하는 자마다 그에게서 난 자를 사랑하느니라 2 우리가 하나님을 사랑하고 그의 계명들을 지킬 때에 이로써 우리가 하나님의 자녀를 사랑하는 줄을 아느니라 3 하나님을 사랑하는 것은 이것이니 우리가 그의 계명들을 지키는 것이라 그의 계명들은 무거운 것이 아니로다 4 무릇 하나님께로부터 난 자마다 세상을 이기느니라 세상을 이기는 승리는 이것이니 우리의 믿음이니라 5 예수께서 하나님의 아들이심을 믿는 자가 아니면 세상을 이기는 자가 누구냐

29

신앙의 본질

여러분은 신앙의 본질이 무엇이라고 생각하십니까? 신앙생활에서 이 질문은 중요합니다. 이것은 매우 기초적이지만 어려운 질문입니다. 그래서인지 우리는 이런 질문을 던지지 않은 채 아무 생각 없이 관성에 따라 하던 대로 신앙생활을 하기가 쉽습니다. 또는 그냥 무조건 열심히 뜨겁게 믿기만 하면 된다고 생각합니다. 사도는 본문 말씀에서 신앙의 본질을 이야기합니다.

사도 요한은 요한일서 4장 7절부터 형제 사랑에 대해 말해 왔습니다. 그리고 5장 1-5절은 그 긴 단락뿐 아니라 지금까지 요한일서에서 다룬 내용을 총정리하고 있는데, 이 부분에서 다루는 주제도 '사랑'입니다. 요한일서의 맥락에서 볼 때 '신앙의 본질은 사랑'이라고 말할 수 있는데, 이 편지가 쓰인 목적과 관련해서 더 정확히 표현하자면 '확신의 본질은 사랑'이라고 말하는 것이 더 적절할 것입니다.

오늘날에는 확신을 가지고 살아가는 그리스도인이 매우 적습니다. 그 이유 중 하나는 공동체가 무너졌기 때문입니다. 연약할지라도 참된 신자들이 교회에 함께 모여 하나님을 예배하고 교제하면서 다른 형제들의 삶을 듣고 자신의 신앙을 세워 가며 더 견고히 하는 일들이 오늘날 교회에서는 매우 드뭅니다. 서로 사랑하지 않고 형제들과 깊이 있는 사귐 속에 들어가지 못한다면, 자신이 거듭난 하나님의 자녀임을 확신할지는 몰라도 그 확신이 깊고 견고하게 세워지지는 못할 것입니다. 교회가 형제를 사랑하는 진정한 사귐의 공동체가 될 때, 그리스도인들이 가지고 있는 확신은 더 견고해질 수 있습니다.

사도는 본문 말씀에서 사랑을 말하는 동시에 이 편지에서 제시해 온 참된 그리스도인의 세 가지 테스트를 전체적으로 종합합니다. 교리적 테스트로서 믿음, 사회적 테스트로서 사랑, 도덕적 테스트로서 순종입니다. 하나님께서 삼위로 계시면서 한 분이시듯, 요한은 이 세 가지 테스트가 조화로운 하나라는 사실을 보여 주려 합니다. 어느 하나가 두드러지는 것이 아니라 이 세 가지가 하나 되어 나타나는 것이 참된 그리스도인의 표지입니다. 구체적으로 5장 1절은 믿음과 사랑을, 2, 3절은 사랑과 순종을, 그리고 4절은 다시 믿음을 말합니다. 이번 장에서는 믿음과 사랑과 순종, 이 세 가지를 주목하려고 합니다.

믿음과 중생(거듭남)

본문 말씀을 이해하기 위해 다루어야 할 질문이 있습니다. "믿음이 먼저입니까, 중생이 먼저입니까?" 여러분은 믿고 거듭났습니까, 아니면 거듭났기 때문에 믿게 되었습니까? 이것은 중요한 질문입니다. 기본적인 질문이지만, 많은 사람이 혼동하는 문제입니다. 우리는 일반적으로 믿어서 구원받았다고 생각하지만, 성경은 그렇게 말하지 않습니다.

> 예수께서 그리스도이심을 믿는 자마다 하나님께로부터 난 자니(요일 5:1a).

'믿는 자'와 '(태어)난 자'라는 표현에 사용된 두 동사 '믿다'와 '태어나다'는 헬라어로 시제가 서로 다릅니다. '믿다'는 현재 시제, '태어나다'는 완료 시제입니다. 이 헬라어 시제를 살려 보면, 이미 하나님께로부터 태어났기 때문에, 지금 믿고 있고 또 계속 믿는다는 말입니다. 사도 요한은 예수님을 지금 믿고 있다면 이미 거듭난 사람이라고 말합니다. 거듭난 결과, 지금 믿고 있는 것입니다. 믿음은 중생의 증거이고 열매입니다.

'구원'은 매우 포괄적인 단어입니다. 구원을 설명하는 많은 개념 가운데 하나가 바로 중생(거듭남)입니다. 허물과 죄로 죽은 우리가 하나님을 믿을 수 있는 것은 하나님께서 우리를 살려 주셨기 때문입니다(엡 2:1). 살아났기 때문에 우리에게 주시는 복음을 듣고, 인식하고 믿을 수 있는 것입니다. 자연인에게 믿는다는 것이 얼마나 불가능한 일인지 생각해 보셨습니까? 천지 창조부터 예수님이 참 하나님이요 참 사람이라는 것까지 어느 것 하나 믿어지는 것이 없습니다. 비신자가 볼 때, 이것만큼 어리석고 부조리하고 이상한 일이 없을 것입니다. 그런데 그리스도인들은 그것을 믿고 고백합니다. 아마도 자신이 믿는 것이 이치에 맞다고 생각해서 그리스도인이 된 사람은 하나도 없을 것입니다. 하나님께서 천지를 창조하셨고 언젠가 세상의 모든 것을 심판하시리라는 것, 예수 그리스도께서 십자가에 달려 죽으셔서 우리의 모든 죄가 사해졌고, 우리는 심판 날 그리스도의 의를 옷 입고 하나님 앞에 서리라는 것을 믿는 것은 우리가 거듭났기 때문입니다. 다시 태어났기 때문입니다.

반대로 우리가 믿어서 거듭난 것이라고 생각한다면, 확신은 설 자리가 없습니다. 우리 가운데 어느 누구도 10년 후, 아니 5년 후 여전히 믿고 있으리라고 장담할 수 없습니다. 우리는 변화무쌍한 우리 자신을 믿을 수 없습니다. 그러나 하나님께서 나를 낳으셨다는 사실은 변할 수 없고 변하지 않습니다. 우리가 살아 있는 것은 스스로 생명을 부여해서가 아니라 부모님이 우리를 낳았기 때문이듯, 우리는 하나님께서 낳으셨기 때문에 살게 되었고 믿게 된 것입니다.

'하나님께로부터 난 자'는 중생한 사람을 가리키는 말입니다. 거듭남은 하나님의 영원하신 아들을 믿는 믿음으로 우리를 인도합니다. 뿐만 아니라 하나님 아버지와 하나님의 자녀들과의 사랑의 관계 속으로 우리를 끌어들입니다. 예수 그리스도를 믿는 믿음은 중생의 결과입니다. '예수께서 그리스도'시라는 것은 영지주의 이단들이 거부한 교리였고, 참된 그리스도인들이 믿고 고백하는 진리였습니다.

중생의 첫 번째 증거가 믿음이라면, 두 번째 증거는 사랑입니다. 하나님을 사랑하고, 하나님의 자녀들을 사랑하는 것입니다.

> 또한 낳으신 이를 사랑하는 자마다 그에게서 난 자를 사랑하느니라(요일 5:1b).

낳으신 이인 하나님을 사랑하는 자는 하나님에게서 난 자를 사랑합니다. 내가 하나님이 낳은 자라면, 하나님에게서 난 자는 나에게 형제가 됩니다. 1절은 하나님 사랑과 형제 사랑을 함께 말합니다. 또한 사도는 앞서 이렇게 말했습니다.

> 누구든지 하나님을 사랑하노라 하고 그 형제를 미워하면 이는 거짓말하는 자니 보는 바 그 형제를 사랑하지 아니하는 자는 보지 못하는 바 하나

> 님을 사랑할 수 없느니라 우리가 이 계명을 주께 받았나니 하나님을 사랑하는 자는 또한 그 형제를 사랑할지니라(요일 4:20, 21).

하나님을 사랑하는 것과, 하나님에게서 난 자인 형제를 사랑하는 것은 분리되지 않습니다.

하나님 사랑과 계명 지킴

> 우리가 하나님을 사랑하고 그의 계명들을 지킬 때에 이로써 우리가 하나님의 자녀를 사랑하는 줄을 아느니라(요일 5:2).

사도 요한이 5장 2절에서 전개하는 논리는 "우리가 하나님의 자녀를 사랑한다는 것은 하나님을 사랑하고 하나님의 계명들을 지킴으로 알 수 있다"는 것입니다. 1절에서 사도는 하나님을 사랑하는 자는 하나님의 자녀도 사랑한다고 말합니다. 그렇다면 2절에서는 "우리가 하나님을 사랑할 때 이로써 우리가 하나님의 자녀를 사랑하는 줄을 아느니라"라고 말하면 될 텐데, 사도는 한 가지를 더 추가합니다. "그의 계명들을 지킬 때에." 사도는 이 말을 왜 덧붙인 것일까요? 이것은 지금까지 사도가 말해 온 것에 비추어 볼 때 매우 당연합니다.

사도 요한은 요한일서 4장에서 형제 사랑으로써 하나님을 사랑한다는 것을 증거한다고 말하고는(20절), 5장에서는 정반대로 하나님을 사랑함으로써 형제를 사랑하는 줄 안다고 말합니다(2절). 하나님을 사랑하는 것은 말로만 증거되는 것이 아니기 때문입니다.

> 우리가 그의 계명을 지키면 이로써 우리가 그를 아는 줄로 알 것이요 그

를 아노라 하고 그의 계명을 지키지 아니하는 자는 거짓말하는 자요 진리가 그 속에 있지 아니하되(요일 2:3, 4).

여기서 '안다'는 말은 '믿는다'라는 뜻으로, 믿는다는 말보다 어감이 강한 단어입니다. 사도는 하나님을 믿는다고 하면서 그 계명을 지키지 않는 자는 거짓말하는 자라고 단언합니다. 사도는 "하나님을 사랑할 때 우리가 하나님의 자녀를 사랑하는 줄 안다"는 말이 착각과 자기기만을 일으킬 소지를 제거하기 위해 "그의 계명들을 지킬 때에"라는 말을 추가한 것입니다. 여기서 참된 그리스도인의 세 번째 테스트인 순종이 나타납니다. 사도는 5장 3절에서도 거듭 말합니다.

하나님을 사랑하는 것은 이것이니 우리가 그의 계명들을 지키는 것이라.

사도 요한은 참된 그리스도인의 세 가지 테스트, 즉 믿음, 사랑, 순종이 얼마나 종합적이고 조화롭게 하나 되는지를 논리적으로 설명하고 있습니다. 중생한 사람은 예수 그리스도를 믿으며, 하나님과 하나님의 자녀를 사랑하고(요일 5:1), 하나님을 사랑하는 사람은 계명들을 지키며, 하나님 사랑은 하나님의 자녀를 사랑하는 것과 분리되지 않습니다(요일 5:2). 하나님을 사랑하는 것의 첫 번째 결과가 형제들을 사랑하는 것이라면, 하나님을 사랑하는 것의 두 번째 결과는 아버지의 계명들을 지키는 것입니다. 사랑과 순종, 하나님을 사랑하는 것과 하나님의 계명들을 지키는 것은 서로 깊이 연결되어 있습니다. 예수님께서 사랑은 곧 그의 계명들을 지키는 것이라고 하신 말씀도 같은 맥락입니다(요 14:15, 21). 사도는 중생의 증거인 믿음과 사랑, 그리고 더 나아가 순종은 하나라고 말합니다.

하나님을 사랑하는 자에게 계명들은 무겁지 않다

더불어 사도 요한은 5장 3절 하반절에서 이렇게 말합니다.

> 그의 계명들은 무거운 것이 아니로다.

사도는 하나님의 계명들이 무겁지 않다고 말합니다. 그러나 우리는 보통 율법과 계명이 무겁다고 생각합니다. 1세기 성도들도 마찬가지였던 것 같습니다. 그렇지 않다면, 굳이 사도가 '무거운 것이 아니다'라고 말할 필요가 없었기 때문입니다. 사도는 지금까지 은혜의 복음을 전했는데, 왜 갑자기 계명들을 지키는 것에 대해 말하는 것일까요?

율법을 지킬 것을 이야기하면 사람들은 율법주의라고 생각합니다. 이것은 복음을 오해하는 것입니다. 복음과 은혜와 자유를 말하는 것은 자유 방임이나 율법 폐기를 주장하는 것이 아닙니다. 복음과 은혜와 자유는 도리어 율법을 율법 되게 합니다. 우리의 행복을 위한 것이라는 율법의 진정한 목적을 살려 줍니다(신 10:13). 그래서 칼뱅은 율법의 세 번째 기능이 하나님의 백성에게 하나님의 기뻐하시고 선하시고 온전하신 뜻을 알려 주는 것이라고 말했습니다. 많은 사람이 율법이나 계명들을 지키는 것이 어렵고 무겁다고 인식하는데, 사도는 그런 생각을 교정해 주고 싶어 합니다.

하나님을 사랑하는 자는 계명들을 지키는 자입니다. 순종 없는 사랑은 사랑이 아닙니다. 사도가 말하는 순종은 사랑이 만들어 내는 순종입니다. 사랑이 순종을 만들어 내기 때문에, 그 계명들은 무거운 짐이 될 수 없습니다. 열쇠는 사랑입니다.

사랑은 계명을 지키는 것을 힘들다고 느끼게 하지 않습니다. 그리고 순종을 의무로만 여기게 만들지도 않습니다. 사랑은 기쁨으로 순종하게 만들고, 마음으로부터 계명들을 지키게 만듭니다. 여기서 사도 요한이 말하는 계명들은 서기관과 바리새인들이 갖다 붙인 규정들이 아닙니다. 하나님의 선하시고 기뻐하시고 온전하신 뜻이며(롬 12:2), 언제나 우리 행복을 위하시는 지혜롭고 자비하신 하나님 아버지의 뜻입니다.

거듭난 사람은 하나님을 사랑하며, 하나님 뜻대로 살고 싶어 합니다. 하나님의 자녀는 성경을 통해 하나님의 그 뜻과 계명을 배우게 되고, 그 계명들을 따라 행하게 되는 것입니다. 사도가 "계명들은 무거운 것이 아니로다"라고 한 말은 사랑의 자발성과 자유를 전제한 말입니다. 계명들이 우리에게 뭔가를 요구하는 것은 분명하지만, 하나님을 사랑하는 자들에게 그것은 무거운 의무와 짐이 될 수 없습니다.

사도 요한은 왜 계명들이 무거운 짐이 아닌지를 더 설명합니다. 하나님께로부터 난 자가 하나님께로부터 난 자를 사랑하는 일은 자연스럽기 때문입니다. "하나님께로부터 난 자니 …… 그에게서 난 자를 사랑하느니라"(요한 5:1). 이것은 아버지를 사랑하는 자에게는 아버지의 자녀들인 형제들을 사랑하는 것이 자연스럽다는 가족의 경험과 논리로 설명하는 말입니다. 사도는 여기서 그 계명들 자체가 무겁지 않다고 말하는 것이 결코 아닙니다. 하나님을 사랑하지 않는 사람에게 계명들은 지키기 힘든 의무일 뿐입니다. 그러나 하나님께로부터 난 거듭난 자녀들에게 계명들은 무겁지 않습니다. 육체라는 한계 때문에 피곤할 수는 있지만, 기쁘게 사랑의 수고를 감당할 수 있습니다. 계명들이 변했기 때문이 아니라, 하나님의 자녀들의 본성이 변했기 때문입니다. 하나님의 자녀들이 하나님을 사랑하고 하나님의 자녀들을 사랑하는 새로운 본성을 부여받았기 때문입니다. 계명은 '사랑하라'는 것으로 압축됩니다. 사랑하는 본성이 주어진 새사람에게 사랑하는 것은 자연스럽고 하고 싶은 것이기에 그 계명들이 더는 무거운 짐일 수 없습니다.

세상을 이겼고 이기는 사람들

사도 요한은 계명들이 무겁지 않다는 말을 설명하면서, 조금 더 나아가 세상을 이긴다는 개념을 소개합니다. 계명들이 무겁지 않은 것은 그리스도인이 세상을 이긴 사람이기 때문입니다.

> 무릇 하나님께로부터 난 자마다 세상을 이기느니라 세상을 이기는 승리는 이것이니 우리의 믿음이니라 예수께서 하나님의 아들이심을 믿는 자가 아니면 세상을 이기는 자가 누구냐(요일 5:4, 5).

이 두 구절에는 '세상을 이긴다'는 표현이 세 번 나옵니다. 여기서 '이기다'라는 동사의 헬라어 시제와 관련해서 흥미로운 사실이 하나 있습니다. 처음과 마지막 동사는 현재 시제이지만, 4절 중반에 "세상을 이기는 승리"에서는 부정 과거(분사) 시제가 사용되었다는 것입니다. 이 시제를 살려서 번역을 하면, '세상을 이긴 승리'라고 할 수 있습니다. 부정 과거 시제는 어떤 확정적 행위를 가리킵니다. 그렇다면 사도가 이 구절에서 말하는 "세상을 이기는 승리"는 무엇을 가리키는 것일까요? 세 가지 가능성이 있습니다.

첫째, 예수님께서 "담대하라 내가 세상을 이기었노라"(요 16:33)라고 말씀하신 십자가 승리를 가리킨다고 보는 것입니다. 둘째, 요한일서를 읽는 성도들의 회심 사건을 가리킨다고 볼 수도 있습니다. 죄인의 회심은 세상을 이긴 사건이기 때문입니다. 셋째, 거짓 교사들의 거짓된 가르침을 거부한 결정적 행위와 결단, 그리고 거짓 교사들과 분리한 것을 가리킨다고 볼 수 있습니다. 본문의 문맥상 예수님께서 십자가에서 이기신 승리를 말하는 첫째보다는 둘째나 셋째 설명이 더 가능성이 있어 보입니다. 거듭남으로 말미암아 최초의 믿음으로 하나님께 반응했을 때, 신자는 처음으로 세상을 이겼다고 말할 수 있습니다. 또는 사도 요한의 편지를 받는 성도들의 상황에서 본다면, 얼마 전 분리되어 나간 거짓 교사들에게서 돌아섰을 때 이들은 거짓 교사들과 거짓 가르침을 이긴 것입니다.

그렇다면 "무릇 하나님께로부터 난 자마다 세상을 이기느니라"라는 말씀과 "예수께서 하나님의 아들이심을 믿는 자가 아니면 세상을 이기는 자가 누구냐"라는 말씀에서 헬라어의 현재 시제로 사용된 '이기다'는 무엇을 가리킵니까? 이것은 둘 다 거듭난 하나님의 자녀가 누려야 하는 지속적인 승리를 가리킵니다. '하나님께로부터 난 자', 즉 거듭난 하나님의 자녀는 예수 그리스도를 믿는 자이고, 이런 사람은 세상을 이긴 자이며, 또한 날마다 세상을 이기는 자입니다. '세상을 이기는 승리'라는 확정된 승리에 기초해서 하나님께로부터 난 자, 예수님이 하나님의 아들이심을 믿는 자는 날마다 세상을 이기는 싸움을 하는 것입니다.

하나님을 사랑하는 자에게 계명들은 무거운 짐이 아닙니다. 그러나 이 계명들을 무겁게 만드는 세력이 있습니다. 바로 세상입니다. 세상은 우리의 순종을 어렵고 무겁게 만드는 모든 세력의 총합입니다. 그래서 사도는 세상과 세상에 있는 것들을 사랑하지 말라고 말했습니다(요일 2:15). 우리 마음이 하나님과 세상으로 나뉘면, 계명을 지키는 순종은 어렵고 무거운 짐이 됩니다. 마음이 이쪽과 저쪽으로 나뉜 채 무언가를 집중해서 한다는 것은 쉬운 일이 아닙니다. 안정되지 않고 불안합니다. 염려하게 됩니다. 나뉜 마음으로는 하나님을 온전히 섬길 수 없습니다. 그리스도께만 마음을 다하고 뜻을 다할 때 신앙생활이 즐거워집니다.

사도 요한이 편지를 쓴 1세기 당시 세상은 지적인 면과 물리적인 면에서 교회와 성도들에게 접근했습니다. 지적인 면에서는 영지주의라는 이단 사상이 교회를 흔들었습니다. 그런 상황에서 성도들이 무너지지 않을 수 있었던 것은 예수님이 그리스도시며(요일 5:1), 구원과 생명을 주려고 사람이 되신(요일 4:9, 14) 태초부터 계신 하나님의 아들(요일 5:5)이시라는 사실을 믿었기 때문입니다. 흔들릴 수 없는 그러한 믿음과 확신은 그것을 부인하는 이단에 대항하여 이기게 하는 힘이 되었습니다. 또한 물리적인 면에서 로마 제국은 교회와 성도들을 엄청나게 핍박했습니다. 300년이 넘도록 초대 교회는 육체적이고 물리적인 학대와 빼앗김과 같은 많은 물리적 핍박을 당했습니다. 그러나 그리스도인들은 로마 제국과 황제가 자기들의 육신을 주장할지라도 자기들의 영혼은 멸할 수 없다는 사실을 알고 담대하게 신앙을 지켰고, 이로써 그들은 세상을 이기고 있었습니다. 승리는 로마 제국의 황제가 아니라 세상에서는 비천해 보이는 자신들의 몫이라는 사실을 그들은 알았습니다. 히브리서 기자의 멋진 표현대로, "이런 사람은 세상이 감당하지" 못하는 사람들입니다(히 11:38).

그중에 제일은 사랑이라

사도 요한은 본문 말씀을 통해서 참된 그리스도인의 세 가지 증거인 믿음과 사랑과 순종은 하나라는 사실을 각인시켜 주고 싶었습니다. 믿음과 사랑, 사랑과 순종이 서로 묶여 있으며, 이 세 가지는 깊이 연결되어 있습니다. 믿음과 사랑과 순종은 중생의 참된 표시들입니다. 그리고 이 세 가지 테스트의 중심에는 사랑이 있습니다.

신앙의 본질은 사랑입니다. 참된 믿음은 사랑으로 증명되고, 사랑으로 표현되며, 사랑으로 드러납니다. 그리고 참된 순종은 사랑 없이 불가능합니다. 순종은 사랑의 결과입니다. 사랑 없는 믿음은 거짓이고, 사랑 없는 순종은 하나님께서 인정해 주시지 않는 율법주의 행위일 뿐입니다. 사랑은 두려움을 내쫓습니다(요일 4:18). 사랑은 온갖 환난과 핍박과 어려움 속에서도 인내하는 믿음을 견고히 세워 모든 것을 견디고 이기게 합니다. 사랑은 계명들을 무겁게 만들지 않기 때문에 기쁘게 순종하며 나아가 세상을 이기게 만듭니다. 믿음과 사랑과 순종은 참된 그리스도인의 증거이며, 그중에 제일은 사랑입니다.

마지막으로 아우구스티누스가 요한 서신을 강해하면서 한 말을 인용합니다.

> 당신은 단 한 가지 짤막한 계명을 받았습니다. 사랑하십시오. 그리고 당신이 원하는 것을 하십시오. 침묵하려거든 사랑으로 침묵하십시오. 외치려거든 사랑으로 외치십시오. 바로잡아 주려거든 사랑으로 바로잡아 주십시오. 용서하려거든 사랑으로 용서하십시오. 그대 안에 사랑의 뿌리를 내리십시오. 이 뿌리에서는 선한 것 말고는 그 무엇도 나올 수 없습니다.

1 John
요한일서 5장 6-12절

6 이는 물과 피로 임하신 이시니 곧 예수 그리스도시라 물로만 아니요 물과 피로 임하셨고 증언하는 이는 성령이시니 성령은 진리니라 7 증언하는 이가 셋이니 8 성령과 물과 피라 또한 이 셋은 합하여 하나이니라 9 만일 우리가 사람들의 증언을 받을진대 하나님의 증거는 더욱 크도다 하나님의 증거는 이것이니 그의 아들에 대하여 증언하신 것이니라 10 하나님의 아들을 믿는 자는 자기 안에 증거가 있고 하나님을 믿지 아니하는 자는 하나님을 거짓말하는 자로 만드나니 이는 하나님께서 그 아들에 대하여 증언하신 증거를 믿지 아니하였음이라 11 또 증거는 이것이니 하나님이 우리에게 영생을 주신 것과 이 생명이 그의 아들 안에 있는 그것이니라 12 아들이 있는 자에게는 생명이 있고 하나님의 아들이 없는 자에게는 생명이 없느니라

30

세 증인

신앙의 본질이 무엇이냐고 물으면 막상 대답하기가 쉽지 않습니다. 사도 요한은 요한일서 5장에서 신앙의 본질을 이렇게 설명합니다. 첫째, 예수님이 그리스도시며(1절), 하나님의 아들이심을(5절) 믿는 것입니다. 이것은 사도들이 전한 복음의 근본적인 내용입니다. 둘째, 그 믿음이 사랑으로 증명되는 것입니다(1, 2절). 하나님을 사랑하는 자는 하나님의 자녀들을 사랑합니다. 이것은 요한일서 전체에서 굉장히 중요한 울타리입니다. 셋째, 하나님의 계명을 순종하는 것입니다(2, 3절). 정리하면, 신앙의 본질은 믿음과 형제 사랑과 순종입니다. 우리는 이러한 신앙의 본질을 드러내면서 살고 있는지를 늘 점검해야 합니다.

사도는 앞에서 세상을 이기는 믿음에 대해 말했습니다(요일 5:4). 히브리서 기자가 말한 것처럼 이런 믿음을 가진 사람들은 세상이 감당하지 못합니다(히 11:38). 이제 사도는 더 나아가 우리가 어떻게 세상을 이기는 이 믿음을 가지게 되는지를 이야기합니다.

요한일서 5장 6-17절은 "사람이 어떻게 예수님이 그리스도시고 하나님의 아들이심을 믿게 되는가"라는 문제를 다룹니다. '세상을 이기는 믿음을 어떻게 가지게 되는가'라는 문제입니다. 사도 요한은 그 믿음에는 증거가 있다고 말합니다. 이 말씀에서는 구체적으로 그 증거의 본질이 무엇인지를 밝히고(요일 5:6-9), 그 증거의 결과(요일 5:10-12)와, 마지막으로 그 증거로 말미암아 신자가 누리는 확신에 대해 말합니다(요일 5:13-17).

사도는 요한일서를 쓴 이유인 확신을 심어 주고 싶었습니다. 그 확신이 있다면 이단이 창궐해도 흔들리지 않고, 죽음에 이르러도 그리스도를 부인하지 않을 수 있기 때문입니다. 세상의 모든 것을 다 가지지 못했을지라도 세상을 이기는 믿음을 소유한 자는 모든 것을 가진 자입니다. 그래서 사도는 세상에서 모든 것을 잃어버릴지라도 이 믿음만은 지키라고 말합니다. 1세기에 쓰인 이 편지가 21세기를 살아가는 우리에게도 적실한 이유입니다.

효력 있는 참된 증언

사도 요한은 기독교 신앙이 구름 위에 뜬 허상이 아니라고 말합니다. 기독교 신앙은 비록 수학이나 논증처럼 이성에 부합하도록 증명되는 것은 아니지만 아무 근거나 논리도 없는, 아무 증거도 없는 것이 아닙니다. 사도는 우리 신앙의 근거가 될 세 증인을 소환합니다.

> 증언하는 이가 셋이니 성령과 물과 피라 또한 이 셋은 합하여 하나이니라 (요일 5:7, 8).

사도가 세 증인을 소환하는 것은 구약 율법의 기준을 원용한 것입니다.

> 죽일 자를 두 사람이나 세 사람의 증언으로 죽일 것이요 한 사람의 증언
> 으로는 죽이지 말 것이며(신 17:6).

율법에 따르면 한 사람의 증언으로 한 사람의 생사를 결정해서는 안 됩니다(신 17:6). 사도 요한에게 기독교 신앙은 단지 이 세상에서 살고 죽는 문제가 아니라 영원한 삶과 죽음을 결정하는 문제입니다. 이보다 중요한 것은 없습니다. 그래서 사도는 확실한 세 증인을 소환합니다.

사도 요한이 "증언하는 이"라고 표현한 세 증인은 "성령과 물과 피"입니다. 성령님은 인격이신 하나님이시지만, 물과 피 또한 의인화하여 증인이라고 표현합니다. 이 세 증인을 통해 기독교 신앙이 얼마나 분명한 증거를 지니는지를 설명하려는 것입니다.

사도는 이 세 증인의 증언이 참되고 유효하다는 것을 이렇게 표현합니다.

> 성령과 물과 피라 또한 이 셋은 합하여 하나이니라(요일 5:8).

'합하여 하나다'라는 말은 셋이 같은 증언을 하고 있다는 뜻입니다.

예수님께 사형을 선고하려고 모인 유대의 산헤드린 공회에서도 많은 증인을 소환했습니다. 그런데 이들의 증언은 일치하지 않았습니다.

> 대제사장들과 온 공회가 예수를 죽이려고 그를 칠 증거를 찾되 얻지 못하니 이는 예수를 쳐서 거짓 증언 하는 자가 많으나 그 증언이 서로 일치하지 못함이라(막 14:55, 56).

일치하지 않는 거짓 증언으로 예수님을 사형에 해당한 자로 정죄한 것입니다. 그러나 사도가 소환한 세 증인의 증언은 정확히 일치합니다. 이것

은 그 증언이 참되다는 뜻입니다. 성령과 물과 피가 한 목적과 결과를 향해 함께 일한다는 것을 보여 줍니다. 그것은 예수님이 그리스도시며 하나님의 아들이라는 진리를 확립하고 세우는 일입니다. 이 셋은 합하여 하나이기 때문에 이 증언은 효력 있는 참된 증언입니다.

두 증인_ 물과 피

먼저 두 증인을 살펴보겠습니다.

> 이는 물과 피로 임하신 이시니 곧 예수 그리스도시라 물로만 아니요 물과 피로 임하셨고 증언하는 이는 성령이시니 성령은 진리니라(요일 5:6).

사도 요한은 예수님을 가리켜 '물과 피로 임하셨다'고 말합니다. 이 '물과 피'는 요한일서에서 가장 해석하기 어려운 부분입니다. 그만큼 해석도 다양합니다. 사도는 어떤 의미에서 '물과 피'라는 말을 썼을까요? 크게 세 가지 해석이 있습니다.

첫 번째, 물과 피가 세례와 성찬을 가리킨다는 견해입니다. 칼뱅과 루터가 이 견해를 지지했다는 점에서 무게가 많이 실리는 해석입니다. 실제로도 '물과 피' 하면 예수님과 관련해서 세례와 성찬이 쉽게 떠오릅니다. 세례와 성찬은 우리가 보통 이야기하는 성례로, 예수님께서 친히 제정하신 두 성례입니다. 이 해석 자체는 문제가 없지만, 결정적으로 받아들이기 어려운 난점이 있습니다. 문맥상 사도가 말하려는 주제는 세례와 성찬이 아니라는 점입니다. 지금 사도는 예수님이 그리스도시고(요일 5:1) 하나님의 아들이시며(요일 5:5), 육체를 입고 이 세상에 오셨다는 사실을 주장하고 있습니다. 이런 맥락에서 사도가 갑자기 세례와 성찬을 다룰 이유는 없어 보입니다.

두 번째, 사도 요한이 지금 말하는 물과 피가 십자가에 달리신 예수님께서 창에 찔리셨을 때 허리에서 나온 피와 물을 가리킨다는 견해입니다. 이 견해는 교회 역사상 탁월한 신학자였던 아우구스티누스와 많은 고대 주석가들이 선호한 해석입니다.

> 그중 한 군인이 창으로 옆구리를 찌르니 곧 피와 물이 나오더라 이를 본 자가 증언하였으니 그 증언이 참이라 그가 자기의 말하는 것이 참인 줄 알고 너희로 믿게 하려 함이니라(요 19:34, 35).

요한일서 본문과 요한복음 본문은 상당한 유사점을 가지고 있습니다. 요한일서에서 물과 피를 언급한 후 성령님께서 증언하신다고 했는데, 요한복음에서도 예수님께서 창에 찔리자 옆구리에서 피와 물이 나왔다고 묘사하고 그것을 본 자가 증언했다고 말합니다. 두 본문의 문맥은 꽤 유사합니다.

이 해석은 예수님의 죽음이 실제적인 사건이었다고 보는 점에서 요한일서 본문의 문맥과 연결되지만, 그럼에도 문제가 있습니다. 사도는 요한일서에서 '물과 피'라고 쓰고, 요한복음에서는 '피와 물'이라고 기록하였습니다. 순서가 중요하지 않을 수 있지만, 창에 찔린 옆구리에서 '피와 물'이 나왔다고 묘사한 것은 당연히 흘러나와야 할 피와 함께 물이 나왔다는 의미입니다. 이런 의미라면 '물과 피'라고 말하기는 어렵습니다. 그렇다면 요한일서에서 '물과 피'라고 한 것은 다른 것을 의미한다고 보는 것이 더 자연스럽습니다. 또한 요한복음은 '이를 본 자'가 있어서 증언하였다고 말하는데, 요한일서에서 강조하는 것은 사람의 증언이 아닌 성령 하나님의 증거입니다(5:9). 이 둘은 차원이 다른 이야기입니다.

그렇다면 세 번째 해석, 물과 피가 각각 예수님의 세례받으심과 십자가 죽으심을 가리킨다고 보는 견해입니다. 이는 고대 교부 테르툴리아누스가 지지한 견해로 가장 적합한 해석으로 보입니다. 세례받으심과 십자가 죽으심은 공생애의 시작과 끝으로, 두 사건이 모두 역사적 사건이라는 의미를 가집니다.

세례가 죄 사함의 표라는 점에서 볼 때, 예수님께서는 세례를 받으실 이유가 없었습니다. 그렇기 때문에 예수님께서 세례를 받으신 사건은 죄인과 동일시되시는 비천함과 낮아지심의 굴욕이었습니다. 공식적으로 예수님께서 죄인으로 간주되시는 사건이기 때문입니다. 이것은 예수님께서 공생애 사역을 시작하시는 그 순간, 모든 면에서 죄인의 자리에 서서 죄인을 대신하는 메시아 사역을 감당하시게 되었다는 의미입니다. 예수님께서 세례를 받으실 때 성부 하나님께서는 당신의 사랑하는 아들로 선포하셨고 성령님은 그 위에 임하셨습니다(마 3:16, 17; 요 1:34). 그리고 궁극적으로 예수님께서는 십자가에서 피 흘려 죽으심으로, 메시아의 사명을 완수하셨습니다. 사도는 십자가 죽으심의 시간을 계속 '영광을 얻을 때'라고 묘사했습니다(요 12:23). 십자가의 죽으심은 예수님께서 메시아의 사명을 완성하시고 하나님의 뜻을 이루어 하나님을 영화롭게 한 사건이기 때문입니다.

이 해석이 옳다는 것을 입증하는 또 다른 근거가 있습니다. 사도 요한이 요한일서를 쓰면서 계속 의식하고 있는 영지주의 이단을 반박하기 위해 '물과 피'라고 표현하고 있다는 점입니다. 당시 영지주의 지도자 케린투스(Cerinthus)는 인간 예수가 세례받을 때에 메시아(그리스도)가 그에게 임했다가 십자가에서 고난받을 때 떠났기 때문에 십자가에서 죽은 자는 인간 예수일 뿐이라고 주장했습니다. 영지주의 관점에서 하나님께서 악한 육신을 입는다는 것은 말도 안 되는 생각이기 때문입니다. 그러나 사도는 예수님께서 태어나실 때부터 세례받으실 때와 죽으실 때까지 참 하나님이자 참 사람이셨으며, 한순간도 그렇지 않은 적이 없으셨다고 증거합니다. 이것은 매우 중요한 문제입니다. 케린투스가 주장하는 대로 십자가에서 죽으신 예수님께서 단지 사람이었다면, 예수님의 죽으심은 하나님 백성의 죄를 짊어지고 죽으신 대속의 죽음일 수 없기 때문입니다. 그래서 사도는 예수님께서 화목 제물이심을 거듭 증거했습니다.

> 그는 우리 죄를 위한 화목 제물이니 우리만 위할 뿐 아니요 온 세상의 죄를 위하심이라(요일 2:2).

> 사랑은 여기 있으니 우리가 하나님을 사랑한 것이 아니요 하나님이 우리를 사랑하사 우리 죄를 속하기 위하여 화목 제물로 그 아들을 보내셨음이라(요일 4:10).

케린투스나 영지주의의 주장이 사실이라면 기독교 신앙은 무너질 수밖에 없습니다. 그래서 사도는 물과 피라는 증인을 불러와서 예수님의 세례 받으심과 십자가 죽으심이 역사적이고 객관적인 사건이며, 그분은 육신을 입고 이 땅에 오셨고, 십자가에 달려 돌아가시고 부활하시며 승천하실 때까지, 그리고 지금도 참 하나님이자 참 사람으로 계시다고 증거하는 것입니다.

세 번째 증인_ 성령님

사도 요한은 세 번째 증인으로 성령님을 소개합니다.

> 증언하는 이는 성령이시니 성령은 진리니라(요일 5:6b).

여기서 사도가 성령님을 증인으로 내세우는 데는 두 가지 의미가 있습니다. 먼저 예수님께서 세례받으실 때 성령님께서 예수님에게 임하신 것입니다.

> 요한이 또 증언하여 이르되 내가 보매 성령이 비둘기같이 하늘로부터 내려와서 그의 위에 머물렀더라 나도 그를 알지 못하였으나 나를 보내어 물로 세례를 베풀라 하신 그이가 나에게 말씀하시되 성령이 내려서 누구 위에든지 머무는 것을 보거든 그가 곧 성령으로 세례를 베푸는 이인 줄 알라 하셨기에 내가 보고 그가 하나님의 아들이심을 증언하였노라 하니라 (요 1:32-34).

이때 세례 요한은 예수님이 메시아이신 것을 알았습니다. 성령님께서 증언하셨기 때문입니다.

둘째, 세례와 죽으심이 예수님의 메시아 되심과 하나님의 아들 되심을 증명한다는 사도의 증언을 성령님께서 친히 예수님을 믿는 모든 사람의 마음에 확증해 주신다는 것입니다. 이것을 사도는 '기름 부음'이라는 용어로 설명한 바 있습니다.

> 너희는 주께 받은 바 기름 부음이 너희 안에 거하나니 아무도 너희를 가르칠 필요가 없고 오직 그의 기름 부음이 모든 것을 너희에게 가르치며 또 참되고 거짓이 없으니 너희를 가르치신 그대로 주 안에 거하라(요일 2:27).

기름 부음은 대단한 설교자나 사역자에게 주어지는 특별한 은사가 아닙니다. 성경은 모든 신자 안에 성령의 기름 부음이 거한다고 말합니다. 성령님이 증인 되셔서 예수 그리스도를 부인할 수 없도록 우리 마음속에서 증언하십니다.

바울도 "성령으로 아니하고는 누구든지 예수를 주시라 할 수 없느니라"(고전 12:3)고 말했습니다. 로마 황제만을 '나의 주'라고 부를 수 있던 당시 사회에서 예수님을 '나의 주'라고 고백하는 것은 성령님이 아니고는 불가능한 일이었습니다. 성령님께서 내 안에 확증해 주시는 믿음의 확신 없이는 그렇게 목숨을 건 고백을 할 수 없다는 의미입니다. 게다가 여기서 '주'라는 헬라어는 구약 성경의 '여호와'에 상응하는 표현입니다. 예수님이 단순히 우리 인생의 주인이시라는 것이 아니라 "예수님이 여호와 하나님입니다"라고 고백하는 것입니다.

증인으로서 성령님의 사역을 가장 잘 보여 주는 구절은 로마서 8장 16절일 것입니다.

> 성령이 친히 우리의 영과 더불어 우리가 하나님의 자녀인 것을 증언하시나니.

이 말씀은 그리스도인의 확신에 대한 놀라운 구절입니다. 성령님께서 신자의 영혼 안에서 행하시는 가장 영광스러운 경험 중 하나입니다. 인생을 살면서 비굴해지려 하거나 세상과 타협하려 하거나 세상의 가치에 주눅 들거나 세상의 영광 앞에 무릎 꿇으려 하는 순간, 성령님께서 친히 우리 영과 더불어 우리에게 확신을 주십니다. "너는 나의 무한한 사랑을 받는 자녀다." 이 증언을 들은 우리는 그 어떤 손해도, 그 어떤 불이익도, 그 어떤 대가도 넉넉히 감당할 수 있을 뿐 아니라 그것을 영광으로 여기는 자리로 나아가게 됩니다.

사도 요한이 언급하는 세 증인 가운데 물과 피는 그리스도의 삶과 죽음에 대한 역사적이고 객관적인 증거이고, 성령님은 그 객관적인 증거들을 신자 안에서 경험적인 사실로 만드는 주관적인 증거를 제공하십니다. 이 증인들을 통해 신자는 믿음을 갖고 확신하는 자리에 서게 되는 것입니다.

사람의 증언보다 위대한 하나님의 증언

> 만일 우리가 사람들의 증언을 받을진대 하나님의 증거는 더욱 크도다 하나님의 증거는 이것이니 그의 아들에 대하여 증언하신 것이니라(요일 5:9).

사도 요한은 세 증인을 세워 그리스도를 증거하는 주체가 바로 성부 하나님 자신이라고 말합니다. 하나님께서 이 세 증인을 통해 당신의 아들이신 예수 그리스도를 증거하십니다. 인간의 증거도 두세 증인을 세워 입증하면 믿을 만한데, 하물며 하나님께서 세 증인을 세워 증언하시는 것은 얼마나 더 믿을 만하고 확실하겠습니까? 사도는 이보다 신뢰할 만한 증거는 없다고 말합니다. 세 증인보다 중요한 것은 하나님 자신이 그 아들을 증거하셨다는 사실입니다.

하나님의 증거를 믿는 것과 하나님의 아들을 믿는 것은 다르지 않습니다.

> 하나님의 아들을 믿는 자는 자기 안에 증거가 있고 하나님을 믿지 아니하는 자는 하나님을 거짓말하는 자로 만드나니 이는 하나님께서 그 아들에 대하여 증언하신 증거를 믿지 아니하였음이라(요일 5:10).

하나님의 아들을 믿지 않는 자는 하나님을 거짓말하는 자로 만드는 것입니다. 반면 하나님의 아들을 믿는 자는 자기 안에 증거가 있습니다. 예수님을 하나님의 아들로 믿는다는 것은 그 아들에 대한 하나님의 증거를 받아들인다는 것이며, 그 결과 신자가 자기 안에 증거, 즉 성령님의 내적 증거를 갖게 된다는 말입니다. 앞서 사도 요한이 5장 6절과 8절에서 언급한 성령의 증거가 그것입니다. 성령님의 내적 증거가 그리스도의 세례와 죽으심을 가리키는 물과 피라는 역사적이고 외부적인 증거를 보충하고 확증합니다. 그리스도인의 믿음은 그 특성상 주관적이지만, 그 출발점은 그리스도의 구속 사역이라는 역사적이고 객관적인 사실에 기초한다는 점을 놓쳐서는 안 됩니다.

이이서 사도는 하나님께서 세 중인을 통해 그리스도에 대해 증거하신 결과를 설명합니다.

> 또 증거는 이것이니 하나님이 우리에게 영생을 주신 것과 이 생명이 그의 아들 안에 있는 그것이니라 아들이 있는 자에게는 생명이 있고 하나님의 아들이 없는 자에게는 생명이 없느니라(요일 5:11, 12).

물과 피로 임하신 그리스도, 사람의 몸을 입고 이 땅에 오신 하나님의 아들, 그분의 세례받으심과 죽으심을 통해 성부 하나님께서는 모든 믿는 자에게 충만한 생명을 받게 하셨습니다. 그것을 사도는 "영생을 주신 것"이라고 표현합니다. 영생은 장차 하나님 나라가 완성되었을 때 얻을 것이 아니라, 지금 신자들이 누리는 은혜의 축복이자 선물입니다. 사도는 영생을 설명하면서 무한정 늘어나는 생명의 양(量)이 아니라 생명의 질(質)을 강조합니다. 이 생명은 하나님의 아들 안에 있는 생명입니다. 그 생명이 우리에게 주어진 것입니다.

믿음으로 그리스도와 연합한 신자들은 그리스도 안에서 하나님과도 연합한 것입니다. 그러므로 모든 신자는 하나님의 생명을 지니고 사는 존재, 영생을 누리는 존재입니다. 영생은 하나님과 함께하는 생명이고, 하나님의 자녀들과 함께 누리는 생명입니다. 사도가 말하는 영생은 혼자 누리는 생명이 아니라, 성 삼위 하나님께서 함께 누리시는 생명입니다. 또한 신자들에게 주어졌을 때에도 혼자서 영원히 사는 생명이라기보다, 그리스도 안에 있는 하나님의 자녀들이 더불어 사랑하면서 누리는 생명입니다. 예수님이 그리스도시며 하나님의 아들이심을 믿는 모든 신자는 영생을 누리며, 그 영생은 '아버지와 그의 아들 예수 그리스도와 더불어 누리는 우리의 사귐'을 풍성하게 하는 생명입니다(1:3). 이 영생을 누리는 것은 하나님의 자녀들이 서로 사랑하는 삶입니다. 이 안에서 성도들은 세상을 이기는 믿음으로 살게 되는 것입니다.

믿음의 견고함을 향하여 가는 교회

오늘날 기독교는 개인주의에 삼켜졌습니다. 내가 열심히 기도하고, 내가 열심히 성경 보고, 내가 열심히 깨달아서 신앙생활을 하면 된다고 생각합니다. 그 신앙생활에는 사랑도, 섬김도, 주변 사람들을 향한 돌아봄과 관심도 없습니다. 따라서 그리스도의 몸인 교회가 세상에 보이는 복음으로서 건강하고 영광스럽게 나타나는 일도 없습니다.

여러분, 세상을 이기는 믿음, 신자 안에 주신 하나님의 생명을 누리는 것은 혼자서 잘 사는 것이 아닙니다. 그리스도의 몸인 교회 안에서 하나님의 자녀들이 서로 사랑하고 더불어 살아가며 누리는 영생의 삶을 통해 그 믿음이 견고해지고 더 큰 확신을 누리는 것입니다. 거기서 세상이 감당할 수 없는 믿음이 자라 갑니다. 그리고 하나님의 자녀들 안에는 성 삼위 하나님께서 누리시는 생명의 사귐과 기쁨이 충만하게 될 것입니다. 이것이 교회입니다. 우리는 믿음 없는 세상을 향해 복음을 분명하게 드러내는 교회로 세워져 가야 합니다.

1 John
요한일서 5장 13-15절

13 내가 하나님의 아들의 이름을 믿는 너희에게 이것을 쓰는 것은 너희로 하여금 너희에게 영생이 있음을 알게 하려 함이라 14 그를 향하여 우리가 가진 바 담대함이 이것이니 그의 뜻대로 무엇을 구하면 들으심이라 15 우리가 무엇이든지 구하는 바를 들으시는 줄을 안즉 우리가 그에게 구한 그것을 얻은 줄을 또한 아느니라

31

기도의 담대함

종교 개혁이 일어난 16세기, 로마 가톨릭교회는 종교 개혁에 대항하여 트리엔트 공의회(1545-1563)를 열게 됩니다. 이때 그들이 칭의와 관련해서 선언한 문서(1547)에는 이런 내용이 실려 있습니다. "특별한 계시가 없으면 하나님께서 자기를 택하셨음을 알 길이 없다." 여기서 그들이 말하는 '특별한 계시'는 성경이 아니라 꿈이나 환상과 같은 것입니다. 꿈이나 환상과 같은 특별한 계시를 통해 하나님이 말씀하시지 않는 한, 사람은 구원을 확신할 수 없다는 말입니다. 또한 16세기 말, 가톨릭교회의 강력한 논객이자 개신교를 공격하는 글을 많이 쓴 추기경 로베르토 벨라르미노(Robertus Bellarminus)는 개신교(그들에게 개신교는 이단이었습니다)에서 가장 잘못된 교리는 확신의 교리라고 말했습니다. 지금도 로마 가톨릭교회는 확신의 교리를 부인합니다. 그러나 요한일서 5장 13-15절을 정직하게 읽는다면, 그리스도인이 확신을 가질 수 있다는 것을 부인할 수 없을 것입니다.

내가 하나님의 아들의 이름을 믿는 너희에게 이것을 쓰는 것은 너희로 하여금 너희에게 영생이 있음을 알게 하려 함이라(요일 5:13).

사도 요한이 말하는 확신은 우리가 보통 교회에서 "구원의 확신이 있습니까?"라는 질문에 반사적으로 "아멘"이라고 대답하는 것을 말하는 것이 아닙니다. 이것은 오늘날 기독교가 천박해지는 데 중요한 역할을 한 잘못된 신앙 교육의 대표적인 사례라고 할 수 있습니다. 확신은 죽음의 위협 앞에서도 그리스도를 구주와 주님으로 고백하는 것입니다. 참혹하고 비천한 자리에서도 주님께서 인도하실 것을 신뢰하는 것입니다.

벨라르미노는 확신 교리가 개신교가 가진 최고의 이단성 교리라고 말했는데, 오늘날 개신교에 속한 많은 그리스도인이 확신을 가지지 못하고 있다는 사실은 참으로 역설적인 현상이 아닐 수 없습니다. 거짓된 가르침이나 반쪽 진리는 성도들에게 확신을 줄 수 없습니다. 이단이나 사이비, 혹은 반쪽 진리만 가진 자들의 가르침은 성도들의 확신을 무너뜨리고 붕괴시킵니다. 확신이 망상이 아니려면, 확신을 지지하는 견고한 토대가 필요합니다. 그렇기 때문에 신앙생활에서 성경이 말하는 참된 진리를 바르고 정확하게 깨닫고 아는 것은 중요합니다. 이것은 선택의 문제가 아닙니다. 그래서 종교 개혁자들은 '오직 성경'(sola scriptura)과 함께 '전체 성경'(tota scriptura)을 강조했습니다. 오직 성경을 배우되 자기들의 주장을 뒷받침할 몇 구절만 연구하는 것이 아니라, 성경 전체를 알아야 한다는 것입니다. 성경을 많이 읽으십시오. 진리 없는 신앙이 성장할 수 없습니다. 교리를 공부하십시오. 교리는 성경이 말하는 전체 이야기를 담고 있습니다. 우리는 기독교가 무엇을 믿는지를 온전하게 알아야 합니다. 이런 면에서 목회의 근간은 성경 전체를 바르게 가르치는 것이어야 합니다.

참된 그리스도인들에게 확신과 기쁨을 전하기 위해

오늘날 교회가 직면한 심각한 위기는 그리스도인에게 확신이 없다는 것입니다. 담대한 그리스도인을 찾아보기가 어렵습니다. 이단들이 쉽게 교회를 삼켜 버릴 수 있는 것도 확신이 부재하기 때문입니다. 사도 요한이 요한일서를 쓰던 당시의 교회도 영지주의 이단 때문에 엄청난 소용돌이를 겪고 크게 분열되고 있었습니다. 이런 상황에서 확신을 잃고 흔들리는 남은 성도들에게 사도는 이 편지를 쓴 것입니다. 사도는 남은 성도들을 "하나님의 아들의 이름은 믿는 너희"(요일 5:13)라고 부릅니다. 하나님의 아들을 믿는 참된 그리스도인들이 바로 이 편지의 수신자들인 것입니다.

사도는 참된 그리스도인들이 하나님이 주시는 확신을 가진 담대한 그리스도인이 되기를 바랐습니다. 그것이 사도가 이 편지를 쓴 목적입니다.

> 내가 하나님의 아들의 이름을 믿는 너희에게 이것을 쓰는 것은 너희로 하여금 너희에게 영생이 있음을 알게 하려 함이라(요일 5:13).

사도 요한은 이들이 영생을 가진 자라는 사실을 알길 바랐습니다. 희미한 신앙으로 이리저리 휩쓸리지 말고, 자신이 믿는 바와 자신이 얼마나 영광스러운 존재인지를 알길 바랐습니다. 여러분은 어떻습니까? 그리스도인은 사람들이 우러러보는 자리에 올라간 것으로 마음이 높아지는 사람이 아닙니다. 그리스도인에게는 그보다 더 영광스럽고 변함 없는 사실이 있습니다. 영생을 소유한 하나님의 자녀라는 정체성입니다. 사도는 성도들이 그 사실을 알기를 원했습니다.

사도 요한은 성도들이 그리스도인의 확신에 점점 도달하기를 바란 것이 아닙니다. 바로 지금 그들이 영생을 소유하고 있다는 사실을 알길 바랐습니다. 사도가 말하는 영생은 하나님과 사귀는 삶입니다. 그리고 하나님과 사귀는 사람과 더불어 사귀는 삶입니다. 영생은 사귐 속에서 더불어 사는 삶입니다. 단지 한 공간에서 함께 사는 것이 아니라, 서로 사랑하고, 서로 알아 가고, 서로 만나고 교제하면서 삶의 많은 부분을 공유하는 삶입니다. 바로 이것이 교회입니다.

이 13절은 사도가 이 편지를 쓰는 이유를 밝힌 1장 4절과 함께 읽어야 합니다.

> 우리가 이것을 씀은 우리의 기쁨이 충만하게 하려 함이라.

사도가 성도들에게 주고 싶어 하는 확신은 그리스도인의 기쁨과 깊이 연결되어 있습니다. 기쁨이 충만해지려면 확신이 있어야 합니다. 확신이 없다면 기쁨도 없습니다. 사도가 이 편지를 쓰는 목적으로 언급한 '영생이 있음을 알게 하려 함'과 '기쁨을 충만하게 하려 함'은 깊이 연결되어 있습니다. 사도는 1장 3절에서 그 기쁨이 어떻게 충만해지는지를 설명했습니다.

> 우리가 보고 들은 바를 너희에게도 전함은 너희로 우리와 사귐이 있게 하려 함이니 우리의 사귐은 아버지와 그의 아들 예수 그리스도와 더불어 누림이라.

이 말씀은 예수님께서 요한복음에서 "유일하신 참 하나님과 그가 보내신 자 예수 그리스도를 아는 것"(요 17:3)이라고 정의하신 영생을 확대하여 설명합니다. 영생은 아버지와 아들과 함께 누리는 사귐이고, 이 사귐에서 기쁨이 흘러 나옵니다.

신학자인 다니엘 풀러(Daniel Fuller)는 "믿음의 시금석은 기쁨이다"라고 말했습니다. 우리는 보통 기도를 많이 한다거나 주일에 돈을 쓰지 않는다거나 근엄한 표정과 말투 등과 같은 외적인 잣대로 누군가의 믿음을 평가하지만, 풀러에 따르면 영적인 기쁨이야말로 믿음을 평가하는 기준입니다. "근심하는 자 같으나 항상 기뻐한다"라고 고백하는 바울이나(고후 6:10), 생존에 필요한 모든 조건이 무너지고 사라지는 상황에서도 "구원의 하나님으로 말미암아 기뻐한다"라고 한 하박국 선지자처럼(합 3:18) 말입니다. 주님 역시 거듭 제자들에게 이 기쁨을 약속하셨고 제자들이 누리길 바라셨습니다.

> 내가 이것을 너희에게 이름은 내 기쁨이 너희 안에 있어 너희 기쁨을 충만하게 하려 함이라(요 15:11).

> 지금 내가 아버지께로 가오니 내가 세상에서 이 말을 하옵는 것은 그들로 내 기쁨을 그들 안에 충만히 가지게 하려 함이니이다(요 17:13).

확신은 믿음이 충만한 것이고, 믿음이 충만하면 기쁨을 충만히 누리게 됩니다. 이것이 담대한 그리스도인들이 세상에서 어떤 환경에 처하든 누릴 수 있는 복락입니다.

자신이 무엇을 믿는지 정확히 알지 못하면 확신을 가질 수 없습니다. 1세기 교회를 흔들어 놓은 거짓 교사들은 늘 하나님의 말씀을 부분적으로 가르쳤습니다. 그들이 전한 것은 반쪽의 진리나 거짓된 진리였습니다. 이것이 그리스도인들이 확신을 잃어버린 이유입니다. 하나님께서 목사와 교사를 세우신 것은 성도들 입맛에 맞는 프로그램을 기획하거나 교회라는 거대 시스템을 운영하기 위해서가 아닙니다. 목사와 교사의 본질적 부르심은 하나님 말씀을 온전하고 바르게 가르치는 것입니다. 그것을 위해 신학을 공부하고, 신학교를 졸업한 후에도 하나님 말씀을 연구하는 일에 삶을 드리는 것입니다.

담대함의 근거 1_ 들으시는 줄을 아는 확신

이제 사도는 영생이 있음을 아는 확신이 가장 강력하게 적용되고 경험되는 영역을 소개합니다. 바로 기도에서의 담대함입니다.

> 그를 향하여 우리가 가진 바 담대함이 이것이니 그의 뜻대로 무엇을 구하면 들으심이라 우리가 무엇이든지 구하는 바를 들으시는 줄을 안즉 우리가 그에게 구한 그것을 얻은 줄을 또한 아느니라 (요일 5:14, 15).

앞서 설명했듯이 '담대함'이라는 단어는 요한일서에 네 번 등장합니다. 두 번은 하나님의 심판대 앞에 설 때의 담대함을 묘사한 것이고(요일 2:28; 4:17), 다른 두 번은 기도에서의 담대함을 묘사한 것입니다(요일 3:21; 5:14).
담대함을 의미하는 헬라어 '파레시아'의 원뜻은 민주주의가 시작된 그리스의 관습에서 유래합니다. 고대 그리스에서 열린 시민 회의에서는 시민이라면 누구라도 자유롭게 발언할 수 있었습니다. 이처럼 자신의 생각을 자유롭고 담대하게 밝히는 것을 '파레시아'라고 표현했습니다. 파레시아, 즉 담대함은 시민의 권리였습니다. 마찬가지로 사도는 지금 우리가 만군의 주 여호와 하나님 앞에 나아갔을 때 자유롭게 말할 수 있다고 말합니다. 히브리서 기자가 쓴 '담대함'도 같은 의미입니다.

> 그러므로 우리는 긍휼하심을 받고 때를 따라 돕는 은혜를 얻기 위하여 은혜의 보좌 앞에 담대히 나아갈 것이니라 (히 4:16).

그리스도인이 확신을 갖게 되면 담대함을 얻습니다. 그런 면에서 확신과 담대함은 같은 말입니다. 그리고 이것이 가장 잘 나타나는 영역이 기도입니다. 사람들과의 관계에서보다 하나님과의 관계에서 먼저 담대함이 나타나는 것입니다.

그리스도인들이 기도에서 가지는 담대함은 하나님께서 기도를 들으신다는 확신에서 나옵니다. 여기서 말하는 '들으심'은 구하는 것을 주신다는 의미라기보다는 '경청하신다'는 의미입니다. 우리가 하는 말을 하나님께서 귀 기울여 경청하신다는 확신입니다. 마치 다른 어른들 앞에서는 수줍어하며 입을 떼기도 힘들어하는 아이라도 자기 부모에게는 담대하게 말할 수 있는 확신을 가지는 것처럼 말입니다. 아이가 담대히 말할 수 있는 것은 부모가 늘 자신의 말에 귀 기울인다는 것을 알기 때문입니다.

그러나 이것은 우리가 거룩하신 하나님 앞에서 아무것이나 함부로 말할 수 있다는 뜻은 아닙니다. '그의 뜻대로', 즉 신자는 하나님의 뜻에 맞는 것을 구할 때 담대할 수 있습니다.

> 사랑하는 자들아 만일 우리 마음이 우리를 책망할 것이 없으면 하나님 앞에서 담대함을 얻고 무엇이든지 구하는 바를 그에게서 받나니 이는 우리가 그의 계명을 지키고 그 앞에서 기뻐하시는 것을 행함이라(요일 3:21, 22).

기도에서 담대히 나아갈 수 있는 것은 우리가 '그의 계명을 지키고 그 앞에서 기뻐하시는 것을 행하기' 때문입니다. 요한복음에서도 비슷한 말씀을 볼 수 있습니다.

> 너희가 내 안에 거하고 내 말이 너희 안에 거하면 무엇이든지 원하는 대로 구하라 그리하면 이루리라(요 15:7).

너희가 나를 택한 것이 아니요 내가 너희를 택하여 세웠나니 이는 너희로 가서 열매를 맺게 하고 또 너희 열매가 항상 있게 하여 내 이름으로 아버지께 무엇을 구하든지 다 받게 하려 함이라(요 15:16).

이 말씀들의 맥락은 '하나님의 뜻에 부합하는 것을 구한다'는 것입니다. 하나님의 뜻에 부합하는 것을 구하면 하나님이 들으시고, 우리는 구한 것을 얻은 줄로 안다는 의미입니다. 그러면 이런 질문을 할 수도 있습니다. "하나님의 뜻대로 기도하는 담대함이라면 그것이 무슨 소용이 있는가? 내가 원하는 것을 마음대로 구하고 얻어 내는 것이 아니라면 그 기도가 무슨 의미가 있는가?"

성경이 가르치는 기도는 내 뜻을 관철하여 하나님을 굴복시키는 과정이 아닙니다. 하나님의 뜻 앞에 내 뜻을 복종시키는 과정입니다. 대표적인 예가 예수님께서 겟세마네 동산에서 드리신 기도입니다. 신자는 하나님의 뜻이 자신에게 최상임을 아는 사람입니다. 하나님의 뜻이 이루어지는 것이 지금 내가 고집스럽게 구하는 것과 비교할 수 없이 더 좋은 것임을 알기에 하나님을 신뢰하는 사람이 신자입니다. 어떤 점에서 기도는 자기 뜻에서 시작해서 하나님의 뜻으로 마치는 과정입니다. 하나님의 뜻에 설복당하는 과정이 기도입니다. 이것이 믿음으로 하는 기도입니다.

담대함의 근거 2_ 얻은 줄을 아는 확신

사도 요한은 5장 15절에서 '알다'라는 동사를 두 번 쓰면서 신자가 기도에서 가지는 담대함의 근거를 조금 더 설명합니다.

우리가 무엇이든지 구하는 바를 들으시는 줄을 안즉 우리가 그에게 구한 그것을 얻은 줄을 또한 아느니라.

여기서 '안다'는 말은 경험적으로 아는 것이 아닙니다. 이것은 직관적으로 아는 것이고, 믿음으로 하나님과 그 말씀에 비추어 아는 것입니다.

'우리가 무엇이든지 구하는 바를 들으시는 줄을 안다'는 것은 14절에서도 언급한 내용입니다. 그런데 '우리가 그에게 구한 그것을 얻은 줄을 또한 안다'는 것은 믿음으로 아는 것을 말합니다. 이것이 기도에서 우리가 담대할 수 있는 두 번째 근거입니다.

하나님께서 우리 기도를 경청하신다는 것은 이미 하나님께서 우리 기도에 응답하셨다는 것을 의미합니다. 그래서 사도는 '구한 그것을 얻은 줄을 안다'고 말하는 것입니다. 여기서 '얻다'라는 동사는 현재 시제입니다. 이것은 구하면 '언젠가 얻게 될 것'이라는 뜻이 아니라, 구할 때 '이미 소유하고 있다'는 말입니다. 하나님께서는 우리가 구하는 바를 들으시고 그 일을 시작하십니다. 우리는 시간이 지나서 그 결과를 경험할지 몰라도 하나님께서는 기도를 들으셨을 때 이미 응답하신 것입니다. 다니엘의 경험이 이것을 잘 보여 줍니다.

전쟁에 대한 환상을 본 다니엘이 슬퍼하며 하나님 앞에 금식하고 기도하기 시작했습니다. 기도한 지 3주가 지났을 때, 하나님께서 한 천사를 보내셔서 이렇게 말씀하십니다.

> 그가 내게 이르되 다니엘아 두려워하지 말라 네가 깨달으려 하여 네 하나님 앞에 스스로 겸비하게 하기로 결심하던 첫날부터 네 말이 응답받았으므로 내가 네 말로 말미암아 왔느니라 그런데 바사 왕국의 군주가 이십일 일 동안 나를 막았으므로 내가 거기 바사 왕국의 왕들과 함께 머물러 있더니 가장 높은 군주 중 하나인 미가엘이 와서 나를 도와주므로 이제 내

가 마지막 날에 네 백성이 당할 일을 네게 깨닫게 하러 왔노라 이는 이 환상이 오랜 후의 일임이라 하더라(단 10:12-14).

하나님께서 보내신 천사는 다니엘이 기도하기로 결심한 날부터 그 기도가 응답받았지만 바사 왕국의 군주가 자신을 막는 바람에 3주가 지나서야 왔다고 말합니다. 우리가 기도를 시작할 때 하나님께서 일하기 시작하십니다. 성도가 경험하는 모든 기도의 응답은 이와 같습니다. 하나님께서는 한 발 늦으시거나 천천히 일하시는 법이 없습니다.

나사로를 살리실 때 예수님께서 하신 기도를 기억하십니까?

> 항상 내 말을 들으시는 줄을 내가 알았나이다 그러나 이 말씀 하옵는 것은 둘러선 무리를 위함이니 곧 아버지께서 나를 보내신 것을 그들로 믿게 하려 함이니이다(요 11:42).

예수님께서는 아버지께서 항상 자신의 말을 들으시는 줄을 아셨습니다. 이것이 성자 하나님께서 성부 하나님을 향하여 가지신 담대함입니다. 그리고 이 담대함이 하나님의 자녀, 하나님의 아들의 이름을 믿는 우리에게도 주어졌습니다.

성자 하나님께서 성부 하나님을 향해 가지신 담대함이 하나님의 자녀인 우리에게도 있다는 것은 어떤 의미입니까? 예수 그리스도께서 하신 기도가 하나님의 자녀에게도 동일하게 적용된다는 사도의 이 말이 얼마나 영광스러운 것인지 아시겠습니까? 사도는 만군의 주 여호와, 창조의 하나님 앞에 설 때 우리가 담대함을 가지고 나아갈 수 있다고 말합니다. 하나님께서 우리 기도를 경청하여 들으신다는 것, 우리가 기도할 때 하나님께서 이미 주셔서 구하는 바를 소유하고 있다는 것, 그것을 아는 것이 바로 그리스도인이 가지는 확신입니다.

나는 영생을 가졌는가

이 모든 것의 관건은 우리에게 영생이 있음을 아는 것입니다(요일 5:13). 이 확신이 우리를 기도의 담대함으로 이끌어 갑니다.

세상은 우리에게 귀를 기울이지 않습니다. 자기 말을 들으라고 하는 사람은 많지만, 다른 사람의 말을 경청하려고 하는 사람은 적습니다. 그래서 많은 사람은 외로움을 느끼지만, 그리스도인은 근본적으로 외로울 수 없습니다. 하나님께서 그를 아시고 그의 말을 경청하시기 때문입니다.

욥기를 보면 큰 고난 가운데 빠진 욥을 위로한답시고 친구들이 와서는 욥의 말을 듣기는커녕 자기들의 말만을 늘어놓으면서 욥의 상처에 소금을 뿌려 댑니다. 욥은 듣고 공감하지 못하는 친구들 때문에 외로움이 더 깊어집니다. 그리고 결국 하나님께 부르짖습니다. 하나님께서는 자신의 이야기를 들어주실 것이라고 생각하기 때문입니다. 욥은 자신이 어디로 가는지 모르겠지만, 하나님께서 자기가 가는 길을 아신다는 생각에 위로를 얻습니다(욥 23:10). 우리가 어떤 자리에 있든 하나님께 자유롭게 말할 수 있다는 것, 이것이 바로 신자의 특권입니다. 이 특권을 가볍게 여기시 마십시오.

마틴 로이드존스는 자신에게 영생이 있는지 묻는 사람들에게 이렇게 도전합니다.

> 만일 영생에 관한 물음에 관심을 갖는다면, 만일 그것을 지니지 못했다고 느낀다면, 그리고 만일 자기에게 영생이 있음을 아는 것이 가장 큰 소망이라면, 여러분은 자신이 그것을 소유했다는 것을 알 수 있습니다. 그렇지 않다면 여러분은 이러한 바람을 갖지도 않을 것입니다. 만일 공허함을

느낀다면, 만일 나 자신이 아무것도 아니라는 느낌을 받는다면, 만일 내가 보잘것없고 불쌍하며 눈이 멀었다고 느낀다면, 만일 죄악으로 향하는 성향을 미워하고 자기 혐오와 미움의 느낌을 갖는다면, 제가 보기에 여러분은 영생을 소유하고 있습니다. 왜냐하면 하나님의 생명이 그 영혼 속에 들어가기 전에는 그 누구도 결코 그런 체험을 할 수 없기 때문입니다.

여러분은 자신에게 영생이 있음을 아십니까? 그렇다면 기도의 담대함을 가진 자임을 알고 하나님 앞에 담대히 나아가십시오. 아직 자신이 영생을 가지지 못한 것이 확실하다고 느끼신다면, 후히 주시고 꾸짖지 않으시는 하나님께 영생을 구하십시오. 주님께서는 "내게 오는 자는 내가 결코 내쫓지 아니하리라"(요 6:37)라고 약속하셨습니다. 그 약속을 믿고 담대하게 하나님의 은혜를 구하고 나아가십시오. 자비가 무한한 하나님께서는 우리의 그런 간구를 멸시하지 않으실 것입니다.

1 John
요한일서 5장 16, 17절

16 누구든지 형제가 사망에 이르지 아니하는 죄 범하는 것을 보거든 구하라 그리하면 사망에 이르지 아니하는 범죄자들을 위하여 그에게 생명을 주시리라 사망에 이르는 죄가 있으니 이에 관하여 나는 구하라 하지 않노라 17 모든 불의가 죄로되 사망에 이르지 아니하는 죄도 있도다

32

사망에 이르지 아니하는 죄

요한일서 5장 16, 17절은 앞서 살펴본 '물과 피'(요일 5:6)에 대한 구절과 함께 요한일서에서 가장 해석하기 어려운 구절로 꼽힙니다. 문제는 사도 요한이 표현한 '사망에 이르는 죄'와 '사망에 이르지 아니하는 죄'가 무엇을 가리키는지가 명확하지 않다는 점입니다. 또한 사망에 이르지 아니하는 죄를 범하는 자가 신자인 형제를 가리키는지, 아니면 불신자 이웃을 가리키는지에 관한 문제도 그 해석과 맞물려 있습니다. 물론 사도가 쓴 편지를 읽는 성도들은 사도의 의도를 어렵지 않게 파악했을 것입니다. 편지를 주고받는 사람들 사이에는 설명하지 않아도 아는 사실들이 있기 때문입니다. 아마 본문 말씀에도 그런 사실들이 숨겨져 있지 않을까 생각합니다. 그러나 21세기를 사는 우리가 그 의미를 정확하게 파악하는 것은 쉬운 문제가 아닙니다. 그래서 이 두 구절에 대한 학자들의 해석도 다양합니다. 그럼에도 성령님의 조명하심을 통해 이 본문 말씀의 의미를 이해하려고 노력하는 것은 신자인 우리 모두의 당연한 태도입니다.

이 구절들을 해석하는 데 무엇보다 중요한 것은 문맥입니다. 본문 두 구절은 '죄'라는 주제를 다루는 것 같지만, 조금 더 큰 문맥을 보면 기도에서 신자들이 누리는 담대함과 관련하여 말하고 있다는 것을 우리는 알고 있습니다. 앞선 14, 15절에서 사도는 신자가 누리는 담대함이 기도의 영역에서 두드러지게 나타난다고 말했습니다. 그리고 이제 사도는 조금 더 나아가 신자가 누리는 기도의 담대함이 다른 사람들을 위한 기도에서도 나타나게 된다고 말합니다. 즉, 담대함과 기도라는 두 개념이 본문을 이해하는 데 중요합니다.

사도 요한이 전하고자 하는 것은 하나님과의 사귐인 영생은 반드시 형제들과의 사귐으로 이어진다는 것입니다. 자신이 영생을 가졌다는 것을 확신하는 그리스도인은 자기 자신에게만 사로잡히지 않습니다. 하나님의 생명을 가지고 하나님과 주 예수 그리스도와 깊이 사귀는 자는 형제들을 바라보게 마련입니다. 우리가 하나님 앞에서 기도할 때 가지는 담대함, 확신도 자신이 아닌 형제를 바라보게 합니다.

사망에 이르는 죄 vs. 사망에 이르지 아니하는 죄

사도 요한은 '사망에 이르지 아니하는 죄'와 '사망에 이르는 죄'가 있다고 말합니다. 여러분, 과연 사망에 이르지 않는 죄가 있을까요? 하나님께서는 아담에게 선악을 알게 하는 나무의 열매를 먹지 말라고 명하시면서, 먹으면 죽을 것이라고 말씀하셨습니다(창 2:17). 성경은 "죄의 삯은 사망"(롬 6:23)이라고 밝히고, "욕심이 잉태한즉 죄를 낳고 죄가 장성한즉 사망을 낳느니라"(약 1:15)라고 말합니다.

죄와 사망의 관계는 직접적입니다. 이것이 성경이 엄밀하게 말하는 진리입니다. 그렇다면 사도가 말하는 '사망에 이르지 아니하는 죄'는 무엇일까요? 사망에 이르는 죄가 있고, 그러지 않는 죄가 있습니까? '죄의 삯은 사망'이라고 한 것은 특정 죄만을 말한 것입니까? 이것은 사망에 이르지 아니하는 죄를 짓는 사람이 누구인지와 관련되어 있습니다.

'사망에 이르지 아니하는 죄'를 알아보기 위해 먼저 '사망에 이르는 죄'가 무엇인지를 살펴보는 것이 좋습니다.

> 누구든지 형제가 사망에 이르지 아니하는 죄 범하는 것을 보거든 구하라 그리하면 사망에 이르지 아니하는 범죄자들을 위하여 그에게 생명을 주시리라 사망에 이르는 죄가 있으니 이에 관하여 나는 구하라 하지 않노라 (요일 5:16).

사도 요한은 형제가 사망에 이르지 않는 죄 범하는 것을 보면 그를 위해 기도하라고 명합니다. 그러나 사망에 이르는 죄를 짓는 사람들을 위해서는 기도하라고 하지 않겠다고 말합니다. 이것은 사망에 이르는 죄를 짓는 사람은 그를 위해 기도해도 구원받지 못할 것이라는 의미로 보입니다.

그렇다면 사망에 이르는 죄는 어떤 것일까요? 세 가지 정도로 정리할 수 있습니다.

첫째, 용서받을 수 없는 극악 무도한 특정 죄들입니다. 구약 율법은 안식일을 범하는 것, 간음, 무당이나 점을 치거나 술수를 부리는 사람 등 특정한 죄들에 대해 사형을 선고하는데(레 20:1-27; 24:15, 16; 민 18:22; 신 22:26; 롬 1:32), 그런 죄들을 언급한다고 보는 것입니다. 이와 관련하여 신약 성경에서는 거짓말로 성령님을 속이려 한 아나니아와 삽비라의 죽음(행 5장)이나 범죄함으로 육체적인 죽음에 이른 고린도 교회 사람들의 경우(고전 11:27-30; 이 구절에 나오는 '잠자는 자'는 합당하지 않게 주의 떡이나 잔을 먹고 마심으로 성만찬을 훼손하여 실제로 죽은 사람들을 가리킵니다)를 찾아볼 수 있습니다. 이처럼 성경이 완성되기 전 시대에는 아나니아와 삽비라 사건처럼 하나님께서 성령을 통해 특별하게 간섭하셔서 자신의 거룩함과 위엄과 권세와 능력을 드러내시는 일이 종종 있었습니다. 실제로 육체적인 죽음에 이른 것입니다. 그러나 이 해석은 요한일서 맥락에는 맞지 않아 보입니다.

둘째, 배교입니다. 히브리서 기자는 신자의 신앙이 침체에 빠질 수 있다고 말합니다. 그러나 이것은 단순히 침륜에 빠져서 뒤로 물러나는 정도가 아니라 완전히 배교하는 경우입니다. 성도의 견인 교리에 비추어 보면 참된 성도는 완전한 배교에 이르지 않습니다. 견인 교리는 하나님께서 거듭나게 하신 성도를 절대 버리지 않으시고 하나님의 능력으로 끝까지 그 사람의 구원을 완성하신다는 것입니다. 하나님께서 끝까지 인내하도록 지키시는 것입니다. 그렇다면 배교한 자들은 본래 하나님의 백성이 아니었던 사람들입니다(요일 2:19). 즉, 죄를 떨쳐 내고, 사랑의 계명에 순종하고, 세속적인 것을 사랑하지 않고, 믿음을 지키는 것과 같은 일들을 의식적으로 거부하는 것은 생명과 빛의 정반대로 이끌어 사망에 이르게 하는 죄라고 볼 수 있습니다. 이런 의식적인 죄는 필연적으로 배교와 교회에서의 이탈로 귀결되고, 적그리스도의 영에 속한 증거가 됩니다(요일 2:18, 19; 4:2-5).

셋째, 성령을 모독하는 것과 같이 대놓고 진리를 거부하는 신성 모독의 죄입니다. 예수님께서는 성령을 모독하고 거역하는 것은 이 세상과 오는 세상에서도 사하심을 얻지 못한다고 말씀하셨습니다(마 12:31, 32). 이것은 성령을 힘입어 능력을 행하시고 가르치시는 예수님을 보며 바알세불을 힘입어 귀신을 쫓아낸다고 비난하는 사람들에게 하신 말씀입니다. 즉, 이 죄는 성령님께서 우리를 거듭나게 하시고 회개하게 하시며 하나님의 말씀으로 계속 은혜를 베푸시는데도 끝까지 진리를 대적하고 거부하며 불신하는 상태로 남아 있는 죄를 말합니다. 성령님께서 오셔서 죄와 의와 심판에 대해 책망하실 때 죄라 함은 "그들이 나를 믿지 아니함"(요 16:9)이라고 말씀하셨듯이 믿지 않는 것이 죄입니다. 죽는 순간까지 믿지 않는 강퍅한 심령을 가지고 살다가 회개하지 않고 죽는 것입니다.

그렇다면 요한일서의 정황상 어느 해석이 가장 합당하다고 볼 수 있을까요? 사도가 편지를 쓴 목적을 생각할 때, '사망에 이르는 죄'는 배교로 이해할 수 있습니다. 분리주의자들, 교회를 떠난 거짓 교사들, 그리고 그 거짓 교사들을 따라 나간 추종자들, 즉 교회를 혼란에 빠뜨리고 교회에서 나간 사람들이 바로 '사망에 이르는 죄'를 범한 자들인 것입니다. 그들은 본래부터 하나님의 백성에 속한 적이 없었던 사람들입니다(요일 2:19).

사망에 이르지 아니하는 죄를 범하는 사람은 형제인가

그러면 '사망에 이르지 아니하는 죄'는 무엇일까요? 사도는 사망에 이르지 아니하는 죄를 범하는 형제를 위해서는 기도해야 한다고 하는데, 이 '형제'는 누구를 가리키는 것일까요? '형제'가 누구를 가리키는지에 대해서도 논란이 많습니다.

> 누구든지 형제가 사망에 이르지 아니하는 죄 범하는 것을 보거든 구하라 그리하면 사망에 이르지 아니하는 범죄자들을 위하여 그에게 생명을 주시리라 사망에 이르는 죄가 있으니 이에 관하여 나는 구하라 하지 않노라 (요일 5:16).

사도 요한은 분명 '형제'라고 쓰고 있습니다. 이 말씀을 단순하게 이해하면, 사망에 이르지 아니하는 죄를 짓는 사람은 형제입니다. 우리는 그 사람이 죄 범하는 것을 보면 기도해야 합니다. 그러나 요한일서의 다른 구절들을 볼 때, 형제가 죄를 범한다는 말은 받아들이기 어려운 부분이 있습니다.

> 그 안에 거하는 자마다 범죄하지 아니하나니 범죄하는 자마다 그를 보지도 못하였고 그를 알지도 못하였느니라(요일 3:6).

> 하나님께로부터 난 자는 다 범죄하지 아니하는 줄을 우리가 아노라 하나님께로부터 나신 자가 그를 지키시매 악한 자가 그를 만지지도 못하느니라(요일 5:18).

"신자는 범죄하지 않는다"라는 말은 죄를 한 번도 짓지 않는다는 의미가 아니라 죄를 짓지만 그 안에 머물러 사는 자처럼 반복해서 죄를 짓지는 않는다는 의미라는 사실을 이미 살펴본 바 있습니다. 그리고 요한일서 5장 16절의 '범하다'라는 동사도 분사이긴 하지만 같은 의미를 지닌 시제를 사용하고 있습니다. 즉, "형제가 사망에 이르지 아니하는 죄를 범하고 또 범하는 것을 보거든"이라고 읽을 수 있습니다. 이것이 습관적으로 죄를 범하는 것을 가리킨다면, '사망에 이르지 아니하는 죄 범하는 형제'는 불신자를 가리키는 것이어야 합니다. 그런데 사도는 왜 '형제'라고 썼을까?

이런 어려움 때문에 존 스토트는 이 구절에서 말하는 '형제'를 넓은 의미의 이웃으로 이해하는 것이 자연스럽다고 설명합니다. 또한 그는 이렇게 주장하는 또 다른 근거로 다음 구절을 제시합니다.

> 사망에 이르지 아니하는 범죄자들을 위하여 그에게 생명을 주시리라.

영생은 잃었다가 다시 얻을 수 있는 것이 아닙니다. 생명을 소유했다가 죄를 짓고 그 생명을 잃어버렸는데, 다른 사람이 기도한 덕에 그 생명을 다시 찾을 수 있는 것이 아닙니다. 거듭날 때 하나님께서 인간의 영혼 안에 심어 주신 하나님의 생명은 그가 죄를 범한다 하더라도 결코 그를 떠나지 않기 때문입니다. 그리스도인은 이미 사망에서 생명으로 옮겨진 자입니다 (요일 3:14; 요 5:24). "생명을 주시리라"라는 표현은 구원을 받는다는 말로 이해할 수 있기 때문에 존 스토트는 이 구절의 '형제'를 '이웃'으로 확대해야 한다고 해석합니다.

이 해석대로라면 사망에 이르는 죄를 범하는 자나 사망에 이르게 하지 않는 죄를 범하는 자나 모두 불신자를 가리키는 것이 됩니다. 사망에 이르게 하는 죄를 범한 자들은 거짓 교사들과 그 추종자들인 배교자들입니다. 그들은 처음부터 가짜였던 자들입니다. 입으로는 신앙을 고백하지만 하나님께로부터 난 적이 없는 사람들입니다. 반면, 사망에 이르게 하지 아니하는 죄를 범하는 사람들, 즉 하나님의 자녀들이 기도해 주어야 할 대상은 아직 믿음의 자리에 들어오지 않았지만 하나님께서 택한 백성, 하나님께서 영생을 주기로 작정하신 사람들을 가리킨다고 볼 수 있습니다.

그러나 이 설명에도 여전히 난점이 있습니다. 지금까지 사도는 '형제'라고 쓸 때, 명백하게 '하나님께로서 난 자'를 가리켜 왔기 때문입니다. 참된 그리스도인의 증거로 '형제 사랑'을 제시해 왔습니다. 그런데 아무 설명 없이 그 의미를 바꾸어 사용했다고 보기에는 무리가 따릅니다.

신자의 죄와 불신자의 죄

이런 난점들을 잠시 남겨 두고, 성경이 죄에 대해 가르치는 바에 주목해 보고자 합니다. 성경은 신자의 죄와 불신자의 죄를 구분하여 설명합니다. 신자의 죄는 용서받지 못할 죄가 아닙니다. 신자의 죄는 예수 그리스도께서 십자가에 못 박혀 죽으셨을 때, 이미 그분 안에서 하나님의 진노와 율법의 형벌과 저주를 받았습니다. 주님께서 십자가에 달려 죽으심으로 다 이루었다고 하신 것은 우리의 모든 죄가 용서받았다는 것을 확증합니다. 이것이 성도의 죄입니다. 그럼에도 불구하고 성도도 넘어지고 범죄합니다. 그래서 사도는 성도들에게 말합니다.

> 만일 우리가 죄가 없다고 말하면 스스로 속이고 또 진리가 우리 속에 있지 아니할 것이요 만일 우리가 우리 죄를 자백하면 그는 미쁘시고 의로우사 우리 죄를 사하시며 우리를 모든 불의에서 깨끗하게 하실 것이요(요일 1:8, 9).

성도가 범죄할지라도 구원은 취소되지 않습니다. '모든 불의가 죄로되 사망에 이르지 아니하는 죄도 있기' 때문입니다(요일 5:17). 그러나 신자의 죄는 하나님 아버지의 마음을 상하게 합니다. 그로 인해 하나님 아버지와 자녀 된 우리의 관계가 어려워지게 만듭니다(물론 저는 이 죄가 가볍다고 말하는 것이 결코 아닙니다).

하지만, 불신자의 죄는 다릅니다. 불신자의 죄는 크든 작든 모두 죽음과 지옥의 형벌을 초래하는 죄입니다. 불신자들에게는 모든 죄가 사망에 이르게 하는 죄입니다. 이런 면에서 신자의 죄와 불신자의 죄는 본질적으로 성질이 다릅니다.

이 설명에 비추어 본문을 이해한다면, 여전히 난점은 남겠지만 이렇게 설명할 수 있을 것입니다. 우선 "형제가 사망에 이르지 아니하는 죄 범하는 것을 보거든 구하라"라는 부분이 어려운데, 분명한 것은 형제인 신자는 사망에 이르지 아니하는 죄를 범할 수 있다는 것입니다. 그 죄는 하나님과의 사귐을 약화시키기는 하지만, 사망에 이르게 하지는 않습니다. 우리는 그렇게 죄를 범하는 형제들을 보면 기도해야 합니다. 우리 기도를 통해 하나님이 그 영혼을 회복시키실 것이기 때문입니다. 그렇다면 '생명을 주시리라'는 말씀은 형제의 영혼이 하나님과 성도들과 더불어 다시 생명력 있는 영적 교제를 회복한다는 의미로 이해할 수 있습니다. 이것이 성도가 기도에 대해 가지는 담대함입니다. 신자는 하나님 뜻대로 무엇을 구하면 하나님께서 들으신다는 확신을 가진 사람입니다. 이것이 요한일서의 전체 맥락에 잘 들어맞는 설명입니다.

공동체가 죄를 다루는 방식, 기도

요한일서 5장 16, 17절이 속한 작은 맥락은 성도가 기도에 대해 가지는 담대함을 말합니다. 그리고 이 맥락을 담고 있는 큰 맥락은 성도의 확신은 자기 자신에 머물게 하지 않고 형제를 사랑하게 한다는 것입니다. 하나님과 교통하고 만나는 사람이라면 하나님과 자신에게만 관심을 가지는 것이 아니라 필연적으로 형제들을 관심 있게 바라보게 됩니다. 사도 요한은 형제 사랑을 요한일서의 결론으로 말하면서 기도와 형제 사랑을 하나로 묶고 있습니다.

사도는 범죄하는 형제를 보면 '구하라'고 말합니다. 그 형제에게 하는 어떤 잔소리보다 기도가 더 힘이 있다는 확신을 피력하는 것입니다. 범죄하는 형제를 근본적으로 바꿀 수 있고, 그 영혼을 회복시키는 것은 기도입니다. 이것이 성도가 하나님 앞에 가지는 담대함입니다. 하나님께서 이 모든 기도, 하나님의 뜻대로 드리는 기도를 하나도 흘리지 않고 경청하시며 구하는 것을 주신다는 확신이 성도에게는 있는 것입니다.

16절에서 '구하다'와 '(생명을) 주다'라는 두 동사는 모두 미래 시제로 쓰였습니다. 미래 시제로 쓰인 '구하다'라는 동사는 두 가지 의미를 가집니다. 하나는 완곡한 명령입니다. 범죄하는 형제를 보면 그 형제를 위해서

'기도하라'는 것입니다. 다른 하나는 미래 시제 그대로, 범죄하는 형제를 보면 그 영혼을 위해서 '기도하게 될 것'이라는 의미입니다. 이 의미가 요한일서 전체 맥락에 잘 맞아 보입니다. 참된 하나님의 자녀는 다른 형제가 범죄하는 것을 보고 절대 등을 돌리지 않습니다. 마음 아파하며 그 형제를 품고 하나님께 나아갈 것입니다. 이것이 거듭난 성도에게 주시는 하나님의 마음이고 형제 사랑의 본성입니다. 거듭난 하나님의 자녀에게 이것은 매우 정상적인 본능적 반응입니다.

본문 말씀에서 우리는 한 가지 중요한 적용적 결론을 도출할 수 있습니다. 그것은 공동체가 죄를 다루는 방식은 기도라는 것입니다. 교회 안에서도 범죄가 일어납니다. 성도들도 넘어집니다. 그때 교회는 다양하게 반응할 수 있습니다. 마태복음 18장에 나와 있는 것처럼 형제의 범죄를 알게 된 사람은 그에게 권면할 수 있고, 그가 듣지 않으면 두세 사람이 함께 권면할 수 있습니다. 그래도 듣지 않으면 장로를 청하여 함께 가서 교회의 공적 권위로 권면할 수 있습니다. 그래도 듣지 않으면 교회에서 내보낼 수 있습니다. 치리가 이루어지는 것입니다. 그러나 이 모든 것은 '기도'라는 맥락에서 행해져야 합니다.

공동체가 죄를 다루는 방식은 언제나 기도입니다. 기도가 배제된 치리는 힘이 없습니다. 이 기도는 성도들에게 매우 자연스러운 것입니다. 하나님께로부터 난 자를 사랑하게 되어 있기 때문입니다. 사망에 이르지 아니하는 죄를 범한 모든 형제를 위해 교회가 할 일은 힘을 다해 간절히 기도하는 것입니다. 회복시킬 수 있다는 확신을 가지고서 말입니다. 이런 사람이 참된 확신을 가지고 주를 섬기며 살아가는 하나님의 백성입니다. 교회는 바로 이런 것입니다.

이것을 조금 더 확장해서 말한다면, 우리는 교회 안에 있는 아직 거듭나지 않은 사람들을 위해 기도해야 합니다. 이들은 하나님 말씀을 대적하고 성령을 훼방하는 자들이 아닙니다. 교회를 흔들고 교회에서 나간 배교자들도 아닙니다. 그들에게 생명을 주시길 기도하는 것은 교회의 마땅한 책임입니다.

기도는 교회가 존재하는 맥락입니다. 분주한 섬김과 헌신이 기도를 대체할 수 없습니다. 교회는 기도라는 맥락 속에서 존재하고 살아갑니다.

> 너희는 하나님의 은혜에 이르지 못하는 자가 없도록 하고 또 쓴 뿌리가 나서 괴롭게 하여 많은 사람이 이로 말미암아 더럽게 되지 않게 하며 음행하는 자와 혹 한 그릇 음식을 위하여 장자의 명분을 판 에서와 같이 망령된 자가 없도록 살피라(히 12:15, 16).

> 형제들아 너희는 삼가 혹 너희 중에 누가 믿지 아니하는 악한 마음을 품고 살아 계신 하나님에게서 떨어질까 조심할 것이요 오직 오늘이라 일컫는 동안에 매일 피차 권면하여 너희 중에 누구든지 죄의 유혹으로 완고하게 되지 않도록 하라(히 3:12, 13).

하나님의 은혜를 받지 못하는 사람이 있는지 살피라고 권하는 사람들이 모인 곳이 교회입니다. 죄의 유혹으로 마음이 완고해지지 않도록 날마다 서로 권면하는 곳이 교회입니다. 성도라면, 사랑하는 형제들이 은혜받는 자리에 갈 수 있도록 책임을 가지고 하나님 앞에서 합심하여 기도해야 할 것입니다.

1 John
요한일서 5장 18-21절

18 하나님께로부터 난 자는 다 범죄하지 아니하는 줄을 우리가 아노라 하나님께로부터 나신 자가 그를 지키시매 악한 자가 그를 만지지도 못하느니라 19 또 아는 것은 우리는 하나님께 속하고 온 세상은 악한 자 안에 처한 것이며 20 또 아는 것은 하나님의 아들이 이르러 우리에게 지각을 주사 우리로 참된 자를 알게 하신 것과 또한 우리가 참된 자 곧 그의 아들 예수 그리스도 안에 있는 것이니 그는 참 하나님이시요 영생이시라 21 자녀들아 너희 자신을 지켜 우상에게서 멀리하라

33

세 가지 지식과 우상 제거

우리는 어려서부터 양보하는 것이 미덕이라고 배웠습니다. 인생은 혼자 사는 것이 아니라 더불어 사는 것이기 때문에 양보는 참 중요합니다. 그리스도인에게는 더욱 그렇습니다. 그러나 우리의 죄성은 쉽게 양보하려 하지 않습니다.

지금까지 요한일서를 살펴보면서 우리는 그리스도인의 삶은 혼자 사는 삶이 아니라는 것을 거듭 들어왔습니다. 오늘날 우리의 신앙생활에서 이것은 매우 결정적인 문제입니다. 개인주의가 지배하는 이 세상의 정신에 함몰되어 살다 보면 그리스도인에게 교회가 마땅히 가져야 할 만큼의 의미를 가지기 어렵습니다. 주일에 예배당에서 주의 백성과 함께 드리는 공예배도 혼자 설교를 듣는 것으로 축소될 수 있습니다. 그러나 요한일서는 신앙생활이 사귐이라고 말합니다. 영생은 하나님과 그 아들 예수 그리스도와 함께하는 삶일 뿐 아니라, 하나님께로부터 난 우리 형제들과의 사귐을 누리는 삶입니다.

그리스도인의 삶은 단순히 신념을 가진 삶이 아닙니다. 신앙은 그저 관념이 아닙니다. 실재로서의 신앙에는 사귐의 기쁨이 있습니다. 서로 사랑하는 삶에 양보가 없다는 것은 생각할 수 없습니다. 그럼에도 요한일서 마지막 부분에서 우리는 사랑의 사도라고 일컬어지는 사도 요한이 단호하게 양보할 수 없는 결론을 제시하고 있는 것을 봅니다.

양보를 잘하는 사람은 때로 자기 주장이 없는 사람으로 오해받지만, 사도는 그리스도인은 그런 사람이 아니라고 말합니다. 그리스도인은 모든 점에서 손해를 보고 양보할 수 있지만 뒤로 물러설 수 없는 주장을 해야만 할 때가 있습니다. 본문 말씀이 말하는, 그리스도인이 단호하게 양보할 수 없는 주장은 세 가지입니다. 첫째, '하나님께로부터 난 자는 다 범죄하지 않는다'(요일 5:18)는 것이고, 둘째, '신자는 세상이 아닌 하나님에게 속한 자'(요일 5:19)라는 것이며, 셋째, '하나님의 아들이 우리에게 오셔서 하나님을 아는 지식을 주셨다'(요일 5:20)는 것입니다. 사도 요한은 우리가 이 세 가지 사실을 '안다'고 말합니다. 이것은 그리스도인이 양보할 수 없는 세 가지 지식입니다. 그리고 이 세 가지 주장을 하고 나서 마지막으로 사도는 "자녀들아 너희 자신을 지켜 우상에게서 멀리하라"(요일 5:21)는 권면으로 편지를 마칩니다.

그리스도인은 범죄하지 않는다

앞서 사도 요한은 신자가 기도 안에서 가지는 담대함을 말했습니다(요일 5:14-17). 신자의 담대함은 세상 사람들 앞에서 자신 있는 척할 때가 아니라 기도할 때 나타납니다. 이것은 우리가 주의 뜻대로 무엇을 구하면 하나님께서 귀 기울여 들으신다는 것을 안다는 확신입니다. 이어서 사도는 신자가 가지는 영적 지식의 담대함을 말하면서 편지를 마무리합니다. 그것은 신자가 양보할 수 없는 세 가지 지식입니다.

첫째, 하나님께로부터 난 자는 범죄하지 않는다는 주장입니다.

> 하나님께로부터 난 자는 다 범죄하지 아니하는 줄을 우리가 아노라 하나님께로부터 나신 자가 그를 지키시매 악한 자가 그를 만지지도 못하느니라(요일 5:18).

이것은 사도가 처음 하는 말이 아닙니다.

> 그 안에 거하는 자마다 범죄하지 아니하나니 범죄하는 자마다 그를 보지도 못하였고 그를 알지도 못하였느니라(요일 3:6).

> 하나님께로부터 난 자마다 죄를 짓지 아니하나니 이는 하나님의 씨가 그의 속에 거함이요 그도 범죄하지 못하는 것은 하나님께로부터 났음이라(요일 3:9).

앞서 이미 살펴봤듯이, 사도 요한은 신자가 전혀 죄를 짓지 않는다고 말하는 것이 아닙니다. 이것은 '하나님께로부터 난 자는 아무도 죄 가운데 둥지를 틀고 살지 않는다'는 뜻입니다. 신자는 밥 먹듯이 죄를 지으며 살 수 없습니다. 이것은 같은 죄를 두 번 짓지 않는다는 말이 아닙니다. 존 스토트는 이렇게 설명합니다.

> 하나님께로부터 난 사람, 즉 하나님의 자녀와 죄는 어울리지 않는 짝이다. 하나님의 자녀는 때때로 죄를 만나지만, 죄와 화목하게 살 수는 없다.

5장 18절은 특정한 죄를 가리켜 말하는 것이 아니라 진행 중인 상태를 말한다고 볼 수 있습니다. 죄가 늘 내 삶에 붙어 있는 상태인 것입니다.

사도 요한이 이렇게 강하게 표현한 이유가 있습니다. 당시 교회를 어지럽히던 이단들이 죄와 관련해서 내세운 두 가지 주장 때문입니다. 이단들은 죄가 없다고 주장하거나(요일 1:8), 죄를 완전히 무시하곤 했습니다(요일 1:6). 사도는 죄가 없다고 말하는 것은 스스로 속이는 것이라고 반박합니다. 또한 자신의 영혼은 구원받았다며 죄를 무시하는 이들에게 하나님의 빛 가운데 거한다면서 어둠 가운데 행하는 자는 거짓말을 하는 것이라고 말합니다.

18절에는 유사한 표현이 두 번 나옵니다. '하나님께로부터 난 자'와 '하나님께로부터 나신 자'입니다. 한글 성경으로 볼 때는 경어 사용이라는 차이가 있지만, 사실 헬라어에는 경어가 없습니다. 그렇기 때문에 헬라어로 두 표현은 시제만 다를 뿐입니다. 전자는 완료 시제로, 태어남의 결과가 지속적임을 함축합니다. 이것은 '하나님께로부터 난' 하나님의 자녀는 일시적인 변화가 아니라 영구적인 특권과 신분을 얻었다는 것을 보여 줍니다. 그러나 후자는 부정 과거 시제로, 역사 속의 한 사건인 예수님의 탄생을 가리킵니다. 이런 근거에서 후자가 말하는 '하나님께로부터 나신 자'는 예수님으로 해석할 수 있고, 그렇기 때문에 한글 성경은 경어를 써서 '나신 자'로 번역한 것입니다.

어떤 성경에는 '하나님께로부터 나신 자'라는 표현에서 '나신'이라는 동사에 각주가 달려 있는데, 이런 설명이 있습니다. "어떤 사본에, 난 자가 자기를 지키매." 이것은 후자를 예수님이 아닌 신자로 이해하는 것입니다. 그렇게 보면 18절 내용이 크게 달라집니다. "하나님께로부터 난 자는 다 범죄하지 아니하는 줄을 우리가 아노라 하나님께로부터 난 자(신자 자신)가 자기를 지키매 악한 자가 그를 만지지도 못하느니라"라는 뜻이 됩니다. 고대 사본들에서는 이 두 가지 본문을 모두 볼 수 있는데, 우리는 본문의 문맥을 살펴서 어느 표현이 사도가 쓴 원문에 더 가까운지를 결정할 수 있습니다.

사도 요한은 지금 성도는 사망에 이르는 죄를 범하지 않는다는 것을 말했습니다. 이것은 성도의 견인 교리와 관련됩니다. 물론 우리가 스스로를 지키는 것도 중요하지만 예수님께서 우리를 지켜 주시기 때문에 우리가 안전하다고 말하는 것이 더 적절합니다. 그런 면에서 '하나님께로부터 나신 자'는 예수 그리스도를 의미한다고 보는 것이 적절합니다. 이것은 성경의 많은 내용과도 합치합니다.

> 나를 보내신 이의 뜻은 내게 주신 자 중에 내가 하나도 잃어버리지 아니하고 마지막 날에 다시 살리는 이것이니라(요 6:39).

> 내가 그들에게 영생을 주노니 영원히 멸망하지 아니할 것이요 또 그들을 내 손에서 빼앗을 자가 없느니라(요 10:28).

성도가 사망에 이르는 죄를 짓지 않고, 또 죄 가운데 살아가지 않는 것은 성도 자신이 자기를 잘 지키기 때문이라기보다 주님이 지켜 주시기 때문입니다. 그러므로 악한 자는 성도를 만지지도 못하는 것입니다. 여기서 '만지다'라는 표현은 부정적인 의미로 '해치다'라는 뉘앙스를 전달합니다. 사도는 그리스도인이 죄와 싸우되 절망감이나 패배감이 아니라 확신을 가지고 싸울 수 있다는 것을 말하려고 합니다. 그리스도께서 사탄보다 강하시기 때문입니다.

사탄은 신앙의 존재와 진정성을 믿지 않습니다. 사탄은 우리가 예수님을 믿는 데는 다 이유가 있다고 의심합니다. 욥기에 등장하는 사탄이 그것을 잘 보여 주지 않습니까?

> 사탄이 여호와께 대답하여 이르되 욥이 어찌 까닭 없이 하나님을 경외하리이까 주께서 그와 그의 집과 그의 모든 소유물을 울타리로 두르심 때문이 아니니이까 주께서 그의 손으로 하는 바를 복되게 하사 그의 소유물이 땅에 넘치게 하셨음이니이다(욥 1:9, 10).

그래서 사탄은 때로 온갖 시험으로 우리의 참된 신앙에 시비를 걸어옵니다. 그러나 그리스도의 구속은 완전해서 그리스도인이 세상에서 시험과 시련, 낙심과 비참을 경험할지라도 사탄의 수중에 빠져 그와 함께 죄를 먹고 사는 일은 일어나지 않습니다. '악한 자가 만지지도 못한다'는 말은 우리에게 시련이나 고난, 어려움이 없다는 뜻이 아닙니다. 악한 자가 우리의 구원 문제를 건드릴 수 없도록, 우리를 근본적으로 파괴하거나 하나님의 사랑에서 끊어 낼 수 없도록 하나님께서 우리와 우리 믿음을 지켜 주신다는 뜻입니다. 이것이 사도가 우리에게 전하고 싶어 한 확신의 내용입니다.

그리스도인은 하나님께 속한 사람이다

사도 요한이 단언하는 두 번째 주장은 '그리스도인은 하나님께 속한 자'라는 것입니다.

> 또 아는 것은 우리는 하나님께 속하고 온 세상은 악한 자 안에 처한 것이며(요일 5:19).

우리가 하나님께 속했다는 것은 소유권을 의미하는 표현입니다. 그리스도인은 하나님의 소유된 백성입니다. 하나님께서는 당신의 소유를 빼앗기지 않으십니다. 그리스도인은 자신의 전 존재가 이제와 영원히 하나님께 속한 자라는 사실을 압니다. 사도 요한은 18절에서 "하나님께로부터 난 자"라고 3인칭 단수로 표현한 것을 19절에서는 "우리"라는 1인칭 복수 대명사로 표현하면서 요한 자신을 포함한 모든 신자가 하나님께 속한 하나님의 소유임을 분명하게 밝힙니다. 신앙이 성숙한 일부 신자들만 하나님께 속한 것이 아닙니다. 모든 신자가 하나님께 속한 자입니다.

자신이 하나님의 소유라는 것을 알고 하나님께 속한 자답게 살아가는 것은 신자에게 매우 중요합니다. 존 번연의 「천로역정」에 등장하는 주인공 '크리스천'이 시종일관 지닌 태도가 바로 이것이었습니다. 그는 자신이 다른 나라에 속했음을, 그 나라가 자신을 기다리고 있고 자신은 그 나라를 향해 가는 순례자이자 나그네임을 분명하게 알았습니다.

사도 요한은 신자인 '우리'와 구별하여 '세상'을 언급합니다. 온 세상이 악한 자, 즉 사탄 안에 처했다고 말합니다. 세상은 전체가 악한 자의 손아귀 안에 처해 있습니다. 그런데 사도는 여기서 온 세상이 사탄에게 '속했다'고 말하지 않고 '처했다'고 표현합니다. 이 둘은 전하는 의미가 다릅니다. 세상이 비록 사탄의 영향 아래 있긴 하지만, 사탄의 소유가 될 수는 없기 때문입니다.

세상은 하나님 없이 세워진 삶과 그 체계입니다. 하나님을 배제한 관점과 정신 상태입니다. 세상은 하나님을 부정하는 체계입니다. 성경은 세상이 아무리 최상의 상태에 이를지라도 하나님을 부정하기 때문에 악하다고 말합니다. 그래서 사도는 앞서 "이 세상이나 세상에 있는 것들을 사랑하지 말라"(요일 2:15)고 말한 것입니다. 이 점에서 세상과 교회의 경계가 모호해지는 현상은 매우 심각한 문제입니다.

그리스도인은 세상을 사랑할 수 없고, 세상과 친해질 수 없습니다. 세상과 세상에 있는 것들은 하나님 없는 체계이기 때문입니다. 그리스도인은 하나님 없는 삶을 상상할 수 없습니다. 하나님과 그분 말씀은 그리스도인에게 절대 기준입니다. 세상은 행복을 약속하며 우리를 유혹하지만 우리가 하나님께 속한 사람이라는 사실을 안다면, 우리는 이 길을 나그네처럼 걸어갈 것입니다. 그리스도인은 하나님께 속한 사람입니다. 성령님으로 거듭났고, 하나님을 사랑하는 사람입니다. 이것이 그리스도인이 누리는 두 번째 지식입니다.

하나님의 아들이 오셔서 우리에게 하나님을 아는 지각을 주셨다

셋째, 하나님의 아들이 오셔서 우리에게 하나님을 아는 지식을 주셨다는 주장입니다.

> 또 아는 것은 하나님의 아들이 이르러 우리에게 지각을 주사 우리로 참된 자를 알게 하신 것과 또한 우리가 참된 자 곧 그의 아들 예수 그리스도 안에 있는 것이니 그는 참 하나님이시요 영생이시라(요일 5:20).

사도 요한이 단언하는 세 번째 지식은 신자가 가지는 세 가지 지식 가운데 가장 근본적이고 결정적인 지식이며, 당시 이단인 영지주의의 신학적 뿌리를 뒤흔드는 기독론에 관련된 주장입니다. 하나님의 아들이 오시기 전에는 전혀 상상할 수 없던 지각, 바로 하나님을 아는 지각을 주신 것입니다. 이것을 사도는 '참된 자를 알게 하신 것'이라고 말합니다.

불신자와 신자를 나누는 결정적인 기준이 바로 이 지각이 있느냐 없느냐입니다. 눈이 뜨였느냐, 아니면 여전히 눈먼 자로 있느냐인 것입니다. 하나님께서 성령으로 우리를 거듭나게 하실 때, 우리 눈이 뜨이고 열립니다. 그리고 시야가 점점 환해집니다. 이것이 예수님께서 우리에게 지각을 주신 것과 같은 말입니다. 그리스도께서 신자들에게 주신 이 지각은 참된 자이신 하나님 아버지를 보고 알게 합니다. 또한 이 지각으로 우리가 참된 자, 곧 그의 아들 예수 그리스도 안에 있다는 사실도 알게 됩니다. 이것은 진리를 받아들이는 영적이고 지적인 능력입니다. 또한 이 지각은 사도가 앞에서 언급한 '기름 부음'과도 다르지 않습니다(요일 2:20, 27). 사도는 예수님을 믿는 사람은 누구나 기름 부음을 받고 하나님을 안다고 설명했습니다. 주 예수님께서 우리에게 지각을 주지 않으셨더라면, 우리는 결코 참되신 하나님을 알지 못했을 것입니다. 이 지각은 성령을 선물로 받음으로써 주어진 것입니다(고전 2:8, 10).

비록 온 세상이 악한 자 안에 처했지만, 사도는 하나님의 아들이 오셨다고 말합니다. 이것은 좋은 소식입니다. 그리고 하나님의 아들이 오셔서 우리에게 지각을 주셨습니다. 여기서 '주셨다'는 동사도 완료형으로, 한 번 발생한 사건의 결과가 현재까지 계속 영향을 끼치는 것을 의미합니다. 즉, 지각을 주셔서 우리가 참된 분이신 하나님을 알게 되고, 지금도 그 은혜를 누린다는 말입니다. 이 지각이 지금도 계속 신자들 안에 주어져서 신자들로 하여금 믿음을 지키고 살아갈 수 있게 하는 동력이 됩니다. 이 지각은 어느 순간 사라져 버리는 것이 아닙니다.

교회를 어지럽히던 영지주의를 의식한 사도 요한은 정교하게 말합니다. "하나님의 아들이 이르러"라고 말한 것처럼(요일 5:20) 기독교 신앙은 그리스도의 오심이라는 역사적 사실 위에 서 있습니다. 또한 기독교 신앙은 그가 주신 '지각'으로 하나님을 알게 되는 경험적 신앙이기도 합니다. 믿음의 역사적인 면과 경험적인 면, 둘 중 하나만 없어도 온전한 기독교 신앙일 수 없습니다.

사도는 이 지각을 통해 '참된 자를 알게 하셨다'고 하는데, 이것은 추상적이고 관념적인 진리가 아니라 인격이신 하나님 자신을 아는 것입니다. 사도는 그리스도인이 아는 세 가지 지식을 말하면서 '알다'라는 동사를 사용했습니다. "우리가 아노라"(요일 5:18), "또 아는 것은"(요일 5:19, 20)에서 '알다'는 헬라어 '오이다'(οἶδα)로 '어떤 사실을 직관적으로 인지한다'는 의미가 강하다면, "참된 자를 알게 하신 것"(요일 5:20)에서 '알다'는 헬라어 '기노스코'(γινώσκω)로 '경험적, 인격적으로 안다'는 의미가 더 강합니다. 다시 말해 우리가 참된 자를 아는 지식은 주님께서 주신 지각으로서 하나님에 대한 신학적인 지식을 안다는 것이 아니라 하나님과 인격적 관계를 맺고 그 하나님을 사랑하며 경험하는 인격적이고 체험적인 지식이라는 것입니다.

이 지각은 '또한 우리가 참된 자, 곧 그의 아들 예수 그리스도 안에 있는 것'을 알게 합니다. 우리는 참된 자, 즉 성부 하나님과 그의 아들 예수 그리스도 안에 있습니다. 그리고 이어서 "그는 참 하나님이시요 영생"이시라고 말하는데, 이 말은 예수님께서 잡히시기 전에 드리신 기도를 생각나게 합니다.

> 영생은 곧 유일하신 참 하나님과 그가 보내신 자 예수 그리스도를 아는 것이니이다(요 17:3).

예수님께서는 영생을 언급하시면서 성부 하나님과 성자 하나님이신 당신 자신을 함께 언급하셨습니다. 이것은 요한일서 5장 20절과 정확히 일치하는 말씀입니다. 영생은 하나님 아버지와 예수 그리스도께서 가지신 사귐, 그 행복한 교제 안으로 우리가 들어가는 것입니다. '하나님과 예수 그리스도 안에 있다'는 말을 통해 사도는 1장에서 한 이야기를 다시 한 번 전하고 싶었던 것입니다.

> 이 생명이 나타내신 바 된지라 이 영원한 생명을 우리가 보았고 증언하여 너희에게 전하노니 이는 아버지와 함께 계시다가 우리에게 나타내신 바

> 된 이시니라 우리가 보고 들은 바를 너희에게도 전함은 너희로 우리와 사귐이 있게 하려 함이니 우리의 사귐은 아버지와 그의 아들 예수 그리스도와 더불어 누림이라(요일 1:2, 3).

사도는 성부 하나님과 성자 하나님과 더불어 누리는 사귐에 우리를 초청하고 있습니다.

여러분은 성령을 받으셨습니까? 여러분에게는 성령의 기름 부음이 있습니까? 여러분은 참되신 하나님을 아는 지각을 주 예수님께 받으셨습니까? 참되신 하나님을 아는 지각이 있다면 감사하십시오. 그렇지 않다면 성령을 달라고 하나님의 은혜를 구하십시오(눅 11:13). 여러분 인생에 이보다 중요한 일은 없습니다. 이것이 금생과 내세에 영원히 유익한 일이기 때문입니다. 그리스도인은 주 예수님께서 이 세상에 오셔서 우리에게 하나님을 알도록 지각을 주셨다는 사실을 아는 사람입니다.

마지막 권면_ 자신을 지켜 우상에게서 멀리하라

사도 요한은 매우 특이한 권고로 서신을 마칩니다.

> 자녀들아 너희 자신을 지켜 우상에게서 멀리하라(요일 5:21).

사도는 왜 이 말을 이 편지 마지막에 하고 싶었을까요? 이 권고는 사도가 앞서 말한 세 가지 지식에 토대를 두고 있습니다. 신자는 죄 가운데 사는 자가 아니며, 하나님께 속해 있고, 하나님을 아는 사람이기에 자신을 지켜 우상에게서 멀리해야 합니다. 여기서 사도가 말하는 우상 숭배는 단순히 행위의 문제일 뿐 아니라 관점과 태도의 문제라는 것을 이해해야 합니다. 우상은 성도의 영적인 삶을 방해하는 최고의 적이자 거짓 신입니다. 우리는 우상을 여러 가지로 설명할 수 있지만, 본문 말씀과 관련하여 두 가지로 설명드리겠습니다.

첫째, 우상은 신자의 기쁨과 만족과 확신의 대상인 하나님을 대신하는 모든 것입니다. 사도는 참된 성도들에게 기독교 신앙 안에 있는 확신을 주려고 이 편지를 썼습니다. 하나님과 주 예수 그리스도와의 사귐, 그리고 형제들과 함께하는 사귐은 기쁨과 만족을 가져다 줍니다. 우리의 기쁨과 만족과 확신은 하나님께 있습니다. 이것이 영생이 의미하는 바입니다. 그런데 우리는 종종 다른 데서 그것을 얻으려는 유혹을 받습니다.

하나님 외에 우리에게 기쁨과 만족을 줄 수 있을 것이라고 생각하는 그 모든 것이 우상입니다. 우리는 자신을 지켜 그 우상에게서 멀리해야 합니다. 우상은 우리의 시간과 물질, 관심과 에너지를 빼앗아 가는 대적입니다. 우상은 우리를 정복하고 다스리기까지 결코 만족하지 않습니다. 하나님 대신 우리를 행복하게 해줄 것이라고 생각하는 그 모든 것을 물리치십시오. 그것들이 바로 우리의 우상입니다.

사도 요한은 이 세상과 세상에 있는 것들을 사랑하지 말라고 권합니다. 우리는 하나님께 속했지만, 세상은 악한 자 안에 처했습니다. 그리스도인은 오직 하나님 안에서 최고로 만족을 누리는 사람입니다. 하나님 안에서 기쁨과 확신을 얻는 사람입니다. 영생을 맛보고 그것이 진짜라는 것을 알고 영생을 추구하는 사람입니다.

둘째, 사도 요한이 말하는 우상은 신자의 영적인 사귐을 방해하는 여우입니다.

> 우리를 위하여 여우 곧 포도원을 허는 작은 여우를 잡으라 우리의 포도원에 꽃이 피었음이라(아 2:15).

아가서에서 말하는 여우는 술람미 여인과 솔로몬의 사랑을 방해하는 모든 것입니다. 영생은 하나님과 그 아들 예수 그리스도 안에 사는 삶이고, 하나님과 주 예수 그리스도와 함께하는 사귐의 삶입니다. 또한 주 안에 있는 모든 형제와의 사귐의 삶입니다. 이 모든 영적 사귐을 방해하는 존재가 여우입니다. 사도가 "너희 자신을 지켜 우상에게서 멀리하라"고 한 말은 이 여우를 잡으라는 뜻입니다.

신자로서 여러분의 삶에 확신이 있습니까? 기쁨이 있습니까? 여러분의 영적인 삶을 허무는 여우는 무엇입니까? 무엇이 여러분의 영적인 사귐을 방해합니까? 무엇이 여러분의 기도를 방해합니까? 그 여우를 잡으십시오.

사도 요한이 자신을 지켜 우상에게서 멀리하라는 권고로 편지를 마무리하는 이유를 아시겠습니까? 이것이 우리의 영적인 삶에서 매우 중요한 문제이기 때문입니다. 그래서 사도가 우리에게 도전하고 경고하고 권면하는 것입니다. 기억하십시오. 여우는 하나님께서 우리에게 주시는 기쁨, 하나님께서 우리에게 주시는 확신, 하나님께서 우리에게 누리게 하시는 행복과 만족을 무너뜨리는 존재입니다. 하나님 앞에 나아갈 때마다 회개하는 것은 여우를 잡는 최상의 방법입니다. 마르틴 루터(Martin Luther)의 말대로, 신자의 전 생애는 회개입니다. 회개가 없는 그리스도인은 그리스도인일 수 없습니다. 이것을 놓치지 마십시오.

2 John
요한이서 1장 1-6절

1 장로인 나는 택하심을 받은 부녀와 그의 자녀들에게 편지하노니 내가 참으로 사랑하는 자요 나뿐 아니라 진리를 아는 모든 자도 그리하는 것은 2 우리 안에 거하여 영원히 우리와 함께 할 진리로 말미암음이로다 3 은혜와 긍휼과 평강이 하나님 아버지와 아버지의 아들 예수 그리스도께로부터 진리와 사랑 가운데서 우리와 함께 있으리라 4 너의 자녀들 중에 우리가 아버지께 받은 계명대로 진리를 행하는 자를 내가 보니 심히 기쁘도다 5 부녀여, 내가 이제 네게 구하노니 서로 사랑하자 이는 새 계명같이 네게 쓰는 것이 아니요 처음부터 우리가 가진 것이라 6 또 사랑은 이것이니 우리가 그 계명을 따라 행하는 것이요 계명은 이것이니 너희가 처음부터 들은 바와 같이 그 가운데서 행하라 하심이라

34

사랑과 진리

초대 교회 성도들을 오늘날 우리의 신앙생활의 경험에 비추어 파악하려고 한다면 많은 오해가 발생할 것입니다. 21세기만 하더라도 아프리카의 어느 지역에 있는 교회와 한국의 교회는 전혀 다른 방식으로 예배를 드릴 뿐 아니라 신앙생활의 형태도 많은 차이를 가질 것입니다. 동시대의 교회들을 비교해도 그러한데, 우리가 오늘 우리 자신의 경험으로 어떻게 초대 교회를 제대로 이해할 수 있겠습니까?

오늘날에는 교회마다 정해진 목회자가 말씀을 가르치지만, 1세기와 2세기의 교회에서는 주님의 제자들인 사도들이 말씀을 가르쳤고, 또는 디모데나 디도처럼 사도들이 키운 제자들이 일정 기간 특정 교회를 책임지고 목양을 하기도 했습니다. 그러나 대부분은 목사와 교사의 수가 항상 부족했습니다. 그래서 당시에는 이른바 순회 교사들이 돌아다니면서 어느 한 교회에 머물며 일정 기간 말씀을 전하고 떠나곤 했습니다.

2세기까지 교회는 주로 순회 교사들의 가르침에 의존해야 했습니다. 따라서 초대 교회에서 이런 순회 교사들을 잘 접대하고 그들이 다음 행선지로 갈 수 있도록 후원하는 것은 매우 중요했습니다(롬 15:24). 그런데 1세기에서 2세기로 넘어갈 무렵, 사도들이 대부분 세상을 떠나고, 생존한 사도는 요한밖에 없었습니다. 처음에는 사도들의 천거서를 통해서 순회 교사들을 받아들일 수 있었지만 점점 그런 사도들의 확실한 증명서도 요구할 수 없는 상황에 이르게 된 것입니다. 게다가 복음을 전합답시고 돌아다니면서 교회와 성도들의 돈을 탈취하는 소위 '그리스도 장사꾼'(Christemporos)이라고 불리는 자들도 등장하기 시작했습니다. 그러므로 순회 교사들을 잘 분별하여 대하는 것은 초대 교회에 매우 중요한 쟁점이 되었습니다. 요한이서와 요한삼서에는 이런 초대 교회의 정황이 고스란히 담겨 있습니다. 이 두 서신은 요한일서에서 다룬 참된 그리스도인의 기준을 어떻게 적용할 것인가의 문제를 다루고 있습니다.

발신인과 수신인

요한이서 1장 1절에서 우리는 이 편지의 발신인과 수신인을 볼 수 있는데, 정확하게 사람의 이름을 표기한 것이 아니어서 몇 가지 밝혀야 할 것들이 있습니다.

> 장로인 나는 택하심을 받은 부녀와 그의 자녀들에게 편지하노니 내가 참으로 사랑하는 자요 나뿐 아니라 진리를 아는 모든 자도 그리하는 것은(요이 1:1).

1절을 보면 발신인이 '장로인 나'라고만 되어 있습니다. '장로'는 본래

'존경받는 연로한 인물'을 가리키는 말이지만, 초대 교회의 중요한 직분의 명칭이기도 합니다. 이 '장로'가 누구인지에 대해서는 많은 해석이 있습니다. 사도 요한이 아니라 동명이인인 장로 요한이라고 해석하거나, 애초에 요한이서는 사도 요한이 쓰지 않았다는 주장도 적지 않습니다. 그러나 우리가 무시할 수 없는 사실은 1세기 말부터 사도 요한의 제자들이나 2세기 지도자들이 요한이서를 쓴 장로가 사도 요한이라는 사실을 인정했다는 것입니다.

이 마지막 견해를 받아들인다면, 요한은 왜 자신을 '장로'라고 쓴 것일까요? 사도 요한은 교회의 감독과 지도자의 권위로 말함과 동시에 자신을 교회 지도자로 세워진 장로들과 연결하기 위해 의도적으로 자신을 '장로'라고 소개한 것으로 보입니다. 개혁주의 신약 성경 학자였던 사이먼 키스트메이커는 이렇게 설명합니다.

> 요한이서와 요한삼서에서 이 편지를 쓴 사람이 사도인지 아닌지는 큰 문제가 아니다. 그의 독자들은 그(저자)가 사도라는 사실을 이미 알고 있었기 때문이다. 1세기 말에 사람들은 요한이 마지막 생존하고 있는 사도라는 사실도 익히 알고 있었다. 그리고 요한은 영예로운 장로라는 칭호를 가지고 있었다.

사도 요한이 이 편지를 쓸 때, 독자들은 이 '장로'가 사도 요한이라는 사실을 다 알고 있었다는 것입니다. 그래서 굳이 자신을 '그리스도의 사도'라거나 다른 용어로 설명하지 않아도 되었던 것입니다.

두 번째로 살펴볼 것은 이 편지의 수신인입니다. 1절은 '택하심을 받은 부녀와 그 자녀들'에게 편지한다고 말합니다. '택하심을 받은 부녀'가 누구인지를 밝히는 문제는 이 편지의 발신인인 '장로'가 누구인지를 확인하는 것보다 훨씬 복잡합니다.

'택하심을 받은 부녀'가 누구인지에 대해서는 크게 두 가지로 해석합니다. 첫째, '택하심을 받은 부녀'가 초대 교회의 한 여인을 가리킨다는 견해입니다. '택하심을 받다'로 해석되는 헬라어가 고유 명사인 사람 이름이라고 보는 것입니다. 예를 들어, 제가 아들을 낳았는데 이름을 '택하심을 받은 아들'이라는 뜻으로 '택자'라고 지었다고 합시다. 그런데 후대에 누군가가 '택자'가 이름인 줄 모르고 풀어서 '택하심을 받은 아들'이라고 번역한 것입니다. 이런 식으로 이 편지의 수신인이 실제로 한 여성과 그 자녀들이라고 보는 해석이 있습니다.

둘째, 여기서 '부녀'를 뜻하는 헬라어 '퀴리아'(κυρία)가 예수님을 '주님'이라고 부를 때 사용하는 '퀴리오스'(κύριος)의 여성형이라는 점에 착안하여 이 편지의 수신인이 예수 그리스도의 신부인 교회를 가리킨다고 보는 견해입니다. 이것은 더 일반적이고 보편적으로 받아들여지는 해석입니다. 교회의 성격을 보여 주는 '택함받은'이라는 말이 이 해석을 더욱 지지해 주는 것 같습니다. 게다가 요한이서 내용이 공동체의 문제들을 다룬다는 점에서, 이 편지는 한 개인보다는 교회에게 보내어졌다고 보는 것이 더 자연스러워 보입니다. 이 편지에서 종종 2인칭 복수 대명사 '너희'가 사용된 것도 교회를 향해 쓰여졌다는 견해를 지지하는 증거가 됩니다(요이 1:6, 8, 10, 12). 저는 요한이서의 수신인이 '교회'라는 전제에서 본문 말씀을 설명하려고 합니다.

사도 요한은 왜 굳이 이렇게 은유적으로 발신인과 수신인을 표현했을까요? 그것은 요한계시록을 쓸 때와 비슷한 이유 때문인 것으로 보입니다. 한 예로 요한계시록에 나오는 '666'은 라틴어의 각 알파벳마다 부여된 숫자를 활용하여 네로 황제를 표현한 것이라고 해석할 수 있습니다. 일종의 암호인 셈입니다. 기독교를 박해하는 로마 제국 아래에서 각 교회가 회람

하며 읽을 공적인 편지에 '네로 황제'를 명시적으로 거론하는 것은 큰 위험을 초래할 수 있기 때문입니다. 같은 이유에서 요한이서 역시 발신인이나 수신인의 실명을 거론하는 것이 후일에 혹시라도 어려움을 가져올 수 있기 때문에 조심스러웠을 것이라고 이해할 수 있습니다.

성도는 진리를 아는 사람이다

요한이서 1장 1절 하반절과 2절은 이 편지를 받는 사람들을 조금 더 설명합니다.

> 내가 참으로 사랑하는 자요 나뿐 아니라 진리를 아는 모든 자도 그리하는 것은 우리 안에 거하여 영원히 우리와 함께할 진리로 말미암음이로다.

사도는 '택하심을 받은 부녀와 그의 자녀들', 즉 교회를 향해서, 자신을 포함하여 진리를 아는 모든 자가 참으로 사랑하는 자라고 말합니다. 여기서 '참으로 사랑한다'는 말은 '진리 안에서 사랑한다'는 의미일 수도 있지만, '진리'라는 말에 정관사가 쓰이지 않았기 때문에 부사로 해석하여 '참으로 사랑한다'라고 읽을 수 있습니다.

교회는 사도 요한이 참으로 사랑하는 대상이며, '진리를 아는 모든 자'가 참으로 사랑하는 대상입니다. 그렇다면 '진리를 아는 모든 자'는 누구입니까? 이 표현은 특별히 사도가 많은 거짓 순회 교사와 이단을 의식하여 사용한 말로 보입니다. 이로써 사도는 자신과 교회가 진리를 향한 사랑이 없는 이단들과는 구별되는 존재임을 밝히려는 것입니다.

교회는 진리를 아는 사람들입니다. 진리를 아는 자들이 참된 성도들입니다. 진리를 아는 모든 자는 어디에 있든지 진리를 아는 자들을 사랑합니다.

즉 다른 교회들도 이 교회를 사랑합니다. 한 번도 보지 못했으나 같은 진리를 믿고 있기 때문에 사랑한다는 것입니다. 그러나 저는 사도 요한이 말하는 정확한 의미에서 오늘날의 교회를 설명할 자신이 없습니다. 우리는 참으로 진리를 아는 사람들입니까? 이 질문에 자신 있게 대답할 수 없다는 것은 참으로 슬픈 일입니다.

사도는 참된 성도는 교회를 사랑한다는 사실을 압니다. 이것은 요한일서에서 사도가 계속 말해 온 것입니다. 형제는 형제를 사랑함으로 자신이 하나님에게서 난 자임을 입증합니다. 형제는 형제를 알아봅니다. 형제의 특징 가운데 하나는 진리를 아는 것입니다. 여기에는 예외가 없습니다. 그래서 사도는 진리를 아는 '모든' 자라고 말합니다.

요한이서 1장 1-6절에서 가장 많이 등장하는 단어는 '진리'입니다. 여기서 사도 요한이 말하는 진리는 복음의 내용인 교리만을 의미하지 않습니다. 어떤 추상적인 개념이나 이론적 지식도 아닙니다. 사도에게 진리는 예수님 안에서 자신을 계시하신 하나님 자신과 기독교적 선포를 통해 하나님의 실재를 표현하는 방식입니다(요일 1:8; 2:21; 3:19; 5:20).

사도는 진리를 인격적인 개념, 하나님에 관한 개념으로 설명합니다. 2절은 그것을 더 잘 표현합니다.

> 우리 안에 거하여 영원히 우리와 함께할 진리로 말미암음이로다.

이 표현은 언뜻 예수님께서 십자가를 지시기 전, 제자들에게 하신 말씀을 떠올리게 합니다.

> 내가 아버지께 구하겠으니 그가 또 다른 보혜사를 너희에게 주사 영원토록 너희와 함께 있게 하리니 그는 진리의 영이라 세상은 능히 그를 받지 못하

> 나니 이는 그를 보지도 못하고 알지도 못함이라 그러나 너희는 그를 아나니 그는 너희와 함께 거하심이요 또 너희 속에 계시겠음이라(요 14:16, 17).

이처럼 사도가 말하는 진리는 진리의 성령, 그리고 그 성령을 통하여 신자 안에 거하시는 진리이신 주 예수 그리스도를 가리키는 것으로 보입니다(요 15:4, 5).

본문 말씀에서 진리는 그 자체로 복음의 내용을 가리키면서도 동시에 그것을 넘어 하나님 자신을 가리키고 있다는 사실을 간과해서는 안 됩니다. 우리가 서로 사랑하기 위해서는 진리를 알아야 하고(요일 2:21), 진리이신 그리스도 안에 거해야 합니다(요일 5:20; 요 14:6). 진리는 지금도 성도 안에 거하고, 또 영원히 떠나지 않고 함께할 것이라고 사도는 말합니다. 영원히 떠나지 않을 진리로 말미암아 우리가 형제를 사랑하는 것이라면, 진리가 영원하듯 우리의 서로 사랑도 영원할 것이라는 말입니다. 이것이 바로 천국의 모습입니다.

사랑은 진리와 함께 갑니다. 언제나 이 둘은 떼어 놓을 수 없습니다. 사랑은 진리에 의해서, 그리고 진리 때문에 가능합니다. 진리를 아는 모든 자가 교회를 사랑하는 것은 오직 '진리로 말미암은' 것입니다. 진리 때문에 사랑하는 것입니다. 인간적으로 끌리는 요소들이 있어서가 아닙니다. 그리스도인의 서로 사랑, 우리의 형제 사랑은 자신과 기질이나 성향이 비슷하기 때문에 하는 사랑이 아닙니다. 3절에서 사도 요한이 성도들에게 문안하는 인사도 진리와 사랑이 함께함을 보여 줍니다.

> 은혜와 긍휼과 평강이 하나님 아버지와 아버지의 아들 예수 그리스도께로부터 **진리와 사랑** 가운데서 우리와 함께 있으리라.

교회가 진리 때문에 사랑할 때, 하나님의 은혜와 긍휼과 평강을 풍성히 누리게 됩니다. 이것은 개인의 삶이나 가정에서도 마찬가지입니다.

요한이서 1장 1-6절에서 진리와 사랑이 서로 어우러지면서 쓰여진 내용이 매우 인상적입니다. "참으로 사랑하는 자"(1절), "(사랑하는 것은) 진리로 말미암음이로다"(2절), "진리와 사랑 가운데서"(3절), "진리를 행하는 자를 내가 보니 심히 기쁘도다"(4절), "사랑은 …… 그 계명을 따라 행하는 것이요"(6절)와 같은 구절입니다. 말하자면 진리는 형제 사랑의 울타리입니다. 여기서 사도가 말하는 사랑은 이단의 거짓 교리에 대항하여 진리를 타협하지 않는 형제들에 대한, 형제들 안에서의 서로 사랑입니다.

진리는 형제 사랑의 기초일 뿐 아니라 동기이자 연료입니다. 하지만 우리에게는 언제나 진리와 사랑을 분리시키려는 경향이 있습니다. 진리를 강조하는 사람은 사랑이 없는 것 같고, 사랑을 강조하는 사람은 진리를 무시하는 것만 같습니다. 그러나 성경은 진리와 사랑을 분리시키지 않습니다. 이것은 성령과 말씀을 분리시키려는 시도와도 같은 맥락입니다. 그러나 말씀과 성령, 성령과 말씀은 분리될 수 없습니다. 성령의 조명 없이 우리는 말씀을 깨달을 수 없습니다. 성령 없는 말씀은 문자일 뿐입니다. 또한 말씀 없는 성령은 근거 없는 신비주의일 뿐입니다. 말씀과 성령은 언제나 함께 가야 합니다. 성경이 말하는 성령 충만은 곧 말씀의 충만이고, 그 반대도 마찬가지입니다.

우리에게는 감성과 지성을 분리하려는 경향도 있습니다. 이러한 경향은 우리 시대만의 문제가 아닙니다. 교회 역사를 살펴보면 이런 분쟁이 많았습니다. 또한 체험과 교리를 분리시키려고도 합니다. 체험은 나쁜 것이 아닙니다. 그러나 체험은 늘 하나님 말씀으로 설명되고 분별되어야 합니다. 기독교 신앙은 이런 점에서 균형을 잃지 않습니다. 존 스토트의 말처럼, 교회는 진리 안에서 피차 사랑하고 또 사랑 안에서 진리를 붙들도록 부름받

왔습니다. 사랑과 진리, 진리와 사랑은 결코 나뉠 수 없습니다.

계명대로 행하는 삶

4절에서 사도는 자신의 기쁨을 표현합니다.

> 너의 자녀들 중에 우리가 아버지께 받은 계명대로 진리를 행하는 자를 내가 보니 심히 기쁘도다.

비록 많은 사람이 이단에 흔들려서 교회를 떠나 그들에게로 갔지만, 여전히 교회에 속하여 진리를 따라 살아가는 일부 사람들을 향한 사도의 기쁨을 표현한 것입니다.

앞서 사도 요한은 성도란 진리를 아는 사람이라고 말했는데, 여기서 사도는 더 나아가 성도는 진리를 알 뿐 아니라 그 진리를 행하는 사람이라고 말합니다. '아버지께 받은 계명대로 진리를 행한다'는 말은 요한일서 3장 23절을 통해 더 잘 이해할 수 있습니다.

> 그의 계명은 이것이니 곧 그 아들 예수 그리스도의 이름을 믿고 그가 우리에게 주신 계명대로 서로 사랑할 것이니라.

아버지께 받은 계명은 '예수 그리스도의 이름을 믿는 것'과 '서로 사랑하는 것'입니다. 여기서도 진리를 믿는 것과 서로 사랑하는 것이 동일하게 표현되었습니다. 이것이 하나님의 뜻이자 하나님께서 주신 계명입니다. 사도는 성도들이 진리를 붙잡고 서로 사랑하는 모습을 볼 때 심히 기쁘다고 말합니다.

본문 말씀은 신앙이 가지는 윤리적인 성격을 보여 줍니다. 보통 하나님의 말씀을 강조하는 교회에 속한 사람들은 진리의 말씀을 배우는 데 열심이지만, 정작 그 진리를 따라 살아가는 면에서는 현저히 약한 면모를 보입니다. 앉아서는 신앙이 좋아 보이는데, 일어서면 신앙의 힘을 보여 주지 못합니다. 사도는 단순히 진리를 공부하는 사람들을 보니 기쁘다고 말하지 않습니다. 진리를 따라 살아가는 사람들, 진리의 말씀을 깨닫고 그 말씀에 순종하는 사람들, 그 진리를 행하는 사람들을 보니 기쁘다고 말합니다. 하나님께서는 사도의 기쁨을 통하여 당신의 기쁨을 표현하신 것입니다.

사도 요한은 명령할 수 있는 권위를 가지고 있지만 겸손하게 '구한다'고 말합니다.

> 부녀여, 내가 이제 네게 구하노니 서로 사랑하자 이는 새 계명같이 네게 쓰는 것이 아니요 처음부터 우리가 가진 것이라(요이 1:5).

사도는 '내가 네게 명하노니'라고 말할 수 있으면서도 그렇게 말하지 않습니다. 그는 서로 사랑하자고 '권합니다.'

사도가 지금 서로 사랑하자고 하는 말은 성도들이 처음 듣는 계명이 아닙니다. 이것은 구약 성경에서도 가르치는 옛 계명입니다. 실상 구약 성경 전체가 하나님을 사랑하고 이웃을 사랑하라는 계명으로 요약될 수 있습니다(마 22:37-40). 하지만 주님께서 십자가에서 그 사랑을 완전하고도 극적으로 보이심으로써 제자들에게 형제 사랑의 새로운 차원을 나타내셨기 때문에 새 계명이라고 말씀하신 것입니다. 이제 형제 사랑은 기독교 공동체인 교회의 특징이 될 것입니다. 교회 안에서 형제들의 서로 사랑은 이들이 십자가에서 사랑을 완전하게 나타내시고 성취하신 그리스도의 제자라는 것을 세상 앞에 증명하는 표가 될 것입니다(요 13:34, 35).

본문 4-6절에는 '계명'이라는 단어가 네 번 등장하는데, 6절에서만 '계명들'이라고 복수로 말하고 있습니다. '그 계명(들)을 따라 행하는 것'이라고 말하는 것입니다. 6절에서 복수형으로 쓴 것은 하나님의 모든 계명의 핵심이 사랑하라는 것이며, 많은 계명은 사랑하라는 계명을 풀어서 쓴 것들임을 보여 주기 위함입니다. 이어서 6절 하반절은 계명을 설명합니다.

> 또 사랑은 이것이니 우리가 그 계명을 따라 행하는 것이요 계명은 이것이니 너희가 처음부터 들은 바와 같이 그 가운데서 행하라 하심이라(요이 1:6).

개역개정역은 '그 가운데서 행하라'라고 대명사로 번역했지만, 몇몇 영어 성경은 '사랑 안에서 행하라'라고 풀어서 번역하였습니다. 하나님의 계명은 사랑 가운데서 행하는 것입니다. 순환 논리처럼 들리지만, 사랑은 아버지께 받은 계명을 따라 행하는 것이고, 그 계명은 사랑 안에서 행하는 것입니다.

우리의 사랑은 진리로 말미암는가

본문 말씀을 통해 우리는 사랑과 진리, 진리와 사랑이 결코 나뉠 수 없다는 사실을 확인했습니다. 진리를 사도가 의미하는 대로 인격적인 개념, 즉 진리이신 그리스도를 가리킨다는 전제에서 진리에 대한 열정이 부족해지면 사랑도 부족해집니다. 그렇다면, 오늘날 교회에 사랑이 미약한 것을 어떻게 설명할 수 있습니까? 그것은 진리가 미약하다는 것을 드러내는 증거인 셈입니다.

이 말씀 앞에 우리 자신을 비추어 봅시다. 우리는 서로 사랑합니까? 혹시 출신 학교나 경제 수준, 고향이나 기질이 같아서 사랑하는 것은 아닙니까? 그 사람 안에 진리가 거하기 때문에 사랑합니까? 그 사람이 진리를 사랑하는 사람이기 때문에 사랑합니까?

누군가를 사랑하는 자신의 동기를 살펴보십시오. 각 구성원의 기질이나 성격, 배경이 다 달라도 교회에서 서로 사랑할 수 있는 것은 그들이 진리를 사랑하기 때문입니다. 진리가 우리 안에 거하고 우리가 진리를 알고 순종하는 사람이라는 사실이 서로의 모든 차이를 넘어설 만큼 큰 것입니까? 복음의 진리가 여러분에게 그렇게 큰 것입니까? 우리가 진리를 얼마나 중요하게 여기는지에 따라, 우리가 진리를 얼마나 사랑하는지에 따라, 진리로 말미암아 형제를 사랑하는 우리의 사랑도 커질 것입니다.

이런 하나님의 사람들이 가득한 교회를 향해 사도는 "은혜와 긍휼과 평강이 하나님 아버지와 아버지의 아들 예수 그리스도께로부터 진리와 사랑 가운데서 우리와 함께 있으리라"고 축복합니다. 여러분은 진리를 알 뿐 아니라 행하는 사람입니까? 하나님의 계명들을 순종하는 것이 형제를 사랑하는 것이기 때문에 여러분은 형제를 사랑하고 있습니까? 주님께서는 "내 아버지 뜻대로 행하는 사람들이 내 형제요 자매요 어머니"라고 말씀하셨습니다(마 12:50). 이것이 하나님 안에서의 진짜 가족입니다. 그런 가족 됨을 경험하고 살아가는 것, 진리로 말미암아 진리를 아는 모든 자가 사랑하는 것, 그것이 교회입니다.

2 John
요한이서 1장 7-11절

7 미혹하는 자가 세상에 많이 나왔나니 이는 예수 그리스도께서 육체로 오심을 부인하는 자라 이런 자가 미혹하는 자요 적그리스도니 8 너희는 스스로 삼가 우리가 일한 것을 잃지 말고 오직 온전한 상을 받으라 9 지나쳐 그리스도의 교훈 안에 거하지 아니하는 자는 다 하나님을 모시지 못하되 교훈 안에 거하는 그 사람은 아버지와 아들을 모시느니라 10 누구든지 이 교훈을 가지지 않고 너희에게 나아가거든 그를 집에 들이지도 말고 인사도 하지 말라 11 그에게 인사하는 자는 그 악한 일에 참여하는 자임이라

35

분별하는 사랑

요한이서가 쓰여진 배경에는 영지주의 이단의 출현과 함께 교회를 순회하며 다니는 교사들 가운데 자신의 정체를 숨기고 거짓 교리를 가르치는 거짓 교사들의 등장이라는 문제가 있었습니다. 당시 교회들은 오늘날과 같은 담임 목회 체제가 아니라 순회 교사들이 교회들을 돌아다니면서 일정 기간 말씀을 가르치는 상황이었기 때문에, 순회 교사가 오면 교회는 일단 자신들을 가르치는 자들과 모든 좋은 것을 함께 나누고 그들을 섬기는 일을 감당해야 했습니다(갈 6:6). 문제는 거짓 교사들이 이런 환대를 이용해서 교회에 이단적 교리를 가르치고 교회를 무너뜨리는 일들이 비일비재했다는 것입니다. 이들이 단순히 교인이 아니라 큰 영향을 끼치는 선생이자 목사라는 신분으로 교회에 온다는 점에서 이것은 매우 심각하면서도 어려운 문제였습니다.

앞서 우리는 요한이서 1장 1-6절에서 기독교의 사랑과 진리는 언제나 짝을 이룬다는 사실을 확인했습니다. 진리를 도외시한 채 사랑을 강조하거나, 반대로 사랑 없이 진리를 강조하는 것은 기독교의 가치가 아닙니다. 그래서 사도는 "서로 사랑하자"고 권면하면서 "사랑은 이것이니 우리가 그 계명을 따라 행하는 것"이라고 쓴 것입니다(요이 1:5, 6). 우리가 살아가는 시대는 사랑과 진리를 분리시키려는 경향이 있지만, 우리는 항상 균형을 가져야 합니다. 어느 한 부분만 강조하고 균형을 잃어버리는 것 역시 타락한 하나님의 형상이 갖는 문제가 아닐까 싶습니다.

요한이서 1장 7-11절에서 사도 요한은 먼저 자신이 말하는 사랑은 분별하는 사랑이라고 밝힙니다. 종종 젊은이들의 분별 없는 사랑이 비극을 초래하기도 합니다. 그러나 주님께서 말씀하시는 사랑, 사도가 말하는 사랑, 성경이 말하는 사랑은 그런 것이 아닙니다. 기독교의 사랑은 분별하는 사랑입니다.

이단을 삼가라

사도 요한은 이단을 삼가라고 경고합니다.

> 미혹하는 자가 세상에 많이 나왔나니 이는 예수 그리스도께서 육체로 오심을 부인하는 자라 이런 자가 미혹하는 자요 적그리스도니 너희는 스스로 삼가 우리가 일한 것을 잃지 말고 오직 온전한 상을 받으라(요이 1:7, 8).

사도는 '이단'이라는 단어를 명시적으로 사용하지는 않습니다. 대신 '미혹하는 자', '적그리스도'라고 표현합니다. 사도가 "미혹하는 자가 세상에 많이 나왔나니"라고 말한 상황은 주님께서도 예언하신 것입니다.

거짓 그리스도들과 거짓 선지자들이 일어나서 이적과 기사를 행하여 할 수만 있으면 택하신 자들을 미혹하려 하리라 너희는 삼가라 내가 모든 일을 너희에게 미리 말하였노라(막 13:22, 23).

주님께서는 이들을 삼가라고 경고하셨는데, 사도 요한 역시 같은 주의를 주고 있습니다. 그들은 스스로 자신을 '거짓 선지자'라고 말하지 않습니다. 그들은 이적과 기사를 행합니다. 예수님께서 경고하신 대로, 그들은 그들의 아비이자 거짓의 아비인 마귀처럼 사람들을 미혹합니다. 우리는 어떤 현상을 눈으로 보면 그것을 진짜라고 생각하는 경향이 있지만, 사도들이 거짓 교사를 분별하는 기준은 눈에 보이는 이적과 기사가 아니었습니다. 주님께서도 심판 날에 당신의 이름으로 권능을 행했다고 하는 자들을 향하여 그들을 모른다고 말씀하시며 불법을 행하는 자들이라고 하실 것을 경고하셨습니다(마 7:22, 23).

여기서 우리가 주목할 것이 있습니다. 한글 성경에는 나와 있지 않지만, 7절은 헬라어로 '왜냐하면'이라는 뜻을 지닌 접속사로 시작됩니다. 즉 7절은 6절까지 이어진 내용과 관련이 있다는 뜻입니다. 사도가 서로 사랑하는 것이 중요하고 사랑은 계명을 따라 행하는 것이라고 말한 이유가 무엇입니까? 미혹하는 자들이 나와서 성도를 미혹하기 때문입니다. 사도는 이런 사탄의 거짓 역사에서 교회를 보호하는 중요한 안전장치가 바로 '서로 사랑'이라고 말합니다.

미혹하는 자가 세상에 나왔기 때문에, 교회는 자신을 거짓된 가르침에서 보호하기 위해 서로 사랑해야 합니다. 여기서도 사랑과 진리는 함께합니다. 교회가 서로 사랑하는 일에 취약해지면 거짓 가르침에서 자신을 보호하는 일에도 취약해집니다. 서로에게 관심이 없고 서로를 사랑하지 않는 성도들이 모인 교회에 이단이 들어온다고 생각해 보십시오. 그 이단이 어느 한 성도에게 다가가 성경 공부를 하자고 해도, 다른 성도들은 무슨 일이 일어나고 있는지 알지 못할 것입니다. 서로에게 아무 관심이 없기 때문입니다. 한 집에 사는 가족이 무슨 일을 당하고 있는지 모른다면, 가족이라고 할 수 없습니다. 가족이 서로 사랑한다면 보호받을 수 있습니다. 교회도 마찬가지입니다.

미혹하는 자가 세상에 많이 나왔다고 할 때, '나오다'는 긍정적인 의미로 많이 쓰이는 단어입니다. 가령, 복음 전도자가 복음을 들고 어느 지역으로 들어갈 때 사용됩니다(요삼 1:7). 여기서는 거짓 교사들이 새로운 지역이나 교회로 뚫고 들어가서 자신들의 거짓 교리를 전파한다는 의미로 사용되었습니다. 그들은 적극적입니다. 1세기 말의 교회는 이런 상황에 놓여 있었습니다.

당시 거짓 교사들이 가르친 교리 가운데 결정적인 것은 예수 그리스도의 성육신을 부인하는 것이었습니다. 특히 초기 기독교의 이단 지도자인 케린투스는 '예수'라는 사람이 세례를 받을 때 '그리스도'가 임하셔서 함께 계시다가 십자가에 달리기 전에 예수를 떠나셨다고 가르쳤습니다. 그러나 사도는 예수 그리스도 안에서 참 신성과 참 인성이 하나로 연합되어 한 인격을 이루었다고 말합니다. 이것은 역사의 한 순간에만 있었던 일이 아닙니다. 예수 그리스도 안에서 신성과 인성이 분리될 수 없도록 영원히 하나가 된 것입니다. 승천하실 때도, 구원이 완성된 영원한 하나님 나라에서도 예수님은 참 사람과 참 하나님으로 계십니다. 성육신은 영구적인 효력을 지닌 진리입니다.

한글 성경에는 없지만, 원문을 보면 7절에 나오는 '미혹하는 자'와 '적그리스도'에 헬라어 정관사가 붙어 있습니다. 즉, 각각 '그 미혹하는 자', '그 적그리스도'로 읽을 수 있습니다. 이것을 볼 때, 미혹하는 자와 적그리스도는 아마 이 편지의 수신자인 교회('택하심을 받은 부녀')가 잘 알고 있는 특정

인물을 가리키는 것으로 보입니다. 핵심은 성도들이 이런 자에게 미혹되지 않도록 스스로 조심해야 한다는 것입니다.

조심해야 할 두 가지 이유

사도 요한은 이런 거짓 교사들을 조심해야 할 두 가지 이유를 설명합니다. 하나는 부정적인 이유이고, 다른 하나는 긍정적인 이유입니다.

> 너희는 스스로 삼가 우리가 일한 것을 잃지 말고 오직 온전한 상을 받으라(요이 1:8).

우선 사도는 '우리가 일한 것을 잃지 않기 위해서'라는 부정적인 이유를 밝힙니다. 사도들은 자신의 생명을 아끼지 않고 복음을 전하여 교회를 세웠습니다. 그런 교회가 거짓 교사들 때문에 무너진다면, 사도들의 수고는 헛된 일이 될 것입니다. 이것은 사도 요한만 가진 부담이 아니었습니다.

> 생명의 말씀을 밝혀 나의 달음질이 헛되지 아니하고 수고도 헛되지 아니함으로 그리스도의 날에 내가 자랑할 것이 있게 하려 함이라(빌 2:16).

> 내가 너희를 위하여 수고한 것이 헛될까 두려워하노라(갈 4:11).

바울이 복음을 전하고 떠난 뒤에, 갈라디아 교회에도 거짓 교사들이 와서 교회를 혼란스럽게 만들었습니다. 그것을 본 바울은 자신의 수고가 헛될까 두렵다고 말합니다.

사도 요한은 성도들이 거짓 교사를 조심해야 하는 긍정적인 이유로 '오직 온전한 상을 받기 위해서'라고 말합니다. 여기서 상은 일꾼의 품삯을 가리키는 것으로, 성도가 신실하게 섬긴 결과로 하나님께서 주시는 보상입니다. 사도 바울은 고린도전서에서 이렇게 말했습니다.

> 운동장에서 달음질하는 자들이 다 달릴지라도 오직 상을 받는 사람은 한 사람인 줄을 너희가 알지 못하느냐 너희도 상을 받도록 이와 같이 달음질하라(고전 9:24).

하나님께서 신자들에게 약속하시는 상급이 어떠한 것인지 그 개념을 정확히 이해하기는 어렵습니다. 세상에서 받는 상과 같은 개념으로 이해할 경우, 우리는 천국에서 받는 상을 오해할 수 있기 때문입니다. C. S. 루이스는 이 상을 '하나님이 나를 알아주시는 것', 심지어 '나에게 고마움을 표현해 주시는 것'이라고 「영광의 무게」(홍성사 역간)에서 말했습니다.

여러분, 생각해 보십시오. 주님 앞에 섰을 때, 주님께서 나를 모른다고 하시면, 그것은 생각하기도 두려운 재앙일 것입니다. 그러나 사랑하는 구주께서 "내가 너를 안다"라고 말씀하신다면, 평생 주님을 섬기면서 겪은 고난이 아무리 많다고 할지라도 한순간에 눈 녹듯 사라질 것입니다. 우리는 그 상을 감당할 수 없을 것입니다. 그 상을 얻도록 달음질할 때, 우리는 부주의하게 신앙생활할 수는 없을 것입니다. 특히 이단의 거짓된 교리에서 우리 자신을 지키는 일은 무엇보다 중요합니다.

그들은 형제가 아니다

사도는 이제 이단을 대하는 것에 대해 좀 더 구체적으로 경고합니다.

지나쳐 그리스도의 교훈 안에 거하지 아니하는 자는 다 하나님을 모시지 못하되 교훈 안에 거하는 그 사람은 아버지와 아들을 모시느니라(요이 1:9).

한마디로 지금 사도 요한은 그들이 하나님의 자녀도, 우리의 형제도 아니라고 단언합니다. 그들은 우리가 서로 사랑할 대상이 아니며, 우리가 책임질 사람도 아니라는 것입니다.

'하나님을 모시지 못한 자'는 중생하지 않은 자, 즉 믿지 않는 자를 가리킵니다. 우리는 누군가의 중생 여부를 온전히 판단할 수 없습니다. 그것은 근본적으로 하나님의 몫입니다. 그럼에도 사도가 이렇게 단언하는 기준은 "그가 그리스도의 교훈 안에 거하는가"입니다. 이 기준은 중요합니다. 그렇다면 '그리스도의 교훈 안에 거한다'는 것은 어떤 의미입니까?

먼저 부정적인 의미를 살펴보면, 그리스도의 교훈 안에 거하는 것은 '지나쳐' 가는 것이 아닙니다. '지나치다'라는 단어는 '앞으로 더 나아가다'라는 의미로, 더 많이, 더 앞서 나가는 것을 뜻합니다. 영지주의 이단들이 항상 쓰던 표현으로, 그들은 스스로 자기들이 '더 나은' 탁월한 지식을 가졌다고 말해 왔습니다. 이 구절에서 사도는 영지주의 이단을 비꼬는 표현으로 이 단어를 썼습니다.

일반적으로 스스로 더 탁월한 영적 지식을 가졌다고 자랑하는 것은 이단과 사이비의 특징입니다. 그들은 늘 자기들이 누구도 깨닫지 못한 새로운 지식을 가졌다고 말하기를 좋아합니다. 그들은 그 지식을 자랑합니다. 그러나 하나님을 아는 참된 지식을 가진 자는 결코 그럴 수 없습니다. 하나님을 아는 참 지식은 필연적으로 자신을 아는 지식으로 인도하기 때문입니다. 그래서 우리는 더 겸비하고 자신의 죄인 됨과 비천함을 더 깊이 인식하게 됩니다. 그리고 회개하게 됩니다. 그러니 어떻게 자기는 하나님을 아는 지식을 가졌다고 자랑할 수 있겠습니까? 이것이 참 지식과 거짓 지식의 차이입니다. 하나님을 안다고 하면서 자기 자신을 모른다면, 그것은 하나님을 참으로 아는 사람이 아닙니다. 이렇게 '지나치는' 것이 바로 사도가 말하는 그리스도의 교훈 안에 거하지 않는 것의 특징입니다. 지나치는 것은 믿음 안에서 진보하고 성숙해지는 것이 아니라, 믿음에서 벗어나는 것입니다. 기독교 신앙에서 지식을 자랑하는 것은 불가능합니다.

'그리스도의 교훈 안에 거한다'는 것의 긍정적 의미를 조금 더 생각해 보겠습니다.

> 누구든지 그의 말씀을 지키는 자는 하나님의 사랑이 참으로 그 속에서 온전하게 되었나니 이로써 우리가 그의 안에 있는 줄을 아노라 그의 안에 산다고 하는 자는 그가 행하시는 대로 자기도 행할지니라(요일 2:5, 6).

그의 안에 산다고 하는 자는 하나님의 말씀대로 순종합니다. 그리스도의 교훈 안에 있다는 것과 그리스도 안에 거하는 것은 밀접한 관계가 있습니다. 하나님의 말씀과 하나님의 인격은 분리될 수 없습니다. 하나님을 믿는다면 하나님의 말씀을 믿지 않을 수 없고, 하나님의 말씀을 믿는다면 그 말씀에 순종하게 됩니다. 주님이 유대인들을 향해 하신 말씀을 생각해 보십시오.

> 그 말씀이 너희 속에 거하지 아니하니 이는 그가 보내신 이를 믿지 아니함이라 너희가 성경에서 영생을 얻는 줄 생각하고 성경을 연구하거니와 이 성경이 곧 내게 대하여 증언하는 것이니라(요 5:38, 39).

유대인은 소위 성경의 사람들이었습니다. 성경과 유대인은 떼려야 뗄 수 없는 관계입니다. 그들은 성경을 연구했습니다. 그들은 성경에서 영생(생명)

을 얻는다는 것을 알았습니다. 그러나 성경이 곧 예수 그리스도에 대한 증언이라는 사실은 깨닫지 못했습니다. 그래서 그들은 주님을 대적했습니다. 유대인들은 성경 안에 거한다고 말할 수 있었을지 모르지만, 결코 그리스도의 교훈 안에 거하는 자들은 아니었습니다.

교훈 안에 거하는 것과 교훈이 그 사람 안에 거하는 것은 다르지 않습니다. 그리스도의 교훈 안에 거하는 것은 단순히 말씀을 읽거나 듣는 삶이 아닙니다. 들은 말씀 안에서 살아가는 삶입니다. 이것이 주님께서 산상 수훈에서 말씀을 듣고 순종하는 자가 되라고 하신 의미입니다(마 7:15-27). 우리 모두 말씀을 듣지만, 주님께서는 말씀을 듣고 행하는 자와 행하지 않는 자를 구분하십니다. 네 종류의 땅에 떨어진 씨 비유가 대표적입니다. 같은 씨가 떨어지지만 '말씀을 듣고 깨닫는 자'는 오직 하나, 좋은 땅에 뿌려진 경우 뿐입니다(마 13:10-30). 좋은 땅에 뿌려진 씨만이 100배, 60배, 30배의 열매를 맺습니다. 말씀이 우리 삶에서 영향을 끼치고 있는지 돌아보십시오.

그리스도의 교훈 안에 거하는 것은 곧 그리스도 안에 거하는 것입니다. 오직 그리스도의 교훈 안에 거하는 사람만이 아버지와 아들을 모시고 사는 사람입니다. 사도는 그리스도의 교훈 안에 거하지 않는 그들은 하나님도 없고 그리스도도 없는 사람들이라고 말하는 것입니다.

인사도 하지 말라

사도 요한은 거짓 교사들을 가리켜 구원이 없는 사람들이라고 단언합니다. 그리고 그런 자들을 어떻게 대해야 하는지를 말합니다.

> 누구든지 이 교훈을 가지지 않고 너희에게 나아가거든 그를 집에 들이지도 말고 인사도 하지 말라(요이 1:10).

그들은 사랑으로 받아 줄 대상이 아닙니다. 사도 요한은 그들을 상관하지 말라고 말합니다. 이 구절에서 '나아가다'라는 말은 요한 서신에서 성도들이 상호 방문하거나 장로가 심방하는 경우(요삼 1:3, 10), 예수님의 오심(요일 4:2)과 적그리스도의 등장(요일 2:18)에 사용된 단어로, 여기서는 거짓 교사들이 순회 교사의 모습으로 교회를 방문하는 것을 가리킵니다. 사도 바울이 고린도 교회에 쓴 편지에서도 비슷한 정황을 볼 수 있습니다.

> 만일 누가 가서 우리가 전파하지 아니한 다른 예수를 전파하거나 혹은 너희가 받지 아니한 다른 영을 받게 하거나 혹은 너희가 받지 아니한 다른 복음을 받게 할 때에는 너희가 잘 용납하는구나(고후 11:4).

문제는 이들이 순회 교사의 이름으로 온다는 것이고, 교회는 이런 사람들을 무조건 대접하고 환영할 것이 아니라 분별할 의무가 있다는 것입니다.

그렇다면 이들을 어떻게 분별할 수 있습니까? 사도 요한은 집에 들이지도 말고 인사도 하지 말라고 엄히 경고하는데, 만나지도 않으면 무슨 수로 분별할 수 있습니까? 이 말은 이제까지 서로 사랑하라고 명한 사도 요한이 자신의 말을 뒤집는 것처럼 들리지 않습니까? 형제 사랑은 차치하고 초대 교회에서 중요하게 여긴 손 대접과 친절, 환대의 덕목에서 보더라도 인사도 하지 말라는 것은 문제가 있는 태도가 아닙니까? 그래서 어떤 신학자는 이 명령은 사도가 편지를 쓸 당시 매우 비상한 상황에 처한 교회에 해당하는 것이지, 일반적인 상황에 적용할 명령은 아니라고 해석하기도 합니다. 하지만 정말 그럴까요?

이 부분에 대해 존 스토트가 설명한 두 가지를 살펴보는 것이 유익할 것입니다. 첫째, 여기서 사도가 말하는 대상은 단순히 거짓된 교리를 믿는 사람들이 아니라, 거짓 교리를 가지고 교회로 들어오려는 공식적인 거짓 교사들이라는 것입니다. 단순히 거짓 교리를 믿는 개인이라면, 8절의 경고대로 조심하면 될 일입니다. 둘째, 집에 들이지도 말라는 말씀에서 의미하는 '집'은 신자 개인의 집이 아니라, 교회로 모여서 예배하고 말씀을 배우며 교제하는 장소로서의 집을 가리킨다는 것입니다. 초대 교회 성도들은 오늘날과 같은 예배당이 아니라 자신들의 집에서 모였다는 점을 생각할 때 이 설명은 설득력이 있습니다(롬 16:5; 고전 16:19; 골 4:15; 몬 1:2). 그런 점에서 이 구절은 예배를 드리는 공적 모임에 그들을 끌어들여서 교회 회중에게 거짓된 주장을 설파할 기회를 주지 말라는 명령입니다. 또한 이 설명은 사도의 이 편지가 교회를 향해 쓰여졌다는 점에서도 자연스럽습니다. 그리고 그런 자들에게는 잘 가라는 인사도 하지 말고 보내야 합니다.

    이것은 사도 요한만이 명하는 바가 아닙니다. 다른 신약 성경의 가르침과도 맥을 같이하는 명령입니다. 사도 바울이 거짓 교사들에 대해 어떤 태도를 취했습니까?

> 다른 복음은 없나니 다만 어떤 사람들이 너희를 교란하여 그리스도의 복음을 변하게 하려 함이라 그러나 우리나 혹은 하늘로부터 온 천사라도 우리가 너희에게 전한 복음 외에 다른 복음을 전하면 저주를 받을지어다 우리가 전에 말하였거니와 내가 지금 다시 말하노니 만일 누구든지 너희가 받은 것 외에 다른 복음을 전하면 저주를 받을지어다(갈 1:7-9).

여기서 말하는 "어떤 사람들"은 바로 거짓 교사들입니다. 바울은 이들이 저주를 받아야 한다고 강력하게 이야기합니다. 어떤 타협의 여지도 없습니다. 바울은 고린도 교회에 쓴 편지에서도 같은 논지로 말합니다.

> 너희는 지혜로운 자로서 어리석은 자들을 기쁘게 용납하는구나 누가 너

희를 종으로 삼거나 잡아먹거나 빼앗거나 스스로 높이거나 뺨을 칠지라도 너희가 용납하는도다(고후 11:19, 20).

바울은 거짓 교사들을 용납한(고후 11:4) 고린도 교회를 엄히 책망하고 있습니다. 이것이 사도들이 살아서 복음을 전하던 시대에 교회들이 처한 상황이었습니다.

예수님은 어떠셨습니까? 예수님께서 세리와 죄인, 창녀들과 함께 어울리신다고 비난하는 이들이 있었는데, 이들은 미혹당한 사람들이거나 죄인들이지 거짓 교리를 유포하는 자들은 아니었습니다. 주님께서는 이들을 책망하지는 않으셨습니다. 그러나 주님께서는 유대인들의 선생인 바리새인과 서기관들을 향해 일곱 번에 걸쳐 "화 있을진저"라며 무서운 저주를 선포하셨습니다(마 23장).

사랑의 사도라고 불리는 요한의 이 명령은 결코 이상한 것이 아닙니다. 사도 요한은 "그에게 인사하는 자는 그 악한 일에 참여하는 자"라고 말합니다(요이 1:11). 이때 '악한 일'이란 그리스도에 대한 교리를 부인하는 교리적 문제와 함께 형제 사랑을 부인하는 윤리적 문제 모두를 가리킵니다. 그리고 '참여한다'는 말은 적극적 뉘앙스를 가지는 표현입니다. 거짓 교사들에게 인사하는 것, 그들과 잘 지내는 것, 그들과 시간을 보내는 것은 그들이 행하는 적극적인 악을 행하는 일과 다르지 않다는 것입니다.

사도는 결코 참아 주어서는 안 되는 사람들이 있다고 말합니다. 복음의 진리와는 공존할 수 없는 거짓 진리가 있습니다. 이 비진리와 복음적 사랑은 함께 갈 수 없습니다. 우리 시대가 소중히 여기는 가치는 관용입니다. 그러나 그리스도인은 관용이라는 가치 때문에 진리에 대한 무관심이나 참사랑에 대한 오해를 초래하게 해서는 안 될 것입니다.

사실 이 본문 말씀은 알려진 이단들에게만 적용할 내용이 아닙니다. 이 본문에서 말하는 거짓 교사에는 정상적인 교회 안에 있는 목사들이 포함됩니다. 사도 바울이 갈라디아서에서 저주를 받아야 한다고 말한 거짓 교사들은 명백한 이단으로 공인된 사람들이 아니었습니다. 그들은 예수님과 복음, 십자가와 부활을 말하던 순회 교사들이었습니다. 그들은 단지 복음에 할례와 율법의 행위를 더한 사람들입니다. 순수한 복음을 분별하지 못하면, 우리는 '좋은 게 좋은 것'이라는 태도를 기독교의 사랑이자 관용이라고 여기게 될 것입니다. 그러나 신약 성경은 이런 자들을 분별하고, 용납하지 말라고 일관되게 이야기합니다.

> 그런 사람들은 거짓 사도요 속이는 일꾼이니 자기를 그리스도의 사도로 가장하는 자들이니라 이것은 이상한 일이 아니니라 사탄도 자기를 광명의 천사로 가장하나니 그러므로 사탄의 일꾼들도 자기를 의의 일꾼으로 가장하는 것이 또한 대단한 일이 아니니라 그들의 마지막은 그 행위대로 되리라(고후 11:13-15).

바울이 말하는 이들은 공인된 이단이 아니라 오늘날의 표현으로 하면 정통 교회의 목사들입니다. 교회 안에서 활동하고 있던 이른바 거짓 교사들에 대한 문제를 다룬 것입니다. 주님께서는 이렇게 말씀하십니다.

> 문지기는 그를 위하여 문을 열고 양은 그의 음성을 듣나니 그가 자기 양의 이름을 각각 불러 인도하여 내느니라 자기 양을 다 내놓은 후에 앞서 가면 양들이 그의 음성을 아는 고로 따라오되 타인의 음성은 알지 못하는 고로 타인을 따르지 아니하고 도리어 도망하느니라(요 10:3-5).

양은 자기 목자의 음성을 알아듣습니다. 칼뱅은 「기독교 강요」 4권 9장

5절에서 목사를 분별하는 교인의 책임을 가르칩니다.

> 나는 그저 어떤 사람들이 목자로 불린다고 해서 그들이 모두 실제로 목자들이라는 식으로 생각해서는 안 되고, 그들을 살펴서 구별해야 한다는 것을 말하고자 하는 것뿐이다.

분별하는 것은 중요합니다. 우리의 사랑은 분별하는 사랑이어야 합니다.

이단에 대한 실천적 접근 방법

요한이서 1장 7-11절을 통해 우리는 이단이나 사이비를 어떻게 상대할 것인지에 대한 실제적인 문제도 생각해 볼 수 있습니다. 오늘날 우리나라에 있는 거의 모든 교회에는 "이단 출입 금지"라는 표지가 붙어 있습니다. 그런데 이렇게 하는 신학적인 근거는 무엇입니까? 특정 부류를 가리켜 "우리 교회는 당신을 환영하지 않습니다"라고 쓰는 것이 신학적으로 합당할까요? 혹시 본문 말씀이 그 근거를 제공한다고 생각하십니까? 반대로 교회 정문 앞에 "각종 이단 대환영"이라고 현수막을 내건다면, 이렇게 하는 신학적인 근거는 무엇일까요? 본문은 이런 행위를 허용합니까, 금합니까? 우리는 어떻게 해야 할까요?

본문 말씀은 공식적인 순회 교사에 대한 내용이라는 것을 기억하십시오. 단순히 이단 교리를 믿는 사람들에 대한 말씀이 아닙니다. 때로 우리는 이단을 집에 들어오게 할 수 있습니다. 이들과 직장에서나 업무상 만날 수도 있습니다. 그들이 이단에 속했다는 것을 알면 인사도 하지 말아야 합니까? 본문 말씀은 그런 무례를 범하라는 말이 아닙니다. 이 말씀은 이단에게 무례하게 행할 권리를 주는 말씀이 결코 아닙니다.

우리는 그리스도인으로서 친절하고 환대할 줄 알아야 합니다. 다만 거짓 가르침을 유포할 목적으로 가장하고 교회에 공식적으로 들어오는 자들을 분별해야 합니다. 그 외에는 자신이 준비된 만큼 이단에 속한 자들을 불쌍히 여기고 그들에게 참된 복음의 진리를 전해 줄 수 있습니다. 이단 지도자들을 교회로 불러들여 거짓 교리를 가르치도록 하라는 의미는 분명 아닙니다. 그러나 거짓 교리에 미혹된 자들이 와서 참된 복음의 진리를 듣게 하고, 참되고 살아 계신 하나님께 돌이키게 하는 것은 우리의 사명입니다. 이런 의미에서 "이단 출입 금지"라고 붙여 놓는 것이 성경적인가에 대한 성경의 대답은 '예'이기도 하고, '아니오'이기도 합니다. 우리는 최대한 이들을 조심하고 삼가야 합니다. 교회는 복음의 진리를 보호하고 교회 안에서 이루어지는 형제 사랑을 지키고 신장하기 위해 주의를 기울여야 합니다.

우리가 성경에서 배우는 사랑은 언제나 진리 안에서 분별하는 사랑입니다. 진리에 대한 분별이 선명해질수록, 교회의 형제 사랑의 순도도 함께 순전해지고 깊어질 것입니다. 우리가 서로 사랑하는 것은 하나님의 교회를 모든 거짓과 비진리에서 보호하는 장치입니다. 하나님의 자녀들은 서로에게 그런 책임과 사랑을 나누어야 할 의무를 가지고 있습니다.

3 John
요한삼서 1장 1-12절

1 장로인 나는 사랑하는 가이오 곧 내가 참으로 사랑하는 자에게 편지하노라 2 사랑하는 자여 네 영혼이 잘됨같이 네가 범사에 잘되고 강건하기를 내가 간구하노라 3 형제들이 와서 네게 있는 진리를 증언하되 네가 진리 안에서 행한다 하니 내가 심히 기뻐하노라 4 내가 내 자녀들이 진리 안에서 행한다 함을 듣는 것보다 더 기쁜 일이 없도다 5 사랑하는 자여 네가 무엇이든지 형제 곧 나그네 된 자들에게 행하는 것은 신실한 일이니 6 그들이 교회 앞에서 너의 사랑을 증언하였느니라 네가 하나님께 합당하게 그들을 전송하면 좋으리로다 7 이는 그들이 주의 이름을 위하여 나가서 이방인에게 아무것도 받지 아니함이라 8 그러므로 우리가 이같은 자들을 영접하는 것이 마땅하니 이는 우리로 진리를 위하여 함께 일하는 자가 되게 하려 함이라 9 내가 두어 자를 교회에 썼으나 그들 중에 으뜸되기를 좋아하는 디오드레베가 우리를 맞아들이지 아니하니 10 그러므로 내가 가면 그 행한 일을 잊지 아니하리라 그가 악한 말로 우리를 비방하고도 오히려 부족하여 형제들을 맞아들이지도 아니하고 맞아들이고자 하는 자를 금하여 교회에서 내쫓는도다 11 사랑하는 자여 악한 것을 본받지 말고 선한 것을 본받으라 선을 행하는 자는 하나님께 속하고 악을 행하는 자는 하나님을 뵈옵지 못하였느니라 12 데메드리오는 뭇사람에게도, 진리에게서도 증거를 받았으매 우리도 증언하노니 너는 우리의 증언이 참된 줄을 아느니라

36

그리스도인의 온전한 삶

    요한삼서는 요한이서와 마찬가지로 순회 교사들이 교회를 방문하여 가르치던 상황에서 쓰여진 편지입니다. 배경은 비슷하지만 문제를 접근하는 방식이 조금 다릅니다. 요한이서는 마치 자신이 신실한 사도들의 제자인 것처럼 속이고 교회에 들어와서 환대와 영접을 받으며 이단의 교리를 전파한 영지주의 이단의 문제를 다루고 있습니다. 그래서 요한이서에서 사도 요한은 그들을 무작정 받아들일 것이 아니라 그들이 전하는 말씀을 들어 보고 분별해야 한다고 말합니다. 그런데 요한삼서는 두 인물인 디오드레베와 데메드리오를 대조하고, 편지의 수신인인 가이오의 신앙 됨됨이를 함께 보여 주면서 그리스도인의 온전한 삶이 어떤 것인지를 보여 줍니다.

    여러분, 우리는 어떻게 한 사람의 신앙을 판단할 수 있습니까? 교회에서 가진 직분이 그 사람의 신앙을 보증합니까? 또는 그 사람이 하는 말이 그 신앙을 드러낸다고 할 수 있습니까? 믿음은 보이지 않지만, 우리는 그 열매로 믿음을 알 수 있습니다. 믿음이 열매로 드러난다면, 그리스도인의 신앙은 어떤 모습으로 나타나야 할까요?

요한삼서의 저자와 수신인

이 편지에서도 발신자는 자신을 '장로'라고 밝힙니다(요삼 1:1). 요한이서에서 살펴보았듯이, 장로는 사도 요한을 가리킵니다. 그래서 이 서신은 요한삼서라고 불립니다. 또한 요한삼서는 요한일서와 요한이서와 달리, 개인에게 보낸 편지라는 점에서 사도 바울이 쓴 빌레몬서와 같습니다.

요한삼서의 수신인은 가이오입니다. '가이오'는 당시에 아주 흔한 로마식 이름이었습니다. 신약 성경에는 요한삼서 외에도 몇 사람의 가이오가 등장하는데(행 19:29; 20:4; 롬 16:23; 요삼 1:1), 그 가운데 이 편지의 수신인과 동일인으로 보이는 사람은 없습니다. 따라서 우리가 살펴볼 '가이오'는 요한삼서에 나오는 정보를 통해서만 이해하는 것이 가장 적절해 보입니다. 가이오는 당시 교회에서 지도적인 역할을 수행하던 인물이었던 것이 분명합니다.

요한삼서에는 가이오와 함께 디오드레베와 데메드리오라는 두 인물이 더 등장합니다. 우리는 이 세 사람을 통해 그리스도인의 온전한 삶의 특징은 무엇인지, 그리스도인의 믿음은 어떤 모습으로 드러나야 하는지를 살펴볼 것입니다.

가이오

요한삼서 1장 1-8절은 이 편지의 수신인인 가이오가 어떤 사람인지를 보여 줍니다. 사도는 가이오의 이름을 쓰면서 가이오를 향한 자신의 특별한 애정을 표현합니다.

> 장로인 나는 사랑하는 가이오 곧 내가 참으로 사랑하는 자에게 편지하노라(요삼 1:1).

이 짧은 편지에서 사도는 가이오를 세 번이나 "사랑하는 자여"라고 부릅니다(요삼 1:2, 5, 11). 사랑이 듬뿍 묻어나는 편지입니다. 이 사랑은 그저 감상적인 사랑이 아니라 진리의 끈으로 묶여 있는 사랑입니다.

사도 요한은 가이오를 "내가 참으로 사랑하는 자"라고 부르는데, 이때 '참으로'라는 말은 요한이서 1장 1절에서와 같이, '진리 안에서' 사랑하는 자라는 뉘앙스를 가질 수 있습니다. 그리고 한편으로 이 표현은 사도 요한과 가이오를 사랑으로 묶어 주는 요소가 '진리'라는 뉘앙스를 전합니다. 그리스도인의 서로 사랑은 결코 진리를 떠나지 않으며, 그 진리가 서로를 하나로 묶어 주고 사랑하게 하는 끈이라는 것입니다.

사실 사도가 가이오를 향해 이처럼 특별한 애정을 표현하는 이유가 있습니다. 당시 가이오가 교회에서 처한 상황 때문입니다. 가이오는 교회에서 세력을 얻은 디오드레베에 맞서 진리의 편에서 외로운 싸움을 하고 있었습니다. 아마도 교회의 장로나 감독이었을 디오드레베는 가이오 편에 선 사람들을 쫓아내어 가이오를 힘들게 했던 것으로 보입니다(요삼 1:10). 이런 형편을 아는 사도가 가이오를 위로하고 격려하려는 것입니다. 사도는 가이오를 향한 자신의 사랑을 그를 위한 기도로 표현합니다.

> 사랑하는 자여 네 영혼이 잘됨같이 네가 범사에 잘되고 강건하기를 내가 간구하노라(요삼 1:2).

36 · 그리스도인의 온전한 삶

이 말씀은 번영 신학을 주장하는 사람들이 좋아하는 구절이지만, 사실은 번영 신학과 아무 상관이 없습니다. 이 구절은 단순히 사도가 자신이 사랑하는 가이오의 영혼과 육신이 모두 강건하기를 하나님께 간구하는 기도입니다.

　사도 요한은 가이오를 향한 사랑을 단순히 "널 위해 기도하고 있다"고만 하기보다는 더 구체적으로 "널 위해 이렇게 기도한다"고 기도의 내용을 보여 줍니다. 그리고 이 구절을 보면 사도는 가이오의 영혼보다 육신을 위해 간구하는 것으로 보입니다. "네 영혼이 잘됨같이"라는 표현에서 알 수 있듯이, 사도는 가이오의 영혼 상태, 즉 그가 믿음으로 가는 그 길을 염려하고 있지 않습니다. 그런데 가이오의 건강은 그리 좋은 상태가 아니었던 것으로 짐작됩니다. 그래서 사도가 '영혼이 잘됨같이 그의 육신도 강건하고 범사가 잘 되기를' 간구하는 것입니다.

　때로 우리는 육신을 위한 기도가 필요하지 않으며, 영혼을 위해 기도하는 것만이 옳다고 생각할 수 있습니다. 그러나 성경은 영혼은 선하고 육신은 악하다는 이원론을 지지하지 않습니다. C. S. 루이스는 자신의 탁월한 책인 「스크루테이프의 편지」(홍성사 역간)의 세 번째 편지에서 사탄이 교회와 그리스도인들을 무너뜨리도록 자신의 조카를 전략적으로 훈련하는 내용을 쓰고 있습니다. 그 전략 중 하나가 바로 그리스도인들을 영적인 사람으로 몰아가는 내용입니다. 물질과 건강 같은 것은 육적인 문제이고 육신은 아무것도 아닌 것처럼 여기게 만들어서 스스로 영적인 사람인 양 속이게 되면, 그리스도인의 삶은 무너지고 만다는 것입니다.

> 고도로 '영적'인 기도만 줄창 읊어대게 하거라. 어머니의 류머티즘에 대해서는 일언반구도 하지 않으면서, 그 영혼의 상태만 가지고 노심초사하게 만들라구(「스크루테이프의 편지」, 홍성사 역간, 29쪽).

하나님께서는 우리 몸을 지으셨고 이 땅에서 몸을 가지고 살아가게 하셨습니다. 성경에서 '영적'이라는 표현은 육신을 부정하는 것이 아닙니다. 사도 바울도 목회를 하면서 위장 때문에 고생하는 디모데에게 이렇게 권했습니다.

> 이제부터는 물만 마시지 말고 네 위장과 자주 나는 병을 위하여는 포도주를 조금씩 쓰라(딤전 5:23).

본문 말씀 역시 영혼은 귀하고 육신은 악하다는 식의 이원론을 지지하지 않습니다.

진리의 사람

사도 요한은 형제들을 통해 가이오가 진리 안에서 행한다는 소식을 듣고 기뻤습니다.

> 형제들이 와서 네게 있는 진리를 증언하되 네가 진리 안에서 행한다 하니 내가 심히 기뻐하노라 내가 내 자녀들이 진리 안에서 행한다 함을 듣는 것보다 더 기쁜 일이 없도다(요삼 1:3, 4).

가이오의 소식을 전해 준 이 형제들은 아마 가이오가 속한 교회에 사도의 이전 편지를 전달한 사람들일 것으로 보입니다. 사도는 "내가 두어 자를 교회에 썼으나"(요삼 1:9)라고 말하는데, 아마 이 편지는 내용으로 보아 요한이서가 아니라 사도가 이 교회에 보냈지만 유실된 다른 편지일 것으로 추측됩니다.

그 편지가 전달될 당시, 교회에서 영향력이 가장 큰 지도자는 디오드레베였습니다. 그는 사도 요한의 편지를 찢어 버렸을지도 모릅니다. 그것이 "디오드레베가 우리를 맞아들이지 아니하니"(요삼 1:9)라는 말의 의미라고 추측할 수도 있습니다. 사도를 모욕하고 사도의 편지를 무시한 것입니다. 아마 소수에 속했을 가이오는 진리의 편에 서서 교권을 장악한 디오드레베에 맞섰기 때문에 핍박받았을 것입니다. 그럼에도 가이오는 자신이 진리 안에서 행하는 삶이라고 믿는 바대로 순종하여 행했습니다. 그리고 그런 가이오의 모습을 본 신실한 형제들이 그 소식을 사도에게 들려준 것입니다.

사도 요한은 이미 '가이오'를 알고 있었던 것 같습니다. 요한이서에도 비슷한 이야기가 나옵니다.

> 너의 자녀들 중에 우리가 아버지께 받은 계명대로 진리를 행하는 자를 내가 보니 심히 기쁘도다(요이 1:4).

사도는 자신을 통해서 예수님을 믿게 된 영적인 자녀들을 향한 기쁨을 표현하고 있습니다. 육신의 부모는 자신의 자녀가 부유해지고, 건강하고, 편안하게 살기를 원합니다. 그러나 예수님을 믿는 부모라면 자녀가 그 모든 것을 누릴지라도 진리 안에서 행하지 않는다면 탄식하며 슬퍼할 것입니다. 고생을 좀 하더라도 신실하게 진리의 말씀을 따라 살아가기를 원하는 것이 하나님을 믿는 부모의 마음입니다. 사도는 지금 그런 마음을 표현하고 있는 것입니다. 교회에서도 마찬가지입니다. 함께 신앙생활을 하는 형제들이 진리 안에서 행한다는 소식은 우리에게 큰 격려와 힘이 됩니다.

진리 안에서 행하는 삶은 대가를 지불합니다. 가이오가 진리 안에서 행하는 것은 사도에게 기쁨이 되었지만, 실제로 가이오 자신에게는 매우 버겁고 힘겨운 일이었을 것입니다. 권력을 가진 디오드레베와 맞서야 했기 때문입니다. 그러나 가이오는 자신의 신앙과 고백에 합당한 태도를 취하고, 그 대가를 지불함으로 참된 신앙이 어떤 방식으로 나타나는지를 보여 주었습니다.

그리스도인의 온전한 삶은 고백과 삶이 분리되지 않습니다. 입술로 하는 고백과 삶의 태도가 같이 가는 것입니다. 이것이 가이오가 보여 준 신앙의 모습입니다. 형제들은 가이오 안에 있는 진리를 사도에게 증언했습니다. 가이오는 진리의 사람이었습니다. 우리 선택의 기준은 진리가 되어야 합니다. 그는 진리 안에서 행했습니다.

사랑의 사람

가이오에 대한 형제들의 증언이 이어집니다. 요한은 형제들이 "교회 앞에서 너의 사랑을 증언하였[다]"(요삼 1:6a)고 말합니다. 가이오의 두 번째 특징은 사랑의 사람이라는 것입니다. 사도는 가이오의 어떤 모습을 보고 그렇게 말한 것일까요?

> 사랑하는 자여 네가 무엇이든지 형제 곧 나그네 된 자들에게 행하는 것은 신실한 일이니 그들이 교회 앞에서 너의 사랑을 증언하였느니라 네가 하나님께 합당하게 그들을 전송하면 좋으리로다(요삼 1:5, 6).

가이오는 형제 곧 나그네를 환대하는 사람이었습니다. 여기서 사도 요한이 말하는 "형제 곧 나그네"는 주로 순회 교사들이나 순회 전도자들을 가리킵니다. 그들은 '주의 이름을 위하여 나가서 이방인에게 아무것도 받지 아니하는' 사람들이기 때문입니다(요삼 1:7). 가이오는 처음 보는 그들을 신실하게 환대하고 사랑으로 영접했습니다. 또한 그들을 합당하게 전송했는데, 이것은 그들이 다음 교회까지 가는 데 어려움이 없도록 가이오가 그들에게 여비를 주어 보냈다는 의미일 것입니다. 손 대접은 당시 초대 교회에서 매우 중요한 덕목이었는데, 가이오는 손 대접에 탁월한 사람이었습니다. 그는 이 신실한 일을 진리와 사랑에 기초하여 행했습니다. 또한 한두 번만 한 것이 아니라 지속적으로 행했습니다. 가이오가 순회 교사와 전도자들을 환대한 이유는 분명했습니다.

> 이는 그들이 주의 이름을 위하여 나가서 이방인에게 아무것도 받지 아니함이라 그러므로 우리가 이같은 자들을 영접하는 것이 마땅하니 이는 우리로 진리를 위하여 함께 일하는 자가 되게 하려 함이라(요삼 1:7, 8).

사도 요한이 볼 때 순회 교사와 전도자들을 영접하여 환대하는 것은 잘하는 일일 뿐 아니라 마땅한 일이었습니다. 그들은 주의 이름을 위해 부름받아 나가서 이방인에게 아무것도 받지 않기 때문입니다. 이 말씀에 비추어 보면 지금 사도는 교회를 돌아다니며 말씀을 가르치는 순회 교사보다는 복음을 들은 적이 없는 이방인들에게 복음을 전하는 순회 전도자들을 가리켜 말하는 것 같습니다. 순회 전도자들은 이방인에게로 보냄받은 자들이지만, 이방인에게 아무것도 요구할 수 없었습니다. 따라서 그리스도인 공동체인 교회에서 이들을 책임져야 했습니다. 그래서 사도는 교회에서 이들을 영접하고 합당하게 전송하는 것이 마땅하다고 말하는 것입니다. 이것은 복음 전도자들이 교회의 지원을 받을 권리가 있다고 한 사도 바울의 말과 맥을 같이합니다.

이와 같이 주께서도 복음 전하는 자들이 복음으로 말미암아 살리라 명하셨느니라(고전 9:14).

이런 복음 전도자들을 환대하고 보내 주는 일을 통해 교회는 '진리를 위하여 함께 일하는 자'로 자신을 입증하게 됩니다(요삼 1:8). 교회가 스스로를 진리를 위해 일하는 자라고 말한다고 해서 그렇게 되는 것이 아닙니다. 실제로 복음 전도자들을 환대하고 전송함으로 교회는 자신을 진리를 위한 존재로서 입증하는 것입니다. 가이오는 진리의 편에 서서 진리를 위해 일하는 사람이었습니다.

이 부분을 요한이서와 비교해 보십시오. 요한이서에서 사도는 영지주의 이단의 교리를 가르치려고 오는 거짓 교사들을 '분별하여' 사랑으로 환대하라고 말했습니다. 그러나 분별하여 환대하라는 말은 자칫 사람들을 움츠러들게 할 수 있습니다. 그런데 요한삼서에서는 참된 복음 전도자들을 환대하고 합당하게 전송하라고 격려합니다. 참과 거짓을 분별하는 일이 복음 전도자와 선교사들을 사랑으로 환대하는 것을 막는 핑계가 되어서는 안 되는 것입니다.

오늘날 선교사들을 영접하는 것과 관련하여 이 말씀을 적용해 볼 수 있습니다. 그들은 '주의 이름을 위하여 나가서 이방인에게 아무것도 받지 않는' 사람들입니다. 교회는 마땅히 그들을 환대하고 전송해야(파송해야) 합니다. 물론 참된 복음을 바르게 전하는 선교사인지 분별하는 것은 여전히 중요합니다.

디오드레베

우리가 살펴볼 두 번째 인물은 디오드레베입니다. 사도는 디오드레베를 한마디로 이렇게 평가합니다. "그들 중에 으뜸되기를 좋아하는 디오드레

베!"(요삼 1:9)

으뜸되기를 좋아하는 것은 인간 죄성의 두드러진 성질입니다. 누구나 으뜸되고 싶은 마음이 있지만, 그 육체의 소욕과 싸우고 자신을 부인하고 성령을 따라 살아간다면 문제가 되지 않습니다. 그러나 여기서 사도가 언급하는 인물은 '으뜸되기를 좋아하고 그것을 추구하면서 살아가는 사람'입니다. 이 사람에게는 으뜸되는 것이 삶의 목표입니다. 모든 것이 자신을 중심으로 돌아가야 합니다.

디오드레베는 자기를 부인하라는 사도의 편지와 말씀이 불편했을 것입니다. 그래서 그는 사도 요한이 보낸 편지를 거절하고 사도조차도 거부했습니다. 뿐만 아니라 교권을 장악하고 사도를 비방하였습니다(요삼 1:10). 아마도 사도는 이 편지를 전해 주고 돌아온 형제들로부터 디오드레베에 대한 소식도 들었을 것입니다.

디오드레베는 초대 교회를 괴롭히던 영지주의 이단의 괴수는 아니었던 것으로 보입니다. 다만 '으뜸되기를 좋아하는' 사람입니다. 이런 개인적인 야망을 추구하는 삶은 초대 교회에서는 명백한 실패로 간주되었습니다. 주님은 제자들에게 이렇게 가르치셨습니다.

> 누구든지 첫째가 되고자 하면 뭇사람의 끝이 되며 뭇사람을 섬기는 자가 되어야 하리라(막 9:35).

이뿐 아니라 예수님께서는 "누구든지 나를 따라오려거든 자기를 부인하고 자기 십자가를 지고 나를 따[르라]"(마 16:24)고 말씀하셨습니다. 이것은 우리의 죄성을 날마다 십자가에 못 박아야 하는 삶입니다. 높은 직분과 권력, 명예는 거듭난 하나님의 자녀가 추구할 목표가 아닙니다.

하지만 디오드레베는 교회 안에서 권력을 잡는 데 성공했고, 분별 없는 많은 사람이 그를 따랐을 것입니다. 한편 그와 맞서 진리의 편에 선 가이오와 소수의 성도는 디오드레베 세력에게 박해와 곤란을 겪었을 것입니다. 사도는 디오드레베가 한 일을 네 가지로 정리합니다.

> 그러므로 내가 가면 그 행한 일을 잊지 아니하리라 그가 악한 말로 우리를 비방하고도 오히려 부족하여 형제들을 맞아들이지도 아니하고 맞아들이고자 하는 자를 금하여 교회에서 내쫓는도다(요삼 1:10).

첫째, 악한 말로 사도 요한과 요한에게 속한 사람들을 비방했습니다. 둘째, 형제들을 맞아들이지도 않았습니다. 가이오는 순회 전도자들을 환대했지만, 디오드레베는 그러지 않았습니다. 여기서 '맞아들이다'라는 표현은 교회가 공적으로 그들이 말씀을 전하도록 영접했다는 의미라기보다는 그들을 개인적으로 자신의 집에 영접했다는 의미로 보입니다. 셋째, 성도들이 순회 전도자들을 환대하지 못하도록 막았습니다. 디오드레베는 자신이 순회 전도자들을 환대하지 않았을 뿐 아니라 가이오와 진리의 편에 선 사람들이 그 일을 하지 못하도록 금하고 핍박했습니다. 넷째, 자신의 말을 듣지 않고 순회 전도자들을 영접하는 자들을 교회에서 내쫓았습니다. 여기에 가이오가 당했을 어려움이 충분히 암시됩니다.

사도 요한이 살아 있던 시대에 이런 일들이 일어날 수 있다면, 이 일은 모든 시대, 모든 교회에 일어날 수 있는 위험이라는 것이 자명합니다. 디오드레베 같은 사람은 하나님을 두려워하지 않는 사람입니다. 천상천하 유아독존입니다. 자신이 중심에 있어야 합니다. 디오드레베는 으뜸되기를 좋아하기 때문에 경쟁자로 여겨지는 사람은 어떻게 해서든 밀어냅니다. 이런 사람은 교회를 망치고 허물어뜨립니다. 당시 교회는 디오드레베 때문에 그 본질과 하나 됨이 심각하게 위협받고 있었습니다. 디오드레베는 으뜸되기를 좋아하는 자신의 동기와 그것을 추구하는 태도를 통해 자기 신앙의 거짓됨을 증명하는 사람입니다. 으뜸되는 것을 추구하며 살아가는 삶의 태도가 곧 디오드레베의 신앙이 가짜임을 증명합니다.

사도는 "내가 가면 그 행한 일을 잊지 [않겠다]"고 말합니다(요삼 1:10). 사도가 가서 심판하겠다는 이야기입니다. 여기서 '행한 일', 그리고 디오드레베가 한 네 가지 일 모두 동사의 시제가 현재형입니다. 즉, 디오드레베가 그 일들을 한두 번 하고 만 것이 아니라 지속적으로 계속 행하고 있다는 뜻입니다. 그래서 사도 요한은 바울이 "매를 가지고 너희에게 나아가랴"(고전 4:21)라고 말한 것과 비슷한 경고를 하고 있는 것입니다.

디오드레베는 교회의 직분자이고 영향력과 힘을 지닌 지도자였지만, 신앙이 없는 가짜였습니다. 으뜸되기를 좋아하는 사람이라는 사도의 평가가 그것을 보여 줍니다. 으뜸되기를 좋아하는 태도는 신앙과 양립할 수 없습니다. 교회에 분쟁을 일으키는 사람들은 대부분 디오드레베와 비슷한 특징을 보입니다. 으뜸되기를 좋아하고 자신의 관점에서 친구와 적을 판단하고 갈라놓습니다. 교회의 역사 속에서, 오늘날 한국 교회 안에도 수많은 디오드레베가 있습니다. 그리고 성경은 교회를 허무는 많은 디오드레베에게 경고하는 것입니다.

사도는 다시 한 번 가이오를 향해 "사랑하는 자여"라고 부릅니다.

> 사랑하는 자여 악한 것을 본받지 말고 선한 것을 본받으라 선을 행하는 자는 하나님께 속하고 악을 행하는 자는 하나님을 뵈옵지 못하였느니라 (요삼 1:11).

사도 요한은 디오드레베처럼 악한 자는 하나님을 볼 수 없다고 말합니다. 그는 하나님께 속한 자가 아닙니다. 그가 영지주의 이단의 교리를 믿고 가르치는 자가 아닌 정상적인 교회의 지도자였는데도 말입니다. 이것은 정통 교리를 믿고 가르친다고 말하는 교회 지도자들을 향한 무서운 경고입니다. '으뜸되기를 좋아하는 성향'을 향한 무서운 경고입니다.

데메드리오

이제 사도 요한은 세 번째 인물을 소개합니다.

> 데메드리오는 뭇사람에게도, 진리에게서도 증거를 받았으매 우리도 증언하노니 너는 우리의 증언이 참된 줄을 아느니라(요삼 1:12).

많은 성경 학자는 데메드리오가 유실된 앞의 편지(요삼 1:9)와 요한삼서를 전달한 인물일 것이라고 생각합니다. '데메드리오'라는 이름은 그리스 여신 '데메테르'(Demeter)에서 딴 것으로, 이 이름에서 우리는 그가 이교적인 배경을 가진 사람임을 짐작할 수 있습니다. 아마도 그래서 사도는 더욱 데메드리오가 교리적으로나 삶에서 신실한 하나님의 종임을 공적으로 증명해 주어야 했는지도 모릅니다.

사도는 데메드리오가 삼중의 증거를 받는 사람이라고 말합니다. 첫째, '뭇사람'의 증거입니다. 여기서 사도가 말하는 '뭇사람'은 주님을 사랑하는 성도들을 가리킵니다. 디오드레베와 그에게 속한 자들은 결코 데메드리오를 칭찬하지 않았을 것입니다. 주님께서는 "모든 사람이 너희를 칭찬하면 화가 있도다"라고 경고하시면서 거짓 선지자들에게 많은 사람이 환호했다는 것을 상기시켜 주셨습니다(눅 6:26).

우리는 사람이 아닌 하나님께 인정받는 것을 중요하게 여겨야 합니다. 때로는 다른 사람들에게 오해나 비난을 받을 수 있습니다. 그러나 사람들에게 좋은 사람이 되는 것보다 중요한 것은 진리 안에서 행하고 사랑을 행하는 것입니다.

둘째, '진리'의 증거입니다. 어떤 성경 학자들은 여기서 말하는 '진리'가 하나님을 의인화하여 표현한 것이라고 해석하지만, 더 자연스러운 해석은 데메드리오의 삶이 진리에 부합했다는 것입니다. 데메드리오의 모든 행동은 진리를 빛나게 했습니다. 이것이 바로 "범사에 우리 구주 하나님의 교훈을 빛나게 하[는]"(딛 2:10) 삶입니다.

셋째, '요한 자신'의 증거입니다. 사도는 "우리도 증언하노니 너는 우리의 증언이 참된 줄을 아느니라"(요삼 1:12)라고 말합니다. 사도들이 데메드리오의 선함과 참됨을 증언한다는 것입니다. 데메드리오는 삼중의 증거를 통해 신실한 사람임을 증명합니다.

온전한 신자의 영적 특징_ 진리와 사랑

사도 요한은 가이오에게 편지를 쓰면서 디오드레베와 데메드리오를 대조하고 가이오의 신앙을 드러내면서 그리스도인의 온전한 믿음과 삶이 무엇인지를 보여 줍니다. 그것은 곧 성품과 신앙이 함께 가는 것입니다.

디오드레베는 으뜸되려는 동기와 악한 행위를 통해 자신의 신앙이 거짓임을 드러냈습니다. 한편, 데메드리오는 뭇사람(성도)의 증거, 진리의 증거, 그리고 사도의 증거를 통해 신앙의 참됨과 삶의 온전함을 드러냈습니다. 비록 데메드리오에 대한 자세한 언급은 없지만, 사도는 가이오가 데메드리오와 같은 삶을 사는 것을 보고 증거합니다. 그것은 진리와 사랑을 드러내는 삶입니다. 진리와 사랑은 우리 신앙의 참됨을 드러내는 증거입니다. 가이오는 진리 안에서 행하는 자로 사도의 기쁨이 되었고(요삼 1:3, 4), 순회 선도자들을 영접하고 전송함으로 자신의 사랑을 증거했습니다(요삼 1:5-8). 이처럼 진리와 사랑은 한 신자 안에서 분리되지 않습니다. 사도는 진리와 사랑이 함께 가야 한다고 말합니다. 진리는 사랑 안에서 표현되고, 사랑은 언제나 진리와 함께 드러나야 합니다. 그것을 단적으로 보여 주기 위해서 사도는 '디오드레베'와 '데메드리오'를 대조시킨 것입니다.

우리 앞에도 두 길이 놓여 있습니다. 악한 것을 본받는 길과 선한 것을 본받는 길입니다(요삼 1:11). 하나는 디오드레베가 걸어간 길이고, 다른 하나는 데메드리오가 걸어간 길입니다. 디오드레베는 교회를 허물고 망치는 사람이었고, 데메드리오는 주님의 몸인 교회를 세우는 사람이었습니다. 여러분은 어느 길에 서 있습니까?

디오드레베가 아닌 데메드리오의 길에 서십시오. 사도가 가이오를 향해 "내가 참으로 사랑하는 자"라고 부른 것처럼 성령님께서 우리를 보시며 "사랑하는 자여, 내가 네게 있는 진리와 사랑을 들었다"고 인정하시는 삶, 데메드리오가 삼중의 증거를 받은 것처럼 신실한 주의 형제들과 진리와 하나님의 신실한 종이 인정해 주는 삶, 바로 이런 삶으로 하나님께서는 우리를 초대하십니다.

2 John
요한이서 1장 12, 13절

12 내가 너희에게 쓸 것이 많으나 종이와 먹으로 쓰기를 원하지 아니하고 오히려 너희에게 가서 대면하여 말하려 하니 이는 너희 기쁨을 충만하게 하려 함이라 13 택하심을 받은 네 자매의 자녀들이 네게 문안하느니라

3 John
요한삼서 1장 13-15절

13 내가 네게 쓸 것이 많으나 먹과 붓으로 쓰기를 원하지 아니하고 14 속히 보기를 바라노니 또한 우리가 대면하여 말하리라 15 평강이 네게 있을지어다 여러 친구가 네게 문안하느니라 너는 친구들의 이름을 들어 문안하라

37

사귐과 기쁨

요한일서가 마지막 인사 없이 끝난 것과 달리 요한이서와 요한삼서는 짧은 서신임에도 두세 절을 할애하여 인사말을 전하고 있습니다. 비슷한 내용으로 마무리되는 두 서신의 인사말을 따로 살피려는 이유는 사도 요한이 강조하고자 한 핵심 주제가 이 인사말들에 담겨 있기 때문입니다.

본문의 유사점

요한이서와 요한삼서의 인사말은 상당히 유사합니다. 두 인사말이 비슷한 것은 당시 서간문에서 익숙하게 사용하던 형식이어서이기도 하지만, 두 서신의 저자가 같은 인물임을 입증하는 증거이기도 합니다.

내가 너희에게 쓸 것이 많으나 종이와 먹으로 쓰기를 원하지 아니하고(요이 1:12a).

내가 네게 쓸 것이 많으나 먹과 붓으로 쓰기를 원하지 아니하고(요삼 1:13).

사도 요한은 편지를 받는 이들에게 "쓸 것이 많다"고 말합니다(특별히 요한삼서는 가이오라는 개인에게 쓴 편지이기에 단수로 '네게'라고 썼습니다). 요한복음에도 비슷한 표현이 나옵니다.

예수께서 제자들 앞에서 이 책에 기록되지 아니한 다른 표적도 많이 행하셨으나(요 20:30).

예수께서 행하신 일이 이 외에도 많으니 만일 낱낱이 기록된다면 이 세상이라도 이 기록된 책을 두기에 부족할 줄 아노라(요 21:25).

사도는 복음서를 쓸 때에도 써야 할 말이 아주 많지만 다 기록하지 못한다는 것을 알았습니다. 요한 서신에서도 같은 맥락을 전하고 있습니다. 사도는 이 짧은 편지에 '종이와 먹으로' 혹은 '먹과 붓으로' 다 쓸 수 없다고 느꼈습니다. 이것은 자신이 하고 싶은 그 많은 말을 직접 대면하여 전하고 싶은 마음을 표현하는 것이기도 합니다. 그래서인지 두 인사말 모두 '대면하여' 말한다는 표현이 등장합니다.

오히려 너희에게 가서 대면하여 말하려 하니 이는 너희 기쁨을 충만하게 하려 함이라(요이 1:12b).

속히 보기를 바라노니 또한 우리가 대면하여 말하리라(요삼 1:14).

우리는 보통 '대면하다'라는 말을 '얼굴과 얼굴을 마주하다'라는 뜻으로 이해하는데, 여기에 쓰인 헬라어는 직역하면 '입에서 입으로'라는 의미입니다.

여러분, 요한의 심정이 느껴지십니까? 저도 미국에 사는 아들과 문자로 소통하다가 직접 얼굴을 보면서 이야기하고 싶어서 영상 통화를 할 때가 있습니다. 어쩌면 사도의 마음이 이런 것이지 않을까 싶습니다. 특히 요한삼서 1장 14절에 '속히'라는 표현에서 가이오를 만나 얼굴을 보면서 그를 위로하고 싶은 사도의 마음이 많이 느껴집니다. 1세기에는 편지를 써서 보내는 일도 쉽지 않았지만, 교통 수단이 발달하지 않은 당시에 멀리 떨어진 지인을 만나러 가는 것은 여간 어려운 일이 아니었습니다. 이런 정황을 생각해 봐도 사도의 마음이 어떠했는지 전해지는 것 같습니다.

두 서신이 인사말에서 다른 사람들의 안부를 전하는 것도 비슷합니다.

> 택하심을 받은 네 자매의 자녀들이 네게 문안하느니라(요이 1:13).

> 평강이 네게 있을지어다 여러 친구가 네게 문안하느니라 너는 친구들의 이름을 들어 문안하라(요삼 1:15).

요한이서에서 '택하심을 받은 네 자매의 자녀들'은 앞서 살펴본 요한이서 1장 1절의 '택하심을 받은 부녀와 그의 자녀들'과 마찬가지로 교회, 곧 사도가 지금 속해 있는 공동체로 이해할 수 있습니다. 요한삼서에서는 특별히 가이오에게 평강이 있기를 축복합니다. 이것은 가이오의 형편이 매우 힘들다는 점을 생각하게 합니다. 그리고 '여러 친구'가 가이오에게 문안한다는 말로 미루어 보아 이들은 가이오를 알고 있거나 가이오를 위해 기도하는 형제들일 것입니다. 사도는 가이오와 함께 있는 다른 형제들에게도

한 사람 한 사람 문안해 주길 부탁합니다.

사도의 간절한 바람, 기쁨을 충만하게

이제 우리가 주목해서 살펴볼 요한이서 1장 12절 하반절을 보겠습니다. 이 구절에는 사도 요한이 편지들에서 전하고자 한 핵심 주제가 담겨 있습니다.

> 이는 너희 기쁨을 충만하게 하려 함이라.

사도는 편지로만이 아니라 직접 만나 대면하여 교제하면서 그 사귐의 기쁨을 충만하게 누리고 싶어 합니다. 사도는 요한일서를 시작하면서 자신이 편지를 쓰는 목적을 밝힌 바 있습니다.

> 우리가 보고 들은 바를 너희에게도 전함은 너희로 우리와 사귐이 있게 하려 함이니 우리의 사귐은 아버지와 그의 아들 예수 그리스도와 더불어 누림이라 우리가 이것을 씀은 우리의 기쁨이 충만하게 하려 함이라(요일 1:3, 4).

사도는 여기서 요한일서를 쓰면서 자신이 원하는 것이 사귐이라고 분명하게 밝혔습니다. 그 사귐을 위해 자신이 사도로서 보고 들은 바를 이 편지에 쓴다고 말했습니다. 그리고 4절 하반절에 "우리가 이것을 씀은 우리의 기쁨이 충만하게 하려 함"이라고도 말했습니다. 요한일서에서 사도가 말한 '우리의 기쁨'은 요한이서의 '너희 기쁨'과 조금도 다르지 않습니다. 이 기쁨은 사귐에서 나오는 기쁨이기 때문에 어느 한 편만의 기쁨일 수 없습니다. 이것은 함께 누리는 기쁨입니다. 실제로 개역개정 성경에는 '너희 기쁨'에서 '너희'라는 단어에 "어떤 사본에, 우리"라고 각주가 달려 있습니다.

  사도 요한이 요한일서를 쓴 목적은 사귐의 기쁨을 충만하게 누리는 것이었습니다. 사도는 요한이서에서도 이것을 말합니다. 또 요한삼서에서는 직접 언급하지 않았지만 사랑하는 가이오를 속히 만나 보기를 바라는 사도의 마음에서 편지의 목적을 충분히 짐작할 수 있습니다. 사도는 형제들과의 사귐에서 오는 기쁨을 충만하게 누리길 바라고 있습니다. 동시에 사도와 교제를 누리는 모든 형제가 비록 삶의 형편은 녹록치 않고 복잡하더라도 이 기쁨을 충만히 누려서 믿음으로 모든 상황을 넉넉히 이기기를 바라고 있습니다.

  여기서 우리가 던질 질문이 있습니다. 사도는 도대체 왜 이토록 기쁨을 원하는 것일까요? 물론 우리도 기쁨을 원합니다. 그러나 사도 요한과 여러분 자신을 비교해 보십시오. 여러분도 요한이 갈망했던 기쁨을 원하고 있습니까? 요한이 원하는 만큼 원하십니까? 그 기쁨을 얻기 위해 여러분은 참된 그리스도인의 사귐을 갈망하십니까? 도대체 이 사귐의 기쁨이 무엇이길래, 사도 요한은 이토록 기쁨을 원하는 것일까요? 우리가 알지 못하는 어떤 특별한 이유라도 있는 것입니까?

  우리는 먼저 사도가 말하는 기쁨의 본질을 확인할 필요가 있습니다. 사도가 말하는 기쁨이 과연 우리가 알고 바라는 그런 기쁨인지를 말입니다. 요한일서 1장에서 사도는 기쁨을 만들어 내는 사귐의 본질을 명확하게 설명했습니다.

> 우리의 사귐은 아버지와 그의 아들 예수 그리스도와 더불어 누림이라(요일 1:3b).

  이 사귐은 단지 마음이 맞는 사람들끼리 모여서 밥을 먹는 것이 아니니다. 사귐의 본질은 아버지와 그의 아들 예수 그리스도와 더불어 누리는 것입니다. 아무리 즐겁고 유쾌해도, 그것이 교회 안에서 교인들의 모임일지라도 하나님 아버지와 주 예수 그리스도가 계시지 않다면, 그것은 영적 사귐이 아닙니다.

사도가 설명하는 사귐의 본질은 예수님께서 십자가를 지시기 전날 밤에 성부 하나님께 드리신 기도를 생각나게 합니다.

> 영생은 곧 유일하신 참 하나님과 그가 보내신 자 예수 그리스도를 아는 것이니이다(요 17:3).

영생은 삶의 시간이 무한정 늘어나는 것이 아닙니다. 주님께서 정의하시는 영생은 공동체적 삶의 질과 관련이 있습니다. 즉, 영생은 성부 하나님과 성자 하나님과의 사귐의 삶입니다. 시편 133편에 이 의미가 잘 드러나 있습니다.

> 보라 형제가 연합하여 동거함이 어찌 그리 선하고 아름다운고 머리에 있는 보배로운 기름이 수염 곧 아론의 수염에 흘러서 그의 옷깃까지 내림 같고 헐몬의 이슬이 시온의 산들에 내림 같도다 거기서 여호와께서 복을 명령하셨나니 곧 영생이로다(시 133:1-3).

이스라엘 백성이 함께 화목하게 지내는 것을 보시는 하나님의 마음이 어찌 기쁘지 않으시겠습니까? 우리는 서로 아껴 주고 사랑하고 양보하며 살아가는 자녀들을 보는 부모의 마음을 생각해 볼 수 있을 것입니다. 그런 마음으로 이스라엘 백성을 바라보시며 하나님께서 복을 명령하시는데, 그 복이 바로 '영생'입니다. 장수하는 것이나 부자가 되는 것처럼 다른 복들도 많은데 하나님께서는 왜 영생이라는 복을 명령하신 것일까요?

　이 시편에서 의미하는 영생과 예수님께서 십자가를 지시기 전날 기도하실 때 정의하신 영생은 다르지 않습니다. 말하자면, 영생은 더불어 사는 삶입니다. 성부 하나님과 성자 하나님과 함께하는 삶은 또한 아버지와 아들을 아는 형제들과 더불어 사귀는 삶입니다. 이것이 영생입니다. 예수님을 믿기 전에 우리는 마귀와 함께하는 삶, 공중 권세 잡은 자에게 지배받는 삶, 생각과 행동과 욕구가 모두 하나님을 대적하는 삶, 자기중심적이고 이기적인 삶, 독립적이고 고독하며 소외된 삶을 살았지만, 성령님께서 거듭나게 하신 후로는 더 이상 그렇게 살 수가 없습니다. 나와 아무 상관이 없는 사람도 예수님을 믿는 공동체 안에서는 서로 가족과 형제가 됩니다. 이러한 서로 사랑과 사귐의 근본은 하나님과 주 예수 그리스도와 함께하는 삶 속에서 주어지는 것입니다. 천국에서 영원한 삶을 살아갈 때 그 삶의 질이 어떠할지를 지금 이 세상을 사는 동안 우리는 맛보아 알 수 있습니다.

　사도 요한은 요한일서를 시작하면서 "우리의 사귐은 아버지와 그의 아들 예수 그리스도와 더불어 누림이라"(요일 1:3)라는 말로 사귐의 본질을 표현했습니다. 이 사귐이 바로 영생이고, 이 사귐에서 그리스도인들만이 누릴 수 있는 하늘의 기쁨이 주어집니다. 우리는 사도가 말하는 기쁨의 본질이 성도의 영적 사귐에서 나온다는 것을 확인할 수 있습니다.

성 삼위 하나님의 사귐

　잠시 우리 자신에서 하나님께로 시선을 옮겨 보겠습니다. 하나님은 태초 이전에 어떻게 존재하셨습니까? 하나님께서는 외롭거나 심심하지 않으셨습니다. 하나님께서는 영원토록 성 삼위 하나님으로 계시기 때문입니다. 성부와 성자와 성령, 세 위격으로 계시지만, 그 본질과 능력과 영원성에서 하나이신 한 하나님입니다.

'성 삼위 하나님'으로 계시다는 것에 대해 오해가 적지 않습니다. 장로교회 표준 문서인 웨스트민스터 신앙 고백에서는 이렇게 진술합니다. "신격의 통일성 안에 동일한 본질과 능력과 영원성을 가진 세 분, 즉 성부 하나님과 성자 하나님과 성령 하나님이 계신다"(2장 3항). 삼위 하나님은 공동체로 존재하신다고 표현하기도 합니다. 성부 하나님과 성자 하나님께서는 영원토록 서로를 영화롭게 하시는 관계로 거하십니다. 예수님께서 표현하신 대로 말입니다.

> 예수께서 이 말씀을 하시고 눈을 들어 하늘을 우러러 이르시되 아버지여 때가 이르렀사오니 아들을 영화롭게 하사 아들로 아버지를 영화롭게 하게 하옵소서 …… 아버지여 창세전에 내가 아버지와 함께 가졌던 영화로써 지금도 아버지와 함께 나를 영화롭게 하옵소서(요 17:1, 5).

성 삼위 하나님의 공동체에는 어떤 이견도, 틈도 존재할 수 없고 존재하지도 않습니다. 잠언에서 이 말씀의 의미를 좀 더 구체적으로 설명합니다. 이 구절은 기독교 신앙의 기초이자, 하나님의 하나님 되심을 잘 보여 주고 있습니다.

> 내가 그 곁에 있어서 창조자가 되어 날마다 그의 기뻐하신 바가 되었으며 항상 그 앞에서 즐거워하였으며 사람이 거처할 땅에서 즐거워하며 인자들을 기뻐하였느니라(잠 8:30, 31).

여기서 화자는 '지혜'이고, 지혜는 예수님을 가리킵니다. 즉 예수님께서 성부 하나님 곁에 있어서 날마다 성부 하나님께서 기뻐하시는 대상이 되셨습니다. 다시 말해 영화롭게 한다는 것은 그를 참으로 기뻐하고 즐거워한다는 것입니다. 이보다 하나님을 영화롭게 할 수는 없습니다. 이것은 성 삼위 하나님의 사귐이 얼마나 기쁘고 행복한 사귐인지를 보여 줍니다.

웨스트민스터 소요리 문답 1문답의 "인간의 제일 가는 목적은 하나님을 영화롭게 하고 영원토록 즐거워하는 것"이라는 명제는 하나님을 영화롭게 하는 것과 하나님을 즐거워하는 것 두 가지를 말하는 것이 아닙니다. 하나님을 즐거워함으로써 하나님을 영화롭게 한다는 의미입니다. 주일 성수나 십일조가 하나님을 영화롭게 하는 것이 아닙니다. 사랑 없이 행하는 의무는 율법주의를 벗어나지 못합니다. 그러므로 이 모든 것을 하는 이유가 주님을 즐거워하기 때문이어야 합니다. 그것이 영적 사귐의 본질입니다. 우리의 사귐은 아버지와 아들과 더불어 사귀는 삶이고, 그러한 형제들과 더불어 사귀는 삶이 곧 교회입니다. 그런 교회에는 기쁨이 충만합니다.

사도 바울은 고린도 교회에 보내는 두 번째 편지를 마치며 '성령의 교통하심(사귐)'(고후 13:13)을 언급했습니다. 성령님은 사귐의 영이십니다. 이 성령의 사귐은 성부 하나님과 성자 하나님께서 영원히 서로를 기뻐하고 즐거워하시는 완벽한 행복, 완벽한 기쁨, 완벽한 만족이 흘러넘치는 관계를 말합니다. 그러한 성령의 사귐이 "교회인 너희 무리와 함께 있을지어다"라는 말은 교회를 향한 엄청난 축복입니다. 그리스도인의 모든 교제는 그 원형을 성부와 성자 하나님의 교제, 즉 성령의 교제(교통하심)에서 발견합니다.

하나님께서 세상을 창조하신 동기 역시 그 사귐에서 흘러오는 넘치는 기쁨이었습니다. 성 삼위 하나님 외의 존재에게 그 기쁨을 흘려 보내기를 기뻐하셨기 때문입니다. 그 기쁨은 삼위 하나님의 공동체적 사귐에서 흘러 넘쳤습니다. 그러한 동기에서 세상을 창조하실 때, 하나님께서는 자신의 형상으로 아담을 창조하시고, 아담이 혼자 있는 것이 좋지 않다 하시며 하와를 만드셨습니다. 삼위 하나님께서 공동체로 존재하듯 사람도 공동체로 지으셨습니다. 성 삼위 하나님의 사귐의 기쁨을 인간들이 누리길 원하신 것입니다. 그러나 죄는 이 모든 사귐과 사귐의 기쁨을 깨뜨려 버렸습니다. 소외와 단절, 고독과 적대가 인간 존재의 방식이 되고 말았습니다.

자신을 찾으시는 하나님 앞에서 두려워 숨는 아담의 모습에서 우리는 먼저 하나님과의 사귐이 끊어진 인간 존재를 볼 수 있습니다(창 3:8-10). 그리고 아담이 하와에게 책임을 전가하는 모습(창 3:12)과 하나님이 하와에게 주시는 말씀(창 3:16)에서 사람과 사람 사이의 사귐도 깨어진 것을 봅니다. 가장 친밀한 부부 관계가 무너진 데 이어 형제 관계도 깨어집니다. 가인이 동생 아벨을 죽이는 형제 간의 살인 사건이 일어납니다. 이것이 최초의 형제에게 일어난 사건입니다. 죄는 사람 안에 수치심과 두려움을 심어 줌으로써 결속과 사귐 그리고 공동체를 깨뜨리는 무시무시한 결과를 가져왔습니다. 기쁨을 주어야 할 사귐이 더 이상 기쁨을 주지 못하게 되었습니다. 진정한 의미의 사귐이 사라지고, 사람들은 고독과 소외 속에서 단절된 삶을 살아갑니다.

하지만 긴 세월이 지나 때가 찼을 때, 하나님께서는 사랑하는 독생자 예수 그리스도를 이 땅에 보내셔서 새 일을 행하기 시작하셨습니다. 그 새 일의 핵심은 구원, 곧 관계와 사귐을 회복하는 일입니다. 주 예수 그리스도께서 십자가에서 죽으심으로써, 죄로 말미암아 무너진 하나님과, 사람과 사람 사이의 관계를 회복하시는 일을 행하신 것입니다. 하나님과 원수 된 관계를 주도적으로 해결하셔서 하나님에게서 난 하나님의 자녀가 되게 하십니다. 그리고 하나님에게서 난 자들이 서로 형제가 되게 하시고, 교회를 이루게 하시고, 서로 사랑하게 하시는 본능을 주십니다. 이로써 주님 안에서의 형제 관계를 회복하시는 것입니다. 그래서 사도는 요한일서에서 회복된 형제 사랑이 우리가 구원받은 표라고 말한 것입니다. 요한이서와 요한삼서도 동일한 관점에서 쓰여졌습니다.

구원은 사귐이 회복되는 것이고, 영생은 그 사귐을 누리는 삶입니다. 이것이 그리스도인의 삶의 특징이 기쁨인 이유입니다. 이 사귐의 회복을 우리 삶에서 누리는 것은 죄에 대항하는 적극적인 싸움을 전제합니다. 여전히 우리 안에 잔존하는 죄는 이기적이고 자기중심적이며 개인주의적인 삶의 방식을 강조하며 그렇게 살아가라고 속삭이기 때문입니다. 그러나 그리스도인은 그 죄성과 싸웁니다. 형제를 사랑하는 것이 우리가 세상을 믿음으로 살아가는 방식인 것을 알기 때문입니다.

사귐과 기쁨이 중요한 이유

사도 요한은 왜 그토록 이 사귐의 기쁨이 충만하기를 갈망한 것입니까? 앞서 살펴본 대로 성 삼위 하나님께서 천지를 창조하신 동기가 성 삼위 하나님 안에서 누리시는 사귐의 넘치고 충만한 기쁨이었다면, 교회 안에서 그리스도인들이 누리는 사귐의 기쁨이 충만해지는 것은 얼마나 중요하겠습니까? 그렇다면 사귐의 기쁨을 누리는 것이야말로 하나님의 천지 창조의 목적과 구원의 목적을 성취하고 맛보는 것이 아니겠습니까? 교회 안에 이 사귐의 기쁨이 충만해진다면, 이 기쁨은 교회의 사명을 감당할 진정한 힘이자 연료이며 동력이 될 것입니다. 교회 안에 형제의 사귐이 깊어지고 충만해지면 거기서 영적인 기쁨이 흘러나올 것이고, 이 기쁨은 다시 교회의 동력과 연료가 될 것입니다. 이 사귐의 기쁨은 교회가 가진 막대한 은행 잔고보다 더욱 값지고, 영향력 있는 위대한 한 그리스도인의 존재보다 영향력이 있으며, 전도의 어떤 장애물도 넘을 수 있는 힘이 됩니다. 이것이 사도 바울이 고린도후서를 마치면서 "성령의 교통하심[교제]이 너희 무리와 함께 있을지어다"(고후 13:13)라고 축복한 의도일 것입니다.

형제의 사귐에 헌신하라

이런 논지에 비추어 우리 삶을 돌아봅시다. 오늘날 교회와 그리스도인들은 왜 기쁨의 충만함을 경험하는 일이 드문 것일까요? 어떤 가족이나 공동체를 방문했을 때, 우리는 그들의 모습에서 특정한 인상이나 분위기를 느낍니다. 미국에 거주하는 어느 목사님은 한국 교회에 대한 일반적인 인상이 '밝지 않다'고 지적하시면서, 어느 한국 교회를 방문했을 때 성도들이 밝게 인사하는 모습을 보고는 "미국 교회 같다"고 말씀하셨습니다. 많은 생각을 하게 만드는 말입니다.

여러분이 정말 신앙생활을 잘하고 싶다면 형제 사귐에 헌신하십시오. 신앙생활은 혼자 하는 것이 아닙니다. 혼자 성경 읽고, 혼자 기도하는 것이 아닙니다. 신앙생활은 사귐에 좌우됩니다. 우리가 요한 서신에서 살펴보았듯이 성경은 공동체를 지향합니다. 삼위 하나님께서는 영원토록 공동체로 존재하시고, 우리를 공동체로 지으셨고, 그리스도 안에서 우리를 공동체로 세우셨습니다. 그것이 바로 교회입니다.

그렇다면 여러분에게 교회란 무엇입니까? 그저 일주일에 한 번 나와서 예배드리고 설교를 듣는 곳입니까? 그럴 수 없습니다. 교회는 사귐입니다. 교회는 형제와 자매들입니다. 사도 요한이 그토록 갈망한 사귐, 성령의 교제가 회복되고, 그로 말미암아 사귐의 기쁨을 충만하게 누리는 것, 이것은 교회가 가진 그 어떤 금은보화보다 소중한 것입니다.

그러므로, 사랑하는 여러분, 여러분의 일생을 이 사귐에 헌신하십시오. 두세 사람이 그리스도의 이름으로 모이는 사귐이 많아지게 하십시오. 시간을 내시고 돈을 쓰십시오. 서로의 상황에 관심을 가지고 기도하십시오. 이것이 하나님께서 자기 피로 사신 교회를 세우는 일입니다(행 20:28). 우리로 하여금 성령님께서 주시는 사귐의 영을 충만히 경험하길 구하십시오.

여러분은 주일에 예배당에 들어오면 가장 먼저 무엇을 하십니까? 저는 어려서부터 예배당에 들어가면 조용히 기도하면서 예배를 준비하라고 배웠습니다. 아마 신앙생활을 오래 하신 다른 분들도 이런 생각이 뿌리 깊게 박혀 있을 것입니다. 기도를 해야 하는 이 경건한 습관 덕분에 우리는 옆에 앉은 형제자매와 인사할 기회를 놓치는 것은 아닙니까? 예배당에 와서 개인 기도를 하는 것만큼이나 중요한 어떤 것을 놓치고 있는 것은 아닌지 생각해 보아야 합니다.

하나님의 자녀들이 관심을 가지고 주의를 기울여야 하는 것은 사귐입니다. 신앙생활을 하면서 이것을 놓치지 마십시오. 사귐이 풍성해지고 깊어져서 우리 안에 그리스도인의 기쁨이 충만해지는 은혜를 누릴 수 있기를 바랍니다. 그래서 하나님께서 예수 그리스도의 피로 허락하신 이 영광스러운 사귐에 모든 성도가 헌신하고, 교회를 교회답게 세우는 은혜를 누리시길 바랍니다.

읽는 설교 요한일이삼서

초판 발행   2024년 9월 25일
지은이   김형익
발행인   손창남
발행처   (주)죠이북스(등록 2022. 12. 27. 제202-2000070호)
주소   02576 서울시 동대문구 왕산로19바길 33, 1층
전화   (02) 925-0451 (대표 전화)
          (02) 929-3655 (영업팀)
팩스   (02) 923-3016
인쇄소   송현문화
판권소유   ⓒ(주)죠이북스
ISBN   979-11-93507-31-5 03230

책값은 뒤표지에 있습니다.
잘못된 도서는 교환하여 드립니다.
이 책 내용을 허락 없이 옮겨 사용할 수 없습니다.